Die Heirat des Herrn Stäudl

Die Heirat des Herrn Stäudl

Österreichische Kriminalgeschichten

Verlag Das Neue Berlin

Herausgegeben von Herbert Greiner-Mai
und Hans Joachim Kruse,
mit einem Nachwort von Herbert Greiner-Mai

Franz Grillparzer

Das Kloster von Sendomir

Nach einer als wahr überlieferten
Begebenheit

Die Strahlen der untergehenden Sonne vergoldeten die Abhänge eines der reizendsten Täler der Woiwodschaft Sendomir. Wie zum Scheidekuß ruhten sie auf den Mauern des an der Ostseite fensterreich und wohnlich prangenden Klosters, als eben zwei Reiter, von wenigen Dienern begleitet, den Saum der gegenüberliegenden Hügelkette erreichten und, von der Vesperglocke gemahnt, nach kurzem, betrachtendem Verweilen ihre Pferde in schärferen Trott setzten, taleinwärts, dem Kloster zu.

Die Kleidung der späten Gäste bezeichnete die Fremden. Breitgedrückte, befiederte Hüte, das Elenkoller vom dunkeln Brustharnisch gedrückt, die straff anliegenden Unterkleider und hohen Stulpstiefel erlaubten nicht, sie für eingeborene Polen zu halten. Und so war es auch. Als Boten des deutschen Kaisers zogen sie, selbst Deutsche, an den Hof des kriegerischen Johann Sobiesky, und vom Abend überrascht, suchten sie Nachtlager in dem vor ihnen liegenden Kloster.

Das bereits abendlich verschlossene Tor ward den Einlaßheischenden geöffnet, und der Pförtner hieß sie eintreten in die geräumige Gaststube, wo Erfrischung und Nachtruhe ihrer warte; obgleich, wie er entschuldigend hinzusetzte, der Abt und die Konventualen, bereits zur Vesper im Chor versammelt, sich für heute die Bewillkommnung so werter

Gäste versagen müßten. Die Angabe des etwas mißtrauisch blickenden Mannes war durch den eintönigen Zusammenklang halb sprechend, halb singend erhobener Stimmen bekräftigt, die, aus dämpfender Ferne durch die hallenden Gewölbe sich hinwindend, den Chorgesang einer geistlichen Gemeine deutlich genug bezeichneten.

Die beiden Fremden traten in das angewiesene Gemach, welches, obgleich, wie das ganze Kloster, offenbar erst seit kurzem erbaut, doch altertümliche Spitzformen mit absichtlicher Genauigkeit nachahmte. Weniges, doch anständiges Geräte war rings an den Wänden verteilt. Die hohen Bogenfenster gingen ins Freie, wo der im Osten aufsteigende Mond, mit der letzten Abendhelle kämpfend, nur sparsame Schimmer auf die Erhöhungen des hügligen Bodens warf, indes in den Falten der Täler und unter den Bäumen des Forstes sich allgemach die Nacht mit ihrem dunklen Gefolge lagerte, und stille Ruhe, hold vermischend, ihren Schleier über Belebtes und Unbelebtes ausbreitete.

Die eigenen Diener der Ritter trugen Wein auf und Abendkost. Ein derbgefügter Tisch, in die Brüstung des geöffneten Bogenfensters gerückt, empfing die ermüdeten Gäste, die, auf hohe Armstühle gelagert, sich bald an dem zauberischen Spiele des Mondlichtes ergötzten, bald, zu Wein und Speise zurückkehrend, den Körper für die Reise des nächsten Tages stärkten.

Eine Stunde mochte auf diese Art vergangen sein. Die Nacht war vollends eingebrochen, Glockenklang und Chorgesang längst verstummt. Die zur Ruhe gesendeten Diener hatten eine düster brennende Ampel, in der Mitte des Gemaches hängend, angezündet, und noch immer saßen die beiden Ritter am Fenster im eifrigen Gespräch; vielleicht vom Zweck ihrer Reise, offenbar von Wichtigem. Da pochte es mit kräftigem Finger an die Türe des Gemaches, und ehe man noch, ungern die Rede unterbrechend, mit einem »Herein!« geantwortet, öffnete sich diese, und eine seltsame Menschengestalt trat ein, mit der Frage, ob sie Feuer bedürften.

Der Eingetretene war in ein abgetragenes, an mehreren Stellen geflicktes Mönchskleid gehüllt, das sonderbar genug gegen den derben, gedrungenen Körperbau abstach. Obgleich vom Alter schon etwas gebeugt und mehr unter als über der Mittelgröße, war doch ein eigener Ausdruck von Entschlossenheit und Kraft über sein ganzes Wesen verbreitet, so daß, die Kleidung abgerechnet, der Beschauer den Mann eher für alles als für einen friedlichen Sohn der Kirche erkannt hätte. Haar und Bart, vormals augenscheinlich rabenschwarz, nun aber überwiegend mit Grau gemischt und, trotz ihrer Länge, stark gekräuselt, drängten sich in dichter Fülle um Stirne, Mund und Kinn. Das Auge, klösterlich gesenkt, hob sich nur selten; wenn es aber aufging, traf es wie ein Wetterschlag, so grauenhaft funkelten die schwarzen Sterne aus den aschfahlen Wangen, und man fühlte sich erleichtert, wenn die breiten Lider sie wieder bedeckten. So beschaffen und so angetan, trat der Mönch, ein Bündel Holz unter dem Arme, vor die Fremden hin, mit der Frage, ob sie Feuer bedürften.

Die beiden sahen sich an, erstaunt ob der seltsamen Erscheinung. Indessen kniete der Mönch am Kamine nieder und begann Feuer anzumachen, ließ sich auch durch die Bemerkung nicht stören, daß man gar nicht friere und seine Mühe überflüssig sei. Die Nächte würden schon rauh, meinte er und fuhr in seiner Arbeit fort. Nachdem er sein Werk vollendet und das Feuer lustig brannte, blieb er ein paar Augenblicke am Kamine stehen, die Hände wärmend, dann, ohne sich scheinbar um die Fremden zu bekümmern, schritt er schweigend der Türe zu.

Schon stand er an dieser und hatte die Klinke in der Hand, da sprach einer der Fremden: »Nun Ihr einmal hier seid, ehrwürdiger Vater –«

»Bruder!« fiel der Mönch, wie unwillig, ein, und ohne sich umzusehen, blieb er, die Stirn gegen die Türe geneigt, am Eingange stehen.

»Nun denn also, ehrwürdiger Bruder!« fuhr der Fremde

fort, »da Ihr schon einmal hier seid, so gebt uns Aufschluß über einiges, das wir zu wissen den Wunsch hegen.«

»Fragt!« sprach, sich umwendend, der Mönch.

»So wißt denn«, sagte der Fremde, »daß uns die herrliche Lage und Bauart Eures Klosters mit Bewunderung erfüllt hat, vor allem aber, daß es so neu ist und vor kurzem erst aufgeführt zu sein scheint.«

Die dunkeln Augen des Mönches hoben sich bei dieser Rede und hafteten mit einer Art grimmigen Ausdruckes auf dem Sprechenden.

»Die Zeiten sind vorüber«, fuhr dieser fort, »wo die Errichtung solcher Werke der Frömmigkeit nichts Seltenes war. Wie lange steht das Kloster?«

»Wißt Ihr es vielleicht schon?« fragte, zu Boden blickend, der Mönch. »Oder wißt Ihr es nicht?«

»Wenn das erstere, würde ich fragen?« entgegnete der Fremde.

»Es trifft sich zuweilen«, murmelte jener. »Drei Jahre steht dies Kloster. Dreißig Jahre!« fügte er verbessernd hinzu und sah nicht auf vom Boden.

»Wie aber hieß der Stifter?« fragte der Fremde weiter. »Welch gottgeliebter Mann –?«

Da brach der Mönch in ein schmetterndes Hohngelächter aus. Die Stuhllehne, auf die er sich gestützt hatte, brach krachend unter seinem Druck zusammen; eine Hölle schien in dem Blicke zu flammen, den er auf die Fremden richtete, und plötzlich gewendet, ging er schallenden Trittes zur Türe hinaus.

Noch hatten sich die beiden von ihrem Erstaunen nicht erholt, da ging die Türe von neuem auf, und derselbe Mönch trat ein. Als ob nichts vorgefallen wäre, schritt er auf den Kamin zu, lockerte mit dem Störeisen das Feuer auf, legte Holz zu, blies in die Flamme. Darauf sich umwendend, sagte er: »Ich bin der mindeste von den Dienern dieses Hauses. Die niedrigsten Dienste sind mir zugewiesen. Gegen Fremde muß ich gefällig sein und antworten, wenn sie fragen. Ihr habt ja auch gefragt? Was war es nur?«

»Wir wollen über die Gründung dieses Klosters Auskunft einholen«, sprach der ältere der beiden Deutschen, »aber Eure sonderbare Weigerung –«

»Ja, ja!« sagte der Mönch. »Ihr seid Fremde und kennet Ort und Leute noch nicht. Ich möchte gar zu gerne Eure törichte Neugierde unbefriedigt lassen, aber dann klagt Ihr's dem Abte, und der schilt mich wieder wie damals, als ich dem Palatin von Plozk an die Kehle griff, weil er meiner Väter Namen schimpfte. Kommt Ihr von Warschau?« fuhr er nach einer kleinen Weile fort.

»Wir gehen dahin«, antwortete einer der Fremden.

»Das ist eine arge Stadt«, sagte der Mönch, indem er sich setzte. »Aller Unfrieden geht von dort aus. Wenn der Stifter dieses Klosters nicht nach Warschau kam, so stiftete er überhaupt kein Kloster, es gäbe keine Mönche hier, und ich wäre auch keiner. Da Ihr nicht von dorther kommt, mögt Ihr rechtliche Leute sein, und alles betrachtet, will ich Euch die Geschichte erzählen. Aber unterbrecht mich nicht und fragt nicht weiter, wenn ich aufhöre. Am Ende sprech ich selbst gerne wieder einmal davon. – Wenn nur nicht so viel Nebel dazwischenläge, man sieht kaum das alte Stammschloß durchschimmern – und der Mond scheint auch so trübe.«

Die letzten Worte verloren sich in ein unverständliches Gemurmel und machten endlich einer tiefen Stille Platz, während welcher der Mönch, die Hände in die weiten Ärmel gesteckt, das Haupt auf die Brust gesunken, unbeweglich dasaß. Schon glaubten die beiden, seine Zusage habe ihn gereut, und wollten kopfschüttelnd sich entfernen, da richtete er sich plötzlich mit einem verstärkten Atemzuge empor; die versunkene Kapuze fiel zurück; das Auge nicht mehr wild, strahlte in fast wehmütigem Lichte; er stützte das halb dem Mond entgegengewendete Haupt in die Hand und begann:

»Starschensky hieß der Mann, ein Graf seines Stammes,

dem gehörte die weite Umgegend und der Platz, wo dies Kloster steht. Damals war aber noch kein Kloster. Hier ging der Pflug; er selbst hauste dort oben, wo jetzt geborstene Mauern das Mondlicht zurückwerfen. Der Graf war nicht schlimm, wenn auch gerade nicht gut. Im Kriege hieß man ihn tapfer; sonst lebte er still und abgeschieden im Schlosse seiner Väter. Über eines wunderten sich die Leute am meisten: Nie hatte man ihn einem weiblichen Wesen mit Neigung zugetan gesehen, sichtlich vermied er den Umgang mit Frauen. Er galt daher für einen Weiberfeind; doch war er keiner. Ein von Natur schüchterner Sinn und – laßt sehn, ob ich's treffe!« sagte der Mönch, indem er sich aufrichtete – »ein über alles gehendes Behagen am Besitz seiner selbst hatte ihm bis dahin keine Annäherung erlaubt. Abwesenheit von Unlust war ihm Lust. – Habt Ihr noch Wein übrig? Gebt mir einen Becher! Der Graf war so schlimm nicht.«

Der Mönch trank, dann fuhr er fort: »So lebte Starschensky, so gedachte er zu sterben; doch war es ihm anders bestimmt. Ein Reichstag rief ihn nach Warschau. Unwillig über die Verkehrtheit der Menge, deren jeder nur sich wollte, wo es das Wohl des Ganzen galt, ging er eines Abends durch die Straßen der Stadt; schwarze Regenwolken hingen am Himmel, jeden Augenblick bereit, sich zu entladen, dichtes Dunkel ringsum. Da hört er plötzlich hinter sich eine weibliche Stimme, die zitternd und schluchzend ihn anspricht: ›Wenn Ihr ein Mensch seid, so erbarmt Euch eines Unglücklichen!‹ Rasch umgewendet, erblickt der Graf ein Mädchen, das bittend ihm die Hände entgegenstreckt. Die Kleidung schien ärmlich, Hals und Arme schimmerten weiß durch die Nacht. Der Graf folgt der Bittenden. Zehn Schritt gegangen, tritt sie in eine Hütte, Starschensky folgt, und bald steht er mit ihr allein auf dem dunkeln Flur. Eine warme, weiche Hand ergreift die seinige. – Seid Ihr Ordensritter?« unterbrach sich der Mönch, zu dem jüngeren der Fremden gewendet. »Was bedeutet das Kreuz auf Eurem Mantel?« – »Ich bin Malteser«, entgegnete dieser. –

»Ihr auch?« wendete sich der Mönch zum zweiten. – »Keineswegs«, war die Antwort. – »Habt Ihr Weib und Kinder?« – »Beides hatt' ich nie.« – »Wie alt seid Ihr?« – »Fünfundvierzig.« – »Soso!« murmelte kopfnickend der Mönch. Dann fuhr er fort: »Ein bis dahin ungekanntes Gefühl ergriff den Grafen bei der Berührung der warmen Hand. Sie erzählen ein morgenländisches Märchen von einem, dem plötzlich verliehen ward, die Sprache der Vögel und anderen Naturwesen zu verstehen, und der nun, im Schatten liegend am Bachesrand, mit freudigem Erstaunen rings um sich überall Wort und Sinn vernahm, wo er vorher nur Geräusch gehört und Laute. So erging es dem Grafen. Eine neue Welt stand vor ihm auf, und bebend folgte er seiner Führerin, die eine kleine Türe öffnete und mit ihm in ein niederes, schwach erleuchtetes Zimmer trat.

Der erste Strahl des Lichtes fiel auf das Mädchen. Starschenskys innerstes Wesen jubelte auf, daß die Wirklichkeit gehalten, was die Ahnung versprach. Das Mädchen war schön, schön in jedem Betracht. Schwarze Locken ringelten sich um Stirn und Nacken und erhoben, mit der gleichgefärbten Wimper, bis zum Sonderbaren den Reiz des hellblau strahlenden Auges. Der Mund mit üppig aufgeworfenen, beinahe zu hochroten Lippen ward keineswegs durch eine kleine Narbe entstellt, die, als schmale, weißlich gefärbte Linie schräg abwärts laufend, sich in den Karmin der Oberlippe verlor. Grübchen in Kinn und Wangen; Stirn und Nase, wie vielleicht gerade der Maler sie nicht denkt, wie sie aber meinen Landsmänninnen wohlstehen, vollendeten den Ausdruck des reizenden Köpfchens und standen in schönem Einklange mit den Formen eines zugleich schlank und voll gebauten Körpers, dessen üppige Schönheit die ärmliche Hülle mehr erhob als verbarg. – Nicht wahr, davon wißt Ihr nichts, Malteser? Ja, ja, bei dem alten Mönch rappelt's einmal wieder! Laßt uns noch eins trinken! – So, und nun gut.

Der Graf stand verloren im Anschaun des Mädchens und bemerkte kaum, daß in einem Winkel der Hütte, auf moderndes Stroh gebettet, einen zerrissenen Sattel statt des Kissens unter dem Kopfe, mit Lumpen bedeckt, die Jammergestalt eines alten Mannes lag, der jetzt die Hand aus seinen ärmlichen Hüllen hervorstreckte und mit erloschener Stimme fragte: ›Bist du's, Elga? Wen bringst du mir da?‹ – ›Hier der Unglückliche‹, sprach das Mädchen, zu Starschensky gewendet, ›für den ich, durch äußerste Not getrieben, Euer Mitleid ansprach. Er ist mein Vater, ein Edelmann von altem Stamm und Adel, durch Verfolgungen bis hierhergebracht.‹ – Damit ging sie hin, und am Lager des Greises niedergekauert, suchte sie, durch Zurechtrücken und Ausbreiten, in die Lumpen, die ihn bedeckten, einen Schein von Anständigkeit und Ordnung zu bringen.

Der Graf trat näher. Er erfuhr die Geschichte. Der vor ihm lag, war der Starost von Laschek. Er und seine zwei Söhne hatten sich in politische Verbindungen eingelassen, die das Vaterland mißbilligte. Ihre Anschläge wurden entdeckt. Die beiden Söhne samt einigen Unvorsichtigen, die mit ihnen gemeine Sache gemacht, traf Verbannung; der Vater, seiner Güter beraubt, war im Elend.

Im ersten Augenblicke, als Starschensky den Namen Laschek hörte, wußte er auch schon, daß die Lage des Unglücklichen nicht ganz unverschuldet war. Denn wenn er auch einer unmittelbaren Teilnahme an den Anschlägen seiner Söhne nicht geradezu überwiesen werden konnte, so hatte er doch durch Leichtsinn in der Jugend und üble Wirtschaft im vorgerückten Alter seinen Söhnen die rechtlichen Wege des Emporkommens schwierig und Wagnisse willkommen gemacht. All dies war dem Grafen nicht verborgen. Aber es galt, einen Unglücklichen zu retten, und Elgas Vater hatte den beredtesten Fürsprecher bei dem Entbrannten für seine Tochter.

Laschek ward in eine anständige Wohnung gebracht, er und seine Tochter mit dem Notwendigen versehen. Starschensky verwendete seinen Einfluß, seine Verbindungen, er ließ sich bis zu Geld und Geschenken herab, um die

Wiederherstellung des Entsetzten, die Rückberufung der Verbannten zu erwirken. Glücklicherweise waren die äußern Verhältnisse längst vorüber, welche die Anschläge jener Unvorsichtigen gefährlich gemacht hatten. Verzeihung ward bewilligt; die Verwiesenen rüsteten sich zur Heimkehr. Mehrere der Unglücksgenossen hatten, ihrem Leichtsinne treu, Dienste in fremden Landen genommen; nur Lascheks beide Söhne und ein entfernter Verwandter des Hauses, Oginsky genannt, machten Gebrauch von der schwer erlangten Erlaubnis. Täglich erwartete man ihre Ankunft.

Die Wiedergabe von Lascheks eingezogenen Gütern zeigte sich indes als wenig Nutzen bringend. Täglich erschienen neue Gläubiger. Hauptstock und rückständige Zinsen verschlangen weit den Wert des vorhandenen Unbeweglichen. Starschensky trat ins Mittel, bezahlte, verschuldete seine eigenen Güter und konnte dennoch kaum einen geringen Rest der Stammbesitzungen als Pfropfreis für die Zukunft retten.

Glücklicher schien er mittlerweile in seinen Bewerbungen um Elgas Herz. Als das Mädchen sich zum ersten Male wieder in anständigen Kleidern erblickte, flog sie ihm beim Eintritte aufschreiend entgegen, und ein lange nachgefühlter Kuß von ihren brennenden Lippen lohnte seine Vorsorge, sein Bemühn. Dieser erste Kuß blieb freilich vorderhand auch der letzte, nichtsdestoweniger durfte sich aber doch Starschensky mit der Hoffnung schmeicheln, ihrem Herzen nicht gleichgültig zu sein. Sie war gern in seiner Gesellschaft, sie bemerkte und empfand seine Abwesenheit. Oft überraschte er ihr Auge, das gedankenvoll und betrachtend auf ihn geheftet war; ja, einige Male konnte er nur durch schnelles Zurückziehen verhindern, daß nicht ein Kuß, den er gar zu gerne seinen Lippen gegönnt hätte, auf seine Hand gedrückt wurde. Er war voll der schönsten Hoffnungen. Doch mit einem Male änderte sich die Szene. Elga ward düster und nachdenkend. Wenn sonst ihre Neigung für Zerstreuungen, für Kleiderzier und Lebensgenuß sich aufs bestimmteste aussprach und manchmal hart an die Grenze des Zuviel zu streifen schien, so mied sie die Gesellschaft. Streitende Gedanken jagten ihr Wolken über die schön geglättete Stirne; das getrübte Auge sprach von Tränen, und nicht selten drängte sich ein einzelner der störenden Gäste unter der schnell gesenkten Wimper hervor. Starschensky bemerkte, wie der Vater sie dann ernst, beinahe drohend anblickte und eine erkünstelte Heiterkeit das Bestreben des Mädchens bezeichnete, einen heimlichen Kummer zu unterdrücken. Einmal, rasch durchs Vorgemach auf die Türe des Empfangszimmers zuschreitend, hörte Starschensky die Stimme des Starosten, der aufs heftigste erzürnt schien und sich sogar ziemlich gemeiner Ausdrücke bediente. Der Graf öffnete die Türe und sah sich rings um, erblickte aber kein Drittes; nur die Tochter, die nicht weinend und höchst erhitzt, vom Vater abgekehrt, im Fenster stand. Ihr mußten jene Scheltworte gegolten haben. Da ward es fester Entschluß in der Seele des Grafen, durch eine rasche Werbung um Elgas Hand der marternden Ungewißheit des Verhältnisses ein Ende zu machen.

Während er sich kurze Frist zur Ausführung dieses Vorsatzes nahm und Elgas vorige Heiterkeit nach und nach zurückkehrte, langten die aus der Verbannung heimberufenen Angehörigen an. Elga schien weniger Freude über den Wiederbesitz der so lange entbehrten Brüder zu empfinden, als der Graf vorausgesetzt hatte. Am auffallendsten aber war ihre schroffe Kälte, um es nicht Härte zu nennen, gegen den Gefährten von ihrer Brüder Schuld und Strafe, den armen Vetter Oginsky, den sie kaum eines Blickes würdigte. Gut gebaut und wohlaussehend, wie er war, schien er eine solche Abneigung durch nichts zu verdienen; vielmehr war in seinem beinahe zu unterwürfigen Benehmen das Streben sichtbar, sich um die gute Meinung von jedermann zu bewerben. Keine Härte konnte ihn aufbringen; nur schien ihm freilich jede Gelegenheit erwünscht, sich der beinahe verächtlichen

Behandlung Elgas zu entziehen. Zuletzt verschwand er ganz, und niemand wußte, wo er hingekommen war.

Nun endlich trat der Graf mit seiner Bewerbung hervor. Der alte Starost weinte Freudentränen, Elga sank schamerrötend und sprachlos in seine Arme, und der Bund war geschlossen. Laute Feste verkündeten der Hauptstadt Starschenskys Glück, und wiederholte, zahlreich besuchte Feste versicherten ihn der allgemeinen Teilnahme. Durch eine Ehrenbedienstung am Hofe festgehalten, lernte er bald sich in Geräusch und Glanz fügen, ja wohl gar daran Vergnügen finden, wenigstens insoweit Elga es fand, deren Geschmack für rauschende Lustbarkeiten sich immer bestimmter aussprach. Aber war sie nicht jung, war sie nicht schön? Hatte nicht, nach langen Unfällen, jede Lust für sie den doppelten Reiz, als Lust und als neu? Der Graf gewährte und war glücklich. Nur eines fehlte, um ihn ganz selig zu machen: schon war ein volles Jahr seit seiner Vermählung verstrichen, und Elga gab noch keine Hoffnung, Mutter zu werden.

Doch plötzlich ward der Rausch des Glücklichen auf eine noch weit empfindlichere Weise gestört. Starschenskys Hausverwalter, ein als redlich erprobter Mann, erschien, trübe Wolken auf der gefurchten Stirn. Man schloß sich ein, man rechnete, man verglich, und es zeigte sich bald nur zu deutlich, daß durch das, was für Elgas Verwandte geschehen war, durch den schrankenlosen Aufwand der letzten Zeit, des Grafen Vermögensstand erschüttert war und schleunige Vorsorge erheischte. Das Schlimmste zu dieser Verwirrung hatten Elgas beide Brüder getan. Wie denn überhaupt das Unglück nur Besserungsfähige bessert, so war die alles verschlingende Genußliebe des leichtfertigen Paares durch die lange Entbehrung nur noch gieriger geworden. Auf die Kasse des Grafen mit ihrem Unterhalte angewiesen, hatten sie den überschwenglichsten Gebrauch von dieser Zugestehung gemacht, und nachdem der in Seligkeit schwimmende Graf auf die ersten Anfragen seiner besorgten

Geschäftsleute ungeduldig die Antwort erteilt hatte: man solle es nicht zu genau nehmen und seinen Schwägern geben, was sie bedürften, war bald des Forderns und Nehmens kein Ende.

Der Graf übersah mit einem Blicke das Bedenkliche seiner Lage, und ordnungsliebend, wie er war, hatte für ihn ein rasches Umkehren von dem eingeschlagenen Tummelpfade nichts Beängstigendes. Nur der Gedanke an Elga machte ihm bange. Wird das heitere, in unbefangenem Frohsinn so gern hinschwebende Wesen —? Aber es mußte sein, und der Graf tat, was er mußte. Mit klopfendem Herzen trat er in Elgas Gemach. Aber wie angenehm ward er überrascht, als, da er kaum die Verhältnisse auseinandergesetzt und die Notwendigkeit geschildert hatte, die Stadt zu verlassen, um auf eigener Scholle den Leichtsinn der letztverflossenen Zeit wiedergutzumachen, als, bei der ersten Andeutung schon, Elga an seine Brust stürzte und sich bereitwillig und erfreut erklärte. Was er wolle, was er gebiete, sie werde nur gehorsam sein! Dabei stürzten Tränen aus ihren Augen, und sie wäre zu seinen Füßen gefallen, wenn er es nicht verhindert, sie nicht emporgehoben hätte zu einer langen, Zeit und Außenwelt aufhebenden Umarmung.

Alle Anstalten zur Abreise wurden gemacht, Starschensky, der, von Jugend auf an Einsamkeit gewohnt, alle Freuden des Hofes und der Stadt nur in der Freude, die seine Gattin daran zeigte, genossen hatte, segnete beinahe die Unfälle, die ihn zwangen, in den Schoß seiner ländlichen Heimat zurückzukehren. Elga packte und sorgte, und in den ersten Nachmittagsstunden eines warmen Maitages war man mit Kisten und Packen in dem altertümlichen Stammschlosse angekommen, das, neu eingerichtet und aufs beste instand gesetzt, durch Nachtigallenschlag und Blütenduft wetteifernd ersetzte, was ein verwöhnter Geschmack im Vergleich mit den Palästen der Städte allenfalls hätte vermissen können.

Bald nach der Ankunft schien sich zum Teile aufzuklären,

warum Elgan die Änderung der bisherigen Lebensweise so leicht geworden war. Sie stand in den ersten Monaten einer bis jetzt verheimlichten Schwangerschaft, und Starschensky, mit der Erfüllung aller seiner Wünsche überschüttet, kannte keine Grenzen seines Glücks.

Frühling und Sommer verstrichen unter ländlichen Ergötzlichkeiten, ordnenden Einrichtungen und frohen Erwartungen. Als das Laub gefallen war und rauhe Stürme, die ersten Boten des Winters, an den Fenstern des Schlosses rüttelten, nahte Elgan die ersehnte und gefürchtete Stunde: sie gebar, und ein engelschönes kleines Mädchen ward in die Arme des Grafen gelegt, der die Tochter mit segnenden Tränen benetzte. Leicht überstanden, wie die Geburt, waren die Folgen, und Elga blühte bald wieder einer Rose gleich.

So viel günstige Vorfälle wurden leider durch unangenehme Nachrichten aus der Hauptstadt unterbrochen. Der alte Starost, Elgas Vater, war gestorben und hatte seine Umstände in der größten Zerrüttung hinterlassen. Die beiden Söhne, in ihrer tollen Verschwendung nicht mehr von ihrem bedächtlicher gewordenen Schwager unterstützt, häuften Schulden auf Schulden, und ihre Gläubiger, die in Hoffnung auf den Nachlaß des alten Vaters zugewartet hatten, sahen sich zum Teile in ihrer Erwartung dadurch getäuscht, daß in dem Testamente des Starosten eine beträchtliche Summe, infolge einer früher geschehenen förmlichen Schenkung, an jenen armen Vetter Oginsky überging. Dieser Vetter war, wie bekannt, seit längerer Zeit verschwunden. Er mußte aber doch noch leben und sein Aufenthalt nicht jedermann ein Geheimnis sein, denn die ihm bestimmte Summe ward gefordert, übernommen, und die Sache blieb abgetan.

Zu den Verschwendungen der beiden Laschek gesellten sich überdies noch Gerüchte, als ob sie neuerdings verbotene Anschläge hegten und Parteigänger für landesschädliche Neuerungen würden. Starschensky sah sich aufs überlästigste von seinen Schwägern und ihren Gläubigern bestürmt, er wies aber, nachdem er getan, was in seinen Kräften stand, alle weitere Anforderung standhaft von sich und hatte das Vergnügen, Elgan in ihren Gesinnungen mit den seinigen ganz übereinstimmen zu sehen. Ja, als die Brüder, gleichsam zum letzten Versuch, sich auf dem Schlosse des Grafen einfanden, sahen sie sich von der Schwester mit Vorwürfen überhäuft, und man schied beinahe in Feindschaft.

So gingen mehr als zwei Jahre vorüber, und der Friede des Hauses blühte, nach überstandenen Stürmen, nur um so schöner empor. Sah sich gleich der Graf in seinen Wünschen nach einem männlichen Stammhalter fortwährend getäuscht, so wendete sich dafür eine um so größere, eine ungeteilte Liebe auf das teure, einzige Kind.

Kaum konnte aber auch etwas Reizenderes gedacht werden als das kleine, rasch sich entwickelnde Mädchen. In allen schon angekündigten Formen der Mutter Abbild schien sich die schaffende Natur bei dem holden Köpfchen in einem seltsamen Spiele gefallen zu haben. Wenn Elga bei der Schwärze ihrer Haare und Brauen durch ein hellblaues Auge auf eine eigene Art reizend ansprach, so war bei dem Kinde diese Verkehrung des Gewöhnlichen nachgeahmt, aber wieder verkehrt; denn goldene Locken ringelten sich um das zierliche Häuptchen, und unter den langen blonden Wimpern barg sich, wie ein Räuber vor der Sonne, das große, schwarzrollende Auge. Der Graf scherzte oft über diese, wie er es nannte, auf den Kopf gestellte Ähnlichkeit, und Elga drückte dann das Kind inniger an sich, und ihre Lippen hafteten auf den gleich geschwellten, strahlenden von gleichem Rot.

Der Graf widmete alle Stunden, die er nicht den häuslichen Freuden schenkte, einzig der Wiederherstellung seiner durch die unüberlegte Freigebigkeit an Elgas Verwandte herabgekommenen Vermögensumstände und der Verbesserung seiner Güter. Tagelang durchging er Meierhöfe und Fruchtscheuern, Saatfelder und Holzschläge, immer von seinem Hausverwalter begleitet, einem alten redlichen Manne, der, vom Vater auf den vererbt, dessen ganzes Vertrauen besaß. Schon seit längerer Zeit bemerkte Starschensky eine auffallende Düsterheit in den Zügen des Alten. Wenn er unvermutet sich nach ihm umwendete, überraschte er das sonst immer heitere Auge beinahe wehmütig auf sich geheftet. Doch schwieg der Mann.

Einst, als beide die Hitze eines brennenden Vormittags mit den Schnittern geteilt hatten und der Graf, im Schatten eines Erlenbusches gelagert, mit Behagen einen Trunk frischen Wassers aus der Hand seines alten Dieners empfing, da rief dieser losbrechend aus: ›Wie herrlich Gottes Segen auf den Feldern steht! Wie glücklich sich der Besitzer von dem allen fühlen muß!‹ – ›Das tut er auch‹, entgegnete, kopfnickend und zu wiederholtem Trinken ansetzend, der Graf. – ›Es begreift sich allenfalls noch‹, fuhr der Alte fort, ›wie es in den Städten Unzufriedene gibt, die an Staat und Ordnung rütteln und denen die Gewalt nichts zu Danke machen kann, aber auf dem Lande, in Wald und Feld, fühlt man's deutlich, daß doch am Ende Gott allein alles regiert; und der hat's noch immer gut gemacht bis auf diesen Augenblick. Aber die Ruhestörer haben keine Rast, bis sie alles verwirrt und zerrüttet, Vater und Bruder in ihr Netz gezogen, Schwester und Schwäger. Gottes Verderben über sie!‹ – Der Graf war aufgestanden. ›Ich merke wohl‹, sprach er, ›daß du auf meiner Frauen Brüder zielst. Hast du etwa neuerlich von ihnen gehört?‹ – Da fiel der alte Mann plötzlich zu Starschenskys Füßen, und in heiße Tränen ausbrechend, rief er: ›Herr, laßt Euch nicht verlocken! Denkt an Weib und Kind! An so manches, was Ihr besitzt! An Eurer Väter ruhmwürdigen Namen!‹ – ›Was kommt dir an?‹ zürnte der Graf. – ›Herr‹, rief der Alte, ›Eure Schwäger sinnen Böses, und Ihr wißt um ihr Vorhaben!‹ – ›Spricht der Wahnsinn aus dir?‹ schrie Starschensky. – ›Ich weiß, was ich sage‹, entgegnete der Alte. ›Ein Vertrauter Eurer Schwäger kommt zu Euch heimlich aufs Schloß. Heimlich wird er eingelassen. Tagelang liegt er in der halbverfallenen Warte am westlichen Ende der Tiergartenmauer verborgen.‹ – ›Wer sagt das?‹ – ›Ich, der ich ihn selbst gesehen habe.‹ – ›Heimlich aufs Schloß kommend?‹ – ›Heimlich aufs Schloß!‹ – ›Wann?‹ – ›Oft!‹ – ›Ein Vertrauter meiner Schwäger?‹ – ›In Warschau sah ich ihn an ihrer Seite.‹ – ›Weißt du seinen Namen?‹ – ›Euch ist wohlbekannt, daß ich nur einmal in Warschau war, und da hatte ich Wichtigeres in Eurem Dienste zu schaffen, als mich um die Namen von Eurer Schwäger zahlreichen Zechgesellen zu kümmern. Aber, daß ich ihn mit ihnen sah, des bin ich gewiß.‹ – ›Zu welchen Stunden sahst du ihn aufs Schloß kommen?‹ – ›Nachts!‹ – Starschensky schauderte unwillkürlich zusammen bei dieser letzten Antwort, obgleich eine kurze Besinnung ihm so viele mögliche Erklärungsarten dieser rätselhaften Besuche darbot, daß er bei seiner Nachhausekunft schon wieder beinahe ganz ruhig war. Nur fragte er wie im Vorbeigehen Elgan, ob sie schon lange keine Nachricht von ihren Brüdern erhalten habe. – ›Seit sie zuletzt selbst hier waren, keine‹, entgegnete sie ganz unbefangen. Der Graf gebot dem alten Hausverwalter, dem er seine patriotischen Besorgnisse leicht ausgeredet hatte, das tiefste Stillschweigen über die ganze Sache, beschloß aber doch, wo möglich, näher auf den Grund zu sehen.

Einige Zeit verstrich, da war er eines Nachmittags zu Pferde gestiegen, um eine seiner entfernten Besitzungen zu besuchen, wo er einige Tage zubringen wollte. Schon hatte er einen guten Teil des Weges gemacht, und der Abend fing an einzubrechen, da hörte er hinter sich laut und ängstlich seinen Namen rufen. Umblickend, erkannte er den alten Hausverwalter, der auf einem angetriebenen Pferde keuchend und atemlos ihn einzuholen sich bestrebte und mit Rufen und Händewinken anzuhalten und ihn zu erwarten bat. Der Graf zog den Zügel seines Rosses an und hielt. Angelangt, drängte der Alte sich hart an seinen Herrn und stammelte ihm keuchend seine Kunde ins Ohr. Der Veranlasser seiner Besorgnisse, der rätselhafte Unbekannte, war wieder in der Nähe des Schlosses gesehen worden. Der Graf wandte sein Roß, und eines Laufes sprengten sie den Weg zurück, heimwärts, mit Mühe von den Dienern gefolgt. Eine gute Strecke vom Schlosse stiegen beide ab und gaben die Pferde dem Diener, der angewiesen wurde, ihrer an einem bezeichneten Platze zu harren. Durch Gestrüpp und Dikkicht gingen sie jener Warte zu, wo der Fremde sich am öftesten zeigen sollte. Es war indes dunkel geworden, und der Mond zögerte noch aufzugehen, obschon bereits durch eine dämmernde Helle am Saum des Horizontes angekündigt. Da fiel plötzlich durch die dicht verschlungenen Zweige ein Licht in ihre Augen, in derselben Richtung, in der jene Warte liegen mußte. Sie beeilten sich, den Rand des Waldes zu erreichen, und waren nun am Fuße des von Bäumen entblößten Hügels angekommen, auf dem die Warte stand. Aber kein Licht blickte durch die ausgebröckelten Schußscharten; keine Spur eines menschlichen Wesens. Zwar wollte der alte Verwalter bei dem Schein des eben aufgehenden Mondes frische Fußtritte am Boden bemerken, auch war es keineswegs in der Ordnung, die Türe unverschlossen zu finden; aber das erste Anzeichen konnte täuschen, das andere ließ sich so leicht aus einer Nachlässigkeit des Schloßwarts erklären.

Leichter atmend, ging der Graf mit seinem Begleiter den Hügel herab, dem Schlosse zu. Der Mond warf sein Silber über die ruhig schlummernde Gegend und verwandelte das vor ihnen liegende Schloß in einen schimmernden Feenpalast. In der Seele Starschenskys ging, reizender als je, das Bild seiner Gattin auf. Jetzt erst gestand er sich's, daß ein Teil des in ihm aufkommenden Verdachtes ihr gegolten hatte, und nun, im Gefühle seines Unrechts, ihr Bild, wie sie sorglos schlummernd im jungfräulichen Bette lag, vor den Augen seiner Seele, entstand eine Sehnsucht nach ihr in seinem Innern, wie er sie seit den Tagen des ersten Begegnens, der bräutlichen Bewerbung kaum je empfunden hatte.

So träumte er, so ging er. Da fühlte er sich plötzlich angestoßen. Sein Begleiter war's: der zeigte mit dem Finger vor sich hin in das hell erleuchtete Feld. Starschensky folgte der Richtung und sah eine Mannsgestalt, welche, die vom Monde unerleuchtete, dunkle Seite ihnen zugekehrt, übers Feld dem Schlosse zuschlich. Der Graf war seiner selbst nicht mächtig. Mit einem lauten Ausruf, den gezückten Säbel in der Faust, stürzte er auf die Gestalt los. Der Fremde, frühzeitig gewarnt, floh, vom Schlosse ab, den Bäumen zu. Schon im Begriffe, ihn dahin zu verfolgen, ward der Graf durch eine zweite Erscheinung davon abgehalten, die dicht an der Mauer des Schlosses sich hinschob. Diese zweite ward bald erreicht und gab sich zitternd und bebend als Dortka, der Gräfin Kammermädchen, kund. Auf die erste Frage, was sie hier gemacht, stotterte sie unzusammenhängende Entschuldigungen; die zweite, wie sie hierhergekommen, beantwortete an ihrer Statt das geöffnete Ausfallpförtchen, das, gewöhnlich versperrt und verriegelt, nur auf des Grafen Befehl mit einem Schlüssel, den er selbst verwahrte, geöffnet werden konnte.

Alle Versuche, von dem Mädchen ein Geständnis zu erpressen, waren vergeblich. Da ergriff sie der Graf hocherzürnt bei der Hand und führte sie gewaltsam durch die mannigfach verschlungenen Gänge bis zu den Zimmern seiner Gemahlin, die er noch erleuchtet und unverschlossen fand. Elga selbst war wach und in Kleidern. Der Graf, stotternd vor Wut, erzählte das Geschehene und verlangte, daß das Mädchen entweder augenblicklich bekenne oder auf der Stelle aus Dienst und Hause entfernt werde. Dortka war auf die Knie gefallen und zitterte und weinte.

Starschensky hatte sich seine Gattin verlegen oder seinem gerechten Zorne beistimmend gedacht. Keines von beiden geschah. Kalt und teilnahmslos bat sie ihn anfangs, die Ruhe des Hauses nicht durch sein lautes Schelten zu stören, und als er fortfuhr und die Entfernung des Mädchens begehrte, da erklärte sie mit steigender Wärme: ihr gebühre, über das Verhalten ihrer Dienerinnen zu richten, sie selbst werde untersuchen und entscheiden. Der Graf, außer sich, zog das

Mädchen vom Boden auf, sie gewaltsam aus dem Zimmer zu bringen, aber Elga sprang hinzu, ergriff des Mädchens andere Hand, riß sie zu sich, indem sie ausrief: ›Nun denn, so stoß auch mich aus dem Hause, denn darauf ist es doch wohl abgesehen! Daß ich früher dich so gekannt! Unglückliche, die ich bin!‹ fuhr sie laut weinend fort, ›gekränkt, mißhandelt! Aber schuldlose Diener sollen nicht um meinetwillen leiden!‹ Dabei zeigte sie dem Mädchen mit dem Finger auf die Türe ihres Schlafgemaches; dieses verstand den stummen Befehl und ging eilig hinein. Elga folgte und schloß die Türe hinter sich ab.

Starschensky stand wie vom Donner getroffen. Einmal raffte er sich empor und ging auf das Zimmer seiner Frau zu; halben Weges aber blieb er stehen und versank neuerdings in dumpfes Staunen. Der alte Hausverwalter trat zu ihm und sprach einige Worte; der Graf aber ging ohne Antwort an ihm vorüber zur Türe hinaus, über die Gänge, auf sein Gemach, das im entgegengesetzten Flügel des Schlosses lag. An der Schwelle wendete er sich um, durch eine Bewegung der Hand jede Begleitung zurückweisend, und die Türe ging hinter ihm zu. Wie er die Nacht zubrachte – wer kann es wissen? Der Diener, der des Morgens zu ihm eintrat, fand ihn angekleidet, auf einem Stuhle sitzend. Er schien zu schlafen, doch näher besehen, standen die Augen offen und starrten vor sich hin. Der Diener mußte einigemal seinen Namen nennen, bis er sich bewegte. Dann erst meldete jener seine Botschaft, indem er ihn im Namen der Gräfin bat, das Frühstück auf ihrem Zimmer einzunehmen. Starschensky sah ihn staunend an, dann aber stand er auf und folgte schweigend, wohin jener ihn, vortretend, geleitete.

Heiter und blühend, als ob nichts vorgefallen wäre, kam ihm Elga entgegen; sie erwähnte halb scherzend die Ereignisse der verflossenen Nacht. Das Kammermädchen ward eines heimlichen Liebeshandels angeklagt, Dortka selbst gerufen, die ein unwahrscheinliches Märchen unbeholfen genug erzählte. Zuletzt bat sie um Verzeihung, welche die

Gräfin, mit Rücksicht auf sonst gezeigtes gutes Betragen, im eigenen und ihres Gatten Namen großmütig erteilte. Der Graf, am Schlusse doch auch um seine Zustimmung befragt, erteilte diese kopfnickend, und das Mädchen blieb im Hause.

Schweigend nahm Starschensky das Frühstück ein, stumm ging er aus dem Schlosse. Der alte Hausverwalter, der ihm auf seinem Wege entgegenkam, wagte, neben ihm hergehend, nicht, das Stillschweigen zu brechen, und suchte nur in den zerstörten Zügen seines Herrn Antwort auf seine zurückgehaltenen Fragen und Zweifel. So gingen sie, so verrichteten sie ihre Geschäfte, wie sonst, wie immer. Der Graf bestrebte sich nicht bloß, über die Vorfälle des gestrigen Tages nichts zu denken, er dachte wirklich nichts. Denn wenn der verfolgte Strauß sein Haupt im Busch verbirgt und wähnt, sein Nichtsehen der Gefahr sei zugleich ein Nichtdasein derselben, so tut der Mensch nicht anders. Unwillkürlich schließt er sein Auge vor einem hereinbrechenden Unvermeidlichen, und jedes Herz hat seine Geheimnisse, die es absichtlich verbirgt vor sich selbst.

Einige Tage darauf wollte Starschensky eintreten bei seiner Gemahlin. Es hieß, sie sei im Bade; doch hörte er die Stimme seines Kindes im nächsten Gemache, und er ging hinein. Da fand er die Kleine am Boden sitzend, mitten in einer argen Verwirrung, die sie angerichtet. Elgas Schmuck und Kleinodien lagen rings um das Kind zerstreut, und das offene, umgestürzte Schmuckkästchen nebst dem herabgezogenen Teppich des danebenstehenden Putztisches zeigte deutlich die Art, wie es sich das kostbare Spielzeug verschafft hatte. Starschensky trat gutmütig scheltend hinzu, stritt dem Kinde Stück für Stück seinen Raub ab und versuchte nun, die glänzenden Steine wieder an ihre Stelle zu legen. Der Deckel des Schmuckkästchens, augenscheinlich ein doppelter, war durch den Sturz vom Tische aus den Fugen gewichen, und da der Graf versuchte, ihn, mit dem Finger drückend, wieder zurückzupressen, fiel der innere Teil der doppelten Verkleidung auf den Boden und zeigte in dem zurückgebliebenen hohlen Raume ein Porträt, das, schwach eingefügt, leicht von der Stelle wich und das nun der Graf hielt in der zitternden Hand.

Es war das Bild eines Mannes in polnischer Nationaltracht. Das Gefühl einer entsetzlichen Ähnlichkeit überfiel den Grafen wie ein Gewappneter. Da war das oft besprochene Naturspiel mit den schwarzen Augen und blondem Haare, wie – bei seinem Kinde. – Er sah das Mädchen an, dann wieder das Bild. – Diese Züge hatte er sonst schon irgend gesehen; aber wann? Wo? – Schauer überliefen ihn. – Er blickte wieder hin. Da schaute ihn sein Kind mit schwarzen Schlangenaugen an, und die blonden Haare loderten wie Flammen, und die Erinnerung an jenen verschmähten Vetter in Warschau ging gräßlich in ihm auf. – ›Oginsky!‹ schrie er und hielt sich am Tische, und die Zähne seines Mundes schlugen klappernd aneinander.

Ein Geräusch im Nebenzimmer schreckte ihn empor. Er befestigte den Deckel an seine Stelle, schloß das Kästchen, das Bild hatte er in seinen Busen gesteckt; so floh er, wie ein Mörder.

Diesen Tag ward er im Schlosse nicht mehr gesehen. Sein Platz blieb leer am Mittagstische. Gegen Abend kam er ins Zimmer der Wärterin und verlangte nach dem Kinde. Das nahm er bei der Hand und führte es in den Garten, der einsam gelegenen Mooshütte zu. Dort fand ihn nach einer Stunde der suchende Hausverwalter, in eine Ruhebank zurückgelehnt. Das Kind stand zwischen seinen Knien, er selbst hielt ein Bild in der Hand, abwechselnd auf dieses, dann auf die Kleine blickend, wie einer, der vergleicht – meinte der alte Mann.

Am folgenden Morgen war Starschensky verreist, niemand wußte, wohin. Er aber war in Warschau; dort forschte er, zu spät, nach Elgas früheren Verhältnissen. Er erfuhr, daß sie und Oginsky, der in des alten Starosten Hause erzogen war, sich schon frühzeitig geliebt, daß, aus Besorgnis vor der wachsenden Vertraulichkeit, der aussichtslose Vetter entfernt wurde; daß, aus seiner Verbannung zurückkehrend, kurz vor Starschenskys Vermählung, er seine Ansprüche erneuert habe und jene bedeutende Summe Geldes, die in des alten Laschek Letztem Willen ihm zugedacht war, zum Teil der Preis seines Rücktrittes war; daß Elga sich nur schwer von ihm getrennt und seine Armut und Starschenskys Reichtum, verbunden mit dem Andringen ihrer Verwandten, der Hauptgrund ihrer Einwilligung zur Verbindung mit dem Grafen gewesen war. All diese Geheimnisse soll einer von Elgas Brüdern, gegen den er sich zur rechten Zeit freigebig zeigte, dem Grafen für Geld verraten und ihm zugleich den Ort angezeigt haben, wo Oginsky, einem geleisteten Schwur zufolge, sich verborgen hielt.

Auf dem Schlosse herrschte unterdessen Unruhe und Besorgnis. Elga selbst war übrigens augenscheinlich die Ruhigste von allen. Sie schien das befremdliche Betragen ihres Gatten noch auf Rechnung jener nächtlichen Überraschung zu schieben, über die, da durchaus niemandem etwas Bestimmtes zur Last gelegt werden konnte, der Graf, wie sie hoffte, sich am Ende wohl selbst beruhigen werde. Jenes Kammermädchen war noch immer in ihren Diensten.

Unvermutet erschien nach einiger Zeit der Graf auf der Grenze seiner Besitzung, in seinem Gefolge ein verschlossener Wagen, von dessen Inhalt niemand wußte. Eine verhüllte Gestalt, vielleicht durch Knebel am Sprechen verhindert, ward herausgeschoben und dem durch Briefe im voraus an die Grenze beschiedenen Hausverwalter übergeben. Die alte Warte an der Westseite des Tiergartens, seitdem sorgfältig verschlossen, nahm die sonderbare Erscheinung in ihren Gewahrsam, und dunkle Gerüchte verbreiteten sich unter den Bewohnern der Umgegend.

Der Graf ging auf sein Schloß. Laut jubelnd kam ihm Elga entgegen, das Kind an ihrer Hand. Er hörte, wie unruhig man über seine plötzliche Abreise gewesen, wie sehnlich man ihn zurückerwartet. Der Kleinen Fortschritte wurden angerühmt, einige Proben der erlangten Geschicklichkeit auf der Stelle abgelegt. Da die Zeit des Abendessens gekommen war, erklärte Starschensky sich unpaß und ermüdet von der Reise. Er ging, trotz aller Gegenvorstellungen, allein auf sein Zimmer, wo er sich einschloß. Doch war sein Bedürfnis nach Ruhe nur vorgegeben, denn nachts verließ er sein Gemach und ging allein nach der Warte, wo er bis zum grauenden Morgen blieb.

Am darauffolgenden Tage war Elga verdrießlich, schmollend. Des Grafen nächtlicher Gang war nicht unbemerkt geblieben. Elga fand sich vernachlässigt und zeigte ihre Unzufriedenheit darüber. Starschensky unterbrach ihre mißmutigen Äußerungen, indem er von ihrer beiderseitigen Lage zu sprechen anfing. Er bemerkte, daß bei seinem jetzigen Aufenthalte in Warschau, bei dem erneuten Anblick der Zerstreuungen jener genußliebenden Stadt es ihm klargeworden, wie ein so reizendes, lebensfrohes Wesen, wie Elga, auf dem Lande gar nicht an ihrer Stelle sei. Er fragte sie, ob sie den Aufenthalt in der Hauptstadt vorziehen würde? – An seiner Seite, ja! entgegnete sie. – Er selbst, versicherte der Graf, werde durch seine Geschäfte auf den Gütern festgehalten; seine Vermögensumstände seien schlimmer, als man geglaubt, er müsse bleiben. Dann bleibe auch sie, sagte Elga. An seiner Seite wolle sie leben und sterben. Nun verwünschte sie die beiden Brüder, die durch ihre unverschämten Forderungen den allzu guten Gatten in so manche Verlegenheit gestürzt. Sie versicherte, nun aber auch jeden Rest von Liebe für sie abgelegt zu haben. Wenn ihre Brüder bettelnd vor der Türe ständen, sie würde nicht öffnen, sagte sie. Der Graf übernahm zum Teil die Verteidigung seiner Schwäger. Er habe sie in Warschau gesprochen. Es war einer ihrer Verbannungsgefährten bei ihnen, wie hieß er doch? – Elga sann gleichfalls nach. – ›Oginsky!‹ rief der Graf und blickte sie rasch an. Sie veränderte nicht eine Miene und sagte: ›Die Genossen meiner Brüder sind alle schlecht, dieser aber ist der schlechteste!‹ – ›Welcher?‹ – ›Den du nanntest!‹ – ›Welcher war das?‹ – ›Nun, Oginsky!‹ antwortete sie, und ein leichtes Zucken in ihren Zügen verriet eine vorübergehende Bewegung.

Der Graf war ans Fenster getreten und blickte hinaus. Elga folgte ihm, sie lehnte den Arm auf seine Schulter. Der Graf stand unbeweglich. ›Starschensky‹, sagte sie, ›ich bemerke eine ungeheure Veränderung in deinem Wesen. Du liebst mich nicht wie sonst. Du verschweigst mir manches.‹ Der Graf wendete sich um und sagte: ›Nun denn, so laß uns reden, weil du Rede willst. Du kennst die Zerrüttung meiner Vermögensumstände, du kennst deren Ursache. Was noch sonst mich drückt, weiß nur ich. Wenn nun diese Ereignisse schwer auf mir liegen, so martert nicht weniger der Gedanke, daß ich die Ursache wohl gar selbst herbeigeführt habe. Gewiß war der Leichtsinn tadelnswert, mit dem ich das Erbe meiner Väter verwaltete; vielleicht war ich aber sogar damals strafbar, als ich, der Störrische, an Abgeschiedenheit Gewohnte, um die Hand des lebensfrohen Mädchens warb, unbekümmert, ob ich sie, meine Frau geworden, zu einer Lebensart verdammte, deren Einförmigkeit ihr unerträglich werden mußte.‹ – ›Starschensky!‹ sagte Elga und sah ihn mit schmeichelndem Vorwurfe an. – ›Man hat mir fremde Dienste angeboten‹, fuhr Starschensky fort, ›und genau besehen, ist es vielleicht am besten, ich meide für einige, vielleicht für längere Zeit das Land meiner Väter. Gestern noch waren meine Entschlüsse finsterer. Aber die Überlegung der heutigen Nacht zeigte mir diesen Entschluß als den besten.‹ – ›Heute nacht‹, versetzte Elga mißtrauisch, ›heute nacht hast du überlegt? Und wo? Auf jener Warte etwa?‹ Und da Starschensky betroffen zurückfuhr: ›Hab ich dich?‹ fuhr sie fort. ›Von dorther holst du deine Besorgnisse? Von dorther deinen Wunsch zu reisen? Und die Reisegefährtin wohl auch? Durch das Gerücht mußte ich erfahren, wie eine verhüllte Gestalt, wahrscheinlich eine glücklichere Geliebte, dort abgesetzt ward, zu der du nun allnächtlich die Zärtlichkeit trägst, die du an dem Altare *mir* zugeschworen? Ist das mein Lohn? Komm!‹ wendete sie sich zu dem danebenstehenden Kinde, ›komm! Wir sind ihm zur Last! Er hat andere Freuden kennengelernt als in dem Kreise der Seinen!‹ Damit wendete sie sich zum Gehen. Ein gellendes Hohngelächter entfuhr dem Munde des Grafen, über das er selbst zusammenschrak, wie über das eines anderen. Elga wendete sich um. ›Ich wußte wohl‹, sagte sie, ›daß es nur Scherz war. Aber die Enthüllung des Geheimnisses jener Warte ersparst du dir doch nicht. Ich muß selbst schauen, was sie verbirgt. Versprichst du mir das?‹ Der Graf war auf ein Ruhebett gesunken und verhüllte das Gesicht in seine beiden Hände. Da hörte er eine Türe gehen. Durch die Finger blickend, sah er das Kammermädchen seiner Frau, die eben mit ihrem Nachtzeuge eintreten wollte, und Elgan, die mit einem listigen Gesichte ihr Entfernung zuwinkte. Elga nahte hierauf dem Ruhebette, und sich neben ihren Gatten hinsetzend, sprach sie: ›Komm, Starschensky, laß uns Frieden schließen! Wir haben uns ja doch schon so lange nicht ohne Zeugen gesprochen.‹ Damit neigte sie ihre Wange an die seinige und zog eine seiner Hände an ihr klopfendes Herz. Ein Schauder überfiel den Grafen. Höllenschwarz stand's vor ihm. Er stieß sein Weib zurück und entfloh.

Mitternacht hatte geschlagen. Alles im Schlosse war stille. Elga schlief in ihrem Zimmer. Da fühlte sie sich angefaßt, und aus dem Schlafe emporfahrend, sah sie beim Schein der Nachtlampe ihren Gatten, der, eine Blendlaterne in der Hand, sie aufstehen und sich ankleiden hieß. Auf ihre Frage ›Wozu?‹ entgegnete er: Sie habe Verlangen gezeigt, die Geheimnisse jener Warte kennenzulernen. Am Tage ginge das nicht an; wenn sie aber Finsternis und Nachtluft nicht scheue, so möge sie ihm folgen. ›Aber hast du nichts Arges im Sinne?‹ sagte die Gräfin. ›Du warst gestern abend so sonderbar!‹ – ›Wenn du nicht folgen willst, so bleibe!‹ sprach Starschensky und war im Begriffe, sich zu entfernen. ›Halt!‹ rief Elga. ›Wenn Furchtsamkeit der Weiber allgemeines Erbteil ist, so bin ich kein Weib. Auch muß dieser Zustand von

Ungewißheit enden. Vielleicht bist du in dich gegangen, hast erkannt.‹ – ›Wenn du dich überzeugen willst‹, sprach Starschensky, ›so steh auf und folge mir.‹ – Elga war aus dem Bette gesprungen und hatte einen Schafpelz übergeworfen. Sie wollte gehen. Aber indes war das Kind erwacht, das in dem Bette ihr zur Seite schlief. Es fing an zu weinen. ›Dein Kind wird die Bewohner des Schlosses wecken‹, sagte der Graf. Da, ohne ein Wort zu sprechen, nahm Elga die Kleine empor, wickelte sie in ein warm verhüllendes Tuch, und das Kind auf dem Arme, folgte sie dem leitenden Gatten.

Die Nacht war kühl und dunkel. Die Sterne zwar schimmerten tausendfältig am trauergefärbten Himmel, aber kein Mond beleuchtete der Wandler einsamen Pfad, nur des Grafen Blendlaterne warf kurze Streiflichte auf den Boden und die untersten Blätter der mitternächtig schlummernden Gesträuche.

So hatten sie den von seiner ehemaligen Benützung so genannten Tiergarten durchschritten und waren nun bei jener Warte angelangt, dem eigentlichen Ziele ihrer Wanderung. Da wendete der Graf sich um zu seiner Gattin und sprach: ›Du bist nun im Begriffe, das verborgenste Geheimnis deines Gatten zu erforschen. Du willst ihn überraschen über dem Bruche seiner ehelichen Treue, ihn beschämen im Beisein einer verworfenen Geliebten. Es ist billig, daß Gefahr und Vorteil auf beiden Seiten gleich sei. Bevor du eintrittst, schwöre mir, daß du selber nie eines gleichen Fehls dich schuldig gemacht, daß du rein seist an dem Verbrechen, dessen du zeihst deinen Gatten.‹ – ›Du suchst Ausflüchte‹, sprach Elga. ›Weib‹, fuhr der Graf fort, ›durchgeh in Gedanken dein verflossenes Leben, und wenn du ein Makel, ich will nicht sagen, ein Brandmal, darin entdeckst, so tritt nicht ein in dieses Gemäuer.‹ Elga drängte sich, am Grafen vorbei, dem Eingange zu. Er stellte sich ihr von neuem in den Weg, indem er ausrief: ›Du gehst nicht ein, bevor du mir's eidlich versicherst. Lege die Hand auf das Haupt deines Kindes und schwöre!‹ Da legte Elga die Rechte auf das

Haupt der schlummernden Kleinen und sprach: ›So überflüssig mir ein solcher Schwur scheint, so gut du selbst davon überzeugt bist, wie sehr er es sei, so bekräftige ich doch . . .‹ – ›Halt!‹ schrie Starschensky. ›Es ist genug. Tritt ein und sieh!‹

Der Graf schloß auf. Sie stiegen eine schmale Wendeltreppe hinan, die zu einer gleichfalls verschlossenen Türe führte. Der Graf öffnete auch diese, und nun traten sie in ein geräumiges Gemach, dessen innerer Teil durch einen dunklen Vorhang abgeschlossen war. Der Graf setzte Stühle an einem vorgeschobenen Tische zurecht, entzündete an dem Lichte seiner Blendlaterne zwei Wachskerzen in schweren, ehernen Leuchtern, zog aus der Schublade des Tisches ein Heft Papier hervor und winkte seiner Frau, sich zu setzen, indem er sich gleichfalls niederließ. Elga sah rings um sich her, bemerkte aber niemand. Sie saß und hörte.

Da begann der Graf, dem Lichte näher rückend, zu lesen aus den Papieren, die er hielt: ›Auch bekenne ich, mit der Tochter des Starosten Laschek unerlaubte Gemeinschaft gepflogen zu haben; vor und nach ihrer Vermählung mit dem Grafen Starschensky. Ihrer Ehe einziges Kind . . .‹ – ›Unerhörte Verleumdung‹, schrie Elga und sprang auf. ›Wer wagt es, mich solcher Dinge zu zeihen?‹ – ›Oginsky‹, rief der Graf. ›Steh auf und bekräftige deine Aussage!‹ Bei diesen Worten hatte er den Vorhang hinweggerissen, und eine Mannesgestalt zeigte sich, auf Stroh liegend, mit Ketten an die Wand gefesselt. ›Wer ruft mich?‹ fragte der Gefangene. ›Elga ist hier‹, sagte der Graf, ›und fragt, ob es wahr sei, daß du mit ihr gekost?‹ – ›Wie oft soll ich's noch wiederholen?‹ sagte der Mann, sich in seinen Ketten umkehrend. – ›Hörst du?‹ schrie der Graf zu seiner Gattin, die bleich und erstarrt dastand. ›Nimm hier den Schlüssel und öffne die Fesseln dieses Mannes!‹ Elga zauderte. Da riß der Graf seinen Säbel halb aus der Scheide, und sie ging. Klirrend fielen die Ketten ab, und Oginsky trat vor. ›Was wollt Ihr von mir?‹ sagte er. ›Du hast mich im tiefsten verletzt‹, sprach der Graf. ›Du weißt, wie Männer und Edelleute ihre Beleidigungen abtun. Hier nimm diesen Stahl‹, fuhr er fort, indem er einen zweiten Säbel aus seinem Oberrocke hervorzog, ›und stelle dich mir!‹ – ›Ich mag nicht fechten‹ sagte Oginsky. – ›Du mußt!‹ schrie Starschensky und drang auf ihn ein. Mittlerweile hörte man Geräusch auf der Treppe. Elga, die unbeweglich dagestanden hatte, sprang jetzt der Türe zu und versuchte, diese zu öffnen, indem sie laut um Hilfe schrie. Starschensky ereilte sie, da sie eben nach der Klinke griff, stieß das Weib zurück und schloß die Türe ab. Die Zwischenzeit benützte Oginsky, und während der Graf noch am Eingange beschäftigt war, riß er das Fenster auf und sprang hinab. Der Fall war nicht tief; Oginsky erreichte unbeschädigt den Boden, und ehe der Graf von der Türe weg zum Fenster eilte, verhallten bereits die Fußtritte des Entflohenen in weiter Entfernung.

Der Graf wendete sich nun zu seiner Gemahlin. ›Dein Mitschuldiger ist entflohen‹, sagte er, ›aber du entgehst mir nicht.‹ – ›Kannst du jene Verleumdung glauben?‹ stammelte Elga. – ›Ich glaube dem, was ich weiß‹, sprach Starschensky, ›und dem Stempel der Ähnlichkeit in den Zügen dieses Kindes. Du mußt sterben‹, sagte er, ›und zwar hier auf der Stelle!‹ – Elga war auf die Knie gefallen. ›Erbarme dich meines Lebens!‹ rief sie. ›Beginne mit mir, was du willst! Verbanne mich! Verstoße mich! Heiße mich in einem Kloster, in einem Kerker den Rest meiner Tage vollbringen, nur laß mich leben!, leben!‹ – Der Graf bedachte sich eine Weile, dann sprach er: ›Weil du denn dieses schmacherfüllte, scheußliche Dasein schätzest über alles, so wisse: ein einziges Mittel gibt es, dich zu retten.‹ – ›Nenn es, nenne es‹, wimmerte Elga. – ›Der Brandfleck meiner Ehre‹, sprach der Graf, ›ist dies Kind. Wenn *seine* Augen der Tod schließt, wer weiß, ob mein Grimm sich nicht legt. Wir sind allein, niemand sieht uns, Nacht und Dunkel verhüllen die Tat. Geh hin und töte das Kind!‹ – ›Wie, ich?‹ schrie Elga. ›Töten? Mein Kind? Unmenschlicher! Verruchter! Was sinnst du mir zu?‹ – ›Nun denn!‹ rief Starschensky und hob den weggeworfenen Säbel vom Boden auf. – ›Halt!‹ schrie Elga. ›Halt! Ich will!‹ Sie stürzte auf ihr Kind los und preßte es an ihren Busen, bedeckte es mit Tränen. – ›Du zauderst?‹ schrie Starschensky und machte eine Bewegung gegen sie. – ›Nein! Nein!‹ rief Elga. ›Verzeihe mir Gott, was ich tun muß, was ich nicht lassen kann. Verzeihe du mir, zum Unglück Geborenes!‹ Damit hatte sie das Kind wiederholt an ihre Brust gedrückt; mit weggewandtem Auge ergriff sie eine große Nadel, die ihren Pelz zusammenhielt; das Werkzeug blinkte, der bewaffnete Arm . . . ›Halt!‹ schrie plötzlich Starschensky. ›Dahin wollt ich dich haben! Sehen, ob noch eine Regung in dir, die wert des Tages. Aber es ist schwarz und Nacht. Dein Kind soll nicht sterben, aber, Schändliche, du!‹ Und damit stieß er ihr den Säbel in die Seite, daß das Blut in Strömen emporsprang und sie hinfiel über das unverletzte Kind.

Dieselbe Nacht war eine des Schreckens für die Bewohner der umliegenden Gegend. Von einer Feuerröte am Himmel aufgeschreckt, liefen sie zu und sahen die alte Warte an der Westseite der Tiergartenmauer von Starschenskys Schlosse in hellen Flammen. Alle Versuche zu löschen waren vergebens; bald standen nur schwarze Mauern unter ausgebrannten, rauchenden Trümmern. Man wollte den Grafen wecken; er fehlte, mit ihm sein Weib, sein Kind. Die Brandstätte war durchsucht, und zwar allerdings menschliches Gebein aufgefunden, aber sollten das die Reste dreier Menschen sein?

Beim Scheiden derselben Nacht aber fühlte sich ein armes Köhlerweib im Gebirge die Glücklichste aller Sterblichen. Denn als sie mit ihrem Manne lag und schlief, pochte es an der Hüttentüre. Sie stand auf und öffnete; da sah sie im Scheine des anbrechenden Morgens ein weinendes Kind von etwa zwei Jahren vor sich stehen, statt aller Kleider in ein weites Tuch gehüllt, ein Kästchen neben sich. Geöffnet, zeigte dieses mehr Gold, als sich das arme Paar je beisammen geträumt hatte. Ein paar beigelegte Zeilen empfahlen das Kind der Vorsorge der beiden und versprachen fernere Geldspenden in der Zukunft.

Nach zwei Tagen erschien der Graf wieder in der Mitte der Seinigen, aber nur, um sich zu einer Reise nach Warschau zu bereiten. Dort angelangt, suchte und erhielt er persönliches Gehör beim Könige, nach dessen Beendigung der Fürst, sichtbar erschüttert, seinen Kanzler holen ließ und ihm offene Briefe anzufertigen befahl, welche dem Grafen Starschensky, als letztem seines Stammes, die freie Verfügung über seine Lehensgüter einräumten.

Die Güter selbst wurden teils verkauft und der Erlös zur Tilgung von Schulden verwendet, teils als Stiftung einem Kloster zu Eigentume gegeben, das man nicht fern von der Stelle zu bauen anfing, wo die alte, abgebrannte Warte gestanden hatte. Das ist die Geschichte dieses Klosters«, endete der Mönch.

»Der Graf selbst aber?« fragte einer der Fremden.

»Ich habe Euch gleich anfangs gewarnt«, sagte der Mönch, »nicht weiter zu fragen, wenn ich aufhöre, nun tut Ihr's aber doch! Zahlreiche Seelmessen wurden gestiftet für die Ruhe derjenigen, die eine rasche Gewalttat hinweggerafft in der Mitte ihrer Sünden; um Vergebung für den Unglücklichen, der in verdammlicher Übereilung Verbrechen bestraft durch Verbrechen. Der Graf war Mönch geworden in dem von ihm gestifteten Kloster. Anfangs fand er Trost in der Stille des Klosterlebens, in der Einförmigkeit der Bußübungen. Die Zeit aber, statt den Stachel abzustumpfen, zeigte ihm stets gräßlicher seine Tat. Über ihn kam seines Stammes tatenheischender Geist, und die Einsamkeit der Zelle ward ihm zur Folterqual. In Zwiesprache mit Geistern und gegen sich selber wütend, hütete man ihn als Wahnsinnigen manches Jahr. Endlich geheilt, irrte er bei Tag umher; jedes Geschäft war ihm Erquickung, an den Bäumen des Forstes übte er seine Kraft. Nur nachts, um die Stunde, da die beklagenswerte Tat geschah, die erste nach Mitternacht, wenn die Totenfeier beginnt . . .« So weit war er in seiner Erzählung gekommen, da ward diese durch die ersten Töne eines aus der Klosterkirche herübertönenden Chorgesanges unterbrochen; zugleich schlug die Glocke ein Uhr.

Bei den ersten Lauten schütterte der Mönch zusammen. Seine Knie schlotterten, seine Zähne schlugen aneinander, er schien hinsinken zu wollen, als sich plötzlich die Türe öffnete und der Abt des Klosters in hoch aufgerichteter Stellung, das Kreuz seiner Würde funkelnd auf der Brust, in die Schwelle trat. »Wo bleibst du, Starschensky?« rief er. »Die Stunde deiner Buße ist gekommen.« Da wimmerte der Mönch, und zusammengekrümmt wie ein verwundetes Tier, in weiten Kreisen, dem Hunde gleich, der die Strafe fürchtet, schob er sich der Türe zu, die der Abt, zurücktretend, ihm frei ließ. Dort angelangt, schoß er wie ein Pfeil hinaus, der Abt, hinter ihm, schloß die Türe.

Noch lange hörten die Fremden dem Chorgesange zu, bis er verklang in die Stille der Nacht und sie ihr Lager suchten zu kurzer Ruhe.

Am Morgen nahmen sie Abschied vom Abte, ihm dankend für die gastfreundliche Bewirtung. Der Jüngere gewann es über sich, nach dem Mönche der gestrigen Nacht zu fragen, worauf der Prälat, ohne zu antworten, ihnen eine glückliche Reise wünschte.

Sie zogen nach Warschau und nahmen sich vor, auf der Rückreise weitere Kunde von dem Zustande des Mönches einzuziehen, in dem sie wohl den unglücklichen Starschensky erkannt hatten. Aber eine Änderung in ihren Geschäften schrieb ihnen eine andere Straße zur Rückkehr vor, und nie mehr haben sie etwas von dem Mönche und dem Kloster bei Sendomir gehört.

Johann Gabriel Seidl

Stumme Rache

»Du hast etwas auf dem Herzen, Pietro, ich sehe dir's an!« sprach der Marchese Luigi zu seinem alten Diener, den er als Erbstück von seinem Vater übernommen hatte. »Du schleichst mir so verdächtig im Hause herum, würgst immer an den Worten und verziehst die Mienen, als ob dir ein Bein im Halse steckengeblieben wäre. Ich mag das nicht leiden, alter Murrkopf! Wenn du ein Anliegen hast – heraus damit! Den Kopf wird's nicht gelten, weder deinen noch meinen! Ich habe schon manches Unangenehme im Leben erfahren; das wird sich wohl auch noch ertragen lassen!«

»Nun denn in Gottes Namen, Signor«, begann der alte Diener, sichtbar im Kampfe mit seinem Innern, »weil's sein muß! Signor, es wird unerwartet kommen, aber leider ist es so.«

»Nun, mach's kurz!«

»Ich kann's nicht sagen, Signor«, stotterte Pietro nach einer langen Pause, »ich will noch einmal abwarten – ich könnte mich doch irren!«

»Nun, so schweig, alter Rabe, und krächze mir nicht tolles Zeug vor, das keinen Sinn hat!«

»Ach, keinen Sinn«, brummte Pietro in den Bart, rieb sich die Stirn und entfernte sich kopfschüttelnd.

»Was er nur haben mag?« sprach der Marchese zu sich selbst. »Ei, vielleicht weiß er's selbst nicht. Solchen alten

Träumern fährt oft allerlei durch den Kopf, und am Ende steckt nichts dahinter. Er war von jeher solch ein Zweifelskrämer.«

Aber verhehlen konnte sich's der Marchese doch nicht, daß ihn Pietros Kopfschütteln beunruhigte. Der alte Diener war seinem Hause von jeher treu und anhänglich; er nahm an allem innigen Anteil und würde, um die Ehre und das Glück der Familie zu retten, willig seinen grauen Kopf hergegeben haben. Wenn so ein biederer, schlichter Alter etwas auf dem Herzen hat, so bedeutet es zuletzt doch mehr, als man wähnt. Der Herr des Hauses übersieht manches, was den aufmerksamen Hütern der Schwelle nicht entgeht, und eine wohlgemeinte Warnung verdient immer Dank, selbst wenn sie aus übertriebener Vorsicht entsprang. Der Marchese bereute daher fast, seinen Diener so kurz abgefertigt zu haben, und erwartete den Augenblick, wo dieser wieder darauf anspielen würde, mit dem festen Entschlusse, sich gutwillig und genau unterrichten zu lassen.

Aber Pietro ließ sich nichts weiter anmerken, und selbst darauf hindeuten wollte der Marchese nicht. Es blieb also durch einige Monate beim alten.

Inzwischen kam die Zeit heran, wo sich der Marchese mit seiner Gemahlin, der reizvollen Signora Giulietta, auf seine Villa zu begeben pflegte. Pietro wurde jedesmal mitgenommen, denn der Marchese war von Jugend auf an ihn gewöhnt. Hier wurde fast die ganze Zeit mit Lustfahrten, Spaziergängen und anderen ländlichen Unterhaltungen recht angenehm hingebracht. Auch fehlte es nicht an Besuchen aus der Stadt, und oft war die schöne, herrliche Villa wochenlang von lebensfröhlichen Gästen bevölkert, zu deren Vergnügen der gastfreundliche Marchese und seine gebildete, überaus liebenswürdige Gemahlin ihr möglichstes beitrugen. Eine besondere Vorliebe hatte der Marchese für die Jagd. Fast wöchentlich einmal wurde eine Belustigung dieser Art veranstaltet. Er begnügte sich dabei nicht, die nächste Umgebung der Villa zu durchstreifen, sondern, da er fast das Jagdrecht im ganzen Bezirke pachtweise an sich gebracht hatte, so blieb er oft einige Tage aus und trieb sich wohlgemut und harmlos im Gebirge umher.

Dem alten Pietro schienen diese Streifzüge ein Dorn im Auge. Mehr als einmal äußerte er sich gegen den Marchese darüber, daß es ihm unbegreiflich scheine, wie man sich abmühen und abquälen möge, um ein paar armen Hirschen oder Rehen den Garaus zu machen; wie man Vergnügen daran finde, durch Dick und Dünn zu brechen wie ein Wegelagerer, sich den köstlichen Schlaf abzusparen, Durst und Hunger zu leiden und wohl auch mancher Gefahr sich preiszustellen, und das alles, um einige Tiere zu töten, die uns nichts getan haben und die wir nicht einmal auf unserer Tafel benötigen. Er kramte alle Gründe aus, welche Jagdfeinde vorbringen, um die Weidmannslust in ein übles Licht zu setzen, und geriet beinahe in Eifer, wenn der Marchese darüber lächelte oder ihn scherzweise einlud, es selbst zu versuchen, ob die dumpfen Mauern des Schlosses gegen die frischgrünen duftigen Wände des Hochwaldes nicht zurückständen.

»Jeder nach seinem Belieben«, sprach er. »Ich meinesteils bliebe lieber in meiner Villa, lustwandelte in meinem Garten, unterhielte mich mit meinen Freunden und suchte nicht auswärts, was ich zu Hause besser habe; zumal wenn ich zu Hause eine so liebenswürdige junge Gesellschafterin hätte als unsere Signora Giulietta!«

Wiewohl Pietro mit seinen jagdfeindlichen Ansichten nie durchdrang, so unterließ er es, wenn wieder eine Jagd angesagt wurde, niemals, sie wieder vorzubringen, so daß es zuletzt dem Marchese auffiel und er zu vermuten begann, daß diese Abneigung noch einen anderen Grund habe.

»Du kommst mir mit deinem Widerwillen gegen das Weidwerk geradeso vor wie mit deinem Geheimnisse, das du mir noch immer schuldig bist!« begann einmal der Marchese, als Pietro die Weisung, daß in zwei Tagen Jagd sei, kopfschüttelnd mit dem ärgerlichen Beisatze erwiderte:

»Schon wieder eine so garstige Jagd! Die Jagden, die Jagden!«

»Dreht sich etwa dein Geheimnis auch um die Jagd?« fuhr der Marchese fort.

»Es geht auf eins hinaus!«

»Und darf man das eine, worauf Jagd und Geheimnis hinausgehen, nicht wissen?«

»Wollte Gott, Signor, Ihr erführet es nie! Und doch sollt Ihr es erfahren. Wenn's nur lieber ein anderer Euch sagte. Ich hätte schon lange gern gesprochen – aber ich mag in meinen alten Tagen nicht brotlos werden.«

»Ist's von so arger Art?«

»Von der ärgsten Art!«

»Und warum solltest denn du brotlos werden? Wirst doch du dir nichts haben zuschulden kommen lassen?«

»Das gewiß nicht! Gott weiß, wie gut ich's mit Euch, Signor, und mit Eurem Hause von jeher gemeint habe. Habt Ihr aber nie gehört, daß ein Bote die üble Nachricht, die er, ohne darum zu wissen, überbracht hat, entgelten muß?«

»Also willst du mir etwas Übles sagen?«

»Ich *will* nicht, aber ich *muß*!«

»Nun, so rede. Wiewohl ich nicht ahne, was es sein soll, so bin ich doch auf alles gefaßt! Mithin sprich frei heraus, was dir auf dem Herzen liegt. Ich weiß die Aufrichtigkeit eines alten Dieners zu schätzen.«

Pietro war in sichtbarer Verlegenheit. Die Schweißtropfen der Angst standen ihm auf der Stirne; scheu, als ob er fürchtete, belauscht zu sein, blickte er umher, hob mehrmals an und verlor das Wort wieder und brach endlich mit den Worten »Ich kann nicht!« in Tränen aus.

»Jetzt befehle ich dir zu sprechen!« sprach der Marchese, der nun selbst Arges zu ahnen begann. »Was es auch sein mag, deine Zukunft bleibt gesichert; sprich ohne Scheu!«

»Nun denn, in Gottes Namen!« flüsterte Pietro, besorgt umherschielend. »Rund herausgesagt: Signora Giulietta hintergeht Euch!«

»Du lügst!« fiel ihm der Marchese Luigi aufbrausend ins Wort. Eine lange Pause folgte. »Wie kannst du dich unterfangen«, fuhr der Marchese gefaßter und ruhiger fort, »meiner Gemahlin so Schändliches zuzumuten?«

»Wollte Gott, es wäre nicht mehr als Vermutung, Signor. Aber ich hörte – ich sah!«

»Du hörtest nichts! Du sahest nichts! Du bist ein halb tauber, halb blinder Tor!«

»Seht, Signor, sagt ich's nicht: Der Bote muß oft die Nachricht entgelten.«

»Was hörtest du, was sahest du?«

»Graf Forli –«

»– ist mein Freund!«

»Um Eurer Gattin willen!«

»Leider ist er jetzt so selten zu sehen.«

»Weil Ihr, Signor, Eure Augen für die unselige Jagd braucht. Da könnt Ihr nicht sehen, wer indessen in der Villa aus und ein reitet. Sooft Ihr auf die Jagd geht, geht Forli auch auf die *Jagd*!«

»Alter! Du bist keck! Weißt du, daß du die Ehre meines Hauses antastest?«

»Ich, Signor? – Ich will's nur nicht leiden, daß es ein anderer tut. Aber leider ist es so. Kaum kehrt Ihr der Villa den Rücken, so reitet Graf Forli zum Hintertore herein und verläßt unsere Signora nicht eher, als bis das Hifthorn, von den nahen Bergen tönend, Eure Rückkehr verkündet. Was da getändelt und gescherzt wird – Signor, ich hab's belauscht, gehört, gesehen! Aber ich mag Eure Leidenschaft nicht reizen. Ich will Euch nur warnen, eh es zu spät ist, eh Ihr den Flecken nicht mehr von Eurem Namen waschen könnt.«

Der Marchese stand geisterblaß; das Blut war aus seinen Wangen und Lippen gewichen, seine Wimpern zuckten krampfhaft. Seine Hände ballten sich unwillkürlich, seine Knie wankten. Dennoch wußte er seine Fassung zu behaupten und begann nach einer Pause mit erheuchelter Ruhe: »Pietro, ich danke dir für deinen guten Willen, sollt ich gleich über deine Voreiligkeit zürnen. Du weißt nicht, welchen Brand du bei einem Leichtgläubigeren hättest schüren können. Zum Glück weiß ich, was ich will. Die Ehre meines Hauses geht mir über alles, merke dir das! – Meine Giulietta ist mir treu. Wenn Forli sie besucht, so tut er's mit meinem Wissen. Du aber wage es nicht mehr, vorlaut und unbesonnen Dinge zu behaupten, welche du nie wirst beweisen können. Geh und sei ein anderes Mal vorsichtiger!«

Pietro wußte nicht, was er denken sollte. Hatte er früher geträumt, oder träumte er jetzt? – Bittere Tränen vergoß er über die Verblendung des Marchese, welcher für seinen, wie es schien, felsenfesten Glauben auf die Treue seiner Gemahlin so schlecht belohnt wurde. Tief kränkte es ihn, sich so schnöde abgewiesen zu sehen. Die Ehre des Hauses, dem er diente, ging auch ihm über alles, der Marchese selbst konnte dafür nicht ernstlicher bedacht sein; und nun wurde eine Entdeckung, die ihn manche schlaflose Nacht gekostet, zu der er sich erst nach so schwerem Kampfe mit sich selbst entschlossen hatte, so übel, ja, was ihn noch mehr verdroß, so leicht aufgenommen, als ob es einen Spaß gelte. »Aber vielleicht«, sprach er zu sich selbst, »ist es dem Marchese mit seiner Gleichgültigkeit nicht ernst. Erschüttert war er, tief erschüttert; auf seinem Gesichte malte sich mehr als Unwillen gegen meine Vermutung. Er will vielleicht nur nicht glauben, bis er Überzeugung hat und handeln kann! Wohlan! Ist's auch ein undankbares Geschäft, der Rache und Vergeltung das Tor zu öffnen, so will ich's doch tun. Für einen Verleumder soll der alte Pietro nicht gelten!«

Der Marchese fand keine Ruhe. Pietros Entdeckung hatte ihm nun bestätigt, was er lange schon ahnte. Rasch entschieden, hatte er seinen Entschluß bald gefaßt. So leidenschaftlich er seine Gemahlin bisher geliebt, so schnell war diese Liebe wie durch einen Zauberschlag gebannt. Nur Gewißheit wollte er haben, um dann männlich sich zu rächen. Seine Gemahlin aufzugeben, wenn er von ihrer Untreue überzeugt wäre, stand unwiderruflich fest in ihm. Aber seines Hauses Ehre sollte darunter nicht leiden. Niemand, selbst nicht Pietro, sollte sagen können: »Marchese Luigi hat ein treuloses Weib; er ist betrogen worden und hätte, ohne seines Dieners Wachsamkeit, nichts davon gemerkt.« Die schreckliche Katastrophe, wenn sie schon nicht zu vermeiden wäre, sollte auf den unbefleckten Glanz seines Hauses keinen Makel werfen. Über diesem Plane brütete er Tag und Nacht. In seinem Innern kochte und tobte es, aber sein Antlitz schien ruhig, und ein glücklich erborgtes Lächeln ließ den beißenden Hohn, der sich ihm oft unwillkürlich auf die Lippen drängte, nicht zum Durchbruch kommen.

Aber die Augen schuldbewußter Frauen sehen scharf und richtig. So hatte auch Giulietta längst bemerkt, daß mit ihrem Gemahl eine Veränderung vorgegangen war. Fein und listig glitt sie über diese Vermutung weg, begegnete ihm zärtlich wie sonst, berührte alle seine schwachen Seiten und zuckte vorsichtig wieder zurück, wenn sie merkte, daß er von irgendeiner zugänglich zu sein aufhörte, um nicht durch auffallende Annäherung sich verdächtig zu machen. Manches Mal fiel die Rede auf Forli. Sie blieb Meisterin ihrer Mienen, ihres Errötens, ihres Atmens. Sie lenkte nie ab, wenn der Marchese von ihm sprach, heuchelte, ohne ungerecht zu sein, die größte Gleichgültigkeit und benahm sich ohne Zwang so, daß sie selbst die festeste Überzeugung von ihrer Untreue hätte zum Zweifeln bringen können.

Es war wieder Jagd angesagt. Tags vorher suchte Pietro in der größten Unruhe seinen Herrn überall auf, aber erst abends konnte er ihn allein finden. Er sprach nichts, sondern übergab ihm nur mit zitternder Hand einen Zettel.

Der Marchese entfaltete ihn. Es war die Hand seiner Gemahlin; keine Aufschrift, keine Unterschrift, kein Siegel; der Inhalt war folgender: »Der Marchese argwöhnt; ich möchte sagen: Er weiß alles! Fürchtet aber nichts, er ist in meiner Hand. Klugheit ist nötig. Morgen ist Jagd. Kommt gewiß, damit wir uns besprechen können. Liebe scheut keine Gefahr!«

Ruhig steckte der Marchese den Zettel zu sich, maß den alten Pietro mit durchdringendem Blick, legte ihm die Hand auf die Schulter und sprach mit sanfter Stimme: »Alter, was hat dir mein armes Weib getan, daß du Komplotte gegen sie schmiedest?«

»Ich, Signor? – Um Gottes willen, ich begreife Euch nicht! Ihr seid fürchterlich verblendet oder fürchterlich – verschlossen.«

Der Marchese zuckte zusammen; dieser Blick des Alten in sein Herz kam ihm unerwartet. Er faßte sich schnell und fuhr fort: »Gestehe aufrichtig, du hegst einen geheimen Groll gegen die Signora! Aber umsonst! – Giulietta ist treu, ich weiß es, und niemand wird mich des Gegenteils überführen können. Dieser Zettel ist *dein* Werk!«

»Wollte Gott, es wäre so! – Ich fand den Zettel. Signora streute ihn am Gartentore aus, weil sie sich unbelauscht glaubte. Im nahen Gebüsche rauschte es, ich streifte vorüber. Des Grafen Diener lag auf der Lauer. Ist's Euch genug?«

»Genug, Schwachkopf, um mir *nichts* zu scheinen! – Morgen ist Jagd wie gewöhnlich. Du aber merke dir's: Laß dieses Zeug! Giulietta ist treu, rein, unschuldig. Luigi ist nicht betrogen; die Ehre unseres Hauses hat niemand befleckt und wagt niemand zu beflecken.«

Er winkte dem Diener abzutreten. Dieser aber hielt sich nicht länger, fiel auf die Knie, ergriff krampfhaft des Marchese Hand und rief mit Schluchzen und Tränen: »Signor, ich bin ein alter Sünder, ich habe viel, viel auf meinem Gewissen! Der Gerechte fällt siebenmal am Tage! Aber so schlecht, so verworfen bin ich nicht, daß ich zum Verleumder geworden wäre am Hause meines Wohltäters. Nein, Signor, diese Schmach, erlaubt mir, diese Schmach kann ich nicht auf mir haften lassen! Was ich sage, ist wahr, leider wahr. Ich habe gehört, gesehen! Wenn's keinen Teufelsspuk gibt, wenn nicht Menschen andere Körper annehmen und zugleich da und dort sein können, so hab ich mich nicht getäuscht, so seid Ihr betrogen! – Gewährt mir nur eines: Schafft Euch Überzeugung! Es drückt mir das Herz ab, wenn ich glauben soll, daß Ihr Euch von mir betrogen wähnt, während ich darauf sterben will, daß Ihr es von Signora, von Euerm Freunde seid! Stellt Euch morgen, als ob Ihr auf die Jagd ginget, kehrt heimlich zurück, harrt des Zeichens, das ich Euch gebe, und überzeugt Euch dann, daß es mir nur um Eure Ehre zu tun war und daß Pietro kein Verleumder ist!«

Der Marchese fuhr sich mit der Hand über die Stirne, als ob er sich besänne. »Wohlan«, sprach er, »alter Knabe! Weil du nicht nachgibst, dich nicht belehren lassen willst, so geb ich nach und will den Schwank mitmachen; meine Giulietta kann ja dabei nur gewinnen! – Ich kehre morgen unvermutet zurück, erwarte dein Zeichen, lasse mich von dir führen und lenken, wie du willst. Aber das merke dir, wenn ich finde, daß du gelogen hast, daß meine Frau unschuldig ist – und ich bin überzeugt, ich werde das finden –, dann hast du meinem Hause am längsten gedient, dann kannst du in die Dienste eines andern Herrn treten, der deine Wachsamkeit besser zu würdigen weiß! Willst du es auf diese Gefahr wagen?«

»Ja!« rief Pietro nach kurzem Besinnen. »Es gilt die Ehre des Hauses, dem ich so lange treu gedient habe – und auch ein treuer Diener hat seine Ehre! Wenn ich Euch, Signor, falsch berichte, so will ich den Rest meiner Tage brotlos, in Jammer und Elend zubringen.«

Der Marchese hatte sich mit seinem Jagdrosse kaum hinter dem nächsten Hügel verloren, als wirklich der Graf Forli sich einfand. Vorsichtig schlich er dem Gartenpförtchen zu, welches er bereits geöffnet fand, und klatschte unter dem Fenster der Signora dreimal in die Hände. Ein kleiner Schlüssel flog herab und verschaffte dem Ehrenräuber Eintritt durch die Türe, welche aus dem Seitenflügel des Schlosses in die Hauptallee des Parks führte.

Pietro hatte mit Luchsaugen alles beobachtet. Ungeduld und Unwille verzehrte sein Herz. Mit aufmerksamen Blikken lauerte er, im Gebüsche verborgen, bis er seiner Sache so sicher wäre, daß niemand mehr der Signora Treulosigkeit leugnen könnte. Nichts entging ihm. Jede Türe kannte er am Zuklappen; er wußte, was jedes Fensteröffnen, jede Regung eines Vorhanges, jedes Verschieben eines Blumentopfes zu bedeuten habe. Aus Vorsicht beging Signora Giulietta, um jeden Verdacht von sich abzuwälzen, die Unvorsichtigkeit, nie eine Türe zu verriegeln. Übrigens machte sie aus des Grafen Besuchen kein Geheimnis, um die Dienerschaft glauben zu machen, daß es keine heimlichen seien, sondern daß ihr Gemahl darum wisse. Daher nahmen die Hausleute auch wenig Rücksichten auf die Besuche. Nur Pietro ließ sich nicht täuschen. Er war ein alter Zeuge der Strenge, mit welcher im Hause des älteren Luigi über Verhältnisse dieser Art geurteilt wurde; er wußte, wie unverletzlich diesem die Ehre war und wie er jeden, der sie anzutasten gewagt hätte, fürchterlich bestraft haben würde. Jetzt aber – er konnte sich's nicht verhehlen – leitete auch Rache seine Schritte. Giulietta war Ursache, daß er für einen Verleumder gelten sollte. Das konnte der alte Hitzkopf nicht ertragen. Er mußte sich reinwaschen, und wäre es mit dem Blute seiner treulosen Gebieterin. Leise, als ob seine Schuhe mit Filz besohlt wären, schlich er ins Schloß, um den rechten Augenblick zu erlauschen.

Giulietta empfing den Grafen Forli wie gewöhnlich in einem Gemache im zweiten Stockwerke des westlichen Eckturmes. Ein Korridor, auf welchem ein kleines Pförtchen die Wendeltreppe verschloß, die in den Garten hinabführte, lief in einen geräumigen, durch eine einzige Türe zu schließenden Vorsaal aus, aus dem man in jenes Seitengemach gelangen konnte. Ein einziges Fenster erhellte dasselbe. Es gewährte die Aussicht auf das gegenüberliegende Waldgebirge, an dessen Fuße ein wildschäumender Strom vorüberrauschte, der den Turm mit brausenden Wogen bespülte und, eingezwängt vom spitzigen Felsen, ungestüm dahinschoß. Hier dünkte sich die Schloßfrau sicher, denn aus demselben konnte sie jeden Menschen bemerken, der aus dem Gebirge, in welches die Jagd sich immer tiefer verlor, herabkam und über die Brücke ging. Von dieser Seite hatte sie daher keine Überraschung zu befürchten, und Hausleute glaubte sie durch ihr zwangloses, unverstecktes Betragen für jeden Verdacht unzugänglich gemacht zu haben. Fern über die Berge her schollen die langgedehnten Klänge des Hifthorns, jede Scheu verbannend; dumpf wie lüsternes Girren brauste der Waldstrom, und ein kühles Schmeichellüftchen wehte kosend durch das offene Fenster.

Pietro hatte sich unbemerkt bis zur Pforte jenes Gemaches geschlichen und das Paar belauscht. Seiner Sache gewiß, eilte er nun über den Vorsaal, den Korridor entlang, und öffnete das Pförtchen zur Wendeltreppe, auf welcher sich schon, der Verabredung gemäß, der Marchese versteckt hielt. Er war indes, ohne von irgend jemand gesehen worden zu sein, zurückgekehrt und durch ebenjene Türe ins Schloß gekommen, welche Forli mit Giuliettas Schlüssel geöffnet und, um sich ungehindert wieder entfernen zu können, offengelassen hatte. Pietro hatte diesen Weg ihm angedeutet.

Was in des Marchese Seele vorging, läßt sich leicht denken. Sein ganzes Herz – war Rache; sein Entschluß aber, diese Rache so zu nehmen, daß die Ehre seines Hauses selbst vor Pietros Augen unbefleckt blieb, stand fest.

»Signor, dort sind sie!« flüsterte Pietro, den Marchese mit Zittern am Arme fassend.

»Wenn du lügst«, erwiderte der Marchese drohend, »so ist es um deinen Dienst geschehen!«

»Ich kann darauf schwören!«

»Keinen Meineid, denn ich wiederhole dir nochmals: Meine Giulietta ist unschuldig, der Graf ist nicht bei ihr! Besinne dich – noch ist es Zeit, deine Verleumdung zu widerrufen!«

»Ich bin kein Verleumder! Überzeugt Euch, Signor! Der Graf ist bei Signora!«

»Wohlauf, ich gehe! Schreibe dir die Folgen selbst zu!« Mit diesen Worten schloß der Marchese das Pförtchen zur Wendeltreppe ab und zog den Diener zur Türe, die in den Vorsaal führte. »Hier bleibst du stehen und hältst Wache!«

»Das will ich gewiß gut!«

»Im Vorsaale ist keine Pforte, durch die er entkommen könnte, nicht wahr?«

»Keine.«

»Auch im Turmgemache ist kein Seitenpförtchen?«

»Keines!«

»Ich schließe hinter mir ab; wenn du Wache hältst, kann er unmöglich entrinnen.«

»Unmöglich.«

»Und er ist bei Giulietta, sagst du?«

»So wahr ich Pietro heiße, ich sah, ich hörte ihn!«

»Wohlan, ich will dich überzeugen, daß du lügst!«

»Behüt Euch Gott, daß Ihr den Anblick Eurer Schande gefaßt ertragt!«

Leise trat der Marchese in den Vorsaal und schloß hinter sich ab. Der Alte hielt Wache vor der Tür. »Nun hat er ihn«, sprach er zu sich selbst. Aber alles blieb still.

Der Marchese öffnete rasch die Türe des Turmgemaches und trat wie ein Rachegeist vor das von Schreck versteinerte Paar.

Der Marchese sprach kein Wort, sondern hielt seiner Gemahlin mit der Linken den Zettel vor, den sie an Forli geschrieben, und setzte diesem eine Pistole auf die Brust. Jetzt erhoben beide, von dem Bewußtsein ihrer Schuld entgeistert, bittend die Hände. Der Marchese winkte dem Grafen mit rollenden Blicken, aufzustehen und seinen Hut zu nehmen. Er gehorchte und wollte sprechen. Der Marchese hielt den Finger auf die Lippen, zum Zeichen, daß er schweigen solle, und drängte ihn mit vorgehaltener Pistole zum Fenster. Der Graf schien nicht zu begreifen, was jener wolle. Jetzt deutete der Marchese gebieterisch hinab in die Tiefe und hielt ihm die Pistole drohend vor die Stirne. Nun begriff ihn der Graf. Da war keine Wahl: hier Tod und unten Tod; hier sicherer Tod, unten mögliche Rettung. Mit einem Blicke der Verzweiflung auf Giulietta, die ohnmächtig zur Erde sank, schwang er sich aufs Fenster – und sauste hinab in den schäumenden Strom.

Die stumme Rache war vollbracht. Mit kräftigem Arme hob der Marchese sein treuloses Weib vom Boden auf und legte es auf das Ruhebett, wo es in totenähnlicher Erstarrung dalag. Er selbst atmete tief auf, sammelte seine Sinne wieder und riegelte die Türe auf. Das alles war das Werk weniger Minuten gewesen.

Pietro stand erstarrt, als er den Marchese allein herauskommen sah. »Um Gottes willen!« rief er. »Ihr habt doch keinen Doppelmord begangen, weil alles so still ist?«

»Geh hinein«, fuhr ihn der Marchese drohend an, »suche *du* den Schänder meiner Ehre, ich hab ihn nicht gefunden. Aber wecke mir meine gute, treue Giulietta nicht, sie schläft.«

Pietro zögerte, aber der Marchese zwang ihn vor sich her mit den Worten: »Jetzt will ich hier Wache halten!«

Mit geschärftem Blicke umherspähend, trat Pietro in den Vorsaal; er war leer. Er ging weiter, trat vorsichtig ins Turmgemach – aber der Graf war nicht da. Giulietta lag in festen Schlummer versenkt, wie es schien, und regte sich nicht. Mit ängstlicher Hast durchspähte Pietro jeden Winkel des Gemaches, öffnete mit leiser Hand jeden Schrank, zog den Vorhang von jeder Blende – Giulietta war allein, Forli nirgend zu finden! Wohl fiel Pietros Blick auf das offene Fenster, unwillkürlich sah er hinab in die grauenerregende Tiefe, aber Torheit schien es ihm, nach dem Flüchtling da zu spähen, wo kein Strauch auf kahlem Felsen, kein

Grashalm an der glatten Wand des Turmes einen Anhaltspunkt darbot.

Wütend schlug er sich vor sein graues Haupt, wankte fast ohnmächtig aus dem Gemache und rief, als ihn der Marchese mit ironischem Lächeln fragte, ob er ihn gefunden habe, zähneknirschend: »Signor, mit dem ist der Teufel! Er – ist verschwunden!«

»Er war nie hier, Narr!« antwortete der Marchese. »Giulietta ist unschuldig, du bist entlassen. Da – nimm! Weil du meinem Vater treu gedient hast, so sollst du deinen Lebensrest nicht in Not und Elend verleben. Diese Börse sichert deine Zukunft. Aber merke dir's, daß die Frauenehre ein heiliges Gut ist, das man nicht unvorsichtig antasten soll. Bist du nun überzeugt, daß Giulietta unschuldig ist?«

»Signor, ich bin von nichts mehr überzeugt!« stammelte Pietro, dessen Haupt wüst und sinnlos war. »Ich weiß nicht einmal mehr, ob ich der alte Pietro bin.«

Tief erschüttert verließ er das Schloß und verlebte den Rest seiner Tage in Abgeschiedenheit. Wiewohl er für sich selbst überzeugt war, wiewohl sein Herz ihm sagte, Giulietta sei treulos gewesen, so konnte er doch seinen Augen nicht widersprechen und hätte wider Willen Giuliettas Ehre vor aller Welt verteidigen müssen. Nur das Bewußtsein, nicht ganz ohne Rachegefühl gegen seine Gebieterin, die ihm minder hold war, gehandelt zu haben und insofern wenigstens zum Teil nicht ganz ohne eigenes Verschulden zu leiden, machte ihm diese kränkende Zurücksetzung erträglich. Nur von fern zuckte es manchmal durch seinen Kopf, daß er doch recht gesehen und der Marchese auf kluge Weise, welche zu ergründen er sich freilich umsonst bemühte, die ganze Ehrensache geräuschlos abgetan habe.

In dieser für sein Gewissen so tröstlichen Ahnung bestärkte ihn die Nachricht, daß Giulietta zehn Monden nach diesem Falle vom Marchese zu ihren Eltern gesendet worden und bisher nicht zurückgekehrt sei. Niemand fand darin etwas Arges; man erzählte sich, es sei aus Gesundheitsrücksichten geschehen. Auch sprach der Marchese fortwährend mit der größten Achtung und Liebe von seiner Gemahlin, reiste öfter ab, um sie, wie er vorgab, zu besuchen, und teilte das Geheimnis niemandem mit als seinem Tagebuche. Nur Pietro schöpfte Verdacht, aber er hütete sich wohl, irgend etwas davon laut werden zu lassen.

Was mit dem Grafen Forli geschehen sein mochte, wußte niemand. Er blieb verschollen und verschwunden.

Friedrich Halm

Die Marzipan-Lise

Zu Weßprim in Ungarn lebte in den ersten Jahrzehnten des 18. Jahrhunderts kurze Zeit nach dem Abschlusse des Szathmárer Friedens ein Kaufmann namens Paul Horváth in Wohlstand und Fülle des Gedeihens. Er besaß vor den Toren der Stadt ein großes Haus mit tiefen Kellern und geräumigen Vorratskammern, die gleichwohl zur Aufbewahrung der Berge von Ballen, Fässern und Kisten, die sie aufnehmen sollten, oft kaum hinreichten; denn zunächst mit dem Umsatze von Tüchern beschäftigt, die er aus Steiermark und Kärnten bezog, betrieb Horváth auch nebenbei einen ausgebreiteten Handel mit Wein und Getreide. Das Bestreben, sein Geschäft in Schwung zu bringen, und das Bedürfnis, vorteilhafte Handelsverbindungen anzuknüpfen, hatte ihn in früheren Jahren genötigt, sich bald hier, bald dort auf den Märkten und Messen herumzutreiben, und ihn nach Venedig, in das Deutsche Reich, bis nach Holland geführt, so daß die Erziehung seiner einzigen Tochter Crescenzia und die Verwaltung seines verwaisten Haushalts monatelang der alten Margit, einer Base seiner verstorbenen Frau, überlassen blieb. Später sah er sich dieser Anstrengungen überhoben; sein Ruf wie sein Wohlstand waren fest begründet, und Käufer wie Verkäufer, die er sonst hatte suchen müssen, pochten nun an seine Tür; mit Ausnahme einiger Tage, die er jährlich auf dem Michaelismarkte zu

Ofen zuzubringen pflegte, mochte er nun in seinen eigenen vier Pfählen in Bequemlichkeit sein Geschäft betreiben, seine Tochter vom Kinde zur blühenden Jungfrau heranwachsen sehen und in heiterer Behaglichkeit die dem Ungar angeborene Tugend der Gastfreundschaft so glänzend und freigebig üben, als Neigung und Klugheit ihm geboten; denn in jenen Tagen waren bei dem Mangel zureichender Verkehrsmittel und entsprechender Unterkunft die Handelsleute darauf angewiesen, in ihren Geschäftsfreunden auch Gastfreunde zu finden, und in dem Hause des reichen Horváth, unmittelbar an der Straße gelegen, die Ofen mit Grätz und Warasdin verbindet, fehlte es weder an häufigem Zuspruch noch an freundlichem Willkomm.

Eines Tages hatte Horváth einem seiner Gäste auf der Straße nach Stuhlweißenburg bis gegen Palota hin das Geleite gegeben und fuhr nun in seinem leichten, einspännigen Wagen, dies und jenes erwägend, wieder seinem Wohnorte zu. Er ließ eben vorsichtig und bedächtig, wie er war, sein Rößlein eine kleine Anhöhe im Schritt hinangehen und hüllte sich fester in seine Bunda – denn es war ein rauher Herbstabend, und aus der Richtung von Vörös-Berény pfiff der Seewind scharf und schneidend vom Balaton herüber –, als er an der Einmündung eines Seitenwegs in die Hauptstraße einen jungen Menschen gewahrte, dessen Haltung auf den ersten Blick ebenso entschieden tiefe Erschöpfung und Niedergeschlagenheit ausdrückte, als der Schnitt seiner abgenutzten und staubbedeckten Kleidung ihn als einen Nichtungar kundgab. Er saß hart am Wege auf einem halbversunkenen Grenzsteine; neben ihm lag ein Knotenstock, ein kleines Bündel und sein Käppchen, während seine langen fahlblonden Haare, vom Herbstwinde hin und her getrieben, die feinen, gefälligen Züge seines blassen, abgezehrten Antlitzes bald zeigten, bald verbargen und seine graublauen Augen wie in gedankenlosem Trotze trüb vor sich hin starrten. – »Da, heb auf, Junge!« rief Horváth, indem er in die Tasche griff und ihm ein Geldstück hinwarf. Der Bursche fuhr bei dem Anrufe in die Höhe; seine erste Bewegung war auf Flucht gerichtet, die zweite ein hastiger Griff nach seinem Knotenstocke; als er aber das Geldstück gewahrte, schien er sich wieder zurechtzufinden; er ließ den Stock niedergleiten und sank wieder auf den Stein zurück. »Zuwenig zum Leben und zuviel zum Sterben!« sagte er und schleuderte die vor ihm liegende Münze mit einem Fußstoß in den Staub der Straße hinaus. »Eszem adta!« rief Horváth, indem er die Zügel anhielt, und fügte dann zornig in deutscher Sprache hinzu: »Ist Er ein Millionär? Oder ist Ihm kaiserliche Münze zu schlecht, um sie aufzuheben? Will Er Antwort geben, Landstreicher?« Der Jüngling wechselte die Farbe und schoß einen scheuen, stechenden Blick voll feindlichen Ingrimms nach dem Sprechenden; aber er schien Gründe zu haben, sich zurückzuhalten, denn er biß sich in die Lippen und versetzte nach einer Pause mit gepreßter Stimme: »Ich will kein Almosen! Ich will ein Unterkommen, ich will Arbeit finden!« – »Pah, Arbeit!« rief Horváth. »Mit den feinen, zarten Händen! Was für Arbeit will Er damit verrichten?« Der Jüngling richtete sich empor und erwiderte mit verächtlichem Lächeln und dem sichtlichen Gefühle geistiger Überlegenheit, mit der Feder sei mehr Arbeit zu verrichten als mit der Holzaxt; er sei des Rechnens und der Buchführung kundig, er spreche und schreibe zwar nicht Ungarisch, aber Deutsch, Welsch und Latein und verstehe sich auch noch auf andere nützliche Dinge. Horváth hörte die zuversichtlichen Worte mit beifälligem Kopfnicken an und warf nach kurzem Besinnen die Frage hin, wie er heiße, was er bisher getrieben und ob er Zeugnisse seines Wohlverhaltens habe. Der Fremde stockte eine Weile, aber bald gesammelt, berichtete er mit geläufiger Zunge, er heiße Franz Bauer, sei aus Wien gebürtig, habe dort bei einem Advokaten serviert, diesen aber verlassen, um sich in der Welt umzusehen; in Fünfkirchen sei er schwer erkrankt und durch Diebstahl seiner Zeugnisse und des besten Teils seiner Habe beraubt worden; gestern sei er über den Plattensee herübergekommen und sitze nun hier und wisse sich nicht Rat noch Hilfe. Horváths Beifallnicken hatte sich während dieses Berichts mehrmals in bedenkliches Kopfschütteln verwandelt, aber das gefällige Äußere des Fremden schien seinen einfachen Sinn bestochen zu haben. »Gut«, sagte er endlich, »ich will Ihm für heute nacht Herberge geben, und morgen, wenn sich zeigt, daß Er arbeiten kann und will, soll sich auch das Unterkommen finden! Sitz Er auf!« Und damit rückte er in die Ecke des Wagensitzes, ihm Platz zu machen. Der junge Mann bedachte sich einen Augenblick und musterte mißtrauisch-scheu die offenen, ehrlichen Züge des Kaufmanns, dann warf er Bündel und Knotenstock in das Korbgeflecht am Hinterteil des Wagens und schwang sich an Horváths Seite, der nun sein Rößlein die Anhöhe hinunter rasch auf Weßprim zutraben ließ.

Am nächsten Morgen, als Horváth dem jungen Manne zur Probe eine der vielen Rechnungen vorlegte, die zu seiner großen Verlegenheit durch den vor einigen Wochen erfolgten Tod seines Buchhalters in Unordnung geraten waren, zeigte sich bald, daß Franz Bauer den Verstorbenen nicht nur an Richtigkeit der Auffassung, Gewandtheit und Scharfsinn, sondern auch an Kenntnissen weit übertraf, so daß Horváth sich auf der Stelle der Dienste des jungen Mannes zum Abschluß der unvollendeten Rechnungen und zur Aufarbeitung der in Briefwechsel und Buchführung erwachsenen Rückstände versicherte. Die Lösung dieser Aufgaben konnte beiläufig sechs Wochen in Anspruch nehmen; allein der Eifer, den Franz in der Erfüllung der übernommenen Pflichten bewährte, und die Leichtigkeit, mit der er die verwickeltsten Geschäfte gleichsam spielend bewältigte, ohne daß seine Arbeiten dabei an Gehalt und Genauigkeit auch nur im mindesten verloren hätten, machten ihn seinem Dienstgeber bald ganz unentbehrlich.

Schon nach Verlauf eines Monats schlug Horváth dem neuen Hausgenossen vor, die Stelle seines Vorgängers mit allen damit verbundenen Ehren und Genüssen bleibend einzunehmen, und legte ihm die Annahme seines Antrags so nahe, daß es dem jungen Manne ein leichtes gewesen wäre, durch scheinbare Weigerung auch noch höheren Ansprüchen Geltung und Gewährung zu verschaffen. Allein Franz war zu klug, um für einen kargen Gewinn in der Gegenwart vielleicht für alle Zukunft an Gunst und Vertrauen verlieren zu wollen. Er nahm Horváths Antrag als unverdiente Huld und Ehre demütig-dankbar an und pries sich hochbeglückt, fortan dauernd einem Hause angehören zu dürfen, dessen Mitglieder ihm insgesamt mit so freundlichem Wohlwollen, so herzlicher Teilnahme entgegenkämen.

Der Schreiber Ferencz, wie er nun nach seiner Beförderung genannt wurde, war wirklich in kürzester Zeit der Liebling aller Hausgenossen geworden. Schon in den ersten Tagen nach seiner Ankunft hatte er allmählich den menschenscheuen, argwöhnisch-finstern Trotz, mit dem er zuerst aufgetreten war, gegen ein sanftes, leidendes Wesen, gegen eine stille, schüchterne Freundlichkeit und das rührende Bestreben vertauscht, jedermann und jedem Wunsche zuvorzukommen und allen Dienste zu leisten, ohne je welche für sich in Anspruch zu nehmen. Die Regentin des Hauses, die alte Margit, wußte er durch seine ungewöhnliche Frömmigkeit, durch die laute Anerkennung der Vortrefflichkeit ihrer Haushaltung, vor allem aber durch die dankbare Bereitwilligkeit einzunehmen, mit der er bei seinen häufig wiederkehrenden Augenleiden die unerschöpfliche Fülle ihrer Heilmittel über sich ergehen ließ; die Knechte des Hauses machte er sich teils durch kleine Geschenke, teils durch die Wärme geneigt, mit der er ihre Bitten um Urlaub oder Zulage bei ihrem Dienstherrn befürwortete; die Mägde aber bestach er durch freundliches Grüßen, bescheidenes Lobpreisen ihrer Reize und durch die schwermütig klagenden Töne, die er in schönen Mondnächten, am Brunnenrande hingelehnt, seiner Flöte zu entlocken wußte. Czenczi, die Tochter des Hauses, war es, der er sich von allen zuletzt, aber nicht minder erfolgreich näherte.

Das erste Auftreten Ferencz' hatte einen abstoßenden Eindruck auf das siebzehnjährige einfache, schlichte Mädchen gemacht; es war ihr unheimlich in seiner Nähe, sie fürchtete sich vor dem starren Blicke seines hellblauen Auges, aber die Lobeserhebungen des Vaters, das gefällige Äußere, das feine Wesen des jungen Mannes verwischten bald diesen ersten Eindruck; die Berichte der Mägde und der Base Margit von der Niedergeschlagenheit, dem sichtlichen Kummer des armen Schreibers gewannen ihm allmählich in demselben Maße ihre Teilnahme, als die von allen Seiten gepriesene Fülle seiner Kenntnisse ihre beneidende Bewunderung erregte. Bei allem Reichtum Horváths war nämlich der Unterricht, den Czenczi in jenen Tagen in einer Landstadt Ungarns empfangen konnte, weit hinter den Wünschen des Vaters wie der Tochter zurückgeblieben; vor allem war ihre Kenntnis der deutschen Sprache äußerst mangelhaft, und diesen Umstand wußte Ferencz zu benutzen, um auch nach dieser Seite hin seine Stellung zu befestigen. Sein Anerbieten, ihr in seinen freien Stunden in dieser Sprache Unterricht zu erteilen, wurde von Horváth mit Beifall, von Czenczi mit Entzücken angenommen, ja, diese letztere bestand darauf, ihrem Lehrer dafür die Elemente der ungarischen Sprache beizubringen. Der wechselseitige Unterricht begann und wurde von den jungen Leuten, die sich anfangs nur notdürftig verstanden, mit so ungewöhnlichem Erfolge fortgesetzt, daß Czenczi schon nach einigen Monaten der Base unter dem Siegel der Verschwiegenheit vertrauen konnte, daß die Braut des armen Ferencz ihn treulos verlassen und einen andern geheiratet habe, daß er, darüber verzweifelnd, in die weite Welt gegangen und erst jetzt wieder so weit sei, der Stimme der Vernunft Gehör zu geben und Trost anzunehmen; ein Bericht, der, mit seltsamer Unruhe und häufigem Erröten vorgetragen, eine weltkundigere Zuhörerin als die alte Margit über die Person der Trösterin und die Art und Weise der Tröstung wohl kaum in Zweifel gelassen hätte.

Indessen hatten die raschen Fortschritte des Schreibers

Ferencz in der Gunst der Hausgenossen dem Glücklichen im stillen einen Feind erweckt, der, allmählich hervortretend, ihn aus der siegreich eingenommenen Stellung wieder hinauszudrängen oder ihm doch die Ausbeutung derselben bedeutend zu erschweren drohte. Dieser Feind war Antál, der Schaffner des Hauses. Sei es, daß Ferencz ihn zu geringer Aufmerksamkeit gewürdigt hatte, oder konnte Antál, aus der Marmarosch gebürtig und ein Ungar mit Leib und Seele, es nicht verschmerzen, dem verhaßten »Schwaben« eine Stelle vertraut zu sehen, zu deren Übernahme er selbst früher sich unfähig bewiesen hatte – genug, er scheute keine Mühe, jedem Schritt des Schreibers nachzuspüren, und es gelang ihm auch, mit dem Scharfblicke des Hasses Bemerkungen zu machen, die, vergiftet durch die Folgerungen des Argwohns und mit der Beredsamkeit der Mißgunst verbreitet, allerdings geeignet waren, seinem Gegner Verlegenheiten aller Art zu bereiten. Vor allem wußte Antál hervorzuheben, daß die Duplikate der Zeugnisse, die dem Schreiber zu Fünfkirchen gestohlen worden, von Wien nicht eintreffen wollten, wobei er nicht verfehlte, zugleich auf den seltsamen Umstand hinzuweisen, daß die heftigen Anfälle von Kopfgicht und Augenleiden, denen der Schreiber unterworfen war und die ihn jedesmal nötigten, sein Antlitz mit Binden und Schirmen aller Art zu umhüllen, ihn fast regelmäßig an den Tagen heimzusuchen pflegten, an denen Handelsfreunde des Herrn aus Steiermark oder Kärnten im Hause zu Gast wären; ja, er behauptete, Beweise in Händen zu haben, daß Ferencz die Augenwässer, Salben und Kräutersäckchen der Base Margit, wie sehr er deren Heilkraft auch rühme, meist ungebraucht, wie er sie empfange, beiseite werfe.

Aber auch noch von anderer Seite her bemühte sich Antál, den beneideten Günstling ins Gedränge zu bringen, indem er ganz unverhohlen sein Erstaunen, ja seine Entrüstung äußerte, daß ein so gewiegter, weltläufiger Mann wie Herr Horváth seine einzige Tochter und Erbin mit einem von der

Straße aufgelesenen, so ganz »unvorhergesehenen« Menschen, wie der Schreiber wäre, stundenlang in einer Sprache verkehren lasse, die den übrigen Hausgenossen mehr oder weniger unverständlich sei; soviel wäre wenigstens gewiß, daß die Wangen Czenczis nach solchen Zusammenkünften mit dem schönen Scharlachtuch in dem Warenlager ihres Vaters an Farbenpracht wetteifern könnten, während Ferencz, wenn er seine Schülerin verließe, nicht anders einhergehe, als sollte er nächstens Palatin oder gar König von Ungarn werden. Solche Äußerungen pflegte er mit häufigem Kopfschütteln und bedauerndem Achselzucken zu begleiten oder sie mit einigen Sprichwörtern als »Der Bock tauge nicht zum Gärtner«, »Fette Bissen wären leicht verschlungen« und »Gelegenheit mache Diebe« zü beschließen, und so laut und so unablässig wiederholte er aller Orten diese und andere Redensarten, daß sie endlich auch zu Horváths Ohr drangen. Dieser jedoch, durch Antáls Benehmen über alles Maß hinaus verletzt und aufgebracht, stellte sich mit höchster Entschiedenheit auf die Seite des verdächtigten Ferencz und wies laut und öffentlich alle gegen ihn gerichteten Beschuldigungen als schändliche Verleumdungen von sich. Ferencz hatte seinem Dienstherrn in der Gegenwart zu schlagende Beweise seiner Uneigennützigkeit und Redlichkeit gegeben, als daß dieser an dessen Rechtlichkeit in der Vergangenheit hätte zweifeln können. Ebenso widersinnig erschien dem leichtsinnig-gutmütigen, in das Wesen der Dinge selten tief eindringenden Manne die Annahme, seine Tochter könne sich mit einem solchen hergelaufenen wildfremden Menschen in einen Liebeshandel einlassen.

Weit entfernt, durch Entlassung des Schreibers jede Möglichkeit der Fortdauer eines solchen Verhältnisses abzuschneiden, besorgte er vielmehr, eben dadurch einesteils den von Antál verbreiteten Gerüchten einen Anschein von Begründung zu geben, andernteils sich selbst ohne Not eines vortrefflichen, nicht leicht zu ersetzenden Arbeitsgehilfen zu berauben. Um Czenczis Ruf vor Verleumdung sicherzustellen, erschien es ihm genügend, den jungen Leuten die Fortsetzung des wechselseitigen Unterrichts zu untersagen, und so unterbrach er eines Tags die Lehrstunde, wies den Schreiber dahin zurück, wohin er gehöre, nämlich in die Schreibstube zu seinen Büchern, verbot seiner Tochter allen ferneren Verkehr mit dem flötenspielenden Betteljungen, legte dem mit Entlassung bedrohten, in tiefster Zerknirschung um Gnade flehenden Antál ewiges unverbrüchliches Stillschweigen auf, und alles war abgetan. Die jungen Leute, die erst ganz vernichtet schienen, fanden sich, ehe man es erwarten konnte, in den ihnen aufgelegten Beschränkungen zurecht und gaben sich, wenn nicht heiter, doch gefaßt und ruhig; Antál knurrte und murrte innerlich, ballte die Fäuste in der Tasche und fletschte die Zähne gegen die Wand; und Horváth, dem keine Verdächtigung weiter zu Ohren kam und der nichts Ungebührliches mehr bemerkte, ließ allgemach die Dinge, die er glücklich in das richtige Geleise gebracht zu haben glaubte, wieder ruhig nach wie vor ihren Gang nehmen.

So waren zwei Jahre verflossen, ein schöner Herbst lag über dem Lande, und in wenig Tagen sollte der Michaelismarkt zu Ofen beginnen, den Horváth jährlich zu besuchen pflegte. Zwei Frachtwagen mit feinen Tüchern waren auch diesmal schon dahin abgegangen, und der Kaufmann gedachte ehestens seiner Ware nachzufolgen. Es war Mittag, den Schreiber hatte Horváth, Gelder einzukassieren, ins Kloster nach Bákony-Bél gesandt, und er selbst kramte unter Papieren und Warenmustern, als Antál, der Schaffner, in die Schreibstube trat und, die Anrede des Herrn erwartend, demütig an der Tür des Gemachs stehenblieb. Antál hatte vor einigen Wochen eine für seine Verhältnisse nicht unbedeutende Erbschaft gemacht und infolgedessen Herrn Horváth seine Dienste gekündigt, um in seiner Heimat selbst einen Kramladen zu eröffnen. Seine Dienstzeit war abgelaufen, das Wägelchen, das ihn heimwärts führen sollte, stand vor der Tür, und er war nun gekommen, Abschied von dem

Manne zu nehmen, der ihm durch zehn Jahre ein mitunter ungebärdiger und auffahrender, aber bei alledem ein wohlwollender und freundlicher Herr gewesen. Horváth hatte die Feder weggelegt und war auf den nicht eben mehr jungen, aber von Kraft und Gesundheit strotzenden Burschen zugeschritten, der durch ein seltsames Zucken in seinen offenen Zügen und durch ein krampfhaftes Drehen des wohlgewichsten Schnurrbarts unverkennbar heftige innere Bewegung verriet. Als nun Horváth in gewohnter Gutmütigkeit die Hand auf seine breite Schulter legte, ihm für die guten Dienste, die er ihm geleistet, für Redlichkeit und Treue, die er ihm durch lange Jahre bewiesen, freundlich dankte und bedauerte, daß er trotz aller Abmahnungen, statt in seinem Hause bessere Tage abzuwarten, sich in so mißlicher Zeit auf seine eigenen Beine stellen und sein Glück im Handel versuchen wolle, da rollten große Tränen über Antáls braune Wangen. »Herr«, stieß er schluchzend heraus, »ich weiß, es kann mein Unglück sein, daß ich gehe, und gewiß werde ich's nirgends mehr so gut haben, als ich's bei Euch hatte, aber ich muß fort! Gott straft mich; weil ich zur Unzeit Ungebührliches ins Blaue hinein schwatzte, darf ich nun zur rechten Zeit das Notwendige nicht sagen, und zusehen kann ich auch nicht mehr, oder mir drückt es das Herz ab!« – »Was sieht Er denn«, rief Horváth, den die Erschütterung des Burschen anzustecken begann, »und warum muß Er es verschweigen?« – »Ich muß! Ich muß!« versetzte Antál, indem er sich mit der mächtigen Hand vor die Stirn schlug. »Ich habe im Zorn meine Seele dem Teufel verschworen, wenn noch ein Wort über meine Lippen käme, das einen hier im Hause beträfe; ich darf nur eins«, fuhr er fort, indem er die Hände faltete, »bitten darf ich Euch, macht die Augen auf und sehet den Weg, den Ihr geht! Schafft Rat, da es noch Zeit ist! Denkt nach, warum der hübsche Kis Sándor zu jung und der wackere Barna László zu alt war, Euer Schwiegersohn zu werden. Denkt nach, nehmt Euer Herz in die Hand, und Gott – segne Euch!« Und damit küßte er schluchzend dem Herrn die Hände und den Saum des Kleides und fuhr zur Tür hinaus.

Horváth stand betroffen und von Staunen und ungewisser Angst wie gelähmt; als er, wieder zur Besinnung gekommen, Antál nacheilte, war dieser längst auf sein Wäglein gesprungen, hatte mit Zunge und Peitschenknall das Gespann angetrieben und flog, von Staubwirbeln umhüllt, in echt ungarischem, rasendem Jagen der Heimat zu.

Spät am Abend desselben Tages, als die Dämmerung längst hereingebrochen war, kehrte der Schreiber Ferencz, in seinen Szür eingehüllt, einen schweren Geldsack unter dem Arm, von Bákony-Bél zurück. Die heller als gewöhnlich durch das Küchenfenster herleuchtende Flamme des Herdfeuers und ein ihm unbekannter Knecht, der ein paar sichtlich ermüdete Rosse pfeifend im Hofe herumführte, damit sie langsam sich abkühlten, ließen ihn bald gewahren, daß ein Gast im Hause wäre. Er stand eine Weile unschlüssig unter dem Torweg; als er aber später den Burschen, die Pferde in den Stall weisend, ein lustiges »Schnadahüpfl« anstimmen hörte, stampfte er unmutig mit dem Fuße und wandte sich dann hastig einem dunklen Gange zu, der vom Torwege zur Küche führte. Das Rasseln und Klirren eines mächtigen Schlüsselbundes und trippelndes Pantoffelklappern verkündeten ihm bald die Nähe der Base Margit, die er eben suchte und die er, demütig mit einem Handkuß begrüßend, um die Gefälligkeit ersuchte, den Geldsack an seiner Statt dem Herrn zu überbringen und ihm zu sagen, seine Aufträge seien ausgerichtet, denn ihn habe wieder sein Kopfrheuma gepackt, er fröstle und wolle zu Bett. »Ei, wo denkt Er hin, mein Sohn«, versetzte die Alte, »Er will nicht zum Abendessen kommen, und wir haben Besuch, den Herrn Steidler, den reichen Kammerherrn aus Mürzhofen, der nach Ofen zum Markte will! Und ich sollte dem Herrn den Geldsack bringen und mich ausschelten lassen, wenn ich ihm die Auskünfte nicht geben kann, die er verlangt? Zu Bette gehen! Zu Tische soll Er gehen und sich zusammennehmen, wie es einem jungen Burschen geziemt, das soll Er!« Auf diese und ähnliche Vorstellungen erwiderte Ferencz in kläglichem Tone, er leide heute mehr als je, er wolle lieber glühend Eisen anfassen, als nur den Kiefer bewegen, dabei träne sein Auge wie ein lecker Eimer und empfinde jeden Lichtstrahl wie einen Nadelstich! Die Alte aber meinte, er solle sich mit ihrem Wunderwasser waschen, den Kopf einbinden und den Lichtschirm nehmen, so werde es ihm nicht ans Leben gehen. Er solle an das Gerede der Leute denken, und wie ungern eben darum der Herr sein Wegbleiben vom Tische sähe, wenn Gäste da wären; zudem sei er mittags fortgewesen, und der Czenczi würde es leid tun, wenn sie auch abends ihn nicht sehen sollte! Sei es nun, daß diese letzte Rücksicht den jungen Mann überredete, oder gab Herr Horváth den Ausschlag, der eben, seinen Gast zu Tische geleitend, am oberen Treppenrande vorbeikam und in den Flur hinanrief, was es gäbe und ob der Schreiber noch nicht zurück wäre – genug, er erwiderte auf den Anruf, er sei zurück und werde gleich Rapport erstatten, worauf er hastig in sein Stübchen sprang, um, wie er der Base Margit zuflüsterte, vorerst ihre ärztlichen Vorschriften zu befolgen.

Die Mahlzeit hatte bereits begonnen, als Ferencz, ein Tuch um die Backen geschlungen und einen Schirm über die Augen gezogen, in die Stube trat und sich dem Herrn des Hauses näherte, der das obere Ende eines Tisches in einer ernstern und nachdenklichern Stellung einnahm, als er sonst bei dem Empfange lieber Gäste zu zeigen pflegte. Horváth warf einen verdrießlichen Blick auf den Schreiber, nahm seinen Bericht mit stummem Kopfnicken entgegen, winkte ihm, sich an seinen Platz am untern Ende der Tafel zu begeben, und wandte sich dann wieder zu seinem Gaste, während Czenczi mit einem Blick der Freude und des Bedauerns dem Verspäteten zunickte. Das Tischgespräch erging sich lange Zeit in Klagen über die mißlichen Ergebnisse der Ernte und in Vermutungen über den Einfluß derselben auf die Warenpreise des bevorstehenden Marktes, um sich dann den Witterungsverhältnissen zuzulenken, die einen regnerischen Hochsommer mit einem anhaltend schönen hellen Herbste zu vergelten versprachen. Diese Wendung des Gesprächs gab dem Gaste Anlaß, auf die grundlos schlechten Wege zurückzukommen, die er von Steinamanger bis über Sárvár hinaus gefunden and die ihm wenigstens zwei Stunden Aufenthalt verursacht hätten. »Übrigens«, setzte der ganz verständige, nur etwas umständliche Mann hinzu, »übrigens hätten mich meine Schimmel doch noch vor dem Abenddunkel hierhergebracht, hätte ich nicht heute früh mit dem armen Sünder zuviel Zeit versäumt!« – »Mit welchem armen Sünder?« fragte Horváth, und Steidler, die allgemein sich kundgebende Neugier zu befriedigen, berichtete nun in seiner breiten Redeweise, wie ein Tischlergeselle zu Steinamanger vor zwei Jahren seinen Meister erschlagen, aber allen Verdacht abzulenken gewußt, sich später auf die Wanderschaft begeben und auch sein gutes Fortkommen gefunden hätte, vor drei Wochen aber, von der nie ruhenden unerträglichen Folter des Gewissens getrieben, plötzlich nach Steinamanger zurückgekehrt wäre, um sich selbst als den Mörder seines Dienstherrn dem Gerichte zu überliefern, worauf er denn am heutigen Tage, bereuend und mit Gott versöhnt, zur höchsten Erbauung der tieferschütterten Menge sein Verbrechen auf der Richtstatt mit dem Leben gebüßt hätte.

Steidlers Bericht war nicht ohne Wirkung auf seine Hörer geblieben, dafür bürgte die tiefe Stille, mit der er aufgenommen wurde und die ihm folgte. Horváth war es, der sie zuerst unterbrach. »Ja«, sagte er mit nachdrücklicher und bewegter Stimme, »Gott weiß jeden zu finden, und nichts«, fuhr er fort, indem er einen ernsten und forschenden Blick auf die jungen Leute warf, »nichts ist so fein gesponnen, es kommt zuletzt ans Licht der Sonnen!« Der Eindruck, den diese ziemlich scharf betonte Bemerkung machte, war ein sehr verschiedener: Auf Czenczis Wangen rief sie dunkle Röte hervor, Ferencz dagegen, der stumm und gleichgültig wie zuvor mit vor ihm liegenden Brotkrumen spielte, schien sie gar nicht zu beachten, während Herr Steidler nachdenklich den Kopf schüttelte und sie mit diesen Worten erwiderte: »Ja, die Leute sagen so! Aber es kommt nicht alles ans Licht der Sonne! Ich selbst weiß von einem Fall zu erzählen, von einer schauerlichen Mordtat, die sich vor etwa dritthalb Jahren begeben, ohne daß seither auch nur eine Spur des Mörders entdeckt worden wäre.« – »Ei was«, versetzte Horváth ärgerlich, denn ihm war, als sähe er die Lippen des Schreibers spöttisch zusammenzucken, »es ist nicht aller Tage Abend! Und kann nicht eine Stunde entdecken, was dritthalb Jahre verschwiegen blieb? Wenn ihn auch die Menschen nicht erreichen, Gott weiß seinen Mann zu finden, dabei bleibe ich! Aber laßt uns doch die Geschichte hören, deren Ihr eben gedachtet. Noch ein Glas Somlyóer, werter Herr Steidler, dem Wein dürft Ihr trauen, es ist eigenes Baugut und vom besten Jahrgang, und nun gebt uns Eure Mordtat zum besten.« Horváth hatte während dieser Worte die Gläser gefüllt, und Steidler, der vergebens vorstellte, daß jener Vorfall an und für sich nicht besonders spannend und nur vielleicht für jene, welche die beteiligten Personen gekannt, merkwürdig wäre, fügte sich endlich dem Andringen seines freundlichen Wirtes und begann folgendermaßen seine Erzählung:

»Ihr müßt wissen«, sagte Steidler, »daß mich meine Geschäfte mehr als einmal des Jahres nach Bruck führen, einem hübschen Städtchen, das einige Meilen von meiner Heimat am Zusammenfluß der Mürz und der Mur gelegen ist. Ich pflege dort beim Kreuzwirt Herberge zu nehmen und habe mich, seit Jahren ein Stammgast des Hauses, unter seinem Dache immer so wohl besorgt und aufgehoben gefühlt wie nur am eigenen Herd. Eines Tages, es mögen nicht ganz vier Jahre sein, gegen Abend ankommend, finde ich jedoch das Haus von oben bis unten erleuchtet, Gänge und Treppen von Menschen wimmelnd, und vor dem Hause ein Gewirr ineinandergefahrener Wagen, daß ich nur mit Mühe an den Torweg gelangen konnte. ›Kreuzwirt‹, sage ich absteigend,

›Euer Haus sieht heute nicht anders aus als die leibhaftige Arche Noah, da werde ich denn wohl rechtsum machen und im Brauhaus einsprechen müssen!‹ Der aber krummbuckelt und entschuldigt sich, die Schützengilde feiere heute unter seinem Dach einen Ehrenschmaus, dem ein Tanz folgen sollte; die Stube, die ich gewöhnlich einnehme, diene als Bankettsaal, aber für mich hätte er immer Unterkunft; er würde mir, wenn ich es nicht übelnehmen wolle, eine hübsche Kammer im Hinterhause einräumen, und an Aufmerksamkeit und schuldiger Rücksicht für meine Bequemlichkeit solle es nicht fehlen! Was war zu tun? Im Hause war ich einmal, und im Handumdrehen sah ich mich eine Hintertreppe hinauf in die verheißene Kammer geschoben, die denn auch wirklich ganz bequem und so abgelegen war, daß ich darin ungestört von dem Gestampfe der Tanzenden und dem Geschwirre der Musik ganz ruhig und behaglich die Nacht zubrachte.

Es war hellichter Tag, als ich erwache, mich in die Kleider werfe und das Fenster öffne, um ein Viertelstündchen frische Luft zu schöpfen, wie dies im Sommer und Winter, bei Sonnenschein wie Schneegestöber mein Gebrauch ist. Das Fenster der Kammer ging in ein Gäßchen, das ich, sooft ich auch durch Bruck gekommen, niemals bemerkt, noch weniger betreten hatte. Mir gerade gegenüber lag ein altertümliches, geschwärztes Haus mit hohem Giebel, und unter dem Spitzbogen der Haustür, zu der einige Stufen hinaufführten, sah ich zwei Personen in eifrigem Gespräch begriffen, deren Vertraulichkeit bei der großen Verschiedenheit ihres Alters und ihrer bürgerlichen Stellung meine Aufmerksamkeit erregte. Die eine der beiden Personen, nämlich ein junger Mann in zierlicher, blonder Stutzperücke, in einem anständigen braunen Tuchkleide und geflammten Seidenstrümpfen, gehörte unzweifelhaft zu den Honoratioren der Stadt, während das Frauenzimmer, das den Abschiednehmenden bis zur Haustür begleitet zu haben schien, in Tracht und Haltung nur wie eine gewöhnliche Bürgersfrau aussah. Sie war alt und überaus häßlich; die kleinen stechenden Augen und das spöttische Grinsen des zahnlosen Mundes gaben dem gelben, runzligen Gesichte einen widerlich hämischen Ausdruck, den das wirre graue Haar, das unter der schwarzen Drahtflügelhaube hervorhing, nicht zu mildern vermochte. Die kleine, hagere Gestalt war mit einem etwas abgenützten Kleide von schwarzem Kamelot und einem mit verschossenem Sammetband besetzten Halbmäntelchen von demselben Stoffe angetan, aus dessen Armschlitzen ihre dürren Hände mit den gichtgekrümmten Fingern wie Adlerklauen hervorsahen. Dazu trug sie schlechte blauwollene Strümpfe, grobe Schuhe, Zinnschnallen, ein grellgelbes Halstuch und eine feuerfarbene Schleife auf der Drahthaube, kurz und gut, nur der Besen fehlte, so war die Hexe fertig.«

»Ach, du dreieiniger Gott!« stöhnte Base Margit, indem sie sich bekreuzigte; Czenczi aber schlug die Hände vors Gesicht und rief: »Gott behüt uns, mir ist, als sähe ich es vor mir stehen, das häßliche Weib!«

»Denkt Euch nun mein Erstaunen, werte Jungfer«, fuhr Herr Steidler fort, »als ich plötzlich den jungen, hübschen Mann die dürren, krummen Knochenfinger der Alten erfassen und mit einer Andacht und Inbrunst küssen sehe, als wäre sie eine kaiserliche Prinzessin und der Ausbund aller Schönheit! Alle Wetter, sage ich zu mir selbst, mit welchem Halfter sind die zwei Leute zusammengekoppelt? Und da eben der Kreuzwirt mit der dampfenden Weinsuppe, meinem Frühstück, in die Stube tritt, winke ich ihn zu mir heran und frage ihn, wer die zwei wären. ›Ei‹, sagt der, ans Fenster tretend, ›das ist die Marzipan-Lise‹, und da ich neugierig wiederhole: ›Die Marzipan-Lise–‹, berichtet er, die Alte wäre die Witwe eines reichen Lebküchlers, nach dessen Tode sie jedoch sein Geschäft aufgegeben, um ein minder süßes, aber bei weitem einträglicheres zu betreiben; sie leihe nämlich auf Pfänder, drücke ihren Schuldnern wucherische Zinsen ab, verkaufe ihnen Haus und Hof, und wenn die armen Leute dann ihre Hartherzigkeit verfluchen, pflege sie zu sagen, wenn sie nur ihr Geld habe, das andere wäre ihr Marzipan, welcher Redensart sie denn auch ihren Spitznamen verdanke. Sie wäre nun an die Siebzig, besäße zwei Häuser zu Bruck, drei Häuser zu Grätz und auch sonst noch Grundstücke, Weingärten und scheffelweise Geld, aber nicht Kind noch Kegel, und kein Mensch wisse, wem nach ihrem Tode all der Reichtum zufallen werde. ›Und da der junge Mann‹, sage ich darauf, ›wer ist er, und macht er der Alten den Hof, und will er sie etwa heiraten?‹ Worauf der Kreuzwirt lacht und meint, die Alte wolle der nicht, nur ihr Geld; denn er wäre armer Leute Kind und hätte sich durch Fleiß und Geschicklichkeit, vorzüglich aber durch die Gunst der Weiber emporgearbeitet, mit denen er als hübscher pfiffiger Bursche gar gut umzugehen wisse, so daß er jetzt Registrant im Magistrat und sehr beliebt bei Rat und Bürgerschaft wäre; nur der Herr Lamprechter, der Kaufmann auf dem Markte, sei ihm nicht grün, weil er der Nani, seiner einzigen Tochter, nachgehe, die um seinetwillen schon drei Freier, und darunter den Syndikus der Stadt, abgewiesen habe. – Da ich aber meine Frage wiederhole, was denn doch wohl der Herr Registrant mit der boshaften Alten wolle, sagt der Kreuzwirt: ›Nun, er ist ihr Mietsmann, und seit er in ihr Haus gezogen, hätschelt und pflegt er die Alte, besorgt ihre Geschäfte, redet ihr in aller Weise zu Gehör, und alles das in der Hoffnung, sie werde ihm ein tüchtig Stück Geld hinterlassen, damit er nach ihrem Tode die Lamprechter Nani heiraten könne.‹ Es solle auch, setzt der Kreuzwirt hinzu, schon alles in Richtigkeit sein, ja, der Registrant behaupte sogar, er selbst habe der Alten auf ihr Verlangen den Entwurf zu einem Testamente aufsetzen müssen, in dem sie ihn zu ihrem Universalerben erklärte; die Alte dagegen wolle es nicht Wort haben, sie lächle boshaft, wie sie pflege, wenn sie darüber zur Rede gestellt werde, und meine, es sei nicht alles Gold, was glänze, es gäbe wohl noch Tauben auf dem Dache, aber darum stäken sie noch nicht am Spieße, und manche Henne auf ihrem Ei wisse nicht, was sie ausbrüte, und dergleichen Dinge mehr, so daß im Grunde doch niemand recht wisse, welchen Ausgang die Geschichte nehmen werde! – Während dieser und anderer Reden war im Gäßchen unten der Registrant seiner Wege gegangen und der alte Drache in seine Höhle zurückgeschlüpft, und ich . . .«

Hier hielt der Erzähler inne, denn einer seiner Zuhörer hatte in dem Bestreben, sich leise zu erheben und seinen Stuhl recht unbemerkt zurückzuschieben, mehr Geräusch verursacht, als dies vielleicht bei minderer Vorsicht der Fall gewesen wäre. Es war der Schreiber Ferencz, der nicht wenig verwirrt schien, die allgemeine Aufmerksamkeit durch diese Störung so ausschließlich auf sich gezogen zu haben. Erst auf den wiederholten Anruf Horváths, was es gäbe, stammelte er die Entschuldigung hervor, auf dem Platze, den er bisher eingenommen, verletze das grelle Kerzenlicht seine leidenden Augen, und er gedächte sich daher in die dunkleren Räume der Stube zurückzuziehen. »Geh Er nur lieber gleich zu Bette; kranke Leute taugen nicht zu den gesunden!« gab ihm Horváth rauh und hart zur Antwort, worauf aber Ferencz nach kurzem Besinnen mit unsicherer Stimme erwiderte, er wolle nichts von der anziehenden Erzählung des Herrn Steidler verlieren und daher, wenn es ihm vergönnt wäre, auf der Bank hinter dem Ofen Platz nehmen! – »Auch gut, krieche Er hinter den Ofen«, brummte Herr Horváth; gleich darauf aber Czenczis Erbleichen und Erröten, ihre besorgten Blicke, die schlecht verhehlte Unruhe gewahrend, mit der sie den Bewegungen des Schreibers folgte, rief er, mit der derben Faust auf den Tisch einschlagend, daß Flaschen und Gläser klirrten: »Kreuzschwerenot! Rühre dich, Mädel! Das Glas des Herrn Steidler ist leer! Schenk ein und präsentiere ihm den Kuchenteller! Donnerwetter, paß auf!« Während Czenczi zusammenfuhr und, so rauher Mahnung ungewohnt, zitternd die Aufträge des Vaters erfüllte, hatte dieser, seinen Unmut unter einer scherzenden Miene verbergend, sich wieder zu seinem Gaste gewandt und ihn aufgefordert, nach dieser unliebsamen Unterbrechung den Faden seiner Erzählung wiederaufzunehmen.

»Liebwertester Freund«, begann Herr Steidler, »ich habe Euch wohl vorausgesagt, daß an jenem Vorfall, von dem ich Euch durchaus berichten soll, nicht eben viel Merkwürdiges wäre, Ihr habt mir aber nicht glauben wollen; erstaunt also nicht, wenn ich an den Anfang meiner Geschichte statt ihrer Fortsetzung, die Ihr erwartet und begehrt, gleich unmittelbar ihr Ende knüpfen muß. Nachdem ich nämlich auf die Art und Weise, wie ich eben berichtet, die Marzipan-Lise und ihren Mietsmann kennengelernt hatte, ging ich meinen Geschäften nach und kehrte dann in meine Heimat zurück, ohne von jenen beiden weiter zu hören oder ihrer auch nur von ferne zu gedenken. Nach etwa sechs Wochen hatte ich wieder eine Geschäftsreise nach Bruck anzutreten, und diese Gelegenheit benützte ich, einen Freund auf einem von Bruck kaum eine halbe Stunde entfernten Hammerwerke zu besuchen; dort abgestiegen, wurde ich nicht mehr fortgelassen, ich mußte bei meinem Freunde übernachten und setzte erst ziemlich spätmorgens meine Reise wieder fort.

Ich wußte, daß an jenem Tage zu Bruck der Wochenmarkt abgehalten werde, und gedachte von diesem Umstande zur Besorgung mancher notwendiger Einkäufe Nutzen zu ziehen; ich war daher nicht wenig erstaunt, als ich bei meiner Ankunft zu Bruck zwar den Marktplatz mit Waren aller Art bedeckt, aber weder Käufer noch selbst Verkäufer, nur einige Kinder und alte Weiber, die Waren zu behüten, zur Stelle fand. Vor dem Kreuzwirtshause angelangt, sah ich weder Hausknecht noch Kellnerin herzuspringen, noch schwenkte mir der Kreuzwirt sein grünes Samtmützlein entgegen, dagegen bemerkte ich an der Ecke des Hauses einen Knäuel von Menschen, den immer neuer Zulauf vermehrte. Dies erregte meine Neugier; ich schritt auf das Gewimmel zu und hatte kaum einige Schritte getan, als ich den Kreuzwirt erkannte, der mir zuwinkte und schrie: ›Hierher, nur hierher, kommt nur, Herr Steidler!‹ – ›Kreuzwirt‹, sagte ich, als ich ihn endlich erreicht hatte, ›beißt Euch das Mäuslein, daß Ihr hier Maulaffen feilhabt? Gibt's Feuer oder ist sonst ein Unglück geschehen?‹ Der aber, ganz erhitzt und verwirrt, meiner Worte nicht achtend, schnaubt mir entgegen: ›Wollt Ihr sie sehen? Ich führe Euch hin, wenn Ihr sie sehen wollt!‹ – ›Potz Hammer und Amboß!‹ rufe ich, ›wer oder was ist denn zu sehen?‹ – ›Was zu sehen ist?‹ war die Antwort. ›Nun, die Marzipan-Lise, nach der Ihr letzthin fragtet! Kommt nur mit! Eben ist der Syndikus hinein und die Herren vom Rate!‹ – Und ohne mir weiter Auskunft zu geben, faßte er mich beim Arm, rief mit barscher Stimme der vorwärts drängenden Menge ein ›Platz da! Vorgesehen!‹ zu und zog mich, mit breiten Schultern und derben Fäusten mir Luft machend, in das Gäßchen hinein, dessen ich früher gedachte und das nun mit Menschen jeden Geschlechts und Alters vollgepfropft war, daß nirgends auch nur ein Apfel hätte zur Erde fallen können.

Endlich hatten wir das Haus erreicht, waren die Eingangsstufen hinangestolpert und hatten uns durch den dunklen Hausflur an der steilen, dunklen Treppe vorbei durch mehrere Stuben des Erdgeschosses in ein kleines gewölbtes Gemach gedrängt, das, wie sich später auswies, die Schlafstube der Hausfrau war. Das erste, was mir hier in die Augen fiel, war die über einen Haubenstock gestülpte Drahthaube mit der feuerfarbenen Schleife, über der Lehne des Stuhls hing das Kamelotkleid und das dazugehörige Halbmäntelchen. Die Besitzerin dieser Gewänder aber lag unfern von ihrer Bettsponde nur notdürftig bedeckt auf dem Boden; das dünne graue Haar hing aufgelöst um das runzlige schwarzblaue Gesicht und den pergamentähnlichen Nacken, den, scharf ins emporquellende Fleisch gedrückt, das grellgelbe Halstuch umschlang, mit dem die Unglückliche nach kurzer, vergeblicher Gegenwehr erdrosselt worden war. Dafür bürgten die starren, blutunterlaufenen, gewaltsam aus ihren Höhlen herausgetriebenen Augen, der halboffene

Mund, der sich zu einem gräßlichen Hohngelächter zu verzerren schien, und die verkrümmten Hände, die offenbar in dem vergeblichen Bestreben erstarrt waren, den erdrosselnden Knoten des gelben Halstuches zu lösen. Es war ein entsetzlicher Anblick! Als ich endlich imstande war, meine Blicke von dem furchtbaren Schauspiele abzuwenden, auf das ich lange voll Schaudern und Entrüstung hingestarrt hatte, gewahrte ich in einer Ecke des Gemachs mehrere mir bekannte ansehnliche Bürger der Stadt um einen stattlichen Herrn versammelt, der, an dem geöffneten Schreibtisch der Ermordeten sitzend, die darin enthaltenen Papiere durchmusterte und den mir der Kreuzwirt als den Syndikus der Stadt und einen der Freier der Lamprechter Nani zu erkennen gab. Die Herren waren, der Leiche kaum mehr eingedenk, in ein leises, aber höchst lebhaftes Gespräch verwikkelt, das, allmählich lauter werdend, durch einzelne Worte erkennen ließ, daß es sich um den Nachlaß der Ermordeten handelte. Dieser Umstand hatte mich zu der Frage veranlaßt, was denn mit dem Registranten, dem Mietsmann und mutmaßlichen Erben der Toten und dem glücklichen Nebenbuhler des Syndikus, geworden wäre, und der Kreuzwirt teilte mir eben halblaut mit, daß derselbe, mit der Versteigerung eines in der Laming in Gant verfallenen Anwesens beauftragt, schon seit sechs Tagen abwesend wäre, als sich ein immer zunehmendes Gewirre von Stimmen im Hausflur erhob, die, ärgerlich abmahnend, einen ungestüm Vorwärtsdringenden zurückzuweisen bemüht schienen. Gleichwohl drang der laute Ruf ›Ich muß hinein! Platz da! Ich muß sie sehen!‹ immer näher, bis zuletzt der Schwall der Menge plötzlich sich teilte und, verstört, geisterbleich, große Schweißtropfen auf der Stirn, ein junger Mann ins Gemach stürzte, in dem ich augenblicklich den Registranten wiedererkannte, von dem wir soeben gesprochen. Bei dem Anblick der Ermordeten bebte er zurück, rang die Hände und rief ein Mal über das andere: ›O Jammer! O Entsetzen! O unglückseliger, grauenvoller Tag!‹ Mittlerweile war der Syndikus, der sich beim Eintritt des jungen Mannes erhoben und ihn eine Weile von fern mit finsterem, fast feindlichem Blicke gemessen hatte, auf ihn zugeschritten und begann jetzt in langsam-feierlichem Tone, in dem aber Hohn und Schadenfreude ganz deutlich durchzuklingen schienen: ›Ja, beklage Er das gräßliche Ende seiner mütterlichen Freundin! Beklage und beweine Er sie, wie wir sie beklagen und beweinen, wie bald ganz Bruck dies edle Herz, diese vielverkannte Seele, diese Mutter der Armen, diese Zuflucht der Betrübten beklagen und beweinen wird. Denn, hört und beherzigt es, schätzbarste Anwesende, diese oft geschmähte und verleumdete, diese mit Schimpf und Hohn verfolgte, mit Spottnamen verunehrte Frau hat feurige Kohlen auf euer Haupt gesammelt und ihr ganzes großes Vermögen ungeteilt und ausschließend hiesiger Stadt zur Gründung eines Bürgerspitals und Waisenhauses in bester Form rechtens letztwillig hinterlassen!‹ Ein Murmeln und Flüstern des Staunens zog brausend durch die Versammlung, während der junge Mann eine Weile stumm und gedankenlos den Sprechenden anstarrte; als aber hier und dort in der Menge ein ›Gott segne sie‹, ›Ruhe sie in Frieden‹ laut wurde, als die erst stumpfe und mehr neugierige als erschütterte Menge plötzlich, vom Drang des Dankgefühls hingerissen, wie ein Mann sich auf die Knie warf und ein Gebet für ihre ermordete Wohltäterin anstimmte, da flammte in seinem Auge die Glut des feindlichsten Hasses auf, die, als sein Blick, sich abwendend, wieder auf die Leiche fiel, in den Ausdruck wahnsinniger Wut sich verwandelte; er knirschte mit den Zähnen, wühlte mit den Händen in seinem Haar, dann stieß er einen Schrei aus, der halb wie Schmerzgeheul, halb wie Gelächter der Verzweiflung erklang, taumelte, verdrehte die Augen und schlug im nächsten Augenblick leblos wie ein Stück Holz neben der Leiche hin!«

Herr Steidler, der, in dem Bemühen, seinen Zuhörern die Eindrücke des vorlängst Erlebten recht anschaulich zu vergegenwärtigen, ungewöhnlich lebhaft geworden war, hielt hier inne, um sich zu sammeln und seine Erinnerungen für die Fortsetzung seiner Erzählung zu ordnen, als vom Ofen her, hinter dem schon lange schwere Atemzüge hörbar geworden, nun plötzlich ein dumpfes ängstliches Stöhnen wie das Röcheln eines Erstickenden erscholl. »Herr Jesus«, jammerte Base Margit, »es spukt!«, und sie verbarg das Gesicht in ihre Schürze. Horváth war vom Stuhle aufgesprungen, Czenczi aber stürzte mit dem Angstschrei »Um Gottes willen, was ist geschehen?« auf den Ofen zu. Noch ehe sie aber das mächtige grüne Kachelgebäude erreicht hatte, schwankte schon Ferencz wie einer, dem die Knie brechend versagen, krampfhaft an das Gesimse des Ofens geklammert und daran sich forthelfend, hinter demselben hervor. Er war kreideweiß bis in die Lippen, seine Brust flog und arbeitete nach Luft, fieberhaftes Zittern durchlief seine Glieder und ließ seine Zähne hörbar aneinanderklappern. Ihm sei todesübel geworden, es verlege ihm den Atem, ächzte er, aber es werde wohl vorübergehen, wenn er nur erst zu Bette wäre. »Wasser, Wasser!« schrie Czenczi. »Er stirbt, Hilfe!« Und damit stürzte sie auf ihn zu und unterstützte den Schwankenden. Aber kaum daß sie ihn berührt hatte, fühlte sie auch schon die schwere Hand des Vaters auf ihrer Schulter, die sie wie eine Flaumfeder fortdrehte, daß sie taumelnd in einer Ecke des Gemachs niedersank. »Schickt sich das?« rief Horváth, dessen Grimm nur des zündenden Funkens geharrt hatte, um aufzuflammen wie eine Pulvertonne. »Ist's hierzulande Brauch, daß sittsame Mädchen sich nach Belieben den jungen Burschen an den Hals werfen? Gotts Donnerwetter! Ich will dich lehren, Dirne, was sich schickt!« Und damit erhob er die Hand, aber er besann sich und winkte die Base Margit heran. »Helft dem Burschen auf seine Stube«, sagte er, »und macht fort! Ich bin des Gewinsels satt und will Ruhe haben!« Margit gehorchte und entfernte sich mit dem halb ohnmächtigen Ferencz, zu dessen Wiederbelebung dieser Auftritt eben auch nicht sehr geeignet war.

Kaum war die Türe hinter den beiden zugefallen, als

Horváth, der ihren Abgang mit unmutig-düstern Blicken beobachtet hatte, sich wieder zu Czenczi wandte, die blaß und regungslos dasaß und aus deren Wimpern große Tränen auf die in ihrem Schoß gefalteten Hände niederträuften. »Geh auf dein Zimmer«, sprach er in milderem Tone, »die Erzählung unseres Gastes hat dich aufgeregt, und wenn bei euch Weibsleuten das Rädlein einmal ins Laufen gekommen ist, so will's nicht mehr stillestehn! Geh! Und ein andermal sei klüger! Und damit gute Nacht!« Czenczi wiederholte tonlos und kaum vernehmbar die letzten Worte des Vaters, verneigte sich schweigend vor dem Gaste und verließ langsam das Gemach. Horváths Blicke folgten ihr mit dem Ausdruck schmerzlichen Bedauerns und bitterer Kränkung. Die leidenschaftliche Teilnahme, die Czenczi für den Schreiber bei einem so unbedeutenden Anlaß, wie seine Unpäßlichkeit es war, an den Tag gelegt hatte, ließ über den Zustand ihres Herzens keinen Zweifel übrig, und in Horváths Brust, der sich in seiner blinden Zuversicht getäuscht, in seinem Stolze verletzt und in die bittere Notwendigkeit versetzt sah, dem Herzen weh tun zu müssen, das er am meisten liebte, kämpften die widersprechendsten Gefühle einen harten, peinlichen Kampf. Endlich, seines Gastes gedenkend, faßte er sich und nahm wieder an seiner Seite Platz; aber sei es, daß er es für unnütz hielt, ihn über die Bedeutung des Vorganges täuschen zu wollen, oder daß er sich in diesem Augenblicke unfähig fühlte, demselben irgendeinen andern annehmbaren Sinn unterzuschieben, er erwähnte des Vorgefallenen mit keiner Silbe und begnügte sich, seinen Tischgenossen zu bitten, die angefangene Erzählung zu Ende zu bringen.

»Meine Geschichte zu Ende bringen«, sagte Herr Steidler, der ein stummer, aber nicht teilnahmsloser Zeuge der Ereignisse des Abends gewesen und mit Vergnügen die Gelegenheit ergriff, seinen Hauswirt auf irgendeine Weise zu zerstreuen, »teuerster Freund, sie ist zu Ende; denn was noch zu berichten bleibt, ist kaum der Rede wert und läuft auf unbestimmte Gerüchte und Vermutungen hinaus. Nur das ist gewiß, daß die Marzipan-Lise mit unerhörtem Gepränge zur Erde bestattet wurde, daß es mit ihrem Testamente seine volle Richtigkeit hatte und daß ihrem erbschleicherischen Mietsmanne, dem Registranten, wirklich nicht ein Heller aus ihrem Nachlasse zufiel, wodurch denn auch jede Möglichkeit seiner Verbindung mit der Lamprechter Nani zu Wasser wurde.

Der junge Mann, der alle seine Anschläge vereitelt sah und, wie gewöhnlich, zum Schaden auch noch den Spott hatte, lief seit jenem Tage verstört und halb wahnsinnig in der Stadt herum, bis er nach drei Wochen plötzlich verschwand. Sein Hut und sein Oberrock, die an den Ufern der Mur gefunden wurden, lassen vermuten, daß der arme Teufel in seiner Verzweiflung sich ertränkt habe. Was den Mörder der Marzipan-Lise betrifft, so führten die sorgfältigsten Nachforschungen auf keine Spur. Ein ehemaliger Schuldner der Ermordeten, den sie um Haus und Hof gebracht hatte und der sich zur Zeit des Mordes in der Gegend von Bruck herumtrieb, wurde auf Veranlassung des Registranten als der Tat verdächtig eingezogen, mußte aber entlassen werden, da er ein Alibi standhältig nachzuweisen vermochte. Dagegen ging später, und zwar kurze Zeit nach dem Verschwinden des Registranten, das Gerücht, er selbst wäre es gewesen, der in der sichern Hoffnung, die Alte zu beerben, ihr hingeholfen hätte, um früher zu Geld und Gut und in den Besitz seiner Liebsten zu kommen. Man erzählt sich nämlich, zwei Brauknechte hätten dem Syndikus angezeigt, daß sie in der Nacht des Mordes, von einem Besuch bei ihren Mädchen gegen Morgen nach der Stadt heimkehrend, dem, wie gesagt, damals in der Laming stationierten Registranten, hastig von der Stadt kommend, begegnet wären und ihn deutlich erkannt hätten, obgleich er bei ihrem Herannahen von der Straße weg in den Busch gesprungen wäre. Wenn nun auch der Hauswirt des Registranten in der Laming dagegen steif und fest behauptete, dieser letztere habe sich daselbst in jener Nacht wie gewöhnlich zu Bette begeben und sei frühmorgens von ihm selbst geweckt worden, so schließe das doch nicht aus, daß der verruchte Mörder heimlich in stiller Nacht das Haus verlassen, die Untat vollbracht habe und dann unbemerkt wieder zurückgekehrt sei, wofür auch der Umstand spreche, daß der Mörder die Gelegenheit im Hause der Marzipan-Lise sehr wohl gekannt haben müsse, da kein Einbruch stattgefunden habe und Tür und Fenster unverletzt gewesen wären.

Mehrere aber wußten mit dieser Angabe noch eine andere zu verbinden und berichteten, zu selbiger Zeit habe der Syndikus, den Nachlaß der Marzipan-Lise ordnend, unter ihrer Wäsche ein Päckchen mit der Überschrift ›Legat für meinen Mietsmann‹ gefunden. Dieses Päckchen habe ein Tellertüchlein, einen von dem Registranten für die Marzipan-Lise aufgesetzten Testamentsentwurf und ein Schreiben dieser letzteren enthalten, worin sie dem Registranten für die Mitteilung jenes Entwurfes dankte, den sie auch nach ihrer Absicht und zu ihrem Zweck endlich benutzt habe. Ihn zum Erben einzusetzen wäre ihr nie eingefallen, sie hätte ihn damit nur hingehalten, damit sie ohne viele Kosten zu einem brauchbaren Testamentformular käme; wohl aber würde sie ihn für die guten Dienste, die er ihr geleistet, mit einem hübschen Kapital bedacht haben, wenn nicht ihre Katze von dem Kuchen, den er ihr unlängst verehrt, genascht und daran verreckt wäre. Sie habe darüber ihre eigenen Gedanken und meine demnach, vollkommen genug zu tun, wenn sie ihm das anliegende Tellertüchlein hinterlasse, um – sich das Maul zu wischen. Nach Lesung dieser Papiere habe der Syndikus, wie die Leute wissen wollten, sich in großer Verlegenheit befunden, indem dieselben, in Verbindung mit den Aussagen der Brauknechte, den Registranten allerdings schwer verdächtigten. Endlich aber habe er beschlossen, zwei Fliegen mit einem Schlage zu erlegen: nämlich einesteils das unliebsame Aufsehen zu vermeiden, das die Eröffnung des hochnotpeinlichen Verfahrens gegen ein Mitglied des Magistrats nach sich gezogen hätte, andernteils aber durch den Anschein ritterlicher Großmut gegen seinen Nebenbuhler sich des Besitzes der Lamprechter Nani um so bestimmter zu versichern. Er habe sich also zu dieser letztern verfügt, ihr den Sachverhalt mitgeteilt und ihr ans Herz gelegt, wie der Mann ihrer Neigung, falls er sich nicht ganz rein wüßte, sehr wohl daran täte, ungesäumt das Weite zu suchen; dabei aber auch nicht undeutlich merken lassen, auf welche Weise er die zarte Rücksicht, die er für ihre Person an den Tag lege, belohnt zu sehen hoffe. Auf diesem Wege, meinten die Leute, habe der Registrant Wind bekommen, sich aus dem Staube gemacht und der Syndikus die Hand seiner Liebsten gewonnen. – Das letztere hat nun allerdings seine Richtigkeit; die Lamprechter Nani hat wirklich den Syndikus geheiratet; das übrige ist wohl nur eitles Gerede, mit dem böse Mäuler unbarmherzig genug den armen Registranten noch im Grabe verfolgen. Das Ende der ganzen Geschichte ist aber denn doch, daß der Mörder der Marzipan-Lise bis jetzt noch nicht entdeckt worden ist und daß ihn daher Gott wird finden müssen, wie Ihr sagt, da ihn die Menschen nicht erreicht haben.«

Diese Bemerkung, absichtlich von Herrn Steidler hingeworfen, um den in Gedanken verlorenen Horváth ins Gespräch zu ziehen, blieb ohne Erwiderung. Horváth hörte sie nicht; den Kopf in die Hand gestützt, starrte er vor sich hin und hatte die Worte seines Gastes unbeachtet an sich vorüberrauschen lassen. Ihn beschäftigte nur eins: daß Antál recht hatte, daß er selbst in törichter Verblendung sein Kind ins Verderben hatte rennen lassen, daß er nun ein Ende machen müsse und daß es selbst dazu vielleicht zu spät sein könnte. Die tiefe Stille, die eingetreten war, nachdem Steidler seine Erzählung vollendet hatte, entriß ihn endlich seinem Hinbrüten; er fuhr auf, und ohne weitere Vorbereitung, als daß er die zunehmende Kränklichkeit seines Schreibers beklagte, fragte er Herrn Steidler, ob er ihm einen Buchhalter empfehlen könne. Diese Frage wurde von dem umständlichen und in Geschäften sehr pünktlichen Gaste mit der Gegenfrage nach den Eigenschaften, die er fordere, und den Genüssen, die er gewähren wolle, und nach entsprechender Erörterung dieser Punkte mit dem Versprechen erwidert, ehe drei Wochen ins Land gingen, wolle er ihm einen ältlichen, aber noch rüstigen Mann zuweisen, der ihm genügen würde; worauf Herr Steidler, da er frühmorgens aufbrechen müsse, für den freundliche Empfang danksagend, sich vom Tische erhob und von seinem Wirte mit den besten Wünschen für eine »ruhig schlafende« Nacht auf seine Stube geleitet wurde.

Der Morgen dämmerte herauf, und die ersten blassen Strahlen des Zwielichts, die in die Kammer des Schreibers Ferencz brachen, fanden ihn wach und halb angekleidet auf seinem zerwühlten Lager sitzend, dem diese Nacht Ruhe und Schlummer ferngeblieben zu sein schienen. Der Lichtschirm und das schwarzseidene Tuch, das er tags zuvor um die Backen geschlungen hatte, lagen inmitten der Stube auf den Boden hingeschleudert, der mit zerrissenen Papieren bedeckt war; Schrank und Lade standen weit offen. Kleidungsstücke, Wäsche und andere Habseligkeiten lagen teils da und dort auf Tischen und Stühlen, teils neben dem Felleisen aufgehäuft, das in einer Ecke des Gemachs halb gepackt dastand und nach dem die Blicke des Schreibers von Zeit zu Zeit unruhig düster hinüberglitten, als überlegte er, ob er das angefangene Werk nicht doch vollenden solle. Wenn die Umgebung des jungen Mannes durch diese und andere Züge einen seltsamen Ausdruck des Unfriedens und der Verworrenheit erhielt, so zeigten sich diese letztern ihm selbst und seiner ganzen Erscheinung noch viel deutlicher aufgeprägt. Seine zusammengeknickte Haltung, das tief auf die Brust herabgesenkte Haupt, die fahle Blässe der Wangen verrieten die äußerste Erschöpfung, während die schweren Seufzer, die von Zeit zu Zeit aus der beklommenen Brust sich losrangen, und das unter den krampfhaft zusammengezogenen Brauen düster hervorblitzende Auge, das bald minutenlang auf das erlöschende Flämmchen der

Nachtlampe gedankenlos hinstarrte, bald in ängstlich scheuer Hast von Gegenstand zu Gegenstand schweifte, von einer inneren Ruhelosigkeit, von einer Gottverlassenheit der Seele zeugten, wie nur Verzweiflung oder Schuld sie empfinden. – Jetzt fuhr er auf und horchte. »Schritte – waren das nicht Schritte? Nein, es war nichts!« Er trocknete sich den Schweiß von der Stirn, strich die wirren Haare zurück, die sie bedeckten, und schritt unruhig im Zimmer auf und nieder. – »Warum gab ich auch dem Drängen der alten Margit nach«, murmelte er vor sich hin, »und was bestand ich später darauf, mich nicht zu entfernen? Der alte Schwätzer mußte freilich im Auge behalten werden, und wer konnte wissen, daß mich das dumme Fieber packen würde und daß ich wie ein Schulknabe . . .« Er vollendete nicht, denn jetzt schallten wirklich draußen rasche Schritte nah und näher, denen bald ein derbes Pochen an der Tür folgte. Ferencz stand einen Augenblick wie erstarrt, dann, sich ermannend, sprang er in die Ecke der Stube, riß mit zitternden Händen seinen Mantel von der Wand, breitete ihn über das offene Felleisen hin und wankte dann zur Tür, den Riegel zurückzuschieben; nun öffnete sie sich, und Horváth stand auf ihrer Schwelle dem bis in die Lippen erbleichenden Ferencz gegenüber, der vergebens seine tödliche Unruhe unter Bücklingen und ehrerbietigen Morgengrüßen zu verbergen strebte.

Horváth hatte seinerseits die Nacht nicht besser zugebracht als sein Schreiber. Gekränkt in seinem Stolze, erbittert durch den Mangel an Vertrauen, den seine Tochter gegen ihn bewiesen, und voll Zorns gegen den treulosen Diener, der seine Wohltaten mit Undank vergolten hatte, war er zu Bette gegangen; aber in der Stille der Nacht, die ihn immer deutlicher der eigenen Mitschuld an der Verwirrung der jungen Leute sich bewußt werden ließ, verloschen allmählich die Flammen seines Zorns. Dagegen faßte er den festen Entschluß – geschehe, was da wolle –, am nächsten Morgen, sobald nur Herr Steidler abgereist sein würde, unverzüglich mit aller Entschiedenheit einem Verhältnisse ein Ende zu machen, das ihm ebenso schmachvoll als unnatürlich und ganz und gar unmöglich erschien. Gleichwohl war sein Wesen so durch und durch Milde und Gutmütigkeit, und so sehr widerstrebte es seiner innersten Natur, irgend jemand, außer im ersten Auflodern des Zorns, etwas vorsätzlich zuleide zu tun, daß er nach Steidlers Abreise kaum minder schweren Herzens den Gang nach der Kammer des Schreibers antrat, als dieser ihn in derselben erscheinen sah.

»Ist Er wiederhergestellt?« fragte er, langsam in die Stube tretend und die Tür hinter sich zuziehend. »Nun, das sehe ich gern, denn ich habe mit Ihm zu reden, und es freut mich, daß Er seine fünf Sinne beisammen hat!« Er setzte sich mit diesen Worten auf den Stuhl, den ihm Ferencz hingerückt hatte, und blickte wie verlegen im Zimmer herum. »Ja, ich habe mit Ihm zu reden«, wiederholte er mit barschem, ja rauhem Tone, aber es war etwas in diesem Tone, als täte er sich Gewalt an, fester und entschlossener zu scheinen, als er war. »Ich will Ihm sagen, daß ich heute nach Vásárhely hinüberreite, um in den Weingärten nachzusehen, und morgen«, setzte er nach einigem Zögern hinzu, »morgen reise ich nach Ofen!« Hier hielt er wieder inne, dann aber sich ein Herz fassend und das Unvermeidliche herausstoßend, sagte er, indem er aufstand und, dem Schreiber den Rücken kehrend, an den Tisch trat: »Und dann will ich Ihm sagen, daß ich einen andern zu meinem Buchhalter bestellt habe und daß Er mein Haus noch heute verlassen muß!« – Ferencz zuckte bei diesen Worten zusammen wie einer, dem ein Blitzstrahl hart vor den Füßen in die Erde schlägt. – »Hier ist sein Dienstzeugnis«, fuhr Horváth fort, ein Papier aus der Tasche ziehend und es abgewandt ihm hinreichend, »und hier ist sein rückständiger Lohn und ein Reise- und Zehrpfennig dazu!« Und damit warf er eine Rolle hin, die, im Falle berstend, den Tisch mit Goldstücken bedeckte. Er schwieg, als ob er eine Antwort erwartete; als diese aber ausblieb, wandte er sich um, und ein Blick auf den wie vernichtet dastehenden Schreiber genügte, ihn vollends zu entwaffnen. Er schritt auf Ferencz zu, und ihm mit der Hand auf die Schulter schlagend, sagte er: »Er ist ein braver, geschickter, fleißiger Mensch, ich entbehre Ihn ungern und habe Ihn auch in meinem Zeugnis als treu und fleißig bestens rekommandiert; aber Er selbst wird einsehen, daß Er nicht bleiben kann. Morgen reise ich nach Ofen, und darum muß Er noch heute, diese Stunde fort! Hört Er?« Ferencz lallte einige unverständliche Worte, während Horváth der Türe zuschritt, die Klinke in der Hand, aber noch einmal sich umwandte und sagte: »Daß Er sich aber nicht einbilde, Er könne sich in der Gegend herumtreiben und um mein Haus herumlungern! Das verbitte ich mir und werde Ihm auch das Handwerk zu legen wissen. Er muß fort, gleich und ganz fort! Und damit Gott befohlen!« Mit diesen Worten öffnete er die Türe und verließ, froh, das ihm peinliche Geschäft kurz und entschieden abgetan zu haben, raschen Schrittes das Gemach.

Solange noch der Schall von Horváths Schritten auf Gang und Treppe zu hören war, verharrte Ferencz in zerschmetterter Haltung, die ihm in seiner Gegenwart so gute Dienste geleistet hatte; dann aber schnellte er aus der gebückten Stellung empor, das kaum noch tiefgesenkte Auge funkelte, sich wieder erhebend, von Selbstbewußtsein, das farblosblasse Antlitz glühte vor Freude, und ein häßliches Lächeln hämischen Spottes zuckte um die noch schreckensbleichen Lippen. »Nichts, gar nichts wissen sie«, rief er, raschen schwungkräftigen Schrittes die Stube auf und nieder messend, »nur dumme Selbstquälerei war es, die mich heute nacht halb verrückt machte! Aber nun ist alles gut, selbst daß er mir den Abschied gegeben. Zur Entscheidung mußte es doch einmal kommen, und diesmal bin ich meiner Sache gewiß, die Czenczi habe ich fest!« Aus diesen und andern Gedanken weckten ihn die Hufschläge des Pferdes, das Horváth nach Vásárhely trug; die Zeit seiner Entfernung mußte benutzt werden, jetzt oder nie rasch und entschieden gehandelt werden. Hastig seinen Anzug vollendend, überlegte er, welche Wege er einzuschlagen hätte, erwog die Hindernisse, die ihm entgegentreten könnten, die Mittel, die ihm zu Gebote stünden, und eben, da er endlich seinen Entschluß gefaßt hatte, sah er Czenczis schlanke Gestalt den Hofraum entlang dem Garten zuschweben, wohin er ihr augenblicklich folgte.

Die Züge des jungen Mannes, die noch von Siegesfrohlocken und hämischer Zuversicht strahlten, als er die Stufen zur Gartentüre emporstieg, hatten den Ausdruck tiefen Schmerzes und mühsam errungener Fassung angenommen, als er dem jungen Mädchen sich nahte, das ihm mit der rührendsten Hingebung entgegeneilte und ihn mit zärtlicher Besorgnis nach dem Zustande der bösen Augen fragte, die ihr gestern so viel Kummer gemacht hätten. Seine Antwort war kurz, ernst, gemessen; mit gepreßter Stimme, aus deren Klang das Ohr der Liebe unterdrückte Tränen heraushörte, berichtete er ihr das harte Urteil, das ihr Vater ihm gesprochen, und schloß mit zärtlichen Abschiedsworten und heißen Segenswünschen für die Zukunft der Geliebten, wenn auch die seine für immer vernichtet und ein früher Tod fortan das einzige Ziel sei, dem er noch hoffend entgegenschaue. Die Wirkung, die diese Worte auf Czenczis tatkräftige und feurige Seele machen mußten, war eine wohlberechnete gewesen. Einen Moment von Schreck und Schmerz überwältigt, raffte sie sich bald empor, schloß ihn in ihre Arme und fragte ihn, ob er an ihr zweifle, ob sie ihm nicht Treue, unverbrüchliche Treue verheißen, ob er sie für wortbrüchig halten könne, und durch das schmerzliche Lächeln, mit dem Ferencz diese Frage erwiderte, nur noch mehr bewegt und erregt, überhäufte sie ihn mit Liebkosungen und Vorwürfen und schwor ihm zu, sich noch heute ihrem Vater zu Füßen zu werfen und vor aller Welt zu gestehen, daß sie ihn liebe, daß sie ihm, nur ihm, angehöre und daß nicht Drohung, Gewalt noch jahrelange Trennung ihr Herz jemals dem seinen entfremden könnte! Diesem Überströmen der Leidenschaft setzte Ferencz das düstere Schweigen hoffnungslosen Schmerzes, die dumpfe Ruhe der Verzweiflung entgegen. Was ihre Bitten fruchten würden, fragte er sie endlich; ob sie meine, der stolze Horváth werde im Handumdrehen sich entschließen, dem von der Straße aufgelesenen Schreiber die reiche Erbtochter in die Arme zu werfen? Ob sie die besten Tage des Lebens, den Frühling ihrer Jugend vertrauern wolle, um ihm nach jahrelanger Trennung endlich über dem Grabe ihres Vaters die Hand zu reichen? Nein, hier gelte, jede Selbsttäuschung sich fernzuhalten. Nur ein Mittel gebe es, die berechtigte Forderung ihrer Herzen roher Willkür gegenüber durchzusetzen und den Vater zum Glücke seines Kindes zu zwingen; und dieses eine Mittel . . . Er zögerte, es auszusprechen; endlich sprach er es doch aus: Dies eine Mittel sei – Flucht aus dem Vaterhause!

Czenczi, schon in der Wiege der Mutter beraubt, hatte sich während der häufigen und langwierigen Reisen des Vaters und bei dem geringen Ansehen, das die alte Margit dem feurigen, lebhaften Sinne des jungen Mädchens gegenüber zu behaupten vermochte, frühzeitig mit großer Entschiedenheit des Willens und seltener Selbständigkeit des Geistes entwickelt. Zwang und Willkür waren ihr verhaßt; aber so heilig berechtigt sie sich fühlte, ihr Glück auf eigenem Wege zu suchen und zu finden, ebenso innig überzeugt war sie auch, daß dies nicht auf Kosten anderer, am wenigsten auf die ihres raschen und heftigen, aber sie so zärtlich liebenden Vaters geschehen dürfe. Es war ein harter Kampf, den Ferencz zu kämpfen hatte, bis das Pflichtgefühl des Kindes dem Drange der Leidenschaft erlag; endlich aber siegte er doch. Die Flucht wurde beschlossen und als der geeignetste Zeitpunkt, sie anzutreten, die erste Nacht festgesetzt, die auf Horváths Abreise nach Ofen folgen würde, weil sie dann hoffen dürften, wenigstens die ersten Tage unverfolgt zu bleiben. Schwieriger war die Lösung der weiteren Frage, wo Ferencz bis zu jenem Zeitpunkt sich aufhalten solle. Sich in der Nähe zu verbergen erschien bei dem einmal erweckten Mißtrauen Horváths gefährlich, die Wahl eines entfernteren Verstecks aber stellte einesteils bei der Schwierigkeit, sich gegenseitig in Kenntnis etwa eintretender hindernder Wechselfälle zu erhalten, das Gelingen des Fluchtplans in Frage, anderenteils hatte Czenczi sich mit solchem Widerstreben herbeigelassen, mit ihrer Vergangenheit so gewaltsam zu brechen, und zeigte sich von ihrem Unrecht so durchdrungen, in ihrem Gewissen so beunruhigt, daß Ferencz nur den fortdauernden Einfluß seiner Anwesenheit und die auf Czenczis Seele gewälzte Verantwortlichkeit für die Sicherheit seiner Person als ein hinlängliches Gegengewicht erkannte, um die Zweifelnde, ängstlich Hinundherschwankende bei dem kaum gefaßten Entschlusse festzuhalten.

Bei dieser Lage der Dinge mußte gewagt werden, um zu gewinnen, und so erklärte denn Ferencz, daß er sich von Czenczi nicht trennen könne, daß er bleiben und im Hause sich verborgen halten müsse, wenn ihr Vorhaben gelingen solle. Czenczi ließ sich von der Richtigkeit dieser Ansicht überzeugen, und ein sicheres Versteck wurde nach kurzem Überlegen ausgefunden. Ein Stübchen, das Horváth im untersten Geschosse seiner weitläufigen Keller hatte herstellen lassen, um dort während der Weinlese in aller Bequemlichkeit die Einlieferung der Erträgnisse seiner Weingärten überwachen und nach derselben mit den Abnehmern seiner Weine, die Weinproben gleich vom Faß weg durchkostend, über die Preise der verschiedenen Sorten sich behaglich besprechen zu können, erschien zu diesem Zwecke um so geeigneter, als es in dieser Jahreszeit nie benutzt und erst nach der Heimkehr Horváths vom Ofener Markte für seine Bestimmung wieder instand gesetzt zu werden pflegte. Nachdem die Liebenden sich über die Wahl dieses Verstecks geeinigt und sich noch in wenigen hastigen Worten über die Art und Weise, in der Ferencz es beziehen sollte, verständigt hatten, trennten sie sich, um ihr Vorhaben noch vor Horváths Heimkehr ins Werk zu setzen.

Ferencz eilte in seine Kammer zurück, packte schleunig seine Habseligkeiten zusammen, schloß sein Felleisen und begab sich gegen Mittag in das Gemach der Frau Margit, um ihr das Vorgefallene mitzuteilen und von ihr Abschied zu nehmen. Die gute Alte geriet über die Nachricht von der Verabschiedung ihres Günstlings völlig außer Fassung; Ferencz aber bat sie mit der Gebärde des tiefsten Schmerzes, den Hausgenossen seine letzten Grüße darzubringen, denn ihm selbst gebräche es dazu an Mut; dann erbat er sich ihren Segen, und nachdem er ihn empfangen und ihr empfohlen hatte, sein Felleisen in Obhut zu nehmen, bis er es abholen lassen würde, entwand er sich den Armen der schluchzenden und vor Schreck und Kummer halb gelähmten Alten, um, wie er sagte, einsam in die weite, weite Welt hinauszuwandern. Ehe Frau Margit sich recht besinnen und dem Fortstürzenden das Geleite geben konnte, war er die Treppe hinabgeeilt, hatte sich, an der Küche vorüberschlüpfend, überzeugt, daß das Hausgesinde sich daselbst wie gewöhnlich um diese Stunde zum Mittagsmahle versammelt habe, und war zum Tore hinausgesprungen.

Er schlug den Weg nach der Stadt ein; um die Ecke des Hauses gekommen, bog er abermals links ab, lief an der Gartenmauer hin, bis er an das angelehnte Hinterpförtchen gelangte und, durch dasselbe sich wieder ins Haus stehlend, an der Hinterwand der Stallungen sich fortschleichend, den Holzhof erreichte. Dort erwartete ihn Czenczi mit einem mit Eßwaren gefüllten Korbe an der Kellertür und geleitete ihn die Treppe hinab in das Kellerstübchen, das in einer Ecke des untersten Kellergeschosses aus starken, mit Backsteinen verkleideten Bohlenwänden erbaut war und in das die Fürsorge der Liebe schon früher Betten, Kerzen und was sonst zur Bequemlichkeit des freiwillig Gefangenen dienen konnte, hinuntergeschafft hatte. Hier verließ sie ihn mit dem Versprechen, nachts, wenn alles zur Ruhe wäre, Nachricht zu bringen, wie es im Hause stehe. Ferencz aber, nun des Gelingens seines Anschlags gewiß und voll der sichern Hoffnung, dem Hause, in dessen einsamstem Winkel er nun sich verbergen mußte, dereinst als Herr und Eigentümer zu gebieten, erquickte sich an den im Korbe befindlichen Lebensmitteln und streckte sich dann auf das ihm zubereitete Lager, um die entbehrte Nachtruhe nachzuholen.

Horváth kehrte erst spätnachmittags von Vásárhely zurück; die Niedergeschlagenheit Czenczis und ihre verweinten Augen schien er nicht zu bemerken; die alte Margit, die in unkluger Geschwätzigkeit die Entfernung ihres Lieblings zur Sprache zu bringen versuchte, fertigte er kurz und barsch ab und ging dann, Geschäfte vorwendend, nach der Stadt, wahrscheinlich um Nachforschungen anzustellen, ob Ferencz sich nicht irgendwo in der Nähe verborgen halte. Die Ergebnisse seiner Wanderungen schienen ihn befriedigt zu haben, denn wieder heimgekehrt, zeigte er sich milder und gesprächiger als früher; des Schreibers gedachte er mit keiner Silbe, dagegen erklärte er beim Nachtmahl, daß die Weinlese so ergiebige Ausbeute verspreche, daß er um das nötige Geschirr, die Fechsung aufzunehmen, verlegen sei und genötigt sein würde, selbst alte, schon halb ausgediente Fässer wieder in Gebrauch zu nehmen, und da er, um nach Möglichkeit wieder auszubessern, auf morgen den Küfermeister mit seinen Gesellen bestellt habe, so könne er erst übermorgen die Reise nach Ofen antreten. Diese Nachricht war für Ferencz allerdings eine bittere Zutat zu den Leckerbissen, die Czenczi in tiefer Nacht ihm zitternd in das Kellerstübchen hinunterschmuggelte, denn er sah dadurch nicht nur seine Gefangenschaft verlängert, sondern auch ihre Bequemlichkeit und seine Sicherheit wesentlich beeinträchtigt. Zwar befanden sich die Fässer, die wiederhergestellt werden sollten, im oberen Kellergeschosse, aber wie leicht konnte es Horváth oder einem der Küfer beifallen, auch in das untere hinabzusteigen. Er mußte nicht nur, da ihm sonst das ganze untere Kellergewölbe zu Gebote stand, sich fortan streng auf den engen Raum des Stübchens beschränken, sondern auch, wenigstens während der Arbeitszeit der Küfer, auf alle

Beleuchtung verzichten, damit ihn nicht etwa der Lichtschimmer, der durch eine Ritze der Tür dringen konnte, verrate. Ja, es schien sogar nötig, die Tür des Stübchens, damit kein Unberufener absichtlich oder zufällig sie öffne, zu verschließen, was nur von außen geschehen konnte, da an der innern Seite derselben Schloß oder Riegel anzubringen bei der Bestimmung des Stübchens niemals auch nur in Frage gekommen war. Wie lästig und unangenehm alles dies auch sein mochte, es mußte gleichwohl von Ferencz als ein Unvermeidliches ruhig ertragen werden, wenn nicht die Unruhe und Beklommenheit Czenczis, die mit jedem Augenblicke zuzunehmen schien, sich zur vollkommenen Fassungslosigkeit steigern sollte. Dieser Gefahr zu begegnen, bemühte er sich auf alle Weise, die Bedeutung ihrer Mitteilung zu verringern, durch Liebkosungen ihre Besorgnis zu übertäuben, und als sie endlich halb getröstet Abschied nahm, hieß er sie scherzend ihr Vöglein in seinem Käfig wohl verschließen, aber auch ja auf die Schlüssel wohl achthaben, daß er nicht etwa durch ihren Verlust in seiner freiwilligen Haft zu einem höchst unfreiwilligen Fasten gezwungen werde.

Tags darauf erschienen am frühen Morgen wirklich der Küfer und seine Gesellen im oberen Kellergeschoß und weckten alsbald, den schadhaften Fässern neue Bänder und Reifen antreibend, mit dem Gepoch ihrer Schlägel den Widerhall seiner Gewölbe. Horváth ging ab und zu, überwachte den Fortgang der Arbeit, unterließ aber nicht, von Zeit zu Zeit in der Gegend herumzustreifen, um zu erkunden, ob Ferencz sich denn auch wirklich ganz und gar entfernt habe. Dem Kellerstübchen aber nahte den ganzen Tag hindurch weder er noch einer der Küfer, die, von allen Seiten in Anspruch genommen, nur auf Förderung ihrer Arbeit bedacht waren. Dagegen mußte Ferencz, als Czenczi ihrem Gefangenen gegen Mitternacht wieder Speise und Trank zutrug, von ihr in Erfahrung bringen, daß der Vater, sei es der Küfer wegen oder weil das plötzliche spurlose Verschwinden des

Schreibers ihn mehr beunruhigte als zufriedenstellte, seine Abreise wieder um einen Tag hinausgeschoben hätte. Ferencz nahm die Nachricht von dieser neuen Verzögerung bei weitem weniger gefaßt und gleichmütig auf, als er sich am vorigen Tag der Notwendigkeit des engeren Verschlusses in seinen Käfig gefügt hatte.

Während Czenczi durch die wechselnden Gemütsbewegungen des vorigen Tages in solche Aufregung und in so fieberhafte Spannung geraten war, daß eben diese Steigerung ihres gesamten Seelenlebens ihr jetzt wieder, trotz aller inneren Erschöpfung, den Anschein von Kraft, ja selbst von Ruhe gab, war bei Ferencz das Gegenteil eingetreten. Seine Seelenstärke war infolge der einsam-dunklen Haft erlahmt und haltlos in sich zusammengebrochen. Selbst die Aussicht, in naher Zukunft das Ziel langjährigen, unermüdeten Bestrebens zu erreichen und in Fülle des Reichtums die lang entbehrten Mittel zur Fülle des Lebensgenusses zu besitzen, schien ihren Zauber für ihn verloren zu haben und unfähig geworden zu sein, die finstern Gestalten zurückzudrängen, die nachts in der lautlosen Stille des dunklen Kellerstübchens vor ihm emportauchen mochten. Er war es, der jetzt, verwirrt, beängstigt und vor jedem Geräusch zusammenschreckend, von Czenczi beruhigt und getröstet werden mußte; Gefahren würde er mutig bestanden haben, den Schrecken der Einsamkeit vermochte er nicht die Stirn zu bieten, und als Czenczi Abschied nahm und wieder die Tür des Stübchens hinter sich verschließen mußte, hielt er sie zurück und gehabte sich nicht anders, als sollte er für immer von Licht, Luft und Leben abgeschieden werden.

Endlich, am dritten Tage gegen Mittag, machte sich Horváth fertig, die längst beschlossene Reise nach Ofen anzutreten. Der Wagen war angespannt, und Horváth, von Base Margit und seiner Tochter begleitet, trat aus dem Hause, vor dem sich das Gesinde, der Abfahrt ihres Herrn gewärtig, versammelt hatte. Horváth erteilte seine letzten Aufträge. Den Knechten befahl er, das Haus vor Zigeunern, Bettlern und anderem Gesindel in acht zu nehmen und Tor und Türen wohlverschlossen zu halten. Die Mägde hieß er Feuer und Licht behüten, und nachdem er Frau Margit die Aufsicht über das Gesinde und die während seiner Abwesenheit zu vollendenden Arbeiten, vorzüglich jene der Küfer, ans Herz gelegt hatte, wandte er sich zu seiner Tochter. Diese, in tiefster Seele von Vorwürfen und Reue zerrissen und gefoltert von dem Bewußtsein, ihren alten, liebevollen Vater so grausam täuschen und für lange Zeit, vielleicht für immer, unkindlich verlassen zu wollen, warf sich krampfhaft schluchzend in seine Arme, und so groß war ihre Erschütterung, daß es nur wenig rührend eindringlicher Worte bedurft hätte, dem schwerbeladenen Gemüte des verirrten Kindes sein Geheimnis abzulocken und die Anschläge Ferencz' für immer zu vereiteln. Aber der Unstern Horváths hatte über ihn verhängt, daß er wie früher durch törichten Leichtsinn, jetzt durch unzeitige Strenge begünstigen sollte, was er am liebsten vermieden hätte. Er zog das zitternde Mädchen auf die Seite und sagte ihr in rauhem, barschem Tone, das Gewesene und Geschehene wolle er vergessen und vergeben, aber auch ferner eitle Ausflüchte nicht mehr gelten lassen; er habe Herrn Farkas, dem reichen Spezereihändler in Fünfkirchen, ihre Hand zugesagt, und vor Allerheiligen müsse sie Hochzeit gemacht haben. Mit diesen Worten wälzte sich wieder der Grabstein des Trotzes über die Tiefen ihrer in kindlichem Vertrauen sich öffnenden Seele; sie weinte, aber sie schwieg, und als Horváth, von den besten Wünschen der Hausgenossen begleitet, dahingerollt war, schwankte sie stumm und blaß in ihre Kammer zurück, um die wenigen Habseligkeiten, die sie auf ihrer Flucht mitzunehmen gedachte, in ein Bündel zusammenzuraffen. Nur mit Mühe gelang es ihr, ihren Vorsatz auszuführen, denn der Rückschlag der übermäßigen Aufregung, der verzehrenden Unruhe, in der sie die letzten Tage zugebracht hatte, machte allmählich in dumpfer Abspannung des Geistes, in gänzlicher Erschöpfung ihrer Kräfte immer fühlbarer seine

Rechte auf sie geltend. Bleierne Schwere lagerte sich auf ihre Glieder; bald von Frost geschüttelt, bald in Fieberhitze glühend, vermochte sie nicht mehr, die Wucht des heißen, von dumpfem Schmerz wie mit einem Eisenringe umfangenen Kopfes aufrechtzuhalten, und erschöpft und leidend, wie sie war, streckte sie sich auf ihr Lager, um in erquickender Ruhe neue Kräfte zu sammeln. Dort lag sie stumpf und still, die zuckenden Hände über die Brust gefaltet, und vor ihren halbgeschlossenen Augen zogen in langer, buntverworrener Reihe die Bilder ihres Lebens schattenhaft vorüber. Hier lächelten die Spiele der Kindheit sie an, dort saß sie, eine emsige Schülerin, an Ferencz' Seite; auch Antáls Züge sah sie lauernd durchs Fenster hineingrinsen wie damals, als Ferencz zum ersten Male die Liebeglühende umschlang; dann vernahm sie Herrn Steidlers Stimme, die von der Marzipan-Lise erzählte, das Aufstöhnen Ferencz' und das Drohen und Schelten des Vaters, und dann – dann ward es trüb und dunkel vor ihren Augen, schwarz wie die Nacht, in der sie dem Vaterhause den Rücken kehren sollte, und finster wie die Zukunft, der sie entgegenging.

Viele Stunden mochte sie in fieberhaftem Halbschlummer dagelegen haben, als von der Stadt her der Glockenschlag Mitternacht verkündete und sie gebieterisch ins Leben, in die Wirklichkeit zurückrief. Sie raffte sich mit der Entschlossenheit, die alle Erschöpfung überwindet, von ihrem Lager auf, langte nach ihrem Bündel, und mit der Blendlaterne versehen, die sie schon früher auf ihren nächtlichen Wanderungen begleitet hatte, verließ sie ihr Stübchen. Auf der Schwelle stand sie still und blickte zurück in den friedlichen, trauten Raum des Gemachs, in dem sie heiter und sorglos, unberührt von allen Stürmen des Lebens, vom Kinde zur Jungfrau aufgeblüht war, als ob sie jetzt erst, da sie es verlassen sollte, empfände, was sie verließ! Aber Ferencz wartete ihrer, sie durfte nicht säumen. Sie schritt leise über den Gang hin, den nur der blasse Schimmer des von dichten Wolken halbbedeckten Mondes erhellte. An die Tür gekommen, die in das Gemach des Vaters führte, stockten ihre Schritte. Es war ihr, als öffnete sie sich, als träte seine hohe, mannhafte Gestalt daraus hervor, sie zu fragen, was sie suche, wohin sie gehe? Aber es war nur der Wipfel des Lindenbaumes draußen im Garten, der seinen zitternden Schatten auf die Türe hinwarf, und sie mußte fort, denn Ferencz wartete. Sie war die Treppe hinabgeeilt, und nun im Hofe angelangt, wehte ihr die frische Herbstluft erquickend und kräftigend entgegen. Sorgfältig den Schimmer der Laterne verbergend, schlüpfte sie, an den Wänden sich hindrückend, dem fernen Holzhofe zu; endlich war der Keller erreicht, und pochenden Herzens öffnete sie mit den mitgebrachten Schlüsseln die Tür. Im Begriff, die ersten Stufen hinabzusteigen, war es ihr, als ob ihr von unten, wo die Treppe zum untersten Geschosse sich hinabdrehte, ein Lichtschimmer entgegendränge. Was war das? Von Ferencz, der im Kellerstübchen eingeschlossen war, konnte das nicht kommen. Sollte ein Fremder in den Keller sich eingeschlichen haben? Hier war Vorsicht nötig! – Ihre Knie zitterten, aber Mut und Entschlossenheit verließen sie keinen Augenblick. Sie verlöschte das Licht der Laterne, damit sein Schimmer sie nicht verrate, und drückte sich hinter einen Pfeiler, zu erwarten, was da kommen würde. Aber es kam nichts, alles blieb still und stumm wie zuvor. Nach einer Weile streckte sie lauschend den Kopf hinter dem Pfeiler hervor; der Lichtschimmer war verschwunden, und nur schwarze Finsternis glotzte ihr entgegen. Sollte jene Lichterscheinung nur Selbsttäuschung gewesen sein, oder war die veranlassende Ursache derselben im untern Kellergeschoß zu suchen? – Mit einem Male erfaßte sie eine nie gefühlte Beklommenheit, ihre Pulse hämmerten, ihre Zähne klapperten aneinander; aber Ferencz harrte ihrer, und wenn er etwa in Gefahr wäre . . . Diese Rücksicht überwog alle Bedenken, und hastig stieg sie beiläufig die Hälfte der Treppe hinunter, als plötzlich dort, wo die Treppe zum untersten Geschoß hinabbog, sich wieder ein dämmernder Lichtschimmer zeigte, der eine weibliche Gestalt in dunklen Gewändern zu umfließen schien, die mitten auf der Treppe mit weit ausgebreiteten Armen ihr drohend und abwehrend entgegenwinkte. Rasche Flucht war bei diesem Anblick die erste Bewegung des zitternden, halb ohnmächtigen Mädchens, und schneller, als sie hinabgestiegen, war sie die Stufen der Treppe wieder hinaufgeeilt. An der halboffenen Kellertüre stand sie still; sie schämte sich ihrer Flucht, und zweifelhaft, ob sie nicht wieder umkehren sollte, wendete sie sich atemlos, die Hand auf das krampfhaft zuckende Herz drückend, nach rückwärts und sah kaum, betroffen und erstaunt, jenen Lichtschimmer abermals verschwinden, als er jetzt auch schon dicht vor ihren Füßen wieder aus dem Boden aufdämmerte und in seinem grauen Schimmer ein Weib vor ihr emportauchte, das, die welken, runzligen Züge grinsend verzerrt, mit stechenden, zornglühenden Augen sie anstarrte und, während Czenczis Blicke wie magisch angezogen an der feuerfarbenen Schleife ihrer Flügelhaube und ihrem grellgelben Halstuche hafteten, aus dem schwarzen Halbmäntelchen dürre Hände mit gekrümmten, klauenähnlichen Fingern nach ihrem Halse streckte. Da zuckte es wie ein Blitz durch Czenczis Seele! »Die Marzipan-Lise!« schrie sie gellend auf, sprang zum Keller hinaus, warf die Türe hinter sich zu, wankte taumelnd noch einige Schritte in den Hofraum hinein und brach dann dumpf ächzend bewußtlos zusammen.

Zwei Knechte des Hauses, die sich in der Schenke verspätet hatten und lange nach Mitternacht auf Schleichwegen ihr Lager suchten, fanden die erstarrt und wie leblos Hingestreckte, erkannten sie mit namenlosem Erstaunen und trugen sie nach dem Hause zurück, wo alsbald, von dem Lärmen und Jammern der Mägde geweckt, Frau Margit herbeieilte und den ganzen Schatz ihrer Heilmittel an der Bewußtlosen versuchte, ohne sie jedoch aus ihrer todesähnlichen Betäubung erwecken zu können. Selbst die Kunst des mittlerweile herbeigeholten Arztes zeigte sich lange erfolglos, und erst gegen Morgen gelang es der sorgfältigsten Bemühung, in der Ohnmächtigen ein halbes Bewußtsein zurückzurufen, aber nur, um es sogleich wieder in den wilden Phantasien eines wütenden Fieberanfalls untergehen zu sehn. Dem Irrereden und dem ersten entsetzlichen Ausbruche unheimlicher Tobsucht folgte dann bald gänzliche Erschöpfung und dumpfes gedankenloses Hinbrüten, aus dem die Kranke nur, wenn das Gehämmer und Gepoche der Küfer vom Keller her ihr Ohr erreichte, in grauenvollen Zukkungen und krankhaft ängstlichem Stöhnen emporfuhr, so daß Frau Margit alsbald den Küfern ihre Arbeit gänzlich einzustellen und den Keller zu schließen befahl. Als nun aber der Arzt gegen Abend achselzuckend erklärte, es unterliege keinem Zweifel mehr, daß Czenczi von einem in der Umgegend herrschenden, höchst bedenklichen und mörderischen Nervenfieber ergriffen sei, wurde unverzüglich Herrn Horváth ein reitender Bote nachgesandt, um ihn schleunigst an das Krankenlager seines einzigen Kindes zurückzurufen.

Als Horváth am vierten Tage nach dem Ausbruche der Krankheit wieder in Weßprim eintraf, fand er die Kranke eher schlimmer als besser, noch immer besinnungslos in dumpfer Betäubung daliegend, aus der sie aber regelmäßig gegen Mitternacht in peinlicher Unruhe erwachte, nach den Kellerschlüsseln verlangte, Miene machte, das Bett zu verlassen, und nur mit Mühe zurückgehalten werden konnte, bis sie dann, plötzlich mit einem lauten Angstschrei in sich zusammenbrechend, wieder in den früheren fieberhaften Halbschlummer zurücksank; dabei nahmen ihre Kräfte so sichtlich ab, und ihr Aussehen veränderte sich so auffallend, daß der Arzt nicht umhinkonnte, den Zustand der Kranken als höchst bedenklich, ihre Rettung als sehr zweifelhaft zu bezeichnen.

So war die siebente Nacht seit dem Beginne der Krankheit herangekommen. Die Kranke hatte den Abend ruhiger als sonst zugebracht und lag in heftigem Schweiße. Hinter dem Wandschirme, der das Krankenbett umfing, kniete Herr Horváth, der die Erkrankung des geliebten Kindes einzig und allein seiner lieblosen Härte zuschrieb, und betete brünstig um seine Erhaltung, während Frau Margit, erschöpft von den Anstrengungen sechs durchwachter Nächte, an Czenczis Bette eingenickt war. Es mochte Mitternacht sein, als die Kranke mit einem tiefen Seufzer die Augen aufschlug und erstaunt und wie allmählich sich besinnend umhersah. Als sie mühsam ihre Gedanken gesammelt hatte, versuchte sie sich aufzurichten, ein Versuch, der bei ihrer Kraftlosigkeit gänzlich mißlang und keine andere Folge hatte, als daß Frau Margit, durch denselben aufgeweckt, emporfuhr und sich besorgt über sie hinbeugte. Wie froh erstaunt war die gute Alte, als sie den sonst trüb und gläsern vor sich hin starrenden Blick des lieben Auges ruhig und klar dem ihrigen begegnen sah, als es ihr leise von Czenczis entfärbten Lippen entgegentönte: »Base, liebe Base Margit!« In einen lauten Freudenruf ausbrechend, umarmte sie die geliebte Kranke; diese aber winkte ihr zu schweigen. »Ihr müßt mir einen Dienst erweisen, Base«, flüsterte sie in unruhiger Hast ihr zu, »einen wichtigen Dienst! Ihr müßt mir in den Keller hinabsteigen!« – »Ach, lieber Gott, nun redet sie wieder irre«, seufzte Frau Margit. – »Nein, ich rede nicht irre«, versetzte Czenczi, »ich weiß, was ich sage, und ich sage Euch, Ihr müßt vollbringen, woran mich gestern mein plötzliches Erkranken verhinderte! Ferencz ist im Kellerstübchen eingeschlossen, Ihr müßt ihn befreien!« – »Gestern? Du Unglückselige!« stammelte Frau Margit, bestürzt die Hände ringend. In diesem Augenblick wurde der Wandschirm zurückgeschoben, und Horváth stürzte, nicht minder entsetzt als Frau Margit, aus seinem Versteck hervor. »Du barmherziger Gott, Ferencz im Kellerstübchen!« rief er, und damit riß er die Kellerschlüssel von der Wand, schrie nach Licht und eilte mit einigen Knechten, die er schleunig geweckt hatte, dem Keller zu.

Es war ein gräßlicher Anblick, der sich ihnen darbot, als

sie das Kellerstübchen betraten. Sein unglücklicher Bewohner hatte an zwei Stellen die Wände desselben zu durchbrechen versucht, und auch die innere Seite der Tür trug sichtliche Spuren der gewaltsamen Anstrengung an sich, mit der an der Öffnung derselben gearbeitet worden war. Erschöpfung schien den Verzweifelnden genötigt zu haben, seine fruchtlosen Bemühungen aufzugeben, denn man fand den Leichnam des unglückseligen Ferencz in seinem Blute schwimmend auf dem Lager hingestreckt, das ihm von Czenczi zubereitet worden und auf dem er, sei es, um seinen brennenden Durst mit seinem eigenen Blute zu stillen oder um den Folterqualen langsamen Verschmachtens in diesem Hungerturme durch raschen Tod zu entgehen, mit einem Taschenmesser sich die Adern geöffnet und in Verzweiflung und Entsetzen geendet hatte.

Czenczi war schon durch die überraschende Erscheinung des Vaters an ihrem Krankenlager und die unwillkürliche Einweihung desselben in ihr Geheimnis aufs tiefste erschüttert worden und hielt nur mit äußerster Anstrengung die Besinnung fest, zu der sie kaum wieder erwacht war. Als nun aber die unbedachte Geschwätzigkeit einer der Mägde ihr die Kunde von dem gräßlichen Ende des Geliebten hinterbrachte, stieß sie einen Schrei aus, geriet in furchtbare Zukkungen und Krämpfe, und bald steigerte sich die Wut des Fiebers, in das sie zurückfiel, zu solcher Höhe, daß der Arzt jede Hoffnung aufgab und stündlich ihr Ende erwartete. Allein die Vorsehung hatte anders beschlossen. Horváth, hatten nun Kummer und Schrecken seine Gesundheit untergraben oder vergiftete sie sein hartnäckiges Verweilen am Krankenlager Czenczis, der starke, rüstige Horváth war es, der, von der Krankheit dieser letztern ergriffen, in wenig Tagen ihr erlag, während das schwache Mädchen nach mondenlangem Siechtum siegreich aus dem Kampfe hervorging, in dem sie unfreiwillig um den Preis ihrer Jugend und ihrer Jugendblüte das nackte Leben gewonnen hatte. Sich selbst als Mörderin des Vaters wie des Geliebten anklagend, verlebte sie die Tage des Winters in stillem, dumpfem Trübsinn, dem sie nur zeitweise die Sorge um Base Margit entriß, die, von übermäßigen Anstrengungen und verzehrender Gemütsbewegung erschöpft, nun ihrerseits zu kränkeln und sichtlich hinzuwelken begann. Mit dem herannahenden Frühjahr aber erwachte in Czenczis Seele der Wunsch, den Angehörigen des geliebten Ferencz einen Teil des reichen Besitzes zuzuwenden, den sie einst mit ihm zu teilen geträumt hatte. In der Hoffnung, über den ihr unbekannten Aufenthaltsort derselben vielleicht einige Andeutungen in Ferencz' Papieren zu finden, beschloß sie, das Felleisen zu öffnen, das der Hingeschiedene in Base Margits Verwahrung zurückgelassen hatte. Ihre Erwartung wurde auch nicht getäuscht; in dem Felleisen befanden sich wirklich einige Papiere, die zwar auf den Namen Anton Lenhart lauteten, aber nichtsdestoweniger sich ganz entschieden auf Ferencz zu beziehen schienen; eines derselben war nämlich ein Schreiben von weiblicher Hand, womit Anton Lenhart in Beziehung auf eine frühere mündliche Verabredung aufgefordert wurde, nicht zu säumen, sich auf den Weg zu machen und die Straße über Grätz und Marburg nach Kroatien einzuschlagen, denn auf dieser werde er nicht verfolgt werden. Dieser Ermahnung waren einige Worte des Abschieds und die Erklärung beigefügt, nach dem Vorgefallenen könne eine weitere Verbindung zwischen der Schreiberin des Briefes und dessen Empfänger nicht mehr bestehen; sie bäte ihn daher um Zurückstellung ihres Porträts, wie sie ihm hier das seine zurückstelle. Das dem Brief beiliegende Porträt zeigte aber unverkennbar Ferencz' Züge, der also früher den Namen Anton Lenhart geführt und sich in der Steiermark aufgehalten haben mußte. Diese Umstände bewogen Czenczi, die aufgefundenen Papiere an Herrn Steidler, den Geschäftsfreund ihres Vaters, einzusenden und ihn um Auskunft über Anton Lenhart zu ersuchen, obwohl sie nur schaudernd des Mannes gedachte, der einst das furchtbare Bild der Marzipan-Lise ihrer Seele eingeprägt hatte.

Sie erhielt lange Zeit keine Antwort, und immer schwerer und finsterer war der Trübsinn, der sich ihrer bemächtigte; immer nichtiger und eitler schien ihr das Leben, das sie nur noch in Gebeten und Kasteiungen oder an dem Krankenbett der ihrer nahen Auflösung entgegeneilenden Frau Margit hinbrachte. Endlich kam die lang erwartete Antwort des Herrn Steidler. In ihr Stübchen zurückgezogen, öffnete sie das Schreiben und durchflog begierig seinen Inhalt; aber bald begann sie so heftig zu zittern, daß die Blätter des Briefes in ihren Händen hin und her rauschten, und immer bleicher und verstörter wurden ihre Züge, je weiter sie las. Endlich hatte sie vollendet, und nun warf sie unter einem Strome bitterer Tränen sich auf die Knie, um in heißer Inbrunst zu dem gerechten Richter zu beten, der sie zum willenlosen Werkzeuge seiner Rache gebraucht, der sie gezüchtigt und gerettet, der sie dunkle Wege, aber zum Lichte geführt hatte. Dann erhob sie sich, warf den empfangenen Brief und das Porträt Ferencz', das sie von Herrn Steidler zurückerhalten hatte, ins Feuer und sah zu, wie die Flamme knisternd und knatternd es verzehrte. Denselben Abend verschied Frau Margit still und schmerzlos in Czenczis Armen. Der Tod hatte das letzte Band irdischer Neigung gelöst, das die Unglückliche noch ans Leben fesselte. Sie sah darin einen Fingerzeig, sich allein und für immer Gott zuzuwenden. Am nächsten Morgen verschrieb sie ihre ganze reiche Habe dem Kloster der Zisterzienserinnen im Tal zu Weßprim, in dem sie bald darauf den Schleier nahm, den Rest ihrer Tage in Gebet und Buße für das eigene Vergehen und für das Seelenheil des gerichteten Mörders hinzubringen, den die Menschen nicht erreicht, den aber Gott gefunden hatte.

Peter Rosegger

Der Pfarrersbub

Aus den Aufzeichnungen eines Landgeistlichen

Sonntag, 7. Oktober 1866

Heute Predigt über das Thema nach Paulus: »Wenn ich die Sprachen der Menschen und der Engel redete, hätte aber der Liebe nicht, so wäre ich ein tönendes Erz«, dann Übergang: »Wie du säest, so wirst du ernten«, und von dem »wie jedes gute Werk gute Früchte trägt und sich oftmals schon auf Erden lohnet«.

Die Kirche war so voll von Menschen, daß keiner hätte umfallen können. Der Herr Amtsbruder in der Nachbarschaft verscheucht seine Pfarrkinder, er ist in seinen Predigten zu scharf, verdammt zu sehr; mag freilich seine Gründe dazu haben. Ich hätte sie eigentlich auch, denke aber, die Kirche soll den Leuten eine Stätte der Gnade sein. Er mag ihnen die Hölle heiß machen und den Teufel so schwarz als möglich, ich will ihnen den Himmel aufputzen mit Sonnenlicht, Rosen, lieben Heiligen und schönen Engelein; so werden sie sich doch nicht lange besinnen, wohin sie sollen, in die Hölle oder in den Himmel. Der Kleingabelwirt hat am vorigen Sonntag in Spaß und Ernst gesagt: Wenn es im Himmel kein Scheibenschießen gäbe, so wolle er nicht hinein. »Ja, Wirt«, antwortete ich, »es gibt ein Scheibenschießen im Himmel, da trifft jeder Schuß ins Zentrum.« – »Was?« darauf der Wirt. »Ich allein will treffen, die anderen sollen fehlen.« – »Der liebe Gott wird's schon so machen, wie es dir recht ist«, sagte ich, »schau nur, daß du hineinkommst.«

Nach der Predigt Trauung. Man wird nicht bald ein so schönes Brautpaar finden wie diese jungen Veitersleute. Deren Glück habe ich auf dem Gewissen. Die Alten wollten es nicht zugeben, er hat wieder einmal zuviel Geld und sie zuwenig. »Gut«, habe ich gesagt, »so sind sie auch in *dem* zweierlei Geschlechts. Zwei Reiche zusammen gibt Protzen, zwei Arme zusammen gibt Bettler. Wollt ihr echtes Gold, so nehmt den goldenen Mittelweg.« Hierauf ist geheiratet worden. Es ist unglaublich, wie sich die zwei liebhaben. Wenn ich eine Pfarrerin hätte, wäre es vielleicht weniger unglaublich. Übrigens – es ist besser, Junggeselle zu sein, als manche Leute glauben. Mir ginge es mehr nach einem Wesen, das mich lieb hat. Die Katze ist doch nichts, schmeichelt sich an einen her, reibt sich am Rock, reckt den Schweif kerzengerade gegen Himmel, dreht ihn dann langsam auf die rechte oder linke Seite – und das ist die ganze Liebe, die sie mir zeigen kann. Die Haushälterin soll schauen, daß sie das Tier wieder wegbringt, in der Scheune mausen, das steht ihr besser als dem Pfarrer auf der Bibel sitzen und mit dem Propheten Jeremia Händel anfangen, wie letztens: die ganze dritte Jeremiade zernagt.

Sie haben mich zum Hochzeitsmahl geladen, da kommt gegen Abend ein Versehbote, und während sie daheim zu Tische gehen, zu Tanz und Kurzweil, muß ich fort.

9. Oktober

Ein Ereignis. Ich habe ein Kind bekommen.

»In den sieben Kesseln« heißt die Gegend. Ich hatte mehrmals von ihr gehört. Tief im Gebirge. Hochwaldung. Zwischen Bergen sieben Mulden, heißen die sieben Kesseln. Wußte gar nicht, daß es auch seßhafte Menschen dort gibt. Kommt vorgestern, wie ich eben ins Hochzeitshaus will, eine kleine alte Magd dahergetrippelt und muß sich eine Weile ausschnaufen, bis sie sprechen kann. Jetzt bittet sie mich um einen Versehgang hinein in die sieben Kesseln. Die Ringel-Schusterin wolle abmachen. Na, gute Nacht, denke ich, gibt's in den Kesseln nicht bloß Leute, sondern auch Schuster.

»Wer braucht denn Schuhe in der Wildnis?« frage ich schier ärgerlich, als wollte ich eine Sache, die mir nicht genehm ist, wegdisputieren.

»Niemand«, antwortete die Magd. »Die Holzknechte sind nicht mehr dort, weil das Schlagen eingestellt worden ist, die Schusterin liegt im Bett, das Bübel in der Wiegen, und ich gehe barfuß.« Nach diesen Worten zeigt die kleine, alte Person ihre großen, staubigen Füße. »Und das letzte Öl«, so setzte sie bei, »möcht der Herr Geistliche-Herr halt auch mitnehmen, laßt sie bitten.«

»Sollt es denn so schlimm stehen?«

»Das nicht«, antwortete die Botin, »sterben tut sie halt.«

»Was fehlt ihr denn?«

»Die Auszehrung hat sie. Und die Lungensucht hat sie auch. Ja, und ein Fieber hat sie auch noch. Und gar so viel letz (schwach) ist sie.«

Ich habe mich gleich zusammengerichtet. Während die Botin im Dorfe Einkäufe macht, nehme ich einen Imbiß, gehe in die Kirche um das Heiligste und lasse die dazugehörigen Sachen zusammentun in eine Ledertasche, die außen noch die Haare und Rehbockklauen hat und vielleicht selbst einmal in den sieben Kesseln umhergelaufen ist. Wie ich der Botin aufladen will, sehe ich, daß sie schon aufgeladen hat. Ein Bündel auf dem Rücken, einen Plutzer in der Hand. Da wird's viel sein, wenn sie die Laterne noch tragen kann, die Ledertasche muß ich mir schon selber umhängen. Während auf dem Turm das Versehglöcklein tönt, klingen unten im Wirtshause die Pfeifen und Geigen zum Hochzeitstag. So geht's auf der Welt.

Wir wandern talaufwärts. Neben uns rauscht das Wasser. Vor mir keucht die Alte, ich gehe hintendrein und mache mir meine Gedanken, gute und schlechte durcheinander. Mir kam der Gang sauer an. Ich erinnerte mich an einen Fall in der Nachbarspfarre. Wurde in einer stürmischen Nacht der Priester ins Gebirge geholt zu einem plötzlich schwer Erkrankten. Am Morgen, als er hinkam, war der Sterbende auf einem Fichtenbaum und hackte Äste herab zur Stallstreu. So Leute mit ihrer unregelmäßigen Lebensweise sind, aller Ordnung zuwider, auf einmal todkrank, aber ebensoschnell auch wieder gesund.

Als wir vom schreienden Wasser in ein Nebental abgezweigt sind, will ich doch mit meiner Gefährtin etwas plaudern.

»Maid«, fragte ich sie, »wie soll ich dich denn nennen?« – »Ich und die Mutter Gottes haben den gleichen Namen«, antwortete die Magd. – »Also Maria?« – »Daß es der Herr Geistliche-Herr aber gar so geschwind derraten hat!« ruft sie aus.

»So bist wohl auch recht brav und fromm, wie deine heilige Namensschwester?«

»O Gott, nein!« lacht sie auf. »Wenn ich an nichts schwerer täte tragen als an meiner Frömmigkeit! Ich habe viele Sünden!«

Nicht einmal für einen weltlichen Menschen mag es angenehm sein, mit einer gar nicht besonders zierlichen Weibsperson über Sünden zu plaudern, geschweige für einen geistlichen. Ich wendete also das Gespräch von der Sündenlast rasch auf die andere und fragte meine Begleiterin, was sie denn in ihrem Bündel habe.

»Wenn wir oben sind!« antwortete sie kurzatmig, denn unser Weg ging bergwärts.

Eine Weile durch Wald bergan, der Weg steinig, von Wildwasser zerrissen. Endlich eine Hochblöße. Weite Aussicht, aber es dunkelte schon, und die Berge waren vom Grau der Nacht kaum mehr zu unterscheiden. Wir setzten uns auf einen Baumstrunk, um zu rasten. Die Maria stellte ihren Plutzer behutsam neben sich.

»Hast du Wein drinnen?« fragte ich.

»Es wundert mich, daß der Herr so viel reden darf, wenn er das heilige Sakrament bei sich hat. Ich habe gemeint, da müßte man wie in einer Kirchen dahergehen und beten.« So die Magd.

»Der beschwerliche Gang selber schon ist ein Gebet«, sagte ich und kam in Gedanken wieder darauf, daß das Volk den Priester immer noch frömmer und asketischer haben will, als er nach strengster Satzung ist und sein kann.

»Da drinnen«, antwortete sie auf meine Frage und legte die Hand auf den Plutzer, »da ist schon was Besseres als Wein!«

»Dann könnte es Honig sein.«

Die Magd schüttelte verneinend das ins Tuch gebundene Köpfl und sagte: »Es wäre nicht schwer zu erraten. – Weihwasser ist im Plutzer.«

»Wozu so viel Weihwasser?« ist meine Frage.

»Für die Totenbahr«, antwortete sie. »Ich habe ja schon gesagt, daß die Schusterin stirbt, und da hat sie mir aufgetragen, wenn ich den Geistlichen holen gehe, daß ich gleich von der Kirche auch Weihwasser für die Totenbahr mitbringen sollt!«

Es ist zu verwundern, wie mancher Kranke gleich an alles denkt.

Wir rückten wieder an. Als ich sah, wie die kleine Magd ihr großes Rückenbündel kaum zu heben vermochte und ihr dabei nachgeholfen werden mußte, wollte ich ihr fast Vorwürfe machen, daß sie so schwer aufgeladen.

»Was denn«, sagte sie, »wir brauchen's ja. Ein Sackel Mehl und ein Töpfel Schmalz fürs Totenmahl. Viel Leut werden eh nicht kommen. Nachher hat sie angeschafft, daß ich auch ein Stück Leinwand mit heimbringen soll – für ein Bahrtuch. Wir haben ja frei nichts im Vorrat. Eins hab ich eh dummerweis vergessen. Mit dem Totengräber, hat sie gesagt, sollt ich reden; und ist mir richtig vor lauter Einkaufen der Totengräber aus dem Kopf gefallen.«

»Es wird ja mit Gottes Willen noch nicht darauf ankommen«, tröste ich, »und wenn es wäre, so würden ja andere Leute sein, die das besorgen.«

»Sie will halt alles selber anordnen«, sagt die Magd, »und laßt sich was kosten auf ein ehrsames Begräbnis.«

»Hat sie denn Geld?«

»Freilich. Ins Mieder eingenäht. Zum kleinen Frauentag hat sie ganze neun Gulden gehabt; seither hat sie zwar einmal aufgetrennt, aber viel kann nicht fehlen. Ich weiß es nicht.«

So erzählte die Magd, und dann geht's voran. Es wird finster, der Weg abwärts, aufwärts, abwärts, und sie mit dem Laternenlicht vor mir her. Endlich kann sie nicht mehr, will rasten und rasten, und bleibt mir nichts übrig, ich nehme ihr das Bündel ab. Vor mir das Allerheiligste, hinter mir Mehl und Schmalz und Bahrtuch, so gehe ich einher.

Gegen Mitternacht kommen wir zu einem kleinen Hause, das am Bache steht, daneben ein paar Felder oder Wiesen, sonst allenthalben Wald. Im Häuslein ist alles ordentlich und sauber. Auf dem weißgedeckten Stubentische eine Talgkerze und ein Kruzifix. Im Bette die noch junge, kranke Frau, daneben in der Wiege ein kleines Kind. Wie die Kranke meiner ansichtig wird, hebt sie die Hände auf – recht mager sind sie – und ruft in freudevollem Tone: »Gott sei Lob und Dank! So habe ich doch das Glück!«

Nachdem ich ein wenig gerastet habe, sage ich zur Magd, sie solle hinausgehen in die Küche und beten. Dann legt die Kranke ihre Beichte ab, empfängt das Sakrament des Altars und die Letzte Ölung.

Ich muß einen Imbiß nehmen, er tut mir auch not. Wie ich damit fertig bin, mich zum Fortgehen anschicke und der Kranken noch Worte des Trostes und der Aufmunterung sage, nimmt sie mich an der Hand und vertraut mir, daß sie noch ein schweres Anliegen habe. Bevor sie damit hervorkommt, beginnt sie zu weinen. Ich setze mich zu ihr und warte, bis sie sich fassen kann. Dann hat sie mir folgendes gesagt:

Sterben wollte sie gerne, wenn nur das Kind nicht wäre. Der Vater habe im Mai zu den Soldaten müssen und sei in der Schlacht bei Sadowa gefallen. Sie selber sei aus Bayern, habe keine Verwandten mehr, das Haus, in dem sie sterbe, gehöre auch nicht ihr. Die kleine Maria sei die einzige, die bei ihr ausgehalten habe, obwohl sie keinen Lohn bekomme, aber die Magd sei auch arm, und jetzt, wenn sie – die Kranke – gestorben: was wäre mit dem Kinde?

Das Kind schläft mit seinem runden, blassen Gesichtlein in der Wiege, ich schaue es an und denke: Ahnst es nicht, armes Wesen, was jetzt um dich vorgeht.

Ich muß wohl sagen: So scharf ist mich der ewig Gott noch nie angegangen um Nächstenliebe als in dieser Stunde. Lange und heftig hat's gesträubt in mir; allerlei Einwände und Ausflüchte, aber endlich habe ich sagen müssen: »Liebe Frau! Eures Kindes wegen sollt Ihr im Frieden ruhen. Das Kind soll zu braven Leuten kommen, die es liebhaben und erziehen wie ihr eigenes und einen gesunden, rechtschaffenen Menschen aus ihm machen. Und wenn sich niemand dafür finden sollte, so nehme ich es selbst zu mir.«

Jetzt hascht sie nach meiner Hand, reißt sie an sich, bedeckt sie mit Küssen und schluchzt: »Vergelt's Gott! Vergelt's Gott, hochwürdiger Herr! Wenn mich Gott zu sich nimmt, ich will unablässig für Euch beten. Eine solche Wohltat! Ein solches Glück!«

Ja freilich, ein Glück, auch für mich. Noch nie bin ich mir so gut und christlich und groß vorgekommen als in dieser Nacht. Eine edle Tat vollbringen, es ist doch das beste, was man auf dieser Welt haben kann. Ich habe noch nie ein Opfer für die Mitmenschen bereut, oft aber die Unterlassung eines solchen. Daran merke ich am deutlichsten, daß Gott in uns ist.

Noch das weiche, kühle Händchen des Kleinen habe ich angerührt, dann der Abschied von dem Weibe. »Auf Wiedersehen in der Ewigkeit!« hat sie gesagt, und war mir, als hätte sie in Gedanken noch dazugesetzt: Dort werde ich mein Kind wieder von dir zurückfordern.

Um acht Uhr morgens, als ich erschöpft nach Hause

komme, stehen an der Kirchtür Leute. Wollen ihre Messe haben.

Den ganzen Tag komme ich nicht zur Rast, so will ich am Abende früher ins Bett. Kaum lege ich mich in die Federn und preise mich glücklich – klopft es an die Tür.

Die kleine Magd ist da, berichtet, daß die Ringel-Schusterin gestorben ist, und bringt mir das Kind.

Nun ist mir freilich wohl aller Schlaf vergangen. Die alte Haushälterin rufen und ihr Rechenschaft ablegen, denn sie macht unheimliche Mienen! Dann ein Bett für das Kleine; die Haushälterin verweigert mir in ihrer Stube dafür den Platz. Ich habe eine Lade, wo altes Meßgewand aufbewahrt ist, die wird ausgeleert, in die Küche getragen, zu einem Bettlein gemacht, und die kleine Magd dazu. – Das ist für die erste Nacht.

Ein Knabe ist es und heißt Theodor. Der von Gott Gesandte. – Aber heute morgens nach der Messe, und wie ich bei meinem Kaffee sitze, nimmt mich die Wirtschafterin ins Verhör. Die kann's! Gott gnade dem Schuldigen! Ich hab's leicht. Muß aber versprechen, daß ich alsogleich Mittel und Wege finden will, den kleinen Schreihals wieder aus dem Hause zu bringen.

11. Oktober

Die Mutter wäre geborgen. Vier Mannsleute haben sie herausgebracht und hintendrein die Ziege, Theodors Erbstück. Das Häusel in den sieben Kesseln zugesperrt. Aus und ab. Ist eigentlich doch schade, daß nach dem Strich wieder ein neues Kapitel anfangen muß. Wenn ich bedenke, was das arme Weib für Mühsal gehabt hat in ihrem Leben, so tut es mir ordentlich selber wohl, daß ich sie da unten in der kühlen Ruhe weiß. – Lieber Gott, wenn die Toten wüßten, wie gut das Totsein ist!

Nun wollen wir halt sehen, wohin wir den Jungen tun. Ein schönes, herzliebes Kind. Hat ein paarmal nach der Mutter umgeschaut und sich dann mit der kleinen Magd zufriedengegeben. Denn die Maria bleibt einstweilen bei ihm. Er kann schon einzelne Worte sprechen, sagt »Mugudel« und meint Milch, kann auch laut lachen, hat kohlschwarze Augen, Lockerln und alles – und trotzdem sagt der Peinterbauer, er nähme ihn nicht. Der Stöckel in Gruth sagt auch so und der Bauer in der Ramsau auch. Die Schulmeisterin möcht den Buben haben, aber ihr Mann empfiehlt ihr Geduld. Mit der ist dem Theodor nicht gedient. Morgen gehe ich hausieren. Wird doch für so ein Kind noch Platz sein auf der Welt.

15. Oktober

Scheint doch keiner mehr zu sein. Voll ist's und auch schon der Gupf drauf. Die meisten Leute wollen nur den Spaß haben und kein Kind; hier ist ein Kind und kein Spaß. Sein Vater hat sich fürs Vaterland erschießen lassen müssen. Man sollte den Wurm eigentlich gut einschachteln und dem Grafen Bismarck schicken und schreiben: Du hast den Großen auf dem Gewissen, nimm auch den Kleinen. Lieber die Preußen als meine Haushälterin. Nie hätte ich geglaubt, daß ein altes Weib so giftig sein könnte. Drei Schierlinge und sieben Fliegenpilze und neun Einbeeren und eine Kupfernatter dazu machen zusammen eines Pfarrers Haushälterin, wenn der Pfarrer ein kleines Kind ins Haus gebracht hat. Die Suppe versalzen, der Braten verbrannt. Und ich möchte darauf wetten, daß sie in den Tischwein Essig tut, er war nie so sauer als in dieser Woche. Mit dem ausgesprungenen Hemdknopf schickt sie mich zur Kindsmagd. Ich konnte mir nicht denken, warum im Kinderzimmer neben der Küche der Ofen so sehr raucht; finde ich nicht den Schlauch, der in den Schornstein führt, mit Lappen verstopft?

Jungfer Ottilie! Es tut mir leid. Wir leiden alle an deinem Gift und du selber noch am meisten. – Wenn du wüßtest, wie grün dein Gesicht geworden ist! Der Neid und Ärger macht recht garstig. Was kann denn ich machen? Wenn ich ihn halt nicht anbringe!

Wenn wir hierzulande nur einen Nil hätten und eine pharaonitische Prinzessin, es wäre leicht geholfen. Mein kleiner Moses –

Ach, lieber Gott, er krächzt schon wieder.

19. Oktober

Es ist ganz umsonst.

Wie war ich in den Häusern meiner Seelsorge immer willkommen! Und jetzt finde ich die Türen verschlossen, und so eine Hütte stellt sich, als wäre niemand drin. Vor dem Theodor haben sie Furcht.

Der junge Veiter wollte ihn einstweilen nehmen; er wäre zu nichts weiter verpflichtet worden, nur einstweilen. Da kommt er mir heute nach der Messe und sagt, es wäre nichts, es hätte sich etwas Überraschendes ereignet, bei seinem Weibchen wäre ein eigener Wille zum Vorschein gekommen. Und was die Leute dazu sagen würden, wenn ein junges Ehepaar, das kaum erst drei Wochen verheiratet ist, ein kleines Kind hätte?

Lieber Himmel, wenn man das so nehmen will, ist ja das Kind im Pfarrhause weit schlimmer.

Übrigens – wenn nicht bald etwas vorkommt, so ist's zu spät. Das Knäblein wächst mir an den Leib. Brevier beten und mit dem Theodor schäkern, ich tue es jeden Tag, und – es ist ganz heidnisch – fällt's mir gestern ein: Während ich bete, steht der liebe Gott ernst und strenge dort oben, und wenn ich mit dem Kind herze, steigt er einige Stufen herab und schaut uns lächelnd zu.

24. Oktober

Endlich fort!

Aber nicht das Kind, sondern die Haushälterin.

Es war mir schon die große Ordnung und Säuberlichkeit aufgefallen, womit sie mir heute den Mittagstisch bereitet hatte. Hirnbrühe, Dunstbraten mit frischem Salat, der gar nicht mehr leicht zu bekommen ist, Eierkuchen mit Himbeertunke, sogar der Wein ist nicht mehr sauer. Mir wollen die Lieblingsgerichte heute aber nicht mehr munden, steckt was dahinter, denke ich, und richtig! Wie sie den Tisch abräumt, wendet sie sich gegen die Wand und fängt an, kläglich zu flennen.

»Ottilie!« rufe ich, »was ist dir?«

»Ach«, sagt sie, »wird wohl das letztemal sein, daß ich heute gekocht habe für den Herrn Pfarrer. Ich sehe es schon, ich bin überflüssig in diesem Hause.« – Und marschiert das Kind auf, mitsamt der Kindsmagd. Ich will sie beruhigen, da wird sie arg, gibt dem Kleinen und der Magd Namen, auf die sie eigentlich nicht getauft sind, und drischt mit den Fäusten auf die Wand ein, daß der Kalk losbröckelt. – Da ist nichts zu machen, denke ich und sage: »Ja, lieber Himmel, Ottilie, wenn dir die Sache so schrecklich ist, so wäre es eine Ungerechtigkeit, dich länger in diesem Hause festhalten zu wollen.«

»Alsdann will ich meinen Dienstlohn!« schreit sie. »Habe seit einundzwanzig Monaten nichts mehr bekommen.«

Es ist wahr. Jetzt, wo soll ich 105 Gulden auftreiben? Die Kasse ist im Stift, und das Stift ist in der Elmau. Unser Kaufmann hört von meiner Not. Ich verschreibe ihm die Einnahmen der nächsten Monate, er borgt mir das Geld. Die Ottilie wirft alles, was ihr gehört, in ihren Kleiderschrank zusammen, sperrt ab, und ohne allen Abschied geht sie davon. Nur ins Kinderzimmer hat sie in ihrer Giftigkeit noch hineingeschrien: »Adieu, Hausherr! Höllischer Balg!« und schlägt die Türe so heftig hinter sich zu, daß der ganze Pfarrhof zittert und der Theodor vor Schreck ein Geschrei erhebt.

Kaum ist die Haushälterin davon, tritt die Marie in mein Zimmer und sagt, sie wolle auch gehen. Sie sei die Ursache des Unfriedens geworden, zwar ganz unschuldigerweise, aber sie lasse sich da nichts nachsagen.

Hierauf entgegnete ich: »Habe die Haushälterin nicht angebunden und binde dich auch nicht an. Wenn du glaubst, daß du das arme Kind jetzt verlassen kannst, wo es deiner gerade am dringendsten bedarf, wo ich mir mit ihm nicht zu helfen weiß und es doch nicht auf die Gasse werfen kann, nun so gehe.«

Sie ist nicht gegangen. Sie pflegt das Kind und hat mir am Abend die Suppe gekocht.

Noch spätabends kommen zwei Männer aus Unterdorf und führen Ottiliens Kleiderschrank davon. – Ich hätte es doch nicht geglaubt, daß ihr die Sache ernst ist. Nun ich erfahren, wie hart sie sein kann, bin ich froh, daß sie fort ist.

27. November

Ich glaube, das Würmel geht endlich.

In Sachsenberg draußen lebt ein alleinstehendes älteres und – wie es heißt – vermögendes Fräulein, das oft schon den Ausspruch getan haben soll: Wenn, ohne ihre frauliche Würde zu verletzen, ein Kind zu haben wäre, so nehme sie eines. Bei diesem alten Jungfräulein will ich mein Glück noch einmal versuchen.

28. November

Dem Fräulein Peselka liegt der Revolutionsschrecken noch in den Gliedern. Sie mag seit Anno achtundvierzig keine Stadt mehr. Jeden Tag erzählt sie es seit achtzehn Jahren, wie damals ein »roter Krowat« in ihre Wohnung gedrungen, um sie mit dem Bajonett aufzuspießen. Vor der Ehrwürdigkeit des alten Adels, den sie, auf das Diplom deutend, sofort angegeben – auch das Fräulein selbst war damals schon reichlich betagt –, hatte er aber zurückgeschreckt und dafür den Jonathan aufgespießt. Vor ihren Augen! Vor ihren leiblichen Augen, den Jonathan! Ihren einzigen Freund, den schwarzen Pinscher! Bloß, weil er gebellt hat! – Sie verhüllt sich noch immer schaudernd das Gesicht, sooft sie die Greueltat erzählt. Kaum der Windischgrätz in Wien so weit Ordnung gemacht, daß man hinaus konnte, verließ sie die Stadt und zog aufs Land, um hier in stiller Trauer ihr Leben zu beschließen. Fräulein Peselka ist jetzt alt; es soll ihm manchmal die Zeit lang werden. Einen Hund hat es sich aber nicht mehr angeschafft, so dachte ich gleich, vielleicht wäre ihm der Theodor willkommen.

Das Fräulein hat mich sehr höflich in allen Züchten empfangen. Es ist nicht größer als ein siebenjähriges Mädchen, hat ein blasses, scharfgeschnittenes Gesicht mit schwarzen Augen, trägt ein schwarzseidenes Schleppkleid mit weißen Spitzen, ein weißes Häubchen und am Halse eine Brosche mit dem Bilde Jonathans. – Die Wohnung ist so überaus ordentlich und reinlich, daß ich nur wenig Hoffnung hatte, hier ein kleines Kind unterbringen zu können. Doch hielt ich mit meinem Anliegen nicht lange hinter dem Berge, und sie sagte auf der Stelle zu. Sie wolle doch auch noch was leisten, bevor sie fortgehe. Sie möchte auch gern wen haben, der sie ein wenig lieb hätte in ihren alten Tagen. Nur das eine Bedenken äußerte sie, ob ihre zwei Mädchen, die sie habe, mit dem Kinde wohl auch würden umgehen können? Das eine sei zwar schon etwas vernünftiger, aber das jüngere sei flatterhaft, und mit Kindern habe weder Nannerl noch Veferl je etwas zu schaffen gehabt.

»Ach Gott«, sagte ich, »so gut wird es das Kind unter allen Umständen haben als bei mir, und sollten die Mädchen in der Tat noch zu unerfahren sein, um ein kleines Kind zu pflegen, so könnte ja die bisherige Pflegerin mit dabeibleiben.«

Das Fräulein rauschte zum braunglänzenden Schubladkasten, auf welchem eine zierlich geschnitzte Stockuhr mit Glassturz stand – daneben war ein Glöckchen, mit dem es schellte.

Jetzt kam aus der Küche eine alte, hagere Person herein. Diese hatte ihre weißen Haare säuberlich gescheitelt und war auch im übrigen sorgfältig angezogen, daß ich an ihr keinen Dienstboten vermutet haben würde, wenn sie nicht gar bescheiden vor das Fräulein hingetreten wäre und »Was befehlen Euer Gnaden?« gefragt hätte.

»Geh, Nannerl«, sagte das Fräulein, »rufe mir auch die Veferl herein.«

Also die »Nannerl« war das. Der Jugendlichkeit wegen, dachte ich, könnte man diese schon zu einem kleinen Kind stellen. Das Fräulein schien meine Gedanken zu erraten, denn sie sagte: »Die Nannerl ist wohl recht, ist jetzt einundvierzig Jahre bei mir in Diensten, und man kann sich auf sie verlassen. Die Veferl kenne ich noch zuwenig.«

Da kamen die beiden schon herein. Die »Veferl« war nicht gar viel jünger als ihre Genossin, hatte aber ein ganz hübsches Gesicht und an der Oberlippe etwas wie einen Schnurrbart. Das war also die Flatterhafte.

»Die ist halt noch nicht lange bei mir«, bemerkte das Fräulein. »Sage mir einmal, Veferl, wie lange bist du schon bei mir?«

»Fünfzehn Jahre, Euer Gnaden«, antwortete die Person mit einem artigen Knicks.

»Na, sehen Sie, Herr Pfarrer«, sagte das Fräulein zu mir, »läßt sich zwar auch gut an, mein Veferl«, dabei tätschelte sie die Genannte an der Wange, »nur manchmal ein bißchen munter! Nun, das wird sich mit der Zeit schon geben. – Jetzt will ich euch etwas sagen, Mädeln. Wollt ihr ein kleines Kind haben?«

Die Mägde erröteten, eine wie die andere, und Veferl getraute sich vor lauter Schämen gar nicht mehr aufzugucken.

Fräulein Peselka setzte den beiden Dienstmägden die Sache nun auseinander, und ich ließ von »Stufen in den Himmel bauen« etwas verlauten, da falteten die beiden ihre Hände und flehten: »Bitt, Euer Gnaden, bitt! Nehmen Euer Gnaden das Kindel auf, wir wollen es schon recht warten und gern haben. Bitt, Euer Gnaden!«

Es ist soviel als abgemacht. Ich eile nach Hause.

Es gibt doch noch gute Menschen auf der Welt. Theodor, du machst dein Glück. Vielleicht adoptiert sie dich ganz, du kommst zu einem Vermögen und kannst etwas Tüchtiges lernen. Gottlob, mit dem heutigen Tag bin ich zufrieden.

30. November

Heute habe ich vom Herrn Pfarrer in Sachsenberg das beiliegende Schreiben erhalten:

»Lieber Amtsbruder!

Es ist mir zu Ohren gekommen, daß Du willens bist, ein kleines Kind, welches Du aus christlicher Barmherzigkeit einer Sterbenden abgenommen, in die Hände eines Fräuleins Wilhelmine Peselka, in hiesigem Orte wohnhaft, zu legen. Ich achte hierin die beiderseitige gute Absicht, fühle mich aber verpflichtet, Dir eine Mitteilung zu machen, da Dir die Verhältnisse genannter Person gänzlich unbekannt zu sein scheinen. – Das Fräulein gehört nämlich, wie Du in den im Gemeindeamte erliegenden Dokumenten allzeit ersehen kannst, der protestantischen Konfession an. Ich überlasse es nun Deinem eigenen Gutdünken, ob Du ein der römisch-katholischen Kirche angehöriges Kind der Erziehung einer andersgläubigen Person überlassen willst. Es tut mir leid, daß Dein Besuch mich verfehlt hat, glaube aber mit diesen Zeilen das Wichtigste nachgetragen zu haben. Mit kollegialem Gruße Dein Dir wohlergebener Isidor Limasch, Pfarrer.«

Hätten wir den Teufel wieder glücklich herum.

Natürlich darf ich das Kind nun nicht zu dem Fräulein schicken. Der arme Theodor! Ist ein Glaubensmärtyrer, ohne daß er's weiß.

1. Mai 1867

Heute war Kircheninspektion hier; auch Seine Hochwürden, der Prälat, dabei. Gottlob, alles in bester Ordnung befunden, nur der »Heilige Geist« im Kirchenschiff, welcher zu Allerheiligen hätte eingezogen werden sollen, ist damals vom Mesner übersehen worden und hing den ganzen Winter über den Häuptern der Gläubigen.

Mir ist das gar nicht aufgefallen, hoffe nur, es wird nicht geschadet haben.

Ich hätte die Herren gerne zum Mittagessen eingeladen, und soll der Herr Prälat sogar darauf angespielt haben; allein, mit der Kochkunst der Maria kann man meine ehrwürdigen Brüder, die Stiftsgeistlichen, nicht regalieren. Noch ein Jährchen, dann hoffe ich, die Kindsmagd entbehren zu können, und soll's dann wieder besser werden.

14. Mai

In Elmau geht über mich ein Gerücht um. Der Prälat hätte letzthin bei dem Pfarrer zu Sankt Anna speisen wollen, sei aber nicht geladen worden. Der Pfarrer habe Ursache, seinen Pfarrhof vor dem gestrengen Prälaten abzuschließen, denn er habe ein kleines Kind drin und was dazu gehöre. – Sonst nichts.

Ich glaube, die Leute müßten es recht gut wissen, was es mit diesem kleinen Kinde für eine Bewandtnis hat; ich habe wahrlich nicht wenig herumgesucht und geredet, daß für den armen Waisen Zieheltern gesucht würden. Das wird verschwiegen. Der tratschende Tratsch ist noch lange nicht das schlimmste, der vertuschende Tratsch ist weit schlimmer.

Schrieb mir da ein guter, boshafter Freund – die besten Freunde sind immer auch die boshaftesten –, es wäre einerseits nicht so streng, als ich glaube, andererseits aber wäre es strenger! Wer versteht denn das? – Ja, setzte der gute Freund bei, mancher dürfe wohl ein kleines Kind kriegen, aber er dürfe keines haben. – Bei mir ist das freilich umgekehrt, ich kriegte keins, habe aber eins.

Der kleine Theodor lugt mich öfters so ernsthaft und fragend an: Ob ich nicht etwa doch endlich den Anfechtungen Gehör geben und ihn aussetzen wolle? Nein, Junge. Das, was ich an dir tun will, ist gut; das Gerede der Leute mag schlecht sein, der Braten deiner braven Marie mag verbrannt sein – es sei drum. Ich halte aus. Du wirst mich schon einmal verteidigen, wenn du groß bist und an anderen gute Werke übest, wie ich sie jetzt an dir zu üben suche.

7. Juli 1868

Es ist eine saubere Bescherung – das Kind hat den Scharlach. In der dritten Nacht habe ich heute bei ihm gewacht. Jetzt scheint die größte Gefahr vorüber zu sein, denn der Knabe ist mürrisch und störrisch, und das soll bei Kranken ein gutes Zeichen sein.

Im unteren Dorfe ist heute eine Dienstmagd ohne die heiligen Sterbesakramente verschieden. Man weiß, daß im Pfarrhofe der Scharlach ist, und so fürchten sich sogar die Sterbenden vor Ansteckung. Muß ich seit ein paar Tagen doch auch die Messe vor leeren Kirchenbänken lesen, und es sind unwillige Stimmen laut geworden, daß es eine schlimme Sache sei, wenn vom Pfarrhofe Kinderkrankheiten ausgingen. Der alte Pegelbrunner hat mir über die Gartenplanke zugerufen: Einen Hund oder ein Rößl sollte ich mir anschaffen, das würde mir mehr Vergnügen und weniger Unannehmlichkeiten machen als ein Menschenknäbel.

Vergnügen, Unannehmlichkeiten! Sonst fällt ihnen nichts ein. Lieber Gott im Himmel, beschlage mich fester in der Nächstenliebe, denn manchmal will mich bedünken, die Leute im ganzen und großen wären dir nicht sonderlich geraten. Oft mag wohl auch an mir der Fehler sein. Jetzt bitte ich dich nur, daß du mir den Theodor wieder gesund werden lassest.

17. November

Das rechte Auge ist hin. Der Arzt drängte seit Wochen zur Operation. Jetzt ist sie vollführt. Jetzt soll der arme Mensch einäugig durchs Leben gehen.

Gott, ich bekenne meine Hinterhältigkeit. Ich hatte wirklich gehofft, daß du mein Werk, welches ich dir und den armen Menschen zuliebe getan, doch ein wenig segnen würdest. Ich will ja freilich nichts für mich, nur das Kind lasse gedeihen und mache es zu einem braven, glücklichen Menschen. Was an mir ist, soll geschehen; meine Augen sollen über dem Halbblinden wachen, meine Kraft für seinen halbsiechen Leib ein Stab sein.

1. Juni 1870

Heute kamen zwei Fremde gegangen, und als sie den Theodor auf dem Rasen spielen sahen, fragten sie ihn, wie er heiße und wer sein Vater sei. Das letztere wußte der Kleine nicht zu beantworten. So fragte einer der Fremden: »Hast du wohl noch einen Vater?« – Knabe: »Ja.« – Fremder: »Nun, was treibt er denn?« – Knabe: »Messelesen.«

Man kann sich das Gelächter vorstellen und den Spott, der bald in der Gegend umgehen wird. Ich habe dem Kinde schon oft eingeschärft, daß es mich den geistlichen Herrn Vetter heißen solle. Aber weil es sieht, daß andere Kinder ihren Vater haben, nun, so will es auch einen haben. Man kann es ihm nicht verdenken. Von einer Mutter kann ohnehin nicht die Rede sein, denn die Wirtschafterin, die ich seit der Entlassung der Maria ins Haus genommen habe, stellt sich so zu dem Kleinen, daß er gar nicht in Versuchung kommt, sie Mutter zu nennen.

Als ich die Mamsell Klara – sonst eine brave Person – in das Haus nahm, bat ich sie. Ein Witwer, der eine Frau nimmt, kann sie nicht herzlicher bitten, mit dem Kinde seiner ersten gut zu sein, als ich es für den Theodor getan. Ja, antwortete sie, das eben stelle mich so hoch in ihren Augen, daß ich an diesem Waisenknaben so viele Barmherzigkeit übe. Heute spricht sie schon anders, und meine schwerste Arbeit an manchen Tagen ist das Schweigen, wenn sie losfährt. Ich weiß dem Knaben nichts Besseres zu tun, als zu schweigen, denn jedes Wort, das ich zu seinen Gunsten rede, muß er von ihrer Seite büßen. Es wird wohl so sein müssen; manchem Menschen scheint es in der Tat angeboren zu sein, daß er nichts Gutes erleben soll in der Welt, dann ist es kein Wunder, wenn er spröde und mißtrauisch wird und seine besonderen Wege geht. Ich hätte auch gemeint, der Knabe würde mir wärmer anhängen, als es der Fall ist.

Er ist für sich und hält nicht viel frohe Gemeinschaft. Lieber tut er mit den Haustieren um, aber die Hunde und Katzen fliehen vor ihm, denn – des bin ich schon dahintergekommen – während er sie mit der einen Hand streichelt, fügt er ihnen mit der anderen etwas Böses zu.

Meine Vorstellungen – sie mögen herzlich oder ernst sein – fruchten nicht. Die Fasttage, die ich ihm zur Strafe auferlege, nimmt er gleichgültig hin, verschafft sich mitunter Nahrung auf eigene Hand.

10. August 1874

Jeden Tag neue Klagen. Man sollte ihn gar nicht aus dem Hause lassen. Sooft bei den Kindern auf der Gasse etwas geschieht – sei es ein Schimpfwort, ein blaues Auge, ein zerrissener Ast: des Pfarrers Bub hat's getan! Ich bin überzeugt, er ist in zehn Fällen neunmal unschuldig. Aber weil es überall heißt, von mir würde er verzärtelt und verzogen, so strafe ich ihn weit öfter und empfindlicher, als ich's vor mir verantworten kann. Was der Mensch der öffentlichen Meinung zuliebe tut! Mehr als seinem besten Freunde, mehr als seinem liebsten Menschen. Und die öffentliche Meinung ist doch nichts anderes als eine Bestie.

Mein Trost ist die Zufriedenheit seiner Lehrer. Der Knabe ist begabt und fleißig. Allerdings scheint es manchmal, als wollte er sich an seinen Mitschülern, die ihn so oft in die Patsche reiten und wovon die meisten in weit besseren Verhältnissen leben als er, dadurch rächen, daß er der Erste in der Schule ist.

28. August

Nun, ich habe es mir gedacht. Man hat mir die Zurückweisung des Gesuches um die bessere Pfründe Schauenstein nicht begründet, weiß es aber aus guter Quelle, daß mein Theodor daran Ursache ist. Läppische Welt! Ist es denn wirklich ein Ärgernis, daß ich den Waisenknaben im Pfarrhofe nähre, pflege und erziehen will? Gut, so sollen sie es mir befehlen, daß ich ihn fortschicke; sie könnten es ja, machen sie doch bei viel Geringerem Gebrauch von ihrer

Macht. Und ist das, was an dem Kinde getan wird, kein Ärgernis, sondern vielleicht wohl gar eher ein gutes Vorbild, so sollten sie mir's nicht verübeln. Auf Schauenstein sitzt ein Pfarrer, der um siebzehn Jahre jünger ist als ich – es wird ihm taugen. Mir hätte es wohlgetan, einmal, auch nur ein einzigmal von meinen Vorgesetzten ein Zeichen zu erlangen, daß sie mit meinem einfachen, doch – ich darf es sagen – pflichtgetreuen Wirken nicht ganz unzufrieden sind. Der Prälat soll übrigens mein Gesuch befürwortet haben. Aber andere . . .

Nun, in Gottes Namen!

15. September 1875

Durchgefallen. Fast alle anderen haben Prämienstücke – Bücher, Bildchen, Schreibzeug – erhalten bei der Jahresabschlußprüfung; der Theodor ist leer ausgegangen. An Fortgang gut, an sittlichem Betragen nicht befriedigend!

Der Junge stellt sich, als mache er sich nichts daraus, aber ich sehe sein vergrämtes Gesicht recht gut. Mamsell Klara hat ordentlich aufgekreischt vor Vergnügen, als der Theodor mit diesem Zeugnisse nach Hause gekommen ist. Nun hat sie wieder Stoff und wirft mir heftig vor, daß ich ihn zuwenig schlage. Ob das eine Erziehung wäre? Ob sich das Früchtel nicht auf einen Galgenstrick hinauswachse? – Es sind törichte Reden; ich schweige. Ohne Strafe soll er mir nicht ausgehen, aber diesmal hebe ich die Rute nicht den Leuten, sondern ihm selbst zulieb. Es ist ein zäheres Holz, als ich gedacht! Bis er nur erst mit der Schule fertig ist, dann soll er in den Bauerndienst. Die harte Arbeit wird ihn schon mürbe machen. Ich hätte höhere Wünsche gehabt mit dem Theodor, seine schwächliche Natur hätte sich besser beim Buche befunden als hinter dem Pflug. Nun, unter gegenwärtigen Umständen handelt es sich darum, ihn überhaupt auf gute Art loszukriegen. Daß weder viel Freude noch viel Ehre an ihm zu erleben ist, weist sich schon. Die jetzige Zurücksetzung wird nichts besser machen. Wenn mir der Junge nur vertrauen wollte! Was fange ich an mit einem siebenfach versiegelten Wesen? Unbeachtet des Beichtsiegels muß ich gestehen, daß der Theodor bei seiner ersten Beichte, die er in der vorigen Osterzeit abgelegt hat, mir nur noch rätselhafter geworden ist.

3. Dezember

Ein neues Kapitel.

Einer seiner Schulkameraden soll geäußert haben, er möchte sich gerne einen Rodelschlitten kaufen, aber habe kein Geld dazu.

Soll ihm der Theodor den Rat erteilt haben: »Geh zu deinem Großvater, der soll dir Geld geben.«

»Er gibt keins her«, sagte der andere.

»So mußt du ihn erstechen und es selber nehmen.«

Gott im Himmel, dieses Wort soll er ausgesprochen haben, ein neunjähriges Kind!

3. Mai 1876

Ich bin beinahe fassungslos. Nie hätte ich gedacht, daß eine Auszeichnung von Menschen so wirken könnte, wo doch das eigene Gewissen klar richtet und lohnt. Es kam nach der Zurücksetzung vor zwei Jahren auch zu unerwartet. Geistlicher Rat. Es klingt ganz fürtrefflich. Aber solche Auszeichnungen haben nicht sowohl einen eingebildeten, vielmehr einen wirklichen Wert. Wie stehe ich jetzt da! Geistlicher Rat!

Einen Fackelzug will man mir bringen, was in Sankt Anna noch gar nicht dagewesen ist. Und der Gemeindevorstand, sonst ein trutziger Mann, der sich gerne auf den Liberalen hinausspielt: der »Geistliche Rat« hat ihm gewaltig in den Nacken geschlagen; er war der erste Gratulant heute morgen, der Mann kann ganz grauenhaft devot sein.

Weniger ernst nahm es der Junge. »Geistlicher Rat«, sagte er und zog die Nase auf, »was ist denn daran?« Es hat mir weh getan.

24. Juni

Heute, am späten Nachmittage, kommt der Gemeindediener, tut verlegen eine Weile so herum und fragt mich endlich, ob er ihn mit ins Haus bringen oder noch im Gemeindekotter belassen sollte? – Ich weiß anfangs nicht, wen er meint. Den Theodor meint er.

Schon gestern ist das Gerede ausgegangen, daß während der Schulstunden dem Oberlehrer aus seiner Wohnung die silberne Sackuhr verschwunden sei. Auf etlichen Schülern war Verdacht, die während der Schule einer nach dem anderen »hinausgebeten« hatten und die an der unverschlossenen Türe der Wohnung vorbei gemußt.

Mein Theodor kann die »W« nicht machen, und so war es denn heute bei der Schreibstunde, daß der Lehrer sich zu dem Knaben niederbeugte und ihm, die Hand führend, den Buchstaben vorschrieb. Da hört er im Westel des Knaben das Ticken einer Sackuhr. Sie war die des Lehrers. Der Theodor soll es anfangs geleugnet haben, er hätte die Uhr von dem und dem Schulkameraden ausgeborgt bekommen. Als der betreffende Abwesende später befragt wurde, stellte sich freilich sofort die Unwahrheit meines Knaben heraus. Dieser wollte sie nun auf der Gasse gefunden haben, es half ihm aber nichts; er mußte in den Kotter, und nun soll er gestraft werden. Ich habe den Gemeindediener ersucht, daß der Junge die Nacht über im Kotter verbleiben könne. Ich muß mich erst sammeln. Das ist der größte Schlag, der mich bisher getroffen hat.

25. Juni

Heute hatte ich vorgehabt, über das Evangelium von dem verlorenen Schafe und dem Sünder, der Buße tut, zu predigen. Ich konnte es aber nicht tun, weil die Leute gemeint haben würden, ich wollte meinem Diebe damit eine Verteidigungsrede halten. Ich las nur das Evangelium, und es wollte mir dabei die Stimme versagen vor lauter Verzagtheit. Anstatt der Predigt ließ ich einen Rosenkranz beten.

Am Nachmittag nach dem Segen war die Exekution. Ich hatte dem Gemeindevorsteher sagen lassen, er solle mit dem Knaben machen, was er wolle, ich möchte nicht dabeisein. War mir doch schon während des Gottesdienstes zumute gewesen, als müsse ich Spießruten laufen vor den Augen der Gemeinde. Der Vorsteher bestand aber darauf, daß ich dabei sei. Jetzt war mir plötzlich, als müsse ich Gott und das Schicksal anklagen. Ist das der Lohn für das gute Werk, welches ich an jener Sterbenden und dem Waisenkinde getan habe? Wäre es nicht besser gewesen, den Wurm umkommen zu lassen, als daß wir diesen Tag erleben? So wenig Freude an diesem Kinde und so viel Kummer!

Ich hatte verhofft, den Theodor zerknirscht zu finden. Als er mich sah, wendete er sein unstet zuckendes Auge rasch ab, er biß die Lippen zusammen, aber von einer Zerknirschung keine Spur. Der Gemeindediener gab ihm scharfe fünfundzwanzig, der Junge schrie grauenhaft, aber sein Auge blieb trocken.

Wieder zu Hause, ließ ich ihn in meine Stube kommen und beschwor ihn mit gerungenen Händen, brav und ehrlich zu sein, er sei noch jung, noch könne er es; der Weg, den er jetzt betreten, führe schnurgerade dem Galgen zu.

»Gut«, rief er unwillig aus, »hättet ihr mich nur gleich heute schon aufgehänkt!«

Ein Messer mitten ins Herz war mir dieser Ausspruch.

Sollte manchem Menschen das Unheil doch angeboren sein? Ich habe es nie mögen glauben, es wäre all meine Zuversicht an Gott und sein heiliges Werk dahin.

26. Juni

Heute früh, als ich den Knaben wecken wollte, war das Bett leer. Er war nicht im Hause, nicht im Dorfe. Ein Knecht will ihn früh in der Morgendämmerung eilig über die nassen Wiesen gegen den Wald laufen gesehen haben.

»Er weiß recht gut, wohin er gehört«, höhnte mir meine treue Haushälterin zu.

30. September

Der Theodor bleibt verschollen.

Im August soll er ein paar Tage lang sich bei einem Häusler in Sachsenberg aufgehalten haben, und hat ihm ein gutes Weib die zerfahrenen Kleider ausgebessert. Dafür hat er der Wohltäterin einen Silbergulden entführt. Seither weiß niemand etwas von ihm.

Wenn irgendwo etwas entwendet wird, da erinnern sich die Leute seiner und sagen: »Vielleicht hat's der Pfarrersbub getan.« So kommen alle Ehren auf mich.

Es wäre mir schon am liebsten, von diesem unglückseligen Wesen nichts mehr zu sehen und zu hören. Aber wenn der Schnee kommt, wird's ihn sicherlich wieder zu den Leuten treiben. Dann wird es ihm auch einfallen, daß im Pfarrhofe zu Sankt Anna ein warmes Bett und eine warme Suppe ist.

31. Dezember 1876

. . . Und sohin könnte ich das verflossene Jahr zu den guten rechnen, wenn das mit dem Theodor nicht gewesen wäre.

Er hat sich nicht mehr eingestellt. Ich glaube auch nicht, daß er irgendwo im Arreste sitzt, denn seiner Jugend wegen hätten sie ihn doch wohl lieber in seine Heimatgemeinde abgeschoben, wenn er sie nicht etwa aus Schamgefühl verleugnet hat. Am wahrscheinlichsten ist es mir, daß ihn sein Geschick schon erreicht hat. Am heiligen Christtage die zweite Messe opferte ich auf für dieses Menschenkind.

(Hier fehlt in dem Tagebuch für eine längere Reihe von Jahren jede Bemerkung, die sich auf den Knaben bezöge. Nur in einer Note vom Pfingstsonntage 1881 findet sich folgende Stelle: »Heute früh habe ich die alte, kleine Maria ins Grab gesegnet. Somit wäre auch dieses unschuldige Denkmal an eine harte Zeit vergangen. Möge sie in Frieden ruhen!« – Es mag wohl auch das vorgeschrittene Alter des Pfarrers die Ursache sein, Tatsache ist, daß dem weiteren Tagebuch fast ganz jene Mitteilsamkeit und Seelenheiterkeit mangelt, die in früheren Zeiten vorherrschend gewesen.)

Der Herausgeber

19. Mai 1885

Heute ist unser hochwürdiger Abt gestorben, nach neununddreißigjähriger Würde im Stift zu Elmau, von aller Welt geachtet, von uns Ordensmitgliedern geliebt.

Auf dem Krankenbette soll er wiederholt von mir gesprochen und gesagt haben: »Einer unserer würdigsten Brüder ist der Pfarrer zu Sankt Anna. Am höchsten achte ich seinen Freimut – Freimut muß man's nennen –, mit welchem er das Waisenkind angenommen hat. Er hat manches darum zu leiden gehabt, auch in seinem Ansehen, doch er hat die christliche Liebe obenangestellt.«

Dieser Ausspruch tut mir wohl. Es ist eigen, daß man sich so schwer begnügt mit dem Lohne des guten Gewissens, daß man auch menschliche Anerkennung will, wenn man glaubt, etwas Gutes geleistet zu haben. Und weiß man doch anderseits recht gut, wie wandelbar und hinfällig menschliche Urteile sind.

Elmau, am 22. Mai

Der Prälat ist beigesetzt. Das Stift hat seine ganze Herrlichkeit der Trauer entwickelt, und von weitem kam so viel Volk geströmt, daß die große Kirche es nicht zur Hälfte fassen konnte. Ein König kann kaum großartiger und würdiger bestattet werden. Der hochselige Abt war der Sohn eines Schuhmachers, der sich dann als Bettelstudent fortbringen mußte. Man hatte sich – wie das schon so geht – nicht viel um den armen Jungen gekümmert, aus eigener Kraft hat er sich emporgearbeitet bis zur Priesterweihe und dann von Rang zu Rang bis zu hoher Würde. Andere sind von gutem Hause, haben die beste Erziehung, die schönsten Vorbilder, haben Mittel, werden von allen Seiten gehoben und getragen, und es wird doch nichts aus ihnen. Fast käme man auf den Gedanken, die Anlage und Entfaltung des Menschen wäre Bestimmung, man könne nichts Wesentliches dazu beitragen und auch nichts davon hinwegnehmen. So hat jeder sein Geleise.

Mein eigenes Leben ist weder im Guten noch im Schlimmen außergewöhnlich, und ich danke Gott, daß das Alter naht mit seiner Leidenschaftslosigkeit und Anspruchslosigkeit. Das Alter ist der beste Hort. Ich will nichts mehr, als meiner kleinen Gemeinde leben und Frieden haben.

Nach drei Tagen wird sich im Stifte ein anderer Pomp entfalten. Die Wahl des neuen Abtes. Ich möchte schon wieder am liebsten in meiner stillen Sankt Anna sitzen.

25. Mai

O unerhörte Pfingsten!

Am Morgen, eine Stunde vor der Wahl, ist große Aufregung. In dieser vergangenen Nacht ist in der Stiftskirche das Tabernakel erbrochen und daraus die goldene Monstranz entwendet worden. Der Verbrecher mußte tags zuvor in der Kirche zurückgeblieben sein. Dem Schließer war während der Vesper ein verkommener einäugiger Bursche aufgefallen, der unweit des Hochaltars gestanden und mit einer gewissen Versunkenheit darauf hingestarrt haben soll. Beim Zusperren war nirgends etwas Verdächtiges zu bemerken. Die Flucht hat der Verbrecher mit seinem Raube durch ein Kirchenfenster auf das Dach der Sakristei hinaus vollzogen.

Alles ist auf, um zu fahnden. Ein einäugiger Bursche!

Um 12 Uhr mittags. Aus einstimmiger Wahl hervorgegangen, Prälat! – Ich, der arme, unwürdige Mensch.

Voll der inneren Pein, die mir das Herz zerreißt – des Kirchenraubes wegen –, erklärte ich, die Wahl nicht annehmen zu können. Es half mir nichts, der Konvent sah den Grund der Ablehnung nicht.

30. Mai

Die Wahl ist bestätigt. Ich bin Abt des Stiftes Elmau. Das goldene Kreuz, das ich an der Brust trage, ist mir schwerer, als sie glauben. Und manchen würde es glücklich machen, wie es auch mich unter anderen Umständen glücklich gemacht hätte. Ich fühle daran nicht das Gold, ich fühle das Kreuz.

10. Juni

Meine guten Pfarrkinder wollten mich kaum fortlassen. Es war rührend, wie sie mich noch bei dem Wagen festzuhalten suchten an meinem Kleide.

Mamsell Klara war die einzige, die in Wonne und Würden schwamm. Sie sah sich schon als Stiftsbeschließerin. Die Arme! Als ich ihren Hoffnungen dahinterkam, klärte ich sie auf, daß es im Kloster weder Beschließerinnen noch Köchinnen noch Haushälterinnen gäbe und daß solches dort die Fratres besorgten. Da ward sie fast wütend und nannte mich einen Undankbaren, der eine Person, welche ihm die armselige Dorfpfarrerwirtschaft treu besorgt habe, nun verstoße.

Sie hat ja nicht ganz unrecht. Aber es geschieht ihr auch nicht ganz unrecht. Sie hat mich manchmal gequält.

Es sei vergessen. Ich will sie meinem Nachfolger empfehlen, der ist aus kernigerem Holze als ich.

14. Juni

Das also soll der größte Tag meines Lebens gewesen sein.

Im Ornat stand ich unter dem Baldachin und gab den Segen. Das Volk lag vor mir in Demut, und viele kamen heran, um den Saum meines Kleides zu küssen. Der Sang und Klang und der berückende Glanz, die Liebe der Brüder, die Andacht der Versammelten – man schätzt sie auf zwölftausend Seelen stark –, die Würde, zu der ich so unerwartet und unverdient erhoben worden, das alles rührte mich bis zu Tränen.

Zum Gegenstand der Festpredigt hatte ich die christliche

Demut gewählt mit dem Ausgangspunkt: »Und wenn ich, den Fischerring an der Hand, die Tiara auf dem Haupte, hier stünde, die Sprachen der Menschen und der Engel redete, hätte aber der Liebe nicht, so wäre ich ein tönendes Erz.«

15. Juni

Der Kirchenräuber und Heiligtumschänder ist bis heute nicht gefunden.

Vor einigen Tagen soll in der Kreisstadt ein einäugiger Mensch in eine Trödlerei getreten sein, um Goldplättchen zu verkaufen. Die Plättchen stammten, gab er auf Befragen an, von einem alten Familienschmucke und müßten aus Not verkauft werden. Allen Angaben nach bestätigt sich meine Vermutung.

Er wird eingeliefert werden, und da wird's heißen: »Der Pfarrersbub!« Zwanzig Jahre schweren Kerker.

Wenn ich ihm plötzlich irgendwo begegnete, dem Unglücksmenschen – ich wüßte nicht, was geschähe.

Ewiger, gib mir Weisheit und Kraft, die Herde, die mir anvertraut worden, auf deinen Wegen zu leiten. Gib mir Demut, auch wenn es mir gelingt, für meine Mitmenschen ein Opfer zu vollbringen. Ich bin ein schwacher Sämann, dein ist das Gedeihen.

Aus dem Kreisblatte vom 30. Juni 1885

Original-Telegramm: Gestern ist der hochwürdige Abt des Stiftes Elmau durch verruchte Mörderhand gefallen. Der Prälat begab sich um fünf Uhr nachmittags auf seinen gewohnten Spaziergang durch das sogenannte Mühlhölzel (eine halbe Stunde vom Stift entfernt). Um acht Uhr wurde er in der Nähe eines Teiches entseelt gefunden, von mehreren Messerstichen an Brust und Hals getroffen. Allem Anscheine nach rang der Abt mit dem Mörder. Da weder Barschaft noch Uhr bei der Leiche vorgefunden wurde und auch die goldene Kette mit dem Kreuze fehlt, so liegt unzweifelhaft ein Raubmord vor. Die Bevölkerung ist in unbeschreiblicher Aufregung, alles fahndet nach dem Mörder, der zur Stunde noch nicht eingebracht ist.

Aus demselben Blatte vom 1. Juli

Der Mörder des hochwürdigen Abtes von Elmau ist den Armen der Gerechtigkeit überliefert. Derselbe wurde noch in der gestrigen Nacht im Mühlhölzel unter einer Moosschicht aufgegriffen. Er ist ein verkommener neunzehnjähriger Bursche namens Theodor Ringel, der schon wiederholt wegen Diebstahls abgestraft wurde. Es wird behauptet, daß der Mörder zu dem Abte in verwandtschaftlicher Beziehung stand. Nachdem die geraubten Gegenstände bei ihm vorgefunden worden, gestand er die Tat und wurde dann dem Kreisgerichte eingeliefert.

Nachschrift

Zur Beisetzung des ermordeten Abtes, bei welcher der Andrang und die Trauer der Bevölkerung eine noch größere war als bei den Begräbnisfeierlichkeiten im Mai desselben Jahres, hielt Pater Benedikt eine Trauerrede, in welcher er das Leben des nun Bestatteten schilderte und der hier einige Sätze entnommen sind:

»Wir stehen, Geliebte im Herrn, vor einem unerforschlichen Ratschlusse Gottes. Ein Werk der Nächstenliebe, welches der Hochselige in wahrer Christlichkeit vollbrachte, ist ihm zur Quelle zahlloser Widerwärtigkeiten und Leiden geworden. Jenes gute Werk hat ihn gleich einer Untat verfolgt, bis es ihn endlich das Leben kostete. Der Kleingläubige verzweifelt an dem Segen des Guten. Aber es ist nichts Neues, daß Gutes mit Bösem vergolten wird, unser Heiland selber hat das erfahren. Darum wird der Christ doch eingedenk bleiben der göttlichen Gerechtigkeit, welche das, was in dieser Welt ungeschlichtet bleibt, in jener Welt ausgleicht. Wenn der Verlorene gleichwohl auf dem Hochgerichte sterben wird, die Tat, wie das unschuldige Kind dem Verderben entrissen worden, wird im Buche des Lebens stehen.«

Ludwig Anzengruber

Eine Geschichte von bösen Sprichwörtern

Manche Sprichwörter sind darnach, es dürfte sie der Teufel den Leuten in den Mund gelegt haben, daß ihnen die Sünde leichter eingehe, wie gewissenlose Wirte Bleizucker, Farbstoffe und Spiritus dem Weine zusetzen, um ihn »süffiger« zu machen. Solche Sprichwörter sind: »Der Mensch lebt nur einmal«, »Einmal ist keinmal«, »Kommt Zeit, kommt Rat« und andere mehr, die alle den Leichtgeherzten das Gewissen geschmeidig halten, indem sie vom Tun und Lassen des Menschen den Gedanken an die Verantwortlichkeit fernrücken und in scheinbar ganz unverfänglicher Schalkheit zur Stunde der Versuchung ihm zuflüstern: »Greif zu, dummer Peter!«

Freilich, die Sprüche können nichts für ihren Gebrauch, sowenig wie der giftige Fingerhut und die Tollkirsche für das Üble, das sie etwa anstiften, verantwortlich gemacht werden können; die legen es ja auch nicht darauf an, den Menschen an Leib und Gesundheit zu schädigen, sowenig sie davon wissen, daß sie in den Rezepten der Ärzte als Digitalis und Belladonna vorkommen und zu heilsamen Tränken verbraut werden. Es hätte ja den besten Schick und die rechte Art, wenn einer bedächte: Der Mensch lebt nur einmal auf der Welt, daher soll er's so rechtschaffen und ehrlich, daß dies eine Mal sich auch auszahlt, daß seine Mitmenschen nicht denken, es wäre dies eine Mal schon zuviel gewesen, sondern daß sie ihm nachsagen, er wäre ihnen zu Leid hinweggegangen. Dächte einer so und hielte sich darnach, der Segen seines Angedenkens käme noch seinen Kindern zugute. Besänne sich einer bei allem Guten und Rechten, das er unternimmt: »Einmal ist keinmal«, und stünd nicht an, es zu wiederholen, dann läge mehr als dreifacher Segen in den drei Worten. Sagte sich ein anderer bei allem unbedachten Tun, zu dem ihn Haß, Eifersucht und sonstige blinde Leidenschaften anreizen wollen: »Halt da! Kommt Zeit, kommt Rat!«, der Mann wäre klug und rechtgesinnt.

So aber bedenkt, besinnt und sagt sich kaum einer, der obige Sprichwörter im Munde führt. »Der Mensch lebt nur einmal auf der Welt« eifert jeden an, zuzugreifen, wo etwas zu holen, an sich zu rapsen, was zu haben ist; was wäre der Fuchs für ein Esel, der Gans den Kragen, den sie ihm darreckt, nicht umzudrehen, was der Marder für ein Hase, den beschlichenen, schlafenden Hühnern nicht das Blut auszusaugen? Was steckt denn auch Verfängliches dahinter, sich der Freuden des Lebens zu bemächtigen, mögen auch andere ein wenig darunter zappeln müssen? Darnach frägt freilich keiner, was eigentlich hinter den gepriesenen Freuden des Lebens stecke und ob es sich lohne, ihretwegen ein anderes zappeln zu machen?

»Einmal ist keinmal«, sagt der Saufaus, der seinen Rausch heimbringt, »Einmal ist keinmal«, sagt das liederliche Weibsbild, sooft es außer Haus läuft oder inner vier Wänden Übel tut. »Einmal ist keinmal«, sagt der junge Dieb, sooft er seine Finger nach schlecht bewachtem, fremdem Gute streckt, und insofern ist dieses Sprichwort wohl ein Wahrwort, denn bei dem einen Mal bleibt es keinmal.

»Kommt Zeit, kommt Rat« wird oft gesagt, wo der rechte, der beste Rat zur Hand liegt und diese aus Faulheit oder Bosheit nicht darnach greifen mag.

Es war da in – Mooskirchen wollen wir den Ort nennen – ein häbiger Bauer, nahe den Vierzigern; sein leblang ist der ein lustiger Bruder gewesen, als Knecht hatte er es durch seine allzeit fröhliche Laune der Bäuerin, bei der er zuletzt im Dienste gestanden, angetan und die wohl acht Jahre ältere, noch gut erhaltene und besser bestandene Wittib geheiratet. Zwar sahen die angesessenen Bauern den neuen, vom Knechte zum Herrn gewordenen Standesgenossen anfangs scheel an, auch murmelten sie, wenn er im Wirtshause aufzog und großtat, etwas von einem Lumpen, der mehr Glück habe, als er verdiene, und er konnte es nicht gut überhören, denn sie murmelten das nicht in ihre Bärte, die meisten hielten ihr Kinn glatt, und für die wenigen, die ein kurzes Bartbüschel an den Ohren trugen, wäre das Hineinmurmeln sehr beschwerlich und kaum durchführbar gewesen. Der Wiesner-Jakob aber fragte nichts darnach und lachte und schwänkte sich in kurzer Zeit in ihren Kreis hinein, und sie ließen den närrischen Teufel, dem man nicht feind sein konnte, schließlich gerne als ihresgleichen gelten.

Auf dem Hofe des lustigen Bauern diente von Kind auf ein junger Bursche, der Sohn blutarmer Taglöhnersleute, denen die Bäuerin wohlwollte; als der junge Mensch zum Militär mußte, baten seine Eltern, die Bäuerin möchte ihnen doch die Guttat erweisen, die Schwester des Soldaten, ein eben mannbares Dirndel, aufzunehmen, damit sie nunmehr die von der Schüssel wegbekämen. Die Bäuerin verstand sich dazu, und ein paar Tage bevor der Bruder einrücken und Abschied nehmen mußte, traf das Mädchen an dem neuen Unterkunftsorte ein.

Der Rekrut war ein fast menschenscheuer Bursche, er galt für einen, der sich viel unnütze Gedanken mache, zu denen er selbst kein freundlich Gesicht zog; nie hatte man ihn mit einer Dirne schäkern sehen und nur dann lachen, wenn ihm irgend etwas zugestoßen, das ihm ganz wider den Strich ging. Bis zu dem Tode des ersten Mannes der Bäuerin und dem Dienstantritte des Wiesner-Jakobs beachtete man die Sonderlichkeit des jungen Knechtes wenig; von dem Tage aber, wo der lustige Schwerenöter, der gar bald Anlaß hatte, sich als künftigen Bauern aufzuspielen, den Fuß in die Wirtschaft setzte, war es vorbei mit den ruhigen Zeiten für den »verdangelten Sauertopf«, und das andere Gesinde eiferte dem »kreuzfidelen« Oberknechte und später dem neuen Herrn nach in mehr oder minder unfeinen Späßen, Stichelreden und Schelmstücken; der aber, auf den alle boshaften Streiche angelegt waren, erregte schließlich noch den Ärger der anderen dadurch, daß er sich von seinem Ärger so wenig merken ließ.

Nur einem Menschen schloß sich der junge, ernste Bursche an, und das war ein armer, alter, buckliger Flickschneider im Dorfe, der nebenbei auch Musik betrieb, indem er an Sonntagen in der Kirche auf dem Chore und zur Faschingszeit auf den Tanzböden die Geige strich. Oft saßen nach Feierabend in der dumpfen Werkstube die beiden ungleichen Gesellen beisammen, und der Junge lauschte mit Andacht dem gerade nicht künstlerischen Spiele des Alten. Was verschlug auch ein Griff daneben, wenn das Ganze ehrlich gemeint war?

Viel schwerer fiel dem angehenden Soldaten der Abschied von diesem seinem Freunde als von der Schwester, die in seinen Augen, eben weil sie eine Dirne, doch nur eine Art untergeordnetes Geschöpf war. Mit der Rosel machte er wenig Umstände, er sagte ihr: »Behüt Gott!«, ermahnte sie, brav und rechtschaffen zu bleiben, und reichte ihr die Hand, schalt sie, da ihr Tränen ins Auge traten, ein dummes Ding, das flenne, wo es nichts zu flennen gäbe, und nur Sorg tragen sollt, daß sich dazu nicht anderweit Anlaß fände.

Der Bucklige mußte ihn aber ein paar Wegstunden außer Orts begleiten; auf ihn sprach er lebhaft ein, gedachte aller alten Erinnerungen und erklärte, wie er sich seinerseits auf das Wiedersehen freue; in Gesundheit und Zufriedenheit, setzte er hinzu. Endlich mußte er den müden Alten doch den Heimweg antreten lassen. Er schüttelte dem Freunde mehrmals die Hand.

»B'hüt Gott, Thomas! B'hüt Gott, und« – er zog die Stirn

in Falten und flüsterte ihm zu – »willst mir noch eine Lieb tun, so schau auf mein' Schwester!«

Der Alte blickte erstaunt auf. »Je, was wird da auch viel z' schaun sein? Beim Wiesner-Jakob is die gut aufg'hob'n.«

Der Junge sah ihn mit zusammengekniffenen Augen an. »Meinst? No, nix für ungut, sollt ich dich gleichwohl unnötig bemühn, aber tu doch, wie ich dir sag!«

»Wie d' willst, wie d' glaubst, ich halt dir schon d' Augen auf. Mein' Hand drauf!«

So schieden sie.

Auf dem Gehöfte des Wiesner-Jakob wuchs die kleine Rosel zu einer gar netten, drallen Dirne heran. Die Burschen sagten ihr, wie sauber sie werde, und eines Tages, als sie mit dem vollen Wasserzuber unter die Stalltür trat, strammen Ganges und die runden Arme trotz der Schwere des Gefäßes so nervig und prall emporgehalten, da hörte sie auch den Bauer sagen: »Schau, wie die sauber wird!«

Von der Zeit ab schäkerte er auch mit ihr wie mit den anderen Dirnen auf dem Hofe, just nicht gar fein, eben nach Bauernart, aber sie hatte des kein Arg; alle ließen es sich gefallen und lachten dazu, und Unrechtes konnte nicht dabei sein, da selbst die Bäuerin, wenn sie dazukam, ihren Spaß daran hatte.

Rosel war ehrlicher Leute Kind und – wie das gewöhnlich Redensart – christlich auferzogen, leider fährt aber bei den Leuten die Heilslehre häufig ebenso übel wie die Heilkunde, was für diese die Quacksalberei, ist für jene der Aberglaube; die wenigsten fragen darnach und achten darauf, aus welchen Anfängen und Anlässen Sünden und Krankheiten erwachsen und sie befallen, sondern erst, wenn der Schaden ausgebrochen ist, soll ein Trank, ein Pflaster, eine Salbe oder eine Reliquie, eine Messe, eine Wallfahrt alles wieder wettmachen.

Als die Dirne auf Wiesners Gehöft kam, war sie nicht besser, nicht schlechter, nicht klüger, noch frömmer wie viele, aber so eitel wie die meisten, und unter diesen vielen und meisten braucht man just nicht allein Bauerndirnen zu verstehen. Was sie vor den anderen Mägden voraus hatte, das war ihre unverdorbene Jugend; aber gerade das, was sie hätte schützen sollen, das unerfahrene kindliche Wesen, ward ihr Verderben.

So schießt denn dem noch lange keine tausend Wochen alten Kinde mit einmal der spitzbübische Gedanke durch den Kopf, wie gar nicht übel das wäre, bei dem Bauern allen anderen den Rang abzulaufen und da auf dem Hofe etwas vorzustellen. Sie dachte sich das so lustig, wie sie die anderen alle ärgern und den Bauern zum besten haben wollte, und nun begann sie, wenn er in seiner ungeschlachten Weise sie neckte, sich zu zieren; sie suchte durch Übelnehmen, Aufbegehren, Maulen und Trotzen zu erproben, was er sich wohl von ihr gefallen lassen würde.

Er aber lachte nur dazu, das gleiche tat hinter ihrem Rükken das Gesinde, bei dem es nun für ausgemacht galt, »die Rosel wär ganz närrisch in 'n Bauern g'schossen«; an sie aber schlich man heran, zog bedeutsam die Augenbrauen empor und raunte ihr zu: »Man merke wohl, der wär schon ganz aus der Weis in sie verliebt.«

Bei einem Bauern, der streng und stramm seine Wirtschaft leitet und auf Zucht und Ehr im Haus und unter dem Gesinde hält, hätte die Dirne zu derlei gefährlichem Spiel weder Anlaß noch Zeit gefunden; auch ein minder Gestrenger würde wohl Ehrbarkeit halber, um sich vor dem Gesinde nichts zu vergeben, der Jungmagd das ärgerliche Wesen bald verleidet haben, aber der Wiesner-Jakob, der seinem Anwesen nicht viel anders wie als ehemaliger Großknecht vorstand, der fragte wenig nach dem Schicksamen und war nicht der Mann dazu, sich und anderen einen Spaß zu verderben, er drückte gerne ein Auge zu, wo er einen solchen um die Wege glaubte.

So nasführten sich denn die beiden Leute eine geraume Weil über, bis der alte Fuchs dachte, ob es nicht eigentlich doch das lustigste wäre, wenn er dem jungen Gänschen ernstlich an den Kragen ginge?

Je, lustig wohl, schön just nicht!

Die armen Taglöhnerleut hatten das unbescholtene Kind auf Treu und Glauben daher an Ort geschickt und vermeinten es in bester Obhut, und was konnte alles für Verdrießlichkeit, Ungelegenheit und Überlast aus einem Mißbrauche dieses Vertrauens entstehen?

»Ei ja!« sagte sich der Wiesner. »Aber den Teufel auch« (er hatte nicht unrecht, den dabei heranzuziehen), »bin ich's nicht, so ist's ein anderer. Entgeht mir der Spaß, möcht's mich mein Lebtag reuen.« (Viele Leute bereuen die begangenen Sünden nicht halb so oft und aufrichtig wie die unterlassenen.) »Man muß auch nit immer gleich aufs ärgste denken, was folgen könnt; weiß ich doch von mir und andern, wie oft wir Schiefrigs angefaßt haben, und 's ist allzeit glatt abgelaufen; machet sich da eins Gedanken, hört sich alle Freud auf, und der Mensch lebt nur einmal auf der Welt!«

So war der Bauer mit sich ins – Unreine gekommen.

Welcher Beschmeichelungen, Betörungen, wohl auch Einschüchterungen er sich gegen die Dirne bediente, mag unerzählt bleiben; genug, er spielte falsches Spiel, und, sonderbar, derselbe Trumpf, mit dem er die arme Magd ihrem guten Engel abgewann: »Einmal ist keinmal«, sollte ihm den Teufel vom Leib halten. »Einmal ist ja keinmal!«

Er versuchte auch sofort gegen Rosel fremd zu tun und sich von ihr fernzuhalten, aber sie war zu stolz, sich das gefallen zu lassen, und findig genug, um es herauszuhaben, daß sie, wie der Handel nun liege, den Bauern, der aus Feigheit vor ihr davonlief, wohl auch zwingen könne, ihr – ebenfalls aus Feigheit – wieder nachzulaufen. Bei den kurzen Begegnungen, wo er ihr nicht ausweichen konnte, trug sie bald leidig und traurig, bald frech und aufdringlich eine Vertraulichkeit zur Schau, die ihn erschreckte und einschüchterte und schließlich veranlaßte, sich mit ihr wieder auf guten Fuß zu stellen, und in kurzer Zeit merkte er an der

Schlauheit, mit der sie ihn gegen Leute, die ihr nicht zu Gesicht standen, aufzuhetzen wußte, an der Entschiedenheit, mit der sie ihren Vorteil über ihn verfolgte, daß es die eitle Dirne eigentlich darauf abgesehen habe, ihn, so lang und breit er war, in die Tasche zu schieben.

Da hörte nun doch für den Wiesner-Jakob aller Spaß auf, er begann zu bangen und zu sorgen. Das konnte nimmer länger so fortgehen. Wohin sollte es auch führen? Es mußte ein Ende damit haben! Er aber wußte ihm um so weniger eines zu finden, da sich mit einmal in das Ganze ein neuer Knoten hineinverfitzte.

An einem frühen Morgen kam ihm die Jungmagd in den Garten nachgeschlichen, warf sich ihm an den Hals und tat ein Geständnis, das unter zweien Leuten, die sich in Treuen und Ehren angehören, helle Freude hervorzurufen pflegt, wobei das Weib beschämt und der Mann fast etwas großtuerisch vor sich hin blickt und die beiden lieben, verlegenen, gar ein wenig verblüfften Gesichter mit gesundem Rot sich färben; hier stammelte sie es in herzbeklemmender Angst, und er hörte es mit erschauerndem Schreck, und beide starrten sich bleich und sprachlos an.

Eine geraume Weile standen sie so, der Bauer mit niedergeschlagenen Augen und die Dirne ratlos zu ihm aufblikkend, da machte er sich von ihren Armen frei, strich sich das schon ergrauende Haar von der schweißtriefenden Stirne und sagte: »Laß gut sein; bereden und überlegen wir's später, noch eilt's nit. Kommt Zeit, kommt Rat!«

Damit ging er hinweg.

So geht es ja für gewöhnlich. Wenn einen die Folgen einer Tat plötzlich scheu machen, die er ohne Kopf begangen, so hat er den nicht erst darüber zu verlieren; daß er ihn aber in solcher Lage wiederfände, gehört zu den seltensten Ausnahmen.

Und wie nahe hätte auch da noch der rechte Rat gelegen, Bauer, wenn du nicht mit Eigensucht, Leichtsinn, Schwänken und Schnurren vollgestopft gewesen wärest wie eine

Kinderpuppe mit Sägspänen, sondern auch Herz im Leibe gehabt hättest! Das würde dir zugerufen haben: »Nun du es sträflicherweis einmal arg gemacht hast, so verhüte doch, daß es ärger komme! Beruhige die Dirne über die nächste Zukunft, die ihr bevorsteht, treib sie nicht zur Verzweiflung, zieh ein anderes unschuldiges Wesen nicht mit hinein in ihren Verderb, beruhige sie über die Zukunft des Kindes, das ja doch dein Kind ist!«

So hätte, wie die Dinge nun einmal lagen, doch das Übel noch leidlich ablaufen können.

Aber es dünkte ihm närrisch, einer solchen »verhöllten« Geschichte wegen tief in den Sack langen zu sollen. Pah, mehr als einer war auch nicht gewissenhafter, und mehr als eine schickte sich gemach in das, was kam, und läuft heute noch auf der Welt herum. Am besten, man läßt das die Weibsleute allein ausbaden, so kommt ihnen mit der Zeit auch der Rat.

Er ließ es die Dirne auch allein ausbaden. Der Bäuerin war mittlerweile das Wesen und Treiben der Jungmagd doch unlauter vorgekommen; sie drang bei dem Bauern auf deren Entfernung, und der Wiesner, dem dies ganz erwünscht kam und der dadurch gleichzeitig den Verdacht seines Weibes zu entkräften suchte, überließ es der Alten, Rosel Knall und Fall aus dem Hause zu jagen.

Der war ihre Zeit immer näher und näher gekommen, aber fremder Rat weggeblieben, und eigenen fand sie keinen. Derjenige, der ihr zu raten berufen, ja verpflichtet war, wußte jeder Begegnung auszuweichen, und jetzt, wo sie, auf die Straße geworfen, mit trockenen, unsteten Augen nach dem Gehöfte starrte, saß er gar nicht daheim, war nach »auswärts« gelaufen und kehrte wohl nicht früher wieder, bis er dachte, daß nun alles geschehen und vorbei.

Wohin nun? Zu den Eltern?

Ihre Finger, die das Tuch mit den wenigen Habseligkeiten hielten, krampften sich bei dem Gedanken ineinander. Nie konnte sie so, wie sie war, es wagen, unter die zerlumpten, nach Brot schreienden Geschwister, vor die durch Not und Elend verhärteten und erbitterten Eltern zu treten; sie mußte fürchten, Mißhandlungen zu erliegen.

Nur der Bauer, er allein war an all ihrem Jammer schuld. Hätte sie ihn nie mit Augen gesehen, ihr wär all das gebrannte Herzeleid, alle Demütigung vor sich selbst und vor der Welt, unter der sie zur Stunde litt, erspart geblieben. Sie hatte allerdings recht, auch dann recht, wenn er etwa dagegen gehöhnt hätte, wenn er nicht, so wär es eben ein anderer gewesen, der sich ihre Unerfahrenheit zunutz gemacht, denn daran konnte sie wohl zweifeln, ob ein anderer in gleichem Falle auch so an ihr gehandelt haben würde.

Man sah es vom Gehöft aus, wie sie drohend gegen dasselbe den Arm schüttelte, dann ging sie langsam hinweg über die Wiesengründe und verschwand im nahen Walde.

Nach Mitternacht machte eine lohende Brandröte ganz Mooskirchen lebendig und durcheinanderlaufen. Der nahe dem Wiesnerschen Hofe auf freiem Felde stehende Stadel brannte lichterloh. Es war das ein Gebäude aus Riegelwänden, mit einem Bretterdache darüber und Heu- und Strohvorräten darin. Als die Leute herzugerannt kamen, war nichts mehr zu retten, so blieben sie denn gaffend und plaudernd in der Nähe der Brandstätte stehen und sahen dem Feuer zu. Gerade als sie am eifrigsten darüber stritten, ob letzteres gelegt oder durch die Feuchtigkeit des Heues veranlaßt sei, brach unter fürchterlichem Gekrache das Dach ein, die Wände barsten und trümmerten hinterher, und aus dem dampfenden Geschütte stoben die Funken, dann leckten noch hie und da Flammenzungen hervor, endlich stieg nur mehr ein schwarzer Qualm auf, der vor dem Winde her in die Heide hinaustrieb.

Gleich nach dem gewaltigen Lärm war man ein wenig eingeschüchtert und raunte sich nur Bemerkungen zu, die diesmal nicht mehr dem Feuer, sondern den davon Betroffenen galten. Man bemitleidete die Bäuerin, die händeringend und heulend die Brandstätte umkreiste, und fand, daß der Wiesner-Jakob, der das arme Weib so allein verzagen ließ, doch ein gar zu ausbündiger Lump sei; statt der armen Seel ihre Bekümmernis tragen zu helfen, liege der Süffling im Bette und schlafe seinen Rausch aus, denn im Wirtshause war er heute von vielen gesehen worden und früh dahingekommen und spät davongegangen.

Als es nichts mehr zu schauen gab, verloren sich die Leute allmählich, wobei sie wieder lauter wurden; dagegen wurde die Bäuerin, die bisher am lautesten gewesen, nachdem sie gesehen, daß kein Span und kein Halm übriggeblieben, ganz stille und schlich langsam nach dem Hofe zurück.

Am nächsten Morgen machte man eine grausige Entdekkung; inmitten der Brandtrümmer fand man einen verkohlten und verstümmelten weiblichen Leichnam. Die herbeigerufene gerichtliche Kommission war bald in der Lage, die aufgefundenen Überreste für jene der Jungmagd Rosel zu erklären, die Verstümmelungen rührten offenbar von dem stürzenden Gebälk und Mauerwerk her. Nach den Zeugenaussagen des bei Wiesner bediensteten Gesindes sowie aus den Ergebnissen der ärztlichen Beschau war es nur allzu wahrscheinlich und naheliegend, daß die über ihre Wegjagung erbitterte Dirne den Schuppen aus Rache in Brand gesteckt, wobei sie entweder selbst den Tod in den Flammen gesucht habe, um der drohenden Schande zu entgehen, oder durch Zufall verunglückt sei. Im Pfarramte, zu welchem Mooskirchen gehörte, schloß man sich dieser letzten, milderen Auffassung an, welche der Verunglückten ein Grab in geweihter Erde sicherte. Der Wiesner-Jakob gewann durch sein Verhalten in dieser traurigen Angelegenheit wieder etwas an Ansehen bei den Leuten, man nannte ihn einen leichtsinnigen, aber guten Kerl, da er der Toten nichts nachtrug, sondern alle Kosten für deren Beerdigung bestritt, die in aller Stille vor sich ging. Zur zweiten Mitternacht nach jenem Brande sah schon der weite Himmel mit seinen blinkenden Sternen und der fahlen Mondsichel auf das Grab der Jungmagd hernieder.

Als man den auffallend kleinen Sarg in die Grube gesenkt hatte, war auch der bucklige Flickschneider dabeigestanden. Er hielt die Augen zu Boden gesenkt, und oft schauerte er zusammen, als ob ihn das Fieber schüttelte, so daß ihn die Nächststehenden befragten, was ihm sei. Er sagte, es fehle ihm nichts.

An dem Grabe sah man ihn zuletzt, dann war er aus dem Dorfe verschwunden.

Am zweiten Morgen darauf sah man ihn in einer kleinen Garnisonstadt in der Kantine der Kaserne des dort stationierten Infanterieregiments; der Bruder Rosels befand sich an seiner Seite.

Außer den beiden war kein Gast in der Stube, der Wirt war hinter dem Schanktisch eingeduselt und nickte vor sich, unzählige Fliegen trieben ihr unflätiges Wesen und jagten in dichten, surrenden Schwärmen von Ort zu Ort.

Der Soldat starrte schweigend auf die Tischplatte, der Bucklige beobachtete ihn mit ängstlichen Blicken, plötzlich erfaßte er mit beiden Händen die Rechte, die jener mechanisch nach dem Weinglase ausstreckte. »Veit«, rief er, »Veit, du wirst mir's nie und nimmer verzeihen können!«

»Was denn?« fragte der Soldat, erstaunt aufblickend. »Was kannst denn du dafür? Die Rosel, obwohl meine Schwester, war halt auch nit g'scheiter wie die meisten. Ich hab's doch nit so g'meint, wie ich dich damals gebeten, auf sie zu schaun, daß ich dich für sie verantwortlich machen möcht. Will eine ein' Dummheit begehen, hilft alles Abmahnen und Hüten nix. Mein Gott, das arme Mensch war halt vorwitzig, und nun is's vielleicht besser für sie«, er verzog wehmütig lächelnd den Mund, »daß ihr 's vorzeitig End erspart hat, völlig zu erleben, was noch nachkommen wär. Gott tröst s'!«

»Nein, nein, Veit«, keuchte der Flickschneider, die Hände abwehrend schüttelnd und dann ineinanderringend, »du weißt nit alles. Wär ich nit von Mutterleib her so ein verhöllter, elendiger Krüppel, die Rosel lebet vielleicht heut noch!«

»Bist irr?«

»Gar nit, Veit, gar nit. Aber bedenk, es ist doch ein schrecklich End, was die Dirn g'nommen hat, ich mußt dich doch erst vorbereiten, ich mußt doch erst wissen, wie d' dich hineinschickst in das G'schehene, eh ich dir reden kann, was ich mutmaß vom Hergang.« Er neigte sich vor und flüsterte: »Das war kein Selbstmord, das war kein Verunglücken, das war ein anderes.«

»Thomas!« schrie der Soldat erschreckt auf.

Der Alte hielt die Hand vor den Mund und winkte mit den Augen nach dem schlummernden Wirte hinüber, dann fuhr er leise fort: »Hör mich an. Du weißt, wenn ich beim Fenster aufm Werktisch sitz, so zähl ich 'm Goldenen Hirschen gegenüber die Gäst in die Stuben und weiß auch, wer trocken vorüberläuft. An dem Tag, der ihr letzter auf'm G'höft war und auf Erden sein sollt, hab ich die Rosel so gegen Abend fünf Uhr mit'm Bündel unterm Arm eilig daherrennen gesehn, beim Hirschen fährt s' mit einmal, wie nit g'scheit, zum Hausflur nein und steht und paßt, und auch gar nit lang, so kommt von der andern Seit der Wiesner-Jakob angestiegen. Er mocht wohl im Nachbarort schon 'n Wein verkost haben, denn er hat ein brennrot G'sicht g'habt, die Weste war aufgeknöpft und 's Halstuch gelockert, aber 'm Gang nach hat man ihm nix nit ankennt. Er biegt in 'n Torweg beim Hirschen ein und is nit schlecht z'sammgefahren, wie da mit eins die Dirn auf ihn zustürzt. Hart am Leib, grad unter d' Augen hat s' auf ihn eing'redt, da stoßt er s' von sich weg, sie aber hält 'n beim Arm zurück. Ang'schaut haben sich die zwei Leut so bösartig und wild, als möcht eines 's andere am liebsten vergiften. Die Rosel hat ein paarmal hinter sich g'wiesen, nachm Wiesnerschen Anwesen zu, und der Bauer hat mit'm Kopf gedeut wie einer, der, weil's schon sein muß, ja sagt; dann waren s', eh ich noch von dem Stich, den ich grad getan hab, aufschaun konnt, auseinander.

Nach Feierabend hab ich mich vor d' Tür aufs Bankel gesetzt und mein Pfeifen g'raucht. Ein um'n andern hab ich drüben ausm Wirtshaus kommen und heimgehen g'sehn, nur 'n Wiesner-Jakob nit, der ist verblieb'n. Ei, denk ich mir, Lump, so sauf, bis nix mehr in dich h'neingeht, heb mich vom Sitz, geh ins Haus und leg mich zur Ruh. In der Nacht werd ich munter, just wie der Wächter die elfte Stund ausschreit, gleich darauf hör ich 'n herankommen und mit wem, der vorm Haus auf mein Bankel g'sessen sein muß, zu streiten anheb'n, und an der Stimm, die 'n sich fortscher'n heißt, wo er nix z' suchen hätt und 'n nix anging, erkenn ich d' Rosel. Jesses, fallt mer ein, der Hascher weiß sich für d' heutig Nacht kein Unterstand. Ich fahr also aus'm Bett 'raus, beginn mich anzuziehn, ich wollt nebenan die alte Berghoferin wecken und die Dirn h'reinnehmen zu uns. Während ich mich noch beeil, daß ich ins G'wand find, kommt drüben der Wiesner aus'm Hirschen, an mein'm Fenster huscht's vorüber ihm nach, und wie ich endlich 'n Rock überg'habt hab und auf d' Straß hinaustret, seh ich schon ein gut Stück vor mir die zwei Leut daherrennen. No, heraus war ich einmal, so bin ich ihnen nach. Ich g'steh's frei, wie ich mir da Zeit, Gelegenheit und alles Geschehene zusammgereimt hab, is mir schon bang g'west, sie gingen nit auf guten Wegen. Mit dem Tornister, den mir unser Herrgott schon in der Wiegen auf'n Rücken g'schnallt, und 'm schwachen G'stell, auf das er mich g'setzt hat, war mir's nit möglich, daß ich sie einhol; die Dirn is flink ausg'schritten und der Bauer hinterher auf'n Füßen, als hätt er 'n Tag über nix wie lauter Wasser getrunken. Daß s' aber irgendwohinzu nach ein'm Ort trachten, war mir klar, und da konnt ich doch wohl an sie h'rankommen und, wann's gilt, bei der Hand sein.

Nit wahr war's, Veit, nit wahr! Ein' Flinkern, ein' weniger G'schreckten, ein' ganzen Mann hätt ich ausn Federn auftrommeln und ihnen nachjagen sollen, nit, daß ich elends Halbmandel mich 'n langen Weg abmüd und am Ort dasteh, selber ein Beistand benötig'nd! Daß ich mich in derselben

Nacht auf mich allein verlassen hab, wird mir für all mein noch übrige Lebzeit schwer auf'm Herzen liegen; aber die Eil bedenk, Veit, und die Hast, in der alles vorg'gangen ist, und daß ich doch – um Jesu willen – nit g'faßt sein konnt auf ein solchen Ausgang, daß ich mir nit denken konnt . . .«

Der Soldat schüttelte den Kopf und sprach: »Red nit herum, erzähl weiter!«

Der Bucklige seufzte tief auf: »Ach, ich wüßt nit, was ich drum gäb, wann ich nicht erlebt hätt, was jetzt kommt. Du weißt ja, daß die Straßen außer'm Ort um das Wiesnersche Gehöft eine Beugung macht, dahinter lauft s' wieder grad fort wie ehnder, dort münd auch der schmale Steig ein, der über d' Wiesen nach dem dreimal verfluchten Stadel führt. Bis zu der Wegbeugen hab ich d' Rosel und 'n Bauern im Aug behalten, dort sein s' verschwunden, und wie ich hernach außer Atem an Ort komm, war weit und breit nit auf Straßen noch Steig ein lebendige Seel mehr zu sehn. Wunder g'nommen hätt's mich wohl, wenn der Wiesner die Dirn auf'n Hof g'führt hätt, aber wo s' sonst sollten hingekommen sein, konnt ich mir nit gleich denken; so bin ich denn längs 'm Zaun ums G'höft g'schlichen, ob ich nichts erlausch. Nichts – nichts war zu vernehmen noch zu sehen; im Baumgarten haben verschlafene Vögel in den Ästen g'flattert, durch d' Rückwand vom Stall hab ich Rind und Roß pfnauchen g'hört, ein Viertelstund mocht ich mich schon herumgetrieben hab'n, just wollt' ich mir einreden, ich wär a Narr und nix Args um die Weg g'west, und denk, auf d' Straßen hinvor- und heimz'gehn, denn ich bin hinterm Haus am rückwärtigen Zaun g'lehnt, da macht mich wieder, wie schon früher an der nämlichen Stell, ein Lärm aufhorchen, als ob nit unweit, aber auch nit nah, zwei streiteten, und wie ich noch 'n Hals reck, hör ich über d' Wiesen her ein' Schrei, der mir durch Mark und Bein 'gangen ist, dann noch ein' – diesmal deutlich vom Heustadel h'rüber –, drauf war alles still. Ich wußt's, auf 'n ersten Ruf hätt ich zustürzen sollen, aber 's Herz hat mir geschlagen, als wollt's zum Hals h'raus, und die Füß haben mir versagt, am Zaun mußt ich mich anklammern, um nit hinz'fallen vor Schreck, und wie ich da noch mit Müh mich aufrecht halt, kommt der Wiesner querüber, 'n kürzesten Weg vom Schupfen dahergerannt, die Augen heraus, das Haar wirr; mir war, als hätt ich auch Blutflecken gesehn an ihm. Keine zwei Schritt von mir springt er mit ein'm Satz übern Zaun, und in dem Augenblick hat sich alles vor mir im Kreis zu drehen angehoben, und ich war nimmer bei mir. Wie ich wieder zur Besinnung komm, schlagt drüben auch schon 's helle Feuer zum Dach hinaus. Nit lang, so war alles um und um schwarz vor zugelaufenen Leuten, ich aber bin völlig krank heimg'schlichen, kein Aug hab ich seither nachts zugebracht, ich hab nur abgewartet, wie die Herren vom Gericht die Sach sich zurechtlegen werden, dann bin ich her zu dir.«

»Ich dank dir, Thomas«, sagte der Soldat, sich ruhig vom Stuhle erhebend und dem Alten die Hand darreichend. »Du kannst doch dein Erzähltes beeiden?«

Der Bucklige nickte.

»Gut, dann komm mit!«

»Wohin?«

»Recht suchen!«

Der Wiesner saß in seinem Baumgarten an einem roh gezimmerten Tische, die Pfeife war ihm ausgegangen, er hatte den Kopf auf die Rechte gestützt und schien nachzudenken. Mit einmal rief es über den Zaun: »Gut'n Abend, Bauer!«

Wiesner blickte auf und entfärbte sich ein wenig, der Grüßende war ein Landjäger. »Auch 'n guten Abend«, murrte er diesem zu. »Was gibt's denn?«

»Nichts. Auf der Streif sind wir.«

»Auf der Streif? Wo habts denn euern Kameraden g'lassen?«

»Der plaudert im Hof mit der Bäuerin.«

»Und ihr da mit mir. No, mitm Plaudern werdets wohl

keine Spitzbuben fangen, die laufen derweil unang'halten auf der Straßen vorbei.«

»Mein Gott, die H'rumstromer, die kommen ein'm nit aus, und die Ang'sessenen, die laufen ein'm nit davon. Der Mensch kann nit allweil fleißig sein, er will ein wengerl rasten auch. Verlaubt's schon.« Der Gendarm schwang sich über den Zaun und setzte sich neben Wiesner, der, mißtrauisch und abgünstig blickend, auf der Bank zurückrückte.

»Schaut, und wenn man auch feiert«, fuhr der Landjäger fort, »so kann man doch 's Leiern nit lassen, das bringt so 's Geschäft mit sich. Da war ich jetzt, weil ich mir nix G'scheiters zu tun wußt, auf der Brandstatt da drüben«, er wies nach dem in Trümmern liegenden Stadel, »und hab' richtig in dem Geschütt was gefunden.« Er zog ein pakfongenes Feuerzeug aus der Tasche und legte es auf den Tisch.

»Das ist ja mein«, sagte der Bauer, die Hand darnach ausstreckend.

»So? Seit wann verloren?«

»Das b'sinn' ich mich nit, 's liegt doch kein Wert drauf. Gebt's her!«

»Bewahr, 's is ein Corpus delicti.«

»Der Schmarrn? No, nur anschaun lassen. Vielleicht irr ich mich gar.«

Der Landjäger hielt ihm das Büchschen ganz nahe unter die Augen, und als der Wiesner sagte: »Is eh so, war niemal mein«, drehte er es rasch um.

»No, schau, Bauer, 's is doch merkwürdig, daß da aufm Schildplattel mit ein'm Messer eingekratzt die Buchstaben J. W. stehn. Doch das wird sich schon weisen, wem's ang'hört hat.«

Der Bauer fuhr von der Bank empor und schrie, auf den Tisch schlagend: »Was wollts damit sagen? Ich frag . . .«

Der Landjäger war gleichfalls aufgestanden und faßte ihn am Arme. »Sei g'scheit, Wiesner-Jakob, ich verlang nit, daß d' dich h'neinredst, sorg du lieber, wie d' dich herauszureden vermagst; mitnehmen werd'n wir dich wohl müssen.«

Vom anderen Ende des Gartens her funkelte im Abendschein ein Bajonett.

»Mitnehmen? Mich?« tobte der Bauer. »Möcht wissen, auf was hin? Weil ihr da Quark auffindet, wie 'n tausend in Säcken mittragen!«

Der zweite Landjäger war hinzugekommen, er legte ein kleines Bündel auf den Tisch und sagte, mit seinem Kameraden einen Blick wechselnd: »Gefunden.«

Der Bauer starrte auf das Päckchen. »Und was is das?« keuchte er, darnach den Arm ausreckend. »Was wollt ihr mir da wieder enttragen, ihr Dieb ...«

»Nichts wie ein' Weste und ein Hemd, die d' eh nimmer tragen wirst, weil Blutfleck drauf sein.«

Da schlugen dem Bauern die Zähne aneinander, er sank auf die Bank zurück, und im Nu waren ihm Handschellen angelegt.

Die beiden Landjäger hoben den willen- und kraftlosen Menschen über den Zaun, führten ihn eine kurze Strecke, da stand ein Wagen bereit, auf den wurde der Gefangene gesetzt, rechts und links von ihm nahmen seine Wächter Platz, und das Gefährt schoß schnell dahin.

Erst nach einer geraumen Weile kamen Leute, welche Näheres zu erfahren hofften, aus dem Dorfe herzugerannt und brachten die Nachricht von Wiesners Verhaftung auf dessen Hof. Die Bäuerin hatte just einen Pfannkuchen über dem Feuer, welcher den beiden Landjägern zugedacht war, deren Zuspruch sie sehr ehrenvoll fürs Haus hielt; da sie nun aber nichts anderes hinter dem Vorgange zu mutmaßen vermochte als »wieder so 'ne Bauernsekkatur von seit der Gerichtsherren«, so nahm sie scheltend die Pfanne vom Herde, trug sie nach ihrer Stube und aß sie unter Wachebeleidigungen und mit gutem Appetite rein aus.

Die Lust zum Schelten wie zum Essen würde der armen Alten vergangen sein, hätte sie die Wahrheit geahnt; als diese ans Licht kam, hatte sie schwer genug daran zu tragen und ward ihres Lebens nimmer froh.

Als der Jämmerling zum Verhöre vor den Richter gebracht wurde, zerfloß er in Tränen; er behauptete einzusehen, was für ein Schuft er gewesen, und heulte über das Los, das ihm bevorstand. Es ist aber höchst wahrscheinlich, daß ihn, wie die meisten herzlosen Missetäter, mehr die Aussicht auf den Galgen als die Einsicht in sein Inneres so weich stimmte.

Nachdem ihm vorgehalten worden, was das Gericht in Erfahrung gebracht hatte, erzählte er auch, was man sonst zu wissen wünschte, den Hergang.

Als er jenen Tag unter die Einfahrt des Goldenen Hirschen trat, wo die Dirne ihm auflauerte, stürzte diese mit den Worten auf ihn zu: »Ah, da bist ja! Weißt du davon? Wann nit, so sag ich dir's. Dein Bäurin hat mich heut fortgejagt. Da bin ich jetzt, wie ich geh und steh. Was fang ich nun an?« Darauf habe er ihr bedeutet, daß ihn das nichts angehe, und sie weggestoßen. Hierauf wurde er von ihr am Arme zurückgehalten, und sie verlangte von ihm, daß er hinauf nach seinem Heustadel käme, wo sie sich aussprechen wolle. Das habe er ihr, um sie loszuwerden, zugesagt, auch, daß er sie nicht allzulange warten lassen würde, worauf sie sich entfernte. Er ging in die Wirtsstube und hatte, als er diese als letzter Gast verließ, völlig auf die Dirne vergessen gehabt; plötzlich sei die, wie aus dem Boden gewachsen, neben ihm gestanden und dann unter fortwährenden Schimpfreden und Drohungen neben ihm des Weges dahergelaufen.

Bei seinem Gehöfte bog der Wiesner ab und ging (wie er zu Protokoll gab), der Dirn »zulieb und um auszuforschen, was die gegen ihn plane«, nach dem Stadel. Hinter ihnen beiden verrammelte er die Tür, indem er eine Egge dagegenlehnte, er tat dies absichtslos, denn obgleich ihm schon öfter unterwegs über die Reden der Dirne die Fäuste gejuckt hätten, so dachte er doch nicht daran, sich an ihr zu vergreifen, hoffte vielmehr, am Orte würde des Geschimpfes ein Ende sein und die Rosel »gescheit mit ihr reden lassen«.

Auf sein Zusprechen, sich zu schicken und hineinzufinden, worein sich Hunderte fanden und wobei eigentlich nichts um noch an sei, habe ihm die Dirne höhnisch ins Gesicht gelacht; trotzdem ihm da zumute geworden, ihr eher Arges als Liebes zu tun, hätte er doch an sich gehalten und gefragt, wie er Frieden mit ihr machen könne.

Hierauf erklärte sie, daß er damit zu spät käme; nach dem, was heute vorgefallen, dem Ausjagen und dem feigen Versteckspiel mit ihr, traue sie ihm nimmer, gäbe es keinen Frieden mehr zwischen ihnen, sondern nur Streit. Sie drohte, vorab der Bäuerin alles zu verraten, dann in die Gerichte zu gehen und für ihr Kind einen Unterhalt zu verlangen wie für einen jungen Prinzen, und dafür sollte er weder Dank von ihr noch Ruhe vor ihr haben, sie würd es nicht müde werden, seine Schlechtigkeit unter die Leute zu tragen und diese wider ihn zu verhetzen, solange er lebe und solange sie leben bleibe!

Da habe ihn eine heillose Wut überkommen, daß die Dirne, so nichts Besseres wär wie irgendeine andere auch, einer solchen einfältigen Dummheit halber ihn nicht nur am Gut schädigen, sondern auch seinen Hausfrieden untergraben, seinen Ruf zernichten wolle! Seiner nicht mehr mächtig, langte er nach einer Heugabel und schwang deren Stiel, dachte wohl, nur die Dirn durch sein wildes Wesen einzuschüchtern; als aber die mit breitgezogenem Maul an ihm vorüber zur Tür ging und dort die Egge anfaßte, um hinaus- und wegzuwischen, da habe er den ersten Schlag nach ihr geführt.

Sie brach schreiend zusammen.

Nun war's einmal soweit, und da ist's dem Wiesner durchs Hirn gefahren: »Soll sich einer 's ganz Dasein von einer solchen boshaften Kreatur verleiden und verschänden lassen? 's ganze, denn sie will's, solang sie lebt, und wär im Vorteil als die Jüngere. Der Mensch lebt nur einmal auf der Welt – wehr dich darum –, und was ihm zu Trotz, lebt auch nit öfter, und darnach kehrt er nit wieder und beißt nimmer, und wenn einer das Ärgste unternimmt, einmal ist keinmal, wenn er sich nit dabei erwischen läßt, und dafür, es zu verbergen, daß es nix ans Licht bringt, kommt Zeit, kommt Rat!«

Noch mal holte er aus, da tat sie einen zweiten Schrei, und er schlug zu. Nun habe er Zündhölzer angebrannt, um zu sehen, ob sie noch atme, und da er sie tot gefunden, warf er den Leichnam ins Heu und brannte dieses an. Hierauf entlief er aus dem Schupfen. Den buckligen Flickschneider habe er wohl wahrgenommen, aber in der Aufregung nicht gewußt, sei es ein wirklicher, lebender Mensch oder nur ein »Einbilden«.

Nach der Beerdigung Rosels wär ihm gewesen, als fiele ihm ein Stein vom Herzen, und er habe bei sich beschlossen gehabt, wenn es nicht aufkäme, ein anderer Mensch zu werden und sich fürder auf keine »Dummheiten« einzulassen.

So kurz wie der Hergang, war auch der Ausgang; der Wiesner-Jakob wurde zum Tode durch den Strang verurteilt und – da das Gericht die Verführung des seiner Obhut anvertrauten Mädchens und dessen herzlose Hinschlachtung als besonders erschwerend betrachtete – auch nicht zur Begnadigung empfohlen.

Als man ihn ausführte, da mochte er wohl aus tiefgeängstigter Seele wünschen, das eine Mal, das er auf der Welt lebte, auch so gelebt zu haben wie Leute, die sich vor Augen halten, daß dieses eine Mal nicht keinmal, sondern für allemal sei, sich durch diese Einsicht an ihrer Ehre aufgefordert fühlen, strenge gegen sich und milde gegen andere zu sein, und darin wohlberaten sich finden bis zu der Stunde, wo keine Zeit mehr kommt und es keines Rates mehr bedarf.

Marie von Ebner-Eschenbach

Er laßt die Hand küssen

»So reden Sie denn in Gottes Namen«, sprach die Gräfin, »ich werde Ihnen zuhören; glauben aber nicht ein Wort.«

Der Graf lehnte sich behaglich zurück in seinen großen Lehnsessel. »Und warum nicht?« fragte er.

Sie zuckte leise mit den Achseln. »Vermutlich erfinden Sie nicht überzeugend genug.«

»Ich erfinde gar nicht, ich erinnere mich. Das Gedächtnis ist meine Muse.«

»Eine einseitige, wohldienerische Muse! Sie erinnert sich nur der Dinge, die Ihnen in den Kram passen. Und doch gibt es auf Erden noch manches Interessante und Schöne außer dem – Nihilismus.« Sie hatte ihre Häkelnadel erhoben und das letzte Wort wie einen Schuß gegen ihren alten Verehrer abgefeuert.

Er vernahm es ohne Zucken, strich behaglich seinen weißen Bart und sah die Gräfin beinahe dankbar aus seinen klugen Augen an.

»Ich wollte Ihnen etwas von meiner Großmutter erzählen«, sprach er. »Auf dem Wege hierher, mitten im Walde, ist es mir eingefallen.«

Die Gräfin beugte den Kopf über ihre Arbeit und murmelte: »Wird eine Räubergeschichte sein.«

»Oh, nichts weniger! So friedlich wie das Wesen, durch dessen Anblick jene Erinnerung in mir wachgerufen wurde,

Mischka IV. nämlich, ein Urenkel des ersten Mischka, der meiner Großmutter Anlaß zu einer kleinen Übereilung gab, die ihr später leid getan haben soll«, sagte der Graf mit etwas affektierter Nachlässigkeit und fuhr dann wieder eifrig fort: »Ein sauberer Heger, mein Mischka, das muß man ihm lassen! Er kriegte aber auch keinen geringen Schrecken, als ich ihm unvermutet in den Weg trat – hatte ihn vorher schon eine Weile beobachtet ... Wie ein Käfersammler schlich er umher, die Augen auf den Boden geheftet, und was hatte er im Laufe seines Gewehres stecken? Denken Sie: ein Büschel Erdbeeren!«

»Sehr hübsch!« versetzte die Gräfin. »Machen Sie sich darauf gefaßt – in Bälde wandern Sie zu mir herüber durch die Steppe, weil man Ihnen den Wald fortgetragen haben wird.«

»Der Mischka wenigstens verhindert's nicht.«

»Und Sie sehen zu?«

»Und ich sehe zu. Ja, ja, es ist schrecklich. Die Schwäche liegt mir im Blut – von meinen Vorfahren her.« Er seufzte ironisch und sah die Gräfin mit einer gewissen Tücke von der Seite an.

Sie verschluckte ihre Ungeduld, zwang sich zu lächeln und suchte ihrer Stimme einen möglichst gleichgültigen Ton zu geben, indem sie sprach: »Wie wär's, wenn Sie noch eine Tasse Tee trinken und die Schatten Ihrer Ahnen heute einmal unbeschworen lassen würden? Ich hätte mit Ihnen vor meiner Abreise noch etwas zu besprechen.«

»Ihren Prozeß mit der Gemeinde? – Sie werden ihn gewinnen.«

»Weil ich recht habe.«

»Weil Sie vollkommen recht haben.«

»Machen Sie das den Bauern begreiflich. Raten Sie ihnen, die Klage zurückzuziehen.«

»Das tun sie nicht.«

»Verbluten sich lieber, tragen lieber den letzten Gulden zum Advokaten, guter Gott ...! Ein ruchloser Rabulist.

Dem glauben sie, mir nicht, und wie mir scheint, Ihnen auch nicht, trotz all ihrer Popularitätshascherei!«

Die Gräfin richtete die hohe Gestalt empor und holte tief Atem. »Gestehen Sie, daß es für diese Leute, die so töricht vertrauen und mißtrauen, besser wäre, wenn ihnen die Wahl ihrer Ratgeber nicht freistände.«

»Besser wär's natürlich! Ein bestellter Ratgeber und – auch bestellt – der Glaube an ihn.«

»Torheit!« zürnte die Gräfin.

»Wieso? Sie meinen vielleicht, der Glaube lasse sich nicht bestellen? Ich sage Ihnen, wenn ich vor vierzig Jahren meinem Diener eine Anweisung auf ein Dutzend Stockprügel gab und dann den Rat, aufs Amt zu gehen, um sie einzukassieren – nicht einmal im Rausch wäre es ihm eingefallen, daß er etwas Besseres tun könnte, als diesen meinen Rat zu befolgen.«

»Ach, Ihre alten Schnurren! – Und ich, die gehofft hatte, Sie heute ausnahmsweise zu einem vernünftigen Gespräch zu bringen!«

Der alte Herr ergötzte sich eine Weile an ihrem Ärger und sprach dann: »Verzeihen Sie bitte, liebe Freundin. Ich bekenne, Unsinn geschwatzt zu haben. Nein, der Glaube läßt sich nicht bestellen, aber leider der Gehorsam ohne Glauben. Das eben war das Unglück des armen Mischka und so mancher anderer, und deshalb bestehen heutzutage die Leute darauf, wenigstens auf ihre eigene Fasson ins Elend zu kommen.«

Die Gräfin erhob ihre nachtschwarzen, noch immer schönen Augen gegen den Himmel, bevor sie dieselben wieder auf ihre Arbeit senkte und mit einem Seufzer der Resignation sagte: »Die Geschichte Mischkas also!«

»Ich will sie so kurz machen als möglich«, versetzte der Graf, »und mit dem Augenblick beginnen, in dem meine Großmutter zum ersten Mal auf ihn aufmerksam wurde. Ein hübscher Bursche muß er gewesen sein; ich besinne mich eines Bildes von ihm, das ein Künstler, der sich einst im

Schlosse aufhielt, gezeichnet hatte. Zu meinem Bedauern fand ich es nicht im Nachlaß meines Vaters und weiß doch, daß er es lange aufbewahrt hat, zum Andenken an die Zeiten, in denen wir noch das jus gladii* ausübten.«

»O Gott!« unterbrach ihn die Gräfin, »spielt das jus gladii eine Rolle in Ihrer Geschichte?«

Der Erzähler machte eine Bewegung der höflichen Abwehr und fuhr fort: »Es war bei einem Erntefest und Mischka einer der Kranzträger, und er überreichte den seinen schweigend, aber nicht mit gesenkten Augen, sah vielmehr die hohe Gebieterin ernsthaft und unbefangen an, während ein Aufseher im Namen der Feldarbeiter die übliche Ansprache herunterleierte.

Meine Großmutter erkundigte sich nach dem Jungen und hörte, er sei ein Häuslersohn, zwanzig Jahre alt, ziemlich brav, ziemlich fleißig und so still, daß er als Kind für stumm gegolten hatte, für dumm galt er noch jetzt. – Warum? wollte die Herrin wissen; warum galt er für dummlich . . .? Die befragten Dorfweisen senkten die Köpfe, blinzelten einander verstohlen zu, und mehr als ›So – ja eben so‹ und ›Je nun, wie's schon ist‹ war aus ihnen nicht herauszubringen.

Nun hatte meine Großmutter einen Kammerdiener, eine wahre Perle von einem Menschen. Wenn er mit einem Vornehmen sprach, verklärte sich sein Gesicht dergestalt vor Freude, daß es beinahe leuchtete. Den schickte meine Großmutter anderen Tages zu den Eltern Mischkas mit der Botschaft, ihr Sohn sei vom Feldarbeiter zum Gartenarbeiter avanciert und habe morgen den neuen Dienst anzutreten.

Der eifrigste von allen Dienern flog hin und her und stand bald wieder vor seiner Gebieterin. ›Nun‹, fragte diese, ›was sagen die Alten?‹ Der Kammerdiener schob das rechte, auswärts gedrehte Bein weit vor . . .«

»Waren Sie dabei?« fiel die Gräfin ihrem Gaste ins Wort.

»Bei dieser Reverenz gerade nicht, aber bei späteren des edlen Fritz«, erwiderte der Graf, ohne sich irremachen zu

* Recht über Leben und Tod der Leibeigenen.

lassen.»Er schob das Bein vor, sank vor Ehrfurcht völlig in sich zusammen und meldete, die Alten schwämmen in Tränen der Dankbarkeit.

›Und der Mischka?‹

›Oh, der‹, lautete die devote Antwort, und nun rutschte das linke Bein mit anmutigem Schwunge vor, ›oh, der – der laßt die Hand küssen.‹

Daß es einer Tracht väterlicher Prügel bedurft hatte, um den Burschen zu diesem Handkuß in Gedanken zu bewegen, verschwieg der Fritz. Die Darlegung der Gründe, die Mischka hatte, die Arbeit im freien Felde der im Garten vorzuziehen, würden sich für Damenohren nicht geschickt haben. – Genug, Mischka trat die neue Beschäftigung an und versah sie schlecht und recht. ›Wenn er fleißiger wäre, könnt's nicht schaden‹, sagte der Gärtner. Dieselbe Bemerkung machte meine Großmutter, als sie einmal vom Balkon aus zusah, wie die Wiese vor dem Schlosse gemäht wurde. Was ihr noch auffiel, war, daß alle anderen Mäher von Zeit zu Zeit einen Schluck aus dem Fläschchen taten, das sie unter einem Haufen abgelegter Kleider hervorzogen und wieder darin verbargen. Mischka war der einzige, der, diesen Quell der Labung verschmähend, sich aus einem irdenen, im Schatten des Gebüsches aufgestellten Krüglein erquickte. Meine Großmutter rief den Kammerdiener. ›Was haben die Mäher in der Flasche?‹ fragte sie. – ›Branntwein, Hochgräfliche Gnaden.‹ – ›Und was hat Mischka in dem Krug?‹

Fritz verdrehte die Augen, neigte den Kopf auf die Seite, ganz wie unser alter Papagei, dem er ähnlich sah wie ein Bruder dem anderen, und antwortete schmelzenden Tones: ›Mein Gott, Hochgräfliche Gnaden – Wasser!‹

Meine Großmutter wurde sogleich von einer mitleidigen Regung ergriffen und befahl, allen Gartenarbeitern nach vollbrachtem Tagewerk Branntwein zu reichen. ›Dem Mischka auch‹, setzte sie noch eigens hinzu. Diese Anordnung erregte Jubel. Daß Mischka keinen Branntwein trinken wollte, war einer der Gründe, warum man ihn für dummlich hielt. Jetzt freilich, nachdem die Einladung der Frau Gräfin an ihn ergangen war, war's aus mit Wollen und Nichtwollen. Als er in seiner Einfachheit sich zu wehren versuchte, ward er Mores gelehrt, zur höchsten Belustigung der Alten und der Jungen. Einige rissen ihn auf den Boden nieder, ein handfester Bursche schob ihm einen Keil zwischen die vor Grimm zusammengebissenen Zähne, ein zweiter setzte ihm das Knie auf die Brust und goß ihm so lange Branntwein ein, bis sein Gesicht so rot und der Ausdruck desselben so furchtbar wurde, daß die übermütigen Quäler sich selbst davor entsetzten. Sie gaben ihm etwas Luft, und gleich hatte er sie mit einer wütenden Anstrengung abgeschüttelt, sprang auf und ballte die Fäuste ... aber plötzlich sanken seine Arme, er taumelte und fiel zu Boden. Da fluchte, stöhnte er, suchte mehrmals vergeblich sich aufzuraffen und schlief endlich auf dem Fleck ein, auf den er hingestürzt war, im Hofe, vor der Scheune, schlief bis zum nächsten Morgen, und als er erwachte, weil ihm die aufgehende Sonne auf die Nase schien, kam just der Knecht vorbei, welcher ihm gestern den Branntwein eingeschüttet hatte. Der wollte schon die Flucht ergreifen, nichts anderes erwartend, als daß Mischka für die gestrige Mißhandlung Rache üben werde. Statt dessen reckt sich der Bursche, sieht den anderen traumselig an und lallt: ›Noch einen Schluck!‹

Sein Abscheu vor dem Branntwein war überwunden.

Bald darauf, an einem Sonntagnachmittag, begab es sich, daß meine Großmutter auf ihrer Spazierfahrt, von einem hübschen Feldweg gelockt, ausstieg und bei Gelegenheit dieser Wanderung eine idyllische Szene belauschte. Sie sah Mischka unter einem Apfelbaum am Feldrain sitzen, ein Kindlein in seinen Armen. Wie er selbst, hatte auch das Kind den Kopf voll dunkelbrauner Löckchen, der wohlgebildete kleine Körper hingegen war von lichtbrauner Farbe, und das armselige Hemdchen, das denselben notdürftig bedeckte, hielt die Mitte zwischen den beiden Schattierungen. Der kleine Balg krähte förmlich vor Vergnügen, sooft ihn

Mischka in die Höhe schnellte, stieß mit den Füßchen gegen dessen Brust und suchte ihm mit dem ausgestreckten Zeigefinger in die Augen zu fahren. Und Mischka lachte und schien sich mindestens ebensogut zu unterhalten wie das Bübchen. Dem Treiben der beiden sah ein junges Mädchen zu, auch ein braunes Ding und so zart und zierlich, als ob ihre Wiege am Ganges gestanden hätte. Sie trug über dem geflickten kurzen Rocke eine ebenfalls geflickte Schürze und darin einen kleinen Vorrat aufgelesener Ähren. Nun brach sie eine derselben vom Stiele, schlich sich an Mischka heran und ließ ihm die Ähre zwischen der Haut und dem Hemd ins Genick gleiten. Er schüttelte sich, setzte das Kind auf den Boden und sprang dem Mädchen nach, das leicht und hurtig und ordentlich wie im Tanze vor ihm floh; einmal pfeilgerade, dann wieder einen Garbenschober umkreisend, voll Ängstlichkeit und dabei doch neckend und immer höchst anmutig. Allerdings ist bei unsern Landleuten eine gewisse angeborene Grazie nichts Seltenes, aber diese beiden jungen Geschöpfe gewährten in ihrer harmlosen Lustigkeit ein so angenehmes Schauspiel, daß meine Großmutter es mit wahrem Wohlgefallen genoß. Einen anderen Eindruck brachte hingegen ihr Erscheinen auf Mischka und das Mädchen hervor. Wie versteinert standen beide beim Anblick der Gutsherrin. Er, zuerst gefaßt, neigte sich beinahe bis zur Erde, sie ließ die Schürze samt den Ähren sinken und verbarg das Gesicht in den Händen.

Beim Souper, an welchem, wie an jeder Mahlzeit, der Hofstaat, bestehend aus einigen armen Verwandten und aus den Spitzen der gräflichen Behörden, teilnahm, sagte meine Großmutter zum Herrn Direktor, der neben ihr saß: ›Die Schwester des Mischka, des neuen Gartenarbeiters, scheint mir ein nettes, flinkes Mädchen zu sein, und ich wünsche, es möge für die Kleine ein Posten ausgemittelt werden, an dem sie sich etwas verdienen kann.‹ Der Direktor erwiderte: ›Zu Befehl, Hochgräfliche Gnaden, sogleich . . . obwohl der

Mischka meines Wissens eine Schwester eigentlich gar nicht hat.‹

›Ihres Wissens‹, versetzte meine Großmutter, ›das ist auch etwas, Ihr Wissen . . .! Eine Schwester hat Mischka und ein Brüderchen. Ich habe heute alle drei auf dem Felde gesehen.‹

›Hm, hm‹, lautete die ehrerbietige Entgegnung, und der Direktor hielt die Serviette vor den Mund, um den Ton seiner Stimme zu dämpfen, ›es wird wohl – ich bitte um Verzeihung des obszönen Ausdrucks – die Geliebte Mischkas und, mit Respekt zu sagen, ihr Kind gewesen sein.‹ «

Der unwilligen Zuhörerin dieser Erzählung wurde es immer schwerer, an sich zu halten, und sie rief nun: »Sie behaupten, daß Sie nicht dabei waren, als diese merkwürdigen Reden gewechselt wurden? Woher wissen Sie denn nicht nur über jedes Wort, sondern auch über jede Miene und Gebärde zu berichten?«

»Ich habe die meisten der Beteiligten gekannt und weiß – ein bißchen Maler, ein bißchen Dichter, wie ich nun einmal bin –, weiß aufs Haar genau, wie sie sich in einer bestimmten Lage benommen und ausgedrückt haben müssen. Glauben Sie Ihrem treuen Berichterstatter, daß meine Großmutter nach der Mitteilung, welche der Direktor ihr gemacht, eine Wallung des Zornes und der Menschenverachtung hatte. Wie gut und fürsorglich für ihre Untertanen sie war, darüber können Sie nach dem bißchen Gehörten nicht im Zweifel sein. Im Punkt der Moral jedoch verstand sie nur äußerste Strenge, gegen sich selbst nicht minder als gegen andere. Sie hatte oft erfahren, daß sie bei Männern und Frauen der Sittenverderbnis nicht zu steuern vermöge, der Sittenverderbnis bei halbreifen Geschöpfen jedoch, der mußte ein Zügel angelegt werden können. – Meine Großmutter schickte ihren Kammerdiener wieder zu den Eltern Mischkas. Mit der Liebschaft des Burschen habe es aus zu sein. Das sei eine Schande für so einen Buben, ließ sie sagen, ein solcher Bub habe an andere Dinge zu denken.

Der Mischka, der zu Hause war, als die Botschaft kam, schämte sich in seine Haut hinein . . .«

»Es ist doch stark, daß Sie jetzt gar in der Haut Mischkas stecken wollen!« fuhr die Gräfin höhnisch auf.

»Bis über die Ohren!« entgegnete der Graf, »bis über die Ohren steck ich darin! Ich fühle, als wäre ich es selbst, die Bestürzung und Beschämung, die ihn ergriff. Ich sehe ihn, wie er sich windet in Angst und Verlegenheit, einen scheuen Blick auf Vater und Mutter wirft, die auch nicht wissen, wo ein und wo aus vor Schrecken, ich höre sein jammervoll klingendes Lachen bei den Worten des Vaters: ›Erbarmen Sie sich, Herr Kammerdiener! Er wird ein Ende machen, das versteht sich, gleich wird er ein Ende machen!‹

Diese Versicherung genügte dem edlen Fritz, er kehrte ins Schloß zurück und berichtete, glücklich über die treffliche Erfüllung seiner Mission, mit den gewohnten Kniebeugungen und dem gewohnten demütigen und freudestrahlenden Ausdruck in seiner Vogelphysiognomie: ›Er laßt die Hand küssen, er wird ein Ende machen.‹ «

»Lächerlich!« sagte die Gräfin.

»Höchst lächerlich!« bestätigte der Graf. »Meine gute, vertrauensselige Großmutter hielt die Sache damit für abgetan, dachte auch nicht weiter darüber nach. Sie war sehr in Anspruch genommen durch die Vorbereitungen zu den großen Festen, die alljährlich am zehnten September, ihrem Geburtstage, im Schlosse gefeiert wurden und einen Vor- und Nachtrab von kleinen Festen hatten. Da kam die ganze Nachbarschaft zusammen, und Dejeuners, auf dem grünen Teppich der Wiesen, Jagden, Pirutschaden, Soupers bei schönster Waldbeleuchtung, Bälle und so weiter folgten einander in fröhlicher Reihe . . . Man muß gestehen, unsere Alten verstanden, Platz einzunehmen und Lärm zu machen in der Welt. Gott weiß, wie langweilig und öde unser heutiges Leben auf dem Schlosse ihnen erscheinen müßte.«

»Sie waren eben große Herren«, entgegnete die Gräfin bitter, »wir sind auf das Land zurückgezogene Armenväter.«

»Und Armenmütter«, versetzte der Graf mit einer galanten Verneigung, die von derjenigen, der sie galt, nicht eben gnädig aufgenommen wurde. Der Graf aber nahm sich das Mißfallen, das er erregt hatte, keineswegs zu Herzen, sondern spann mit hellem Erzählerbehagen den Faden seiner Geschichte fort: »So groß der Dienertroß im Schlosse auch war, während der Dauer der Festlichkeiten genügte er doch nicht, und es mußten da immer Leute aus dem Dorfe zur Aushilfe requiriert werden. Wie es kam, daß sich gerade dieses Mal auch Mischkas Geliebte unter ihnen befand, weiß ich nicht, genug, es war der Fall, und die beiden Menschen, die einander hätten meiden sollen, wurden im Dienste der Gebieterin noch öfter zusammengeführt, als dies in früheren Tagen bei der gemeinsamen Feldarbeit geschehen war. Er, mit einem Botengang betraut, lief vom Garten in die Küche, sie von der Küche in den Garten – manchmal trafen sie sich auch unterwegs und verweilten plaudernd ein Viertelstündchen . . .«

»Äußerst interessant!« spottete die Gräfin. »Wenn man doch nur wüßte, was sie einander gesagt haben.«

»Oh, wenn Sie schon neugierig geworden sind! – Aber ich verrate Ihnen nur, was unumgänglich zu meiner Geschichte gehört. – Eines Morgens lustwandelte die Schloßfrau mit ihren Gästen im Garten. Zufällig lenkte die Gesellschaft ihre Schritte nach einem selten betretenen Laubgang und gewahrte am Ende desselben ein junges Pärchen, das, aus verschiedenen Richtungen kommend, wie freudig überrascht stehenblieb. Der Bursche, kein anderer als Mischka, nahm das Mädchen rasch in die Arme und küßte es, was es sich ruhig gefallen ließ. Ein schallendes Gelächter brach los – von den Herren und, ich fürchte, auch von einigen der Damen ausgestoßen, die der Zufall zu Zeugen des kleinen Auftritts gemacht hatte. Nur meine Großmutter nahm nicht teil an der allgemeinen Heiterkeit. Mischka und seine Geliebte stoben natürlich davon. Der Bursche – man hat es mir erzählt«, kam der Graf scherzend einer voraussichtlichen

Einwendung der Gräfin entgegen, »glaubte in dem Augenblick, sein armes Mädchen zu hassen. Am selben Abend jedoch überzeugte er sich des Gegenteils, als er nämlich erfuhr, die Kleine werde mit ihrem Kinde nach einer anderen Herrschaft der Frau Gräfin geschickt; zwei Tagesreisen weit für einen Mann, für eine Frau, die noch dazu ein anderthalb Jahre altes Kind mitschleppen mußte, wohl noch einmal soviel. – Mehr als ›Herrgott! Herrgott! O du lieber Herrgott!‹ sprach Mischka nicht, gebärdete sich wie ein Träumender, begriff nicht, was man von ihm wolle, als es hieß, an die Arbeit gehen – warf plötzlich den Rechen, den ein Gehilfe ihm samt einem erweckenden Rippenstoß verabfolgte, auf den Boden und rannte ins Dorf, nach dem Hüttchen, in dem seine Geliebte bei ihrer kranken Mutter wohnte, das heißt, gewohnt hatte, denn nun war es damit vorbei. Die Kleine stand reisefertig am Lager der völlig gelähmten Alten, die ihr nicht einmal zum Abschiedssegen die Hand aufs Haupt legen konnte und die bitterlich weinte. ›Hört jetzt auf zu weinen‹, sprach die Tochter, ›hört auf, liebe Mutter. Wer soll Euch denn die Tränen abwischen, wenn ich einmal fort bin?‹

Sie trocknete die Wangen ihrer Mutter und dann auch ihre eigenen mit der Schürze, nahm ihr Kind an die Hand und das Bündel mit ihren wenigen Habseligkeiten auf den Rücken und ging ihres Weges an Mischka vorbei und wagte nicht einmal, ihn anzusehen. Er aber folgte ihr von weitem, und als der Knecht, der dafür zu sorgen hatte, daß sie ihre Wanderung auch richtig antrete, sie auf der Straße hinter dem Dorfe verließ, war Mischka bald an ihrer Seite, nahm ihr das Bündel ab, hob das Kind auf den Arm und schritt so neben ihr her.

Die Feldarbeiter, die in der Nähe waren, wunderten sich. ›Was tut er denn, der Tropf . . .? Geht er mit? Glaubt er, weil er so dumm ist, daß er nur so mitgehen kann?‹

Bald nachher kam keuchend und schreiend der Vater Mischkas gerannt. ›Oh, ihr lieben Heiligen! Heilige Mutter

Gottes! Hab ich mir's doch gedacht – seiner Dirne läuft er nach, bringt uns noch alle ins Unglück ... Mischka! Sohn – mein Junge! Nichtsnutz! Teufelsbrut!‹ jammerte und fluchte er abwechselnd.

Als Mischka die Stimme seines Vaters hörte und ihn mit drohend geschwungenem Stock immer näher herankommen sah, ergriff er die Flucht, zur größten Freude des Knäbleins, das ›Hott, hott!‹ jauchzte. Bald jedoch besann er sich, daß er seine Gefährtin, die ihm nicht so rasch folgen konnte, im Stiche gelassen, wandte sich und lief zu ihr zurück. Sie war bereits von seinem Vater erreicht und zu Boden geschlagen worden. Wie wahnsinnig raste der Zornige, schlug drein mit den Füßen und mit dem Stocke und ließ seinen ganzen Grimm über den Sohn an dem wehrlosen Geschöpf aus.

Mischka warf sich dem Vater entgegen, und ein furchtbares Ringen zwischen den beiden begann, das mit der völligen Niederlage des Schwächeren, des Jüngeren, endete. Windelweich geprügelt, aus einer Stirnwunde blutend, gab er den Kampf und den Widerstand auf. Der Häusler faßte ihn am Hemdkragen und zerrte ihn mit sich; der armen kleinen Frau aber, die sich inzwischen mühsam aufgerafft hatte, rief er zu: ›Mach fort!‹

Sie gehorchte lautlos, und selbst die Arbeiter auf dem Felde, stumpfes, gleichgültiges Volk, fühlten Mitleid und sahen ihr lange nach, wie sie so dahinwankte mit ihrem Kinde, so hilfsbedürftig und so völlig verlassen.

In der Nähe des Schlosses trafen Mischka und sein Vater den Gärtner, den der Häusler sogleich als ›gnädiger Herr‹ ansprach und flehentlich ersuchte, nur eine Stunde Geduld zu haben mit seinem Sohne. In einer Stunde werde Mischka gewiß wieder bei der Arbeit sein; jetzt müsse er nur geschwind heimgehen und sich waschen und sein Hemd auch. Der Gärtner fragte: ›Was ist ihm denn? Er ist ja ganz blutig.‹

›Nichts ist ihm‹, lautete die Antwort, ›er ist nur von der Leiter gefallen.‹

Mischka hielt das Wort, das sein Vater für ihn gegeben,

und war eine Stunde später richtig wieder bei der Arbeit. Am Abend aber ging er ins Wirtshaus und trank sich einen Rausch an, den ersten freiwilligen, war überhaupt seit dem Tage wie verwandelt. Mit dem Vater, der ihn gern versöhnt hätte, denn Mischka war, seitdem er im Schloßgarten Beschäftigung gefunden, ein Kapital geworden, das Zinsen trug, sprach er kein Wort, und von dem Gelde, das er verdiente, brachte er keinen Kreuzer nach Hause. Es wurde teils für Branntwein verausgabt, teils für Unterstützungen, die Mischka der Mutter seiner Geliebten angedeihen ließ – und diese zweite Verwendung des von dem Burschen Erworbenen erschien dem Häusler als der ärgste Frevel, den sein Sohn an ihm begehen konnte. Daß der arme Teufel, der arme Eltern hatte, etwas wegschenkte, an eine Fremde wegschenkte, der Gedanke wurde der Alp des Alten, sein nagender Wurm. – Je wütender der Vater sich gebärdete, desto verstockter zeigte sich der Sohn. Er kam zuletzt gar nicht mehr nach Hause oder höchstens einmal im geheimen, wenn er den Vater auswärts wußte, um die Mutter zu sehen, an der ihm das Herz hing. Diese Mutter . . .«, der Graf machte eine Pause, »Sie, liebe Freundin, kennen sie, wie ich sie kenne.«

»Ich soll sie kennen . . .? Sie lebt noch?« fragte die Gräfin ungläubig.

»Sie lebt; nicht im Urbilde zwar, aber in vielfachen Abbildern. Das kleine, schwächliche, immer bebende Weiblein mit dem sanften, vor der Zeit gealterten Gesicht, mit den Bewegungen des verprügelten Hundes, das untertänigst in sich zusammensinkt und zu lächeln versucht, wenn eine so hohe Dame, wie Sie sind, oder ein so guter Herr, wie ich bin, ihm einmal zuruft: ›Wie geht's?‹, und in demütigster Freundlichkeit antwortet: ›Vergelt's Gott – wie's eben kann.‹ – Gut genug für unsereins, ist seine Meinung, für ein Lasttier in Menschengestalt. Was dürfte man anders verlangen, und wenn man's verlangte, wer gäbe es einem? – Du nicht, hohe Frau, und du nicht, guter Herr . . .«

»Weiter, weiter!« sprach die Gräfin. »Sind Sie bald zu Ende?«

»Bald. – Der Vater Mischkas kam einst zu ungewohnter Stunde nach der Hütte und fand da seinen Jungen. ›Zur Mutter also kann er kommen, zu mir nicht‹, schrie er, schimpfte beide Verräter und Verschwörer und begann Mischka zu mißhandeln, was sich der gefallen ließ. Als der Häusler sich jedoch anschickte, auch sein Weib zu züchtigen, fiel ihm der Bursche in den Arm. Merkwürdig genug, warum just damals? Wenn man ihn gefragt hätte, wie oft er den Vater die Mutter schlagen sah, hätte er antworten müssen: ›Soviel Jahre, als ich ihrer denke, mit dreihundertfünfundsechzig multipliziert, das gibt die Zahl.‹ – Und die ganze Zeit hindurch hatte er dazu geschwiegen, und heute loderte beim längst gewohnten Anblick plötzlich ein unbezwinglicher Zorn in ihm empor. Zum zweiten Male nahm er gegen den Vater Partei für das schwächere Geschlecht, und dieses Mal blieb er Sieger. Er scheint aber mehr Entsetzen als Freude über seinen Triumph empfunden zu haben. Mit einem heftigen Aufschluchzen rief er dem Vater, der nun klein beigeben wollte, rief er der weinenden Mutter zu: ›Lebt wohl, mich seht ihr nie wieder!‹ und stürmte davon. Vierzehn Tage lang hofften die Eltern umsonst auf seine Rückkehr, er war und blieb verschwunden. Bis ins Schloß gelangte die Kunde seiner Flucht; meiner Großmutter wurde angezeigt, Mischka habe seinen Vater halbtot geschlagen und sich dann davongemacht. Nun aber war es nach der Verletzung des sechsten Gebots diejenige des vierten, die von meiner Großmutter am schärfsten verdammt wurde; gegen schlechte und undankbare Kinder kannte sie keine Nachsicht ... Sie befahl, nach dem Mischka zu fahnden, sie befahl, seiner habhaft zu werden und ihn heimzubringen zu exemplarischer Bestrafung.

Ein paarmal war die Sonne auf- und untergegangen, da stand eines Morgens Herr Fritz an der Gartenpforte und blickte auf die Landstraße hinaus. Lau und leise wehte der

Wind über die Stoppelfelder, die Atmosphäre war voll feinen Staubes, den die Allverklärerin Sonne durchleuchtete und goldig schimmern ließ. Ihre Strahlen bildeten in dem beweglichen Element reizende kleine Milchstraßen, in denen Milliarden von winzigen Sternchen aufblitzten. Und nun kam durch das flimmernde, tanzende Atomengewimmel eine schwere, graue Wolkensäule, bewegte sich immer näher und rollte endlich so nahe an der Pforte vorbei, daß Fritz deutlich unterscheiden konnte, wen sie umhüllte. Zwei Heiducken waren es und Mischka. Er sah blaß und hohlwangig aus wie der Tod und wankte beim Gehen. In den Armen trug er sein Kind, das die Händchen um seinen Hals geschlungen, den Kopf auf seine Schultern gelegt hatte und schlief. Fritz öffnete das Tor, schloß sich der kleinen Karawane an, holte rasch einige Erkundigungen ein und schwebte dann, ein Papagei im Taubenfluge, ins Haus, über die Treppe, in den Saal hinein, in dem meine Großmutter eben die sonnabendliche Ratsversammlung hielt. Der Kammerherr, von dem Glücksgefühl getragen, das Bedientenseelen beim Überbringen einer neuesten Nachricht zu empfinden pflegen, rundete eindrucksvoll seine Arme und sprach, vor Wonne fast platzend: ›Der Mischka laßt die Hand küssen. Er ist wieder da.‹

›Wo war er?‹ fragte meine Großmutter.

›Mein Gott, Hochgräfliche Gnaden‹, lispelte Fritz, schlug mehrmals schnell nacheinander mit der Zunge an den Gaumen und blickte die Gebieterin so zärtlich an, als die tiefste, unterwürfigste Knechtschaft es ihm nur irgend erlaubte. ›Wo wird er gewesen sein ... Bei seiner Geliebten. Ja‹, bestätigte er, während die Herrin, empört über diesen frechen Ungehorsam, die Stirn runzelte, ›ja, und gewehrt hat er sich gegen die Heiducken, und dem Janko hat er ja beinahe ein Auge ausgeschlagen.‹

Meine Großmutter fuhr auf: ›Ich hätte wirklich Lust, ihn henken zu lassen.‹

Alle Beamten verneigten sich stumm; nur der Oberförster

warf nach einigem Zagen die Behauptung hin: ›Hochgräfliche Gnaden werden es aber nicht tun.‹

›Woher weiß Er das?‹ fragte meine Großmutter mit der strengen Herrschermiene, die so vortrefflich wiedergegeben ist auf ihrem Bilde und die mich gruseln macht, wenn ich im Ahnensaal an ihm vorübergehe. ›Daß ich mein Recht über Leben und Tod noch nie ausgeübt habe, bürgt nicht dafür, daß ich es nie ausüben werde.‹

Wieder verneigten sich alle Beamten, wieder trat Schweigen ein, das der Inspektor unterbrach, indem er die Entscheidung der Gebieterin in einer wichtigen Angelegenheit erbat. Erst nach beendigter Konferenz erkundigte er sich, gleichsam privatim, nach der hohen Verfügung betreffs Mischkas.

Und nun beging meine Großmutter jene Übereilung, von der ich im Anfang sprach.

›Fünfzig Stockprügel‹, lautete ihr rasch gefällter Urteilsspruch; ›gleich heute, es ist ohnehin Samstag.‹

Der Samstag war nämlich zu jener Zeit, deren Sie«, diesem Worte gab der Graf eine besondere, sehr schalkhafte Betonung, »sich unmöglich besinnen können, der Tag der Exekutionen. Da wurde die Bank vor das Amtshaus gestellt . . .«

»Weiter, weiter!« sagte die Gräfin, »halten Sie sich nicht auf mit unnötigen Details.«

»Zur Sache denn! – An demselben Samstag sollten die letzten Gäste abreisen, es herrschte große Bewegung im Schlosse, meine Großmutter, mit den Vorbereitungen zu einer Abschiedsüberraschung, die sie den Scheidenden bereiten ließ, beschäftigt, kam spät dazu, Toilette zum Diner zu machen, und trieb ihre Kammerzofe zur Eile an. In diesem allerungünstigsten Moment ließ der Doktor sich anmelden. Er war unter allen Dignitären der Herrin derjenige, der am wenigsten in Gnade bei ihr stand, verdiente es auch nicht besser, denn einen langweiligeren, schwerfälligeren Pedanten hat es nie gegeben.

Meine Großmutter befahl, ihn abzuweisen, er aber kehrte

sich nicht daran, sondern schickte ein zweites Mal und ließ die hochgeborene Frau Gräfin untertänigst um Gehör bitten, er hätte nur ein paar Worte über den Mischka zu sprechen.

›Was will man denn noch mit dem?‹ rief die Gebieterin. ›Gebt mir Ruhe, ich habe andere Sorgen.‹

Der zudringliche Arzt entfernte sich murrend.

Die Sorgen aber, von denen meine Großmutter gesprochen hatte, waren nicht etwa frivole, sondern solche, die zu den peinvollsten gehören – Sorgen, für die Ihnen, liebe Freundin, allerdings das Verständnis und infolgedessen auch das Mitleid fehlt –, Poetensorgen.«

»O mein Gott!« sagte die Gräfin unbeschreiblich wegwerfend, und der Erzähler entgegnete: »Verachten Sie's, soviel Sie wollen, meine Großmutter besaß poetisches Talent, und es manifestierte sich deutlich in dem Schäferspiel ›Les adieux de Chloe‹, das sie gedichtet und den Darstellern selbst einstudiert hatte. Das Stückchen sollte nach der Tafel, die man im Freien abhielt, aufgeführt werden, und der Dichterin, obwohl sie ihres Erfolges ziemlich sicher war, bemächtigte sich, je näher der entscheidende Augenblick kam, eine desto weniger angenehme Unruhe. Beim Dessert, nach einem feierlichen, auf die Frau des Hauses ausgebrachten Toast, gab jene ein Zeichen. Die mit Laub überflochtenen Wände, welche den Einblick in ein aus beschnittenen Buchenhecken gebildetes Halbrund verdeckt hatten, rollten auseinander, und eine improvisierte Bühne wurde sichtbar. Man erblickte die Wohnung der Hirtin Chloe, die mit Rosenblättern bestreute Moosbank, auf der sie schlief, den mit Tragant überzogenen Hausaltar, an dem sie betete, und den mit einem rosafarbigen Band umwundenen Rocken, an dem sie die schneeig weiße Wolle ihrer Lämmchen spann. Als idyllische Schäferin besaß Chloe das Geheimnis dieser Kunst. Nun trat sie selbst aus einem Taxusgange, und hinter ihr schritt ihr Gefolge, darunter ihr Liebling, der Schäfer Myrtill. Alle trugen Blumen, und in vortrefflichen Alexandrinern teilte nun die zarte Chloe dem aufmerksam lauschenden Publikum mit, dies seien die Blumen der Erinnerung, gepflückt auf dem Felde der Treue und bestimmt, dargebracht zu werden auf dem Altar der Freundschaft. Gleich nach dieser Eröffnung brach ungemessener Jubel im Auditorium los und steigerte sich von Vers zu Vers. Einige Damen, die Racine kannten, erklärten, er könne sich vor meiner Großmutter verstecken, und einige Herren, die ihn nicht kannten, bestätigten es. Sie aber konnte über die Echtheit des Enthusiasmus, den ihre Dichtung erweckte, nicht im Zweifel sein. Die Ovationen dauerten noch fort, als die Herrschaften schon ihre Wagen oder ihre Pferde bestiegen hatten und teils in stattlichen Equipagen, teils in leichten Fuhrwerken, teils auf flinken Rossen aus dem Hoftor rollten oder sprengten.

Die Herrin stand unter dem Portal des Schlosses und winkte den Scheidenden grüßend und für ihre Hochrufe dankend zu. Sie war so friedlich und fröhlich gestimmt, wie dies einem Selbstherrscher, auch des kleinsten Reiches, selten zuteil wird. Da – eben im Begriff, sich ins Haus zurückzuwenden, gewahrte sie ein altes Weiblein, das in respektvoller Entfernung vor den Stufen des Portals kniete. Es hatte den günstigen Augenblick wahrgenommen und sich durch das offenstehende Tor, im Gewirr und Gedränge, unbemerkt hereingeschlichen. Jetzt erst wurde es von einigen Lakaien erblickt. Sogleich rannten sie, Herr Fritz an der Spitze, auf das Weiblein zu, um es gröblich hinwegzuschaffen. Zum allgemeinen Erstaunen jedoch winkte meine Großmutter die dienstfertige Meute ab und befahl zu fragen, wer die Alte sei und was sie wolle. Im nämlichen Moment räusperte sich's hinter der Gebieterin und nieste, und den breitkrempigen Hut in der Hand und mit der anderen die Tabaksdose im Busen verbergend, trat der Herr Doktor bedächtig heran: ›Es ist, hm, hm, Hochgräfliche Gnaden werden entschuldigen‹, sprach er, ›es ist die Mutter des Mischka.‹

›Schon wieder Mischka, hat das noch immer kein Ende mit dem Mischka ...? Und was will die Alte?‹

›Was wird sie wollen, Hochgräfliche Gnaden? Bitten wird sie für ihn wollen, nichts anderes.‹

›Was denn bitten? Da gibt's nichts zu bitten.‹

›Freilich nicht, ich habe es ihr ohnehin gesagt, aber was nutzt's? Sie will doch bitten, hm, hm.‹

›Ganz umsonst, sagen Sie ihr das. Soll ich nicht mehr aus dem Hause treten können, ohne zu sehen, wie die Gartenarbeiter ihre Geliebten embrassieren?‹

Der Doktor räusperte sich, und meine Großmutter fuhr fort: ›Auch hat er seinen Vater halbtot geschlagen.‹

›Hm, hm, er hat ihm eigentlich nichts getan, auch nichts tun *wollen,* nur abhalten, die Mutter ganz totzuschlagen.‹

›So?‹

›Ja, Hochgräfliche Gnaden. Der Vater, Hochgräfliche Gnaden, ist ein Mistvieh, hat einen Zahn auf den Mischka, weil der der Mutter seiner Geliebten manchmal ein paar Kreuzer zukommen läßt.‹

›Wem?‹

›Der Mutter seiner Geliebten, Hochgräfliche Gnaden, ein erwerbsunfähiges Weib, dem sozusagen die Quellen der Subsistenzmittel abgeschnitten worden sind ... dadurch, daß man die Tochter fortgeschickt hat.‹

›Schon gut, schon gut ...! Mit den häuslichen Angelegenheiten der Leute verschonen Sie mich, Doktor, da mische ich mich nicht ein.‹

Der Doktor schob mit einer breiten Gebärde den Hut unter den Arm, zog das Taschentuch und schneuzte sich diskret. ›So werde ich also der Alten sagen, daß es nichts ist.‹ Er machte, was die Franzosen une fausse sortie (einen falschen Abgang) nennen, und setzte hinzu: ›Freilich, Hochgräfliche Gnaden, wenn es nur wegen des Vaters wäre ...‹

›Nicht bloß wegen des Vaters, er hat auch dem Janko ein Auge ausgeschlagen.‹

Der Doktor nahm eine wichtige Miene an, zog die

Augenbrauen so hoch in die Höhe, daß seine dicke Stirnhaut förmliche Wülste bildete, und sprach: ›Was dieses Auge betrifft, das sitzt fest und wird dem Janko noch gute Dienste leisten, sobald die Sugillation, die sich durch den erhaltenen Faustschlag gebildet hat, aufgesaugt sein wird. Hätte mich auch gewundert, wenn der Mischka imstande gewesen wäre, einen kräftigen Hieb zu führen nach der Behandlung, die er von den Heiducken erfahren hat. Die Heiducken, Hochgräfliche Gnaden, haben ihn übel zugerichtet.‹

›Seine Schuld; warum wollte er ihnen nicht gutwillig folgen.‹

›Freilich, freilich, warum wollte er nicht? Vermutlich, weil sie ihn vom Sterbebette seiner Geliebten abgeholt haben – da hat er sich schwer getrennt . . . Das Mädchen, hm, hm, war in anderen Umständen, soll vom Vater des Mischka sehr geprügelt worden sein, bevor sie die Wanderung angetreten hat. Und dann – die Wanderung, die weit ist, und die Person, hm, hm, die immer schwach gewesen ist . . . kein Wunder, wenn sie am Ziele zusammengebrochen ist.‹

Meine Großmutter vernahm jedes Wort dieser abgebrochenen Sätze, wenn sie sich auch den Anschein zu geben suchte, daß sie ihnen nur eine oberflächliche Aufmerksamkeit schenkte. ›Eine merkwürdige Verkettung von Fatalitäten‹, sprach sie, ›vielleicht eine Strafe des Himmels.‹

›Wohl, wohl‹, nickte der Doktor, dessen Gesicht zwar immer seinen gleichmütigen Ausdruck behielt, sich aber allmählich puterrot gefärbt hatte. ›Wohl, wohl, des Himmels, und wenn der Himmel sich bereits ›dreingelegt hat, dürfen Hochgräfliche Gnaden ihm vielleicht auch das Weitere in der Sache überlassen . . . ich meine nur so‹, schaltete er, seine vorlaute Schlußfolgerung entschuldigend, ein, ›und dieser Bettlerin‹ – er deutete nachlässig auf die Mutter Mischkas – ›huldvollst ihre flehentliche Bitte erfüllen.‹

Die kniende Alte hatte dem Gespräch zu folgen versucht,

sich aber mit keinem Laut daran beteiligt. Ihre Zähne schlugen vor Angst aneinander, und sie sank immer tiefer in sich zusammen.

›Was will sie denn eigentlich?‹ fragte meine Großmutter.

›Um acht Tage Aufschub, Hochgräfliche Gnaden, der ihrem Sohn diktierten Strafe untersteht sie sich zu bitten, und ich, Hochgräfliche Gnaden, unterstütze das Gesuch, durch dessen Genehmigung der Gerechtigkeit besser Genüge geschähe, als heute der Fall sein kann.‹

›Warum?‹

›Weil der Delinquent in seinem gegenwärtigen Zustande den Vollzug der ganzen Strafe schwerlich aushalten würde.‹

Meine Großmutter machte eine unwillige Bewegung und begann langsam die Stufen des Portals niederzusteigen. Fritz sprang hinzu und wollte sie dabei unterstützen. Sie aber winkte ihn hinweg.

›Geh aufs Amt‹, befahl sie ihm, ›Mischka ist begnadigt.‹

›Ah!‹ stieß der treue Knecht bewundernd hervor und enteilte, während der Doktor bedächtig die Uhr aus der Tasche zog und leise vor sich hin brummte: ›Hm, hm, es wird noch Zeit sein, die Exekution dürfte eben begonnen haben.‹

Das Wort ›begnadigt‹ war von der Alten verstanden worden; ein Gewinsel der Rührung, des Entzückens drang von ihren Lippen, sie fiel nieder und drückte, als die Herrin näher trat, das Gesicht auf die Erde, als ob sie sich vor so viel Größe und Hoheit dem Boden förmlich gleichzumachen suche.

Der Blick meiner Großmutter glitt mit einer gewissen Scheu über dieses Bild verkörperter Demut. ›Steh auf‹, sagte sie und – zuckte zusammen und horchte . . . und alle Anwesenden horchten erschauernd, die einen starr, die andern mit dem albernen Lachen des Entsetzens. Aus der Gegend des Amtshauses hatten die Lüfte einen entsetzlichen Schrei herübergetragen. Er schien ein Echo geweckt zu haben in der Brust des alten Weibleins, denn es erhob stöhnend den Kopf und murmelte ein Gebet . . .

›Nun?‹ fragte einige Minuten später meine Großmutter den atemlos herbeistürzenden Fritz: ›Hast du's bestellt?‹

›Zu dienen‹, antwortete Fritz und brachte es diesmal statt zu seinem süßen Lächeln nur zu einem kläglichen Grinsen. ›Er laßt die Hand küssen, er ist schon tot.‹ «

»Fürchterlich!« rief die Gräfin aus, »und das nennen Sie eine friedliche Geschichte?«

»Verzeihen Sie die Kriegslist, Sie hätten mich ja sonst nicht angehört«, erwiderte der Graf. »Aber vielleicht begreifen Sie jetzt, warum ich den sanftmütigen Nachkommen Mischkas nicht aus dem Dienst jage, obwohl er meine Interessen eigentlich recht nachlässig vertritt.«

Karl Emil Franzos

Das Verbrechen der Lea R.

Der »gute Ort« war es, wohin ich ging. Und da dies das einzige Plätzchen ist, wohin weder die Peitsche des Polen reicht noch die gierige Hand des Wunderrabbi, so mag der Name immerhin gelten. Hier ist die arme Seele erlöst von dem doppelten Banne, der sie drückt und – wer zählt die Opfer? – erstickt, von der äußern Schmach und der innern Nacht. Diese armen Menschen werden eigentlich erst glücklich, wenn sie gestorben sind. Dann wissen sie leider freilich nichts davon, aber sie ahnen es doch schon im Leben. Darum haben sie ihren Friedhöfen den schönen Namen gegeben, und sie schmücken diese, so gut sie können. Es fällt sonst dem Juden des Ostens niemals ein, einen Baum zu pflanzen oder eine Blume zu säen; nur zwischen den Grabsteinen keimt frisches Grün, nur über die Toten weht Blumenduft. Ach, war es doch auch der einzige Grundbesitz, der diesen Leuten bis vor einigen Jahren gegönnt war! . . .

Es steht mancher blanke, unbeschriebene Stein auf den Friedhöfen Podoliens. Zur Strafe, zur Vergeltung. Und doch wieder aus Barmherzigkeit. Denn am Tage, da das Reich Gottes beginnt, wird nicht allein die Posaune die Schläfer wecken, sondern auch der Engel des ewigen Lebens. Er wird von Stein zu Stein gehen und den Namen rufen, der darauf geschrieben steht, die Gerechten zu unsäglicher Belohnung, die Sünder zu unsäglicher Strafe. Und wenn er keinen Namen findet, so wird er vielleicht vorübergehen und den Schläfer nicht aufstören. Vielleicht! – Man wagt es eben nur aus Barmherzigkeit zu hoffen!

Auch am »guten Ort« zu Barnow steht mancher Stein ohne Inschrift, und in einigen Fällen mag die Strafe eine wohlverdiente sein. Nicht selten ist es die härteste, die den Verbrecher getroffen hat.

Die dunkle Tat ward begangen, das Dunkel des Ghettos schützte sie. Diesen Leuten bangt es vor der Welt, in der k. k. Amtsstube sitzt ja ein Christ. Darum liefern sie selbst den sündigen Bruder nicht gerne aus. Sie strafen ihn, so gut sie können: er muß Geld zu frommen Zwecken opfern oder als Pilger nach Jerusalem wandern oder jahrelang jeden zweiten Tag fasten. Dann bleibt er sein Leben lang unbehelligt, und erst nach dem Tode erweist es sich, was er gegolten hat.

Aber auch gar sonderbarliche Verbrechen sind auf gleiche Weise bestraft worden. Und wer daran denkt, wird sich gleichfalls kaum einer bittern Frage erwehren können, einer uralten, herben Frage, die gleichfalls nie ersterben wird, solange Menschen auf Erden wandeln ...

Es war ein einsames Grab, ganz einsam. In der Niederung lag es, hart am Flusse, nahe der schadhaften Hecke. Schon dies war auffallend. Sonst werden hier die Toten in jener Reihenfolge gebettet, in welcher sie anlangen. Nur zuweilen sichert sich eine Familie einen eigenen Raum. Aber es geschieht nicht allzuoft; hier sind alle Schläfer eine einzige große Familie.

Mit diesem Grabe war eine Ausnahme gemacht worden. Weit und breit war kein anderer Stein zu sehen. Nur ganz nahe, rechts und links, zwei andere Gräber. Kleine, dürftige Gräber ohne Stein. Man konnte sie nur aus nächster Nähe gewahr werden, so dicht wuchs darüber der Wacholder und die wilde, rote Heideblume.

Es war leicht zu erraten, wer da schlief: Knäblein, die vor

dem achten Tage dahingestorben, ehe man ihnen einen Namen gegeben. Und die in der Mitte ruhte, war wohl ihre Mutter. Denn es war der Grabstein einer Frau; man konnte es an der Form sehen.

Sonst setzte man nur Männern Steine ohne Inschrift, weil nur sie Verbrechen begehen. Das jüdische Weib ist gut und fromm. Es war der erste solche Frauenstein, den ich sah. Was hatte diese Mutter verbrochen?

Ich grübelte lange darüber in der tiefen, sonnigen Stille jenes Herbsttages. Ich erfand mir eine Geschichte nach der anderen, eine sonderbarer als die andere. Aber auch hier sollte es sich wieder einmal erweisen, daß das Schicksal erfinderischer ist als der Mensch.

Wie ich also sinnend dasaß und auf das einsame Grab schaute und darüber empor, in die hellen Lüfte, klang mir plötzlich einförmiges, langsames Getön dumpfer Stimmen ins Ohr, und als ich mich umblickte, sah ich zwei Greise langsam die Hecke entlangschreiten, auf mich zu.

Sie waren eben in Übung eines frommen Brauchs begriffen, den ich schon lange nicht gesehen hatte, daß er mir jetzt auf den ersten Blick wie fremd erschien . . .

Ich schaute den Männern eine Weile zu, dann trat ich an sie heran und fragte, wer in jenem Grabe ruhte.

Die Männer blickten mich scheu an. »Warum fragt Ihr?« sagte endlich der eine zögernd.

»Weil ich es wissen will.«

»Und warum wollt Ihr es wissen?«

Darauf wäre die direkte Antwort zu lang gewesen, und ich wählte eine kürzere, indirekte. Der eine der beiden ehrwürdigen, aber überaus schmutzigen Greise – es war ein Wunder, daß sie nicht zusammenklebten, wenn sie dicht beisammen standen – trug in seinem Antlitz eine überaus rote Nase. Das deutet immer auf Durst und ein heiteres Gemüt. Und wer durstig und heiter ist, mit dem kann man sich leicht verstehen. Ich blickte also den Mann innig an, wie einen alten Freund, und griff dabei in die Tasche . . .

»Nun – wer?«

Er folgte dieser Bewegung mit sichtlichem Interesse, aber er ergab sich noch nicht. »Steht es auf dem Stein geschrieben?« fragte er.

»Da würde ich Euch nicht fragen!«

»Aber warum steht es nicht dort geschrieben?«

Meine Hand kam wieder zum Vorschein, aber der ehrwürdige Greis ergab sich noch immer nicht. »Warum?« wiederholte er. »Weil es eine Sünde wäre, des Namens zu gedenken! Also warum soll ich sündigen und den Namen sagen? Warum sollt Ihr sündigen, indem Ihr ihn anhört? Warum soll Reb Nathan hier sündigen, indem er uns beiden zuhört?«

»Ein Opfer für die Armen tilgt die Sünde«, beruhigte ich und drückte dem Mann warm die Hand.

Aber dem ehrwürdigen Greis lag offenbar sehr viel an seinem Seelenheil, und er zählte darum halblaut nach, ob es genügend gesichert sei. Dann war zwar er getröstet, aber Reb Nathan wurde unruhig. Nun hätte er sich freilich der Sünde des Zuhörens leicht entziehen können; aber er zog ein anderes Mittel vor, obwohl er keine rote Nase hatte.

Und nachdem dies geschehen war, sagte der eine: »Wer dort liegt?« und der andere: »Lea Rendars liegt dort.« Das heißt zu deutsch: »Lea, die Tochter des Schenkwirts«. Aber ich mußte dennoch fragend blicken.

»Wer hat die nicht gekannt?« meinten die Männer erstaunt. »Lea aus der gelben Karczma (Wirtshaus)! Die Frau des langen Ruben, des Ruben neben dem Rathaus! Lea mit den langen Haaren!«

Nun wußte ich freilich, wen sie meinten. Und was bisher nur Neugier gewesen, ward innigste Teilnahme. »Und die war die Sünderin?« rief ich erstaunt.

»Ob sie die Sünderin war?« rief Reb Abraham, der Rotnasige. »Hat es je eine größere gegeben? Es hat nie eine größere gegeben! Was Gesetz ist, hat sie mit Füßen getreten! Und wer wird dafür verdammt sein? Sie wird dafür verdammt sein! Sie und ihr Mann – Ruben, der Rathauser! Denn wenn er es ihr gewehrt hätte, der Frevel wäre nie geschehen!«

»Und noch einer wird verdammt sein um ihrer Sünde willen!« rief Reb Nathan. »Gawriel Rendar, ihr Vater! Denn wenn er sie anders erzogen hätte, der Frevel wäre ihr nie in den Sinn gekommen!«

»Richtig! Der auch!« bekräftigte Abraham. Aber dann faßte ihn doch leises Mitleid mit dem Manne, in dessen Haus seine Nase den schönen Glanz bekommen, und er fügte milder hinzu: »Dem wird der Allmächtige vielleicht vergeben. Hat er denn so Furchtbares ahnen können? Das hat kein jüdisch Kind ahnen können! Aber Ruben – das ist etwas anderes, der ist gewiß verdammt!«

»War es wirklich so furchtbar?«

»Furchtbar? Das Gräßlichste! Habt Ihr wirklich noch nicht davon gehört? Eine unerhörte Geschichte! Eine merkwürdige Geschichte!«

Und sie erzählten mir die merkwürdige, die unerhörte Geschichte. Denn das ist sie wirklich, freilich wohl in anderem Sinne, als die beiden Ehrwürdigen ahnten.

Es wird mir eigen zumute, nun ich sie wieder berichten soll. Vor allem: sie klingt so unglaublich. Und nur wenigen Menschen des Westens ist eine Brücke des Verständnisses geschlagen in diese fremde, düstere Welt. Die anderen alle werden den Kopf schütteln. Ich aber kann nur sagen: Es ist wahr, es ist nicht erfunden, es hat sich wirklich so begeben!

Und dann: Die Geschichte ist so traurig ...

Die Lea war ein sehr schönes Mädchen. Ererbt war das nicht, denn die Mutter war ein kleines, dickes, puterrotes Weib und »Gawriel Rendar«, der Wirt in der großen, gelben Schenke am Wege gegen Alt-Barnow, ein ungeschlachter Riese, mit einem mißfarbigen, von Pockennarben entstellten Gesicht. Auch die beiden Söhne, die im Hause umherlümmelten, waren nicht eben Zierden der Menschheit. Eine finstere, verdrossene, gewalttätige Familie, die da im unheimlichen Hause hantierte, ewig damit beschäftigt, den Durstigen Fusel einzuschenken und die Allzubetrunkenen hinauszuwerfen. Und in diesem Hause erwuchs das heiterste, lieblichste Kind, in dieser Familie erblühte die schönste Frau, die vielleicht je meine Augen gesehen haben. Die Lea war wie ein Sonnenstrahl. Und eine Fülle goldigen Lichts trug sie ja auch um das stolze Haupt – so reiches, so leuchtendes Goldhaar hab ich all meine Tage nicht wieder gesehen. Eine Jüdin ist selten blond, und vollends findet man keine blonden Schönheiten unter den Frauen dieses Volkes. Die jüdischen Schönheiten sind braun oder schwarz. Aber die Lea war eine Ausnahme, wie sie denn überhaupt wenig vom jüdischen Typus hatte, sofern man nicht ihren herrlichen, schlanken und doch üppigen Wuchs als solchen gelten lassen will. Feine, rosige Gesichtszüge und tiefblaue Augen zeichneten sie aus. Diese Züge waren nicht gretchenhaft, sondern fröhlich und glühend. Im Wiener Belvedere hängt in einem Nebensaale ein Bild aus dem siebzehnten Jahrhundert, ein Wiener Bürgermädchen, von einem Spanier gemalt. Das Original war ein deutsches Bürgermädchen, aber der Südländer hat viel von seinem heißen Wesen hineingemalt. Dies Bild könnte für ein Porträt der Lea gelten, es hat eine merkwürdige Ähnlichkeit.

Wo ein Sonnenstrahl hinfällt, da wird selbst das Düster verklärt: Die schöne Lea brachte Licht und Freude in die wüste Schenke. Es ist kaum zu sagen, wie Eltern und Geschwister an ihr hingen, mit welch zitteriger Liebe sie das Mädchen umfaßten, mit welch törichtem, unbeholfenem Stolz sie es feierten, mit welcher rührenden Hingebung sie sein Leben schmückten und bewachten. Der alte Gawriel war ein wohlhabender Mann, denn die Schenke lag auf gutem Posten, und den Schnaps zu wässern und das Geborgte mit doppelter Kreide anzuschreiben, verstand kein Wirt in Podolien besser. Aber es ist doch eigentlich ein Wunder, daß er zu einigem Besitztum kam, so ungemein viel wandte er an die Lea. Freilich in seiner Weise; das Kind lernte nichts, als notdürftig die Gebete lesen, aber dafür behing er den schönen Leib mit den schwersten Stoffen und Ketten, und sie ging an den Wochentagen umher wie nicht einmal des reichsten Mannes Tochter am Neujahrstag.

Schon die Familie hätte also genügt, das Mädchen eitel zu machen, wohl auch hoffärtig. Aber ebenso sorgten die anderen Leute ehrlich dafür: die Frauen durch ihren Neid, die Männer durch ihre Bewunderung. Die Lea weckte in den jungen Juden von Barnow Empfindungen, wie sie sonst selten in solchem Busen zu keimen pflegen. Denn gewöhnlich denkt so ein langlockiger Jüngling an kein Mädchen der Welt, bis ihm endlich sein Vater eines Tages sagt, er sei verlobt. Bei der Verlobung, oft genug erst bei der Hochzeit, sieht er sich dann seine Braut an, und ob sie ihm nun gefällt oder nicht, er beschließt, sich an sie zu gewöhnen, was ihm denn auch in den meisten Fällen gelingt. Aber an die Lea dachten viele, und wenn sie über die Straße ging, so ereignete sich oft sogar das Unerhörte, und es blickte ihr einer nach. Ja sogar in der »Klaus«, wo die stillen, frommen, sehr träumerischen und sehr wasserscheuen Talmudisten über den großen Folianten nicken, ward zuweilen ihr Name genannt und mancher tiefe Seufzer hörbar, der nur ihr galt.

Das erfuhr die schöne Lea freilich nicht. Aber andere Leute sorgten dafür, daß sie nicht darüber im Zweifel blieb, ob sie gefalle oder nicht. Da waren die kühnen Gymnasiasten von Barnow, die sich immer zu den Ferien sterblich in sie verliebten. Da waren die noch kühneren Edelleute, die oft vor der Schenke hielten, auf ein Gläschen Schnaps und auf ein kleines Gespräch. Da waren die Allerkühnsten, die Husarenoffiziere, die in dem fuselgeschwängerten Raum ihre Zeit vergeudeten, die übrigens auch sonst schwerlich nützlich angewandt worden wäre.

Hier freilich geschah es ohne jeglichen Nutzen. Denn eitel war die Lea, aber auch brav, gut und rein. Ihr Herz war so weich und mitleidig, wie man es selbst unter den grundgütigen Frauen dieses Volkes selten findet, und jeder Arme nannte ihren Namen mit inbrünstiger Verehrung. Nur war sie eben verliebt in die eigene Schönheit und besonders in ihr Haar, das ja auch von seltener Herrlichkeit war. Wenn sie die schweren, kunstvollen Flechten löste, dann flutete es herab wie eine mächtige Goldwelle und schmiegte sich bis an die Knie um den Leib, ein leuchtender, seidener Mantel, wie ihn keine Königin je schöner getragen. Von diesem ihrem Schmuck hatte sie auch ihren Beinamen: »Lea mit den langen Haaren« ...

Die Juden von Barnow waren der festen Überzeugung, daß die Lea nie heiraten würde; die Frauen hofften, die Männer fürchteten es. Denn sie reifte heran, ward siebzehn-, ward neunzehnjährig und hatte noch immer keinen Freier wert erachtet, sie zu besitzen. Das war unerhört unter den Leuten dieser Landschaft, die sonst schon halb entwikkelte Kinder miteinander verheirateten. Aber hier ging es auch anders zu als sonst. Der alte Gawriel fragte seine Tochter um ihren Willen, und Lea sagte regelmäßig kurz und entschieden: »Nein!« Die Bewerber wagten sich schließlich gar nicht mehr heran, nachdem sogar Jossef Purzelbaum einen Korb bekommen hatte, der Sohn des reichsten Mannes im Kreis, und der kleine Chaim Machmirdas, der im dritten Gliede mit dem Rabbi von Sadagóra verschwägert war. Daß man einen Menschen aus so heiliger Familie verschmähen konnte, war unfaßbar und kam einer persönlichen Beleidigung Gottes fast gleich. Aber die Lea wagte diesen Frevel und fuhr fort, die Heiratsvermittler zur Verzweiflung zu treiben. Schließlich wagten es diese Leute kaum mehr, die Schenke zu betreten, obwohl es im allgemeinen Menschen gibt, welche scheuer, schamhafter und rücksichtsvoller sind als jüdische Heiratsvermittler in Podolien. Und einer von ihnen, Herr Itzig Türkischgelb, pflegte zu sagen: »Ich bin ein alter Mann, aber ich hoffe doch noch die Verheiratung der Lea und die Ankunft des Messias zu erleben. Das letztere freilich eher als das erstere.« Denn Itzig Türkischgelb war ein munterer Mann.

Da sollte dennoch das Entgegengesetzte wahr werden. Und als der Name des Glücklichen bekannt wurde, da war das Staunen darüber noch größer als über die Tatsache selbst. Denn Ruben Rosenmann oder Ruben der Rathauser, wie er wegen der Lage seines Kramladens im Städtchen genannt wurde, war weder reich noch aus frommer Familie. Aber ein schöner Mann, hoch und stattlich, dabei ernst und still. Er hielt etwas auf sein Äußeres und trug den Kaftan um eine Spanne kürzer als die anderen. War er doch auch zwei Jahre in einer größeren Stadt gewesen, in Brody, und las, sprach und schrieb das Hochdeutsche. Wahrscheinlich darum stand er im Ruf eines Freigeistes, den er sonst durchaus nicht verdiente; er befolgte sklavisch alle Gebote, nicht bloß des Glaubens, sondern auch des Aberglaubens. Warum die Lea gerade ihn gewählt hatte, darüber gab sie jedem, der es hören wollte, Aufschluß: »Weil er mir gefallen hat.« Das war freilich ein Grund, der bei einem podolischen Judenmädchen unerhört war. Darum forschte man bei den Heiratsvermittlern, ohne jedoch auch hier mehr erfahren zu können. Selbst Türkischgelb mußte zugestehen, daß diese Verlobung nicht seinem Talent zuzuschreiben sei. Wohl hatte ihn Ruben ausgesendet, aber Lea hatte erklärt: »Er selbst soll kommen, wenn er mir etwas zu sagen hat.«

Ruben war gekommen. Die jungen Leute hatten eine lange Unterredung, wohl an die zwei Stunden. Was sie da verhandelt hatten, erfuhr niemand, nicht einmal die Eltern des Mädchens. Nur der alte Gawriel erlauschte, wie Ruben einmal laut und bewegt, fast feierlich sagte: »Willst du es – gut, ich wehre dir nicht. Vor Gott ist es wohl keine Sünde, aber vor diesen Menschen. Darum hüte dein Geheimnis, sie würden dich und mich vernichten, wenn sie es je erführen!« Aber der Alte drang vergeblich in die Tochter, auch ihm das Geheimnis zu offenbaren.

Bald darauf war die Hochzeit. Die Lea war unter dem Trauhimmel schöner anzuschauen denn je. Und doch fehlte ihr nun ihr schönster Schmuck: das Goldhaar. Keine verheiratete Frau darf ihr eigenes Haar tragen, es wird vor der Trauung kurz abgeschnitten, hie und da auch der Kopf rasiert. Die Blöße bedeckt man mit einem hohen wollenen oder seidenen Aufsatz, dem »Scheitel«. So will es der alte, starre Glaube, und so wird es gehalten. Sein eigenes Haar zu tragen würde nicht bloß als Zeichen der Schamlosigkeit gelten, sondern eine ungeheuere Versündigung gegen Gott bedeuten. Aber die Lea duldete es wenigstens nicht, daß sich Fremde an ihr vergriffen; mit eigener Hand schnitt sie sich in verschlossener Kammer das Haar vom Haupt.

Es ward eine sehr glückliche Ehe. Dabei begab sich noch ein weiteres Wunder: Lea wurde demütig und gehorchte ihrem Gatten. Selbst der Neid mußte eingestehen, daß der lange Ruben ein treffliches Weib habe. Das fühlte er auch, und als ihm bald darauf eine süße Hoffnung winkte, kannte sein Glück keine Grenzen. Aber diese Hoffnung erfüllte sich nicht, das Kind kam vorzeitig und tot zur Welt. Der Arzt schob dies auf eine Erkältung der Mutter. Aber der Rabbi von Barnow war anderer Ansicht. Er ließ Lea holen und fragte sie, ob sie sich nicht etwa diese Strafe Gottes zugezogen habe, weil sie heimlich eines seiner Gebote übertreten. Lea wurde totenbleich, aber sie sagte fest: »Nein, Rabbi!«

Das war im Frühling gewesen. Im zweitnächsten Herbste gebar die Lea einen Knaben, aber er starb nach sechs Tagen. Der Arzt meinte, an einem Gehirnschlag, wie er bei Neugeborenen so oft eintritt. Lea zerfloß in Tränen; aber als der Rabbi nun selber kam und seine einstige Frage wiederholte, sagte sie auch diesmal kurz und fest: »Nein, Rabbi!«

Im nächsten Sommer fühlte sich Lea zum dritten Male Mutter. Die Erinnerung an ihre beiden schmerzlichen Verluste durchzitterte sie unablässig und ward ihr zur bangen Ahnung. Ängstlich wachte sie über sich, und Ruben wich kaum mehr von ihrer Seite. Aber als der Versöhnungstag herankam, da ließ sie sich's trotz seiner Abmahnung und trotz des ärztlichen Verbotes nicht nehmen, den ganzen Tag fastend in der alten Betschul zuzubringen.

Das sollte ihr zum Verderben werden. Es herrschte an diesem Tage in der alten Betschul eine fürchterliche, verpestete Schwüle, erzeugt durch die unzähligen Wachskerzen und die Ausdünstung so vieler Menschen, die da so lange Stunden beten, weinen und leider auch schwitzen. Es war also eine Atmosphäre, in der auch der gesündeste Mensch hätte ohnmächtig werden können, um so mehr ein zartes Weib in solchem Zustande wie damals Lea. Die Sinne vergingen ihr, mit einem leisen Angstschrei sank sie vom Betschemel.

Die Weiber drängten sich herbei und mühten sich um sie. Sie lösten ihr die Kleider und brachten der Ohnmächtigen zwanzig Riechfläschchen zugleich an die Nase. Aber plötzlich stoben sie blitzschnell auseinander – ein hundertstimmiger gellender Schrei – und dann wieder Stille, die Stille des tiefsten Entsetzens ...

Der »Scheitel« der Lea hatte sich verschoben, und darunter quoll das zusammengedrückte Goldhaar unwiderstehlich hervor und legte sich wie eine lichte Wolke um das totenblasse, schöne Antlitz.

Das war das Geheimnis der Lea gewesen.

Was nun folgte, läßt sich nicht beschreiben, kaum andeuten. Die Stille wich wildem Zetern, Fluchen und Toben. Blitzschnell durchflog die Kunde auch jenen Raum, wo die Männer beteten, und übte hier gleiche Wirkung. Unter wilden Verwünschungen drängten die Rasenden in die Weiberschul. Hätte die Lea soeben gestanden, daß sie ihre Kinder selbst getötet – und Kindsmord gilt unter den Juden als gräßlichstes Verbrechen, ärger als Vatermord –, die Wut hätte kaum größer sein können. Aber in den Augen der Verblendeten hatte ja das Haar der Lea in der Tat dies stumme, furchtbare Geständnis abgelegt!

Es war am heiligsten Tage des Jahres, und jene, gegen die die Wut sich richtete, war ein schwaches Weib, in einem Zustande, der den Rohesten zu zügeln vermag. Gleichwohl läßt sich nicht übersehen, wozu damals der fromme Wahn die Verblendeten hätte führen können. Aber da drängte Ruben wild durch die Reihen, Schmerz und Zorn verzehnfachten seine Kraft. Er hob die Ohnmächtige auf den linken Arm wie ein Kind, mit dem rechten bahnte er sich den Weg durch die Menge, daß alles, was ihm entgegenstand, nur so rechts und links auseinanderflog. So stürmte er die Treppe hinab und durch die Gassen heim, von Flüchen und Verwünschungen verfolgt; das Haar des Weibes umpeitschte im Oktoberwind sein furchtbar blasses Gesicht, aus dem die Augen glühend, wie im Wahnsinn, starrten.

Es gelang bald, die Ohnmächtige zu erwecken, aber als sie um sich schaute und ihr gelöstes Haar erblickte, schrie sie gellend auf und verfiel in heftige Krämpfe. Der Arzt eilte herbei, aber er vermochte nur das Leben der Mutter zu wahren, nicht das junge Leben, das in ihr keimte. Und am nächsten Morgen konnten die Juden von Barnow einander erzählen, daß sich das Gericht Gottes zum dritten Male an der Sünderin erfüllt habe.

Ruben war wie versteinert im Schmerz. Und als er am selben Morgen vor des Rabbi Gericht entboten war, da schritt er so unbewegt dahin, als ginge ihn die Sache eigentlich nichts an. Auch auf die Verwünschungen, mit denen man ihn empfing, hatte er keine Antwort und gab im Verhör kurzen und unerhört verwegenen Bescheid. Er ward gefragt, ob er um den Frevel seines Weibes gewußt. Er habe darum gewußt. Warum er die Sünde geduldet? Weil es in seinen Augen keine Sünde sei. Ob er nun Gottes Strafgericht erkenne? Nein, denn er glaube an einen allweisen, allgütigen Gott. Ob er nun wenigstens seinem Weibe den sündigen Schmuck vom Haupte schneiden wolle? Nein, weil das gegen sein Versprechen als Bräutigam wäre. Ob er die Strafe kenne, der er entgegengehe? Er kenne sie und werde sie abzuwehren wissen.

Diese Strafe ist der »große Cherem«, der strenge Bann, die herbste Strafe, welche die Gemeinde über eins ihrer Glieder verhängen kann. Wen man in den »Cherem« getan hat, der ist vogelfrei; es ist keine Sünde, sondern ein Verdienst, ihn an Gut und Leben zu schädigen. Nur in feindlichster Absicht darf man seinen Leib berühren oder eine Sache, die ihm gehört. Nur wer ihn verderben will, darf dieselbe Luft atmen wie der Verdammte. Der »Cherem« löst die heiligsten Bande, und was sonst schlimmste Versündigung ist, wird hier zum frommen Gebot: Die Gattin darf den Gatten verlassen, der Sohn die Hand gegen den Vater erheben. Es ist ein Krieg aller gegen einen, ein erbarmungslos geführter Krieg, in welchem alle Mittel gelten. Es ist ein unerträgliches Schicksal, das den starrsten Willen zu brechen vermag. Wer im »Cherem« ist, beeilt sich gewöhnlich, schnellstens seinen Frieden mit dem Rabbi zu machen – um jeden Preis, selbst um den der Selbstachtung.

Dem Ruben erschien dieser Preis zu hoch. Wohl ward er durch die Strafe doppelt hart getroffen, denn sie legte auch die Axt an seinen Erwerb . . . Der Kramladen stand verödet. Aber Ruben beugte sich nicht und suchte da Schutz, wo man ihn ihm zu gewähren verpflichtet war: beim k. k. Bezirksgericht. Der »Cherem« ist als Erpressungsmittel strafbar, und im besten Falle, wenn er aus guten Gründen verhängt wird, bleibt er ein Eingriff in das Justizrecht des Staates. Der Bezirksrichter, Herr von Negrusz, hatte in der Sache auch sicherlich den besten Willen und tat, was er konnte. Aber er konnte nicht viel tun. Er leitete die Untersuchung gegen den Rabbi ein und strafte jede Beschimpfung oder Beschädigung, die Ruben von einem nachweislichen Urheber angetan wurde. Aber in den meisten Fällen barg sich die Tücke im Dunkel der Nacht, und die strafrechtliche Verfolgung des Rabbi mehrte noch die fromme Wut. Und was vollends den Kramladen betrifft, so konnte auch der Bezirksrichter niemand dazu verhalten, seinen Zucker und Kaffee beim Rathauser zu holen.

Der Krieg dauerte den Winter über und in den Frühling hinein. Im April war der Rabbi auf sechs Wochen eingesperrt worden. Als er frei wurde, feierte die Gemeinde das festliche Ereignis durch eine Beleuchtung und indem sie dem Ruben die Fenster einwarf. Sonst änderte sich nichts; der Mann beugte sich nicht. Er verarmte sichtlich; sein Schwiegervater ließ nicht ab, zu flehen und zu beschwören, aber Ruben beugte sich nicht. Ja noch mehr – die Lea, die sich in jenem schrecklichen Winter um alle Schönheit und Frische gegrämt, fühlte sich im Frühling wieder Mutter und flehte den Gatten nun selbst an, den verhängnisvollen Schmuck nun ablegen zu dürfen. Vielleicht, meinte das arme Weib, könne das wirklich dem jungen Leben schaden. Aber Ruben schüttelte finster den Kopf: »Es bleibt dabei; du behältst dein Haar. Und wenn es einen Gott gibt, so wird er *uns* nicht verlassen, und ich werde siegen!«

Ruben ist unterlegen. Und was nun folgt – davon habe ich die Empfindung, als ob ich es nur sehr kurz erzählen müßte ...

Im November gebar die Lea wieder einen Knaben. Das Kind war frisch und gesund, auch die Mutter befand sich leidlich wohl. Sechs Tage verstrichen. Da versammelte der Rabbi seine Getreuesten. »Der Vater ist im Cherem, die Mutter trägt ihr eigen Haar. Aber das Kind ist schuldlos. Sehen wir wieder tatlos zu, so muß das Kind sterben, wie sein Brüderchen starb, weil die Sünde der Mutter fortwährt.« Das heißt: wahrscheinlich war's der Rabbi, der so sprach. Der Urheber der grauenvollen Tat ist nie entdeckt worden. Tatsache ist nur, daß der Frevel verübt wurde.

Um die Mitternacht des sechsten Tages brachen Vermummte in das Haus des Ruben, überwältigten ihn und die Wehefrau, rissen die Wöchnerin aus dem Bett und schnitten ihr das Haar vom Haupte. Zwei Tage darauf war die Lea tot. Die Folgen des Schreckens hatten sie getötet. Das Kind, das seit der Freveltat in Krämpfen gelegen, war ihr um einige Stunden vorausgegangen.

Ruben blieb im Städtchen, bis die Untersuchung beendet war. Sie mußte eingestellt werden. Wenn diese Menschen schweigen wollen, so bringt sie keine Macht zum Reden.

Dann zog Ruben fort. Es ist manches Jahr seitdem verflossen. Auch er hat wohl schon Ruhe gefunden und schläft in einem andern Winkel der Erde die dunklen Schmerzen seines Lebens aus.

Des Grabes der Lea habe ich bereits gedacht. Es bleibt nichts mehr zu berichten übrig . . .

Leopold Ritter von Sacher-Masoch

Tag und Nacht in der Steppe

Tag

Ich wollte in die Steppe, um ein paar Trappen zu schießen. Es ist dies eine Jagd, die unendlich viel Reiz hat. Die Trappe gehört nicht zu dem kleinen Wilde, das mancher Jäger ganz verschmäht, sie übertrifft alle jagdbaren Vögel an Größe. Vier Fuß lang und mit sieben Fuß Flügelweite wiegt er zwanzig bis dreißig Pfund und ist mit seinem stolzen Gang und seinem langen weißen Bart ein ganz mächtiges Tier. Auch ist es nicht leicht, ihm beizukommen. Man muß zu allerhand Listen seine Zuflucht nehmen. Wohl kommt er in Scharen zu den Feldern der Landleute und zeigt eine besondere Vorliebe für Kohl und Rübensalat, aber es ist der scheueste Vogel, den es gibt. Sobald der Jäger oder sonst etwas Verdächtiges naht, erhebt er sich schon auf fünfhundert Schritt. Er scheint seine Schwäche zu kennen, denn er kann sich nicht ohne weiteres vom Boden erheben, er muß einen förmlichen Anlauf nehmen, und sein Flug ist schwer und niedrig.

Es gibt verschiedene Mittel, ihm nahezukommen. Er kennt den Landmann und fürchtet ihn deshalb nicht, während derselbe pflügt oder säet oder erntet, spaziert er mit der ihm eigentümlichen spanischen Grandezza hinter, vor oder neben ihm. Der Jäger kleidet sich also als Bauer und geht langsam, die Pfeife im Munde, mit Bauernschritten, bis er ihn zum Schusse bekommt, aber es ist nicht leicht, ihm das

Gewehr zu verbergen. Er kennt das Blinken eines Gewehrlaufes sehr gut von jenem einer Sense oder Sichel auseinander.

Besser ist es, sich in Bauernkleidern auf einen Bauernwagen zu legen und die Flinte in dem Stroh, Heu oder Mais, mit dem der Wagen beladen ist, zu verbergen. Aber der Wagen darf ja nicht mit Pferden, er muß mit Ochsen bespannt sein und recht langsam heranfahren, während der Bauer, der das Gefährt lenkt, mit der Peitsche neben demselben einhergeht.

Ich wählte das letztere Verfahren. Als ich vor Sonnenaufgang aufstand und in Bauernkleidern, die Flinte unter dem Arm, aus dem Hause trat, war mein Mann, der Grundbesitzer Jan Walko, schon zur Stelle. Er hatte den niederen Leiterwagen mit Heu geladen, weil es sich im Heu am besten liegt, und hatte zwei große weiße Ochsen mit schönen langen Hörnern, die eine Lyra bildeten, vorgespannt. Nachdem ich mich bequem auf den Rücken gelegt hatte, setzte sich das Gefährt langsam in Bewegung.

Ich hatte Muße, die Gegenstände, die mich umgaben, genau zu betrachten. Wir fuhren durch das Dorf, kreuzten das frische Dunkel eines Birkenwäldchens, kamen durch hohes, gelbes Korn, dessen Ähren sich schwer zu uns herüberneigten, holperten über eine schadhafte Brücke, und da waren wir auf weichem, üppigem Samt, und vor uns lag die Steppe.

Für jetzt nur vor uns, bald aber auch rechts und links und hinter uns, und als die Sonne vollends aufgegangen war, umfing sie uns ganz und gar. Anfangs zeigten sich noch lange Reihen von dunklen Heuschobern, stand da und dort ein Bauer, der seine Sense dengelte; oder ein Mädchen mit rotem Kopftuch, das Kräuter suchte, tauchte, einer großen Mohnblüte gleich, aus dem hohen Grase. Wenn der Nebel sich träge zur Seite wälzte, blinkte in der Ferne das griechische Kreuz einer Dorfkirche oder zeigte sich ein niederer Schafstall, zeigte sich ein Ziehbrunnen. Kleine grasbewachsene Hügel stiegen empor, nicht selten beisammen liegend wie eine Reihe Gräber, und vom Volke auch für Gräber, für Denkmale irgendeiner Tartarenmetzelei, irgendeiner Kosakenschlacht angesehen. Kleine Haine belebten die Grasfläche, Lerchen stiegen empor aus dem blitzenden Tau, der dieselbe in einen weiten Wasserspiegel verwandelte. Allmählich wurden die Hügel kleiner, die Bäume seltener, und endlich verschwanden sie ganz, und der liebliche Gesang der Vögel verstummte. Die Nebel verflatterten an der Erde. Wir waren mitten in der weiten, unabsehbaren Steppe, und schön war der Morgen mit seinem Glanz, mit seiner jugendlichen Fröhlichkeit. Weithin war nichts zu sehen als die Üppigkeit hohen smaragdenen Grases, blühender Kräuter und farbiger Blumen.

Ich schoß zwei Trappen und einen großen Geier, damit war die Jagd zu Ende, und es war auch schon Mittag da, der Mittag der Steppe, drückend in seiner Stille und Hitze. Überall strömte flüssiges Gold nieder; das geblendete Auge fand nirgends Ruhe. In der Luft war ein leises Knistern wie von elektrischen Funken. Endlich zeichnete ein Ziehbrunnen seine Silhouette auf den leuchtenden Himmel, Rauch wirbelte empor, ein Strohdach wurde sichtbar, eine Hütte wuchs aus dem Boden herauf. Das erfrischende Rieseln einer Quelle ließ sich deutlich vernehmen.

»Wem gehört die Hütte«, fragte ich den Bauern. »Einer Witwe«, sagte er, verschmitzt lächelnd.

Die Räder unseres Wagens zerschnitten trennend das hohe Gras. Ein rotes Feuer loderte in der offenen Türe. Die Ochsen hielten von selbst stille; ich sprang ab. Aus dem Steppenhause trat ein junges Weib, barfuß, mit nackten Armen, wirr flutendem schwarzem Haar, nur mit einem rotgestrickten Hemd und einem kurzen blauen Rock bekleidet. Sie begrüßte uns und musterte uns ruhig mit ihren prachtvollen schwarzen Augen. Ihr fein modelliertes Gesicht war braun wie die Erde, auf der ihr Fuß stand. So mag die ägyptische Königin, die schöne Schlange vom Nil, vor Marc Aurelius hingetreten sein, als er kam, um ihr die Krone zu rauben, und sie ihn zur Strafe zum ersten Ihrer Sklaven machte.

»Nun, hast du etwas zu essen für uns, Eva?« fragte der Bauer.

»Ich werde sehen«, gab sie zur Antwort.

Wir traten in das Haus und ruhten aus. Sie bereitete das Mahl. Nachdem wir gegessen und getrunken, streckten wir uns auf den Holzbänken aus, die längs der Wände liefen, und schliefen bald ein. Pferdegetrappel weckte uns.

Ein junger Bursche, schlank gebaut, mit einem Gesichte, das auf den ersten Blick Vertrauen erweckte, trat herein, offenbar ein Hirte. Zwei große blaue Augen sahen uns erstaunt an.

»Ah! Du, Akensy!« rief der Bauer.

»Ja, so ist es, habt Ihr gejagt?« Er nahm seine Mütze ab und warf den kurzen Schafspelz von den Schultern auf die Ofenbank.

»Allerdings haben wir gejagt«, erwiderte der Bauer, »was aber führt dich etwa her?«

»Nicht mich allein«, sprach Akensy bescheiden, »ein mächtiges Gewitter hängt schwarz am Himmel; wir alle, die wir unsere Pferde in der Nähe weiden, haben uns beizeiten hierher geflüchtet.«

Andere Pferdehirten traten in die Stube, auch Eva wurde sichtbar, sie ging hin und her, ohne Akensy zu beachten, ja, die beiden wechselten nicht einmal einen Blick zusammen, und doch fühlte man sofort, daß zwischen ihnen irgendeine Beziehung bestand.

»Ist das ihr Geliebter?« fragte ich leise meinen Bauern. – »Welcher?« – »Nun, Akensy!« – »Er wird es wohl sein«, gab der Bauer zur Antwort und seufzte auf.

Indessen hatten sich Wolken getürmt, es war dunkel geworden. Eine brütende Stille herrschte, die geradezu furchtbar war. Mit einem Male zuckten Blitze, begann das Rollen des Donners, und schon stürzte der Regen auf die Steppe, das Gras grausam peitschend. Ein Meer ging zur Erde nieder. Die Wogen schäumten wild auf. Wohin man blickte, war nur noch ein wildbewegter Wasserspiegel, in dem das einsame Steppenhaus wie die Arche inmitten der Sündflut schwamm. Schlag auf Schlag folgte, ein jeder schien die Erde zu spalten und ihre Grundfesten zu erschüttern. Dann erhob sich ein Orkan, trieb die finsteren Wolken vor sich her, trieb die Wogen des Wassers auseinander – und ebenso plötzlich, wie die Elemente ihre Fesseln zerbrochen hatten, kehrte sie zur gewohnten Ruhe zurück. Der Regen hörte auf, der Himmel wurde hell, die grüne Steppe schimmerte freundlich, gleichsam verjüngt! Ein Regenbogen umspannte glänzend das weite Land.

Die Hirten verließen das Haus, trieben ihre Pferde aus den Ställen und schwangen sich auf den Rücken derselben. Eva war mitten unter ihnen, scherzend, mit fröhlichen, funkelnden Augen, und wie von einer diabolischen Laune ergriffen, faßte sie eines der schwarzen Pferde an der Mähne, und schon saß sie auf dem stolz wiehernden Tiere, ohne Sattel, ohne Zügel. »Hört, ihr Burschen!« rief sie, »wer mich einholt und gefangennimmt, der darf mich küssen!«

Schon jagte sie ihren Renner über die Steppe, die Hirten folgten mit wildem Geschrei. Akensy, bleich, mit unheimlich lodernden Augen, hatte bald alle anderen überholt. Vergebens wendete Eva ihr Pferd und kehrte in weitem Bogen zum Steppenhaus zurück, er erreichte sie fünfzig Schritte vor demselben, riß sie herüber auf sein Pferd und, während das ihre davonflog, preßte er seine Lippen auf die ihren.

Mein Bauer lachte. »Sie ist nicht umsonst die Tochter einer Wissenden, einer Hexe«, sagte er zu mir, »sie hat ihn behext.«

Es wurde Abend, als wir den Rückweg antraten. Die Sonne versank; das Licht verrann auf dem regungslosen Grasmeer, und mit einem Male lagerte sich ein riesiger Schatten über die ganze Erde.

Jahre waren vergangen, und es war tief im Herbste, als ich in der Steppe von dem Abende überrascht wurde. Zur Dämmerung gesellten sich Dünste, welche wie ein durchsichtiger Flor uns umgaben, um sich in der Ferne mehr und mehr zu verdichten. Es wurde rasch Nacht. Die Ruhe, das Schweigen der Steppe hatten jetzt etwas Erhabenes an sich, heilige Schauer sanken auf uns nieder. Die Sterne zogen herauf, sie vermehrten sich zusehends, und als das dunkle Firmament endlich von ihnen bedeckt war, da schien ihre Zahl größer als sonst, als zu irgendeiner Zeit und an irgendeinem Ort. Ihre Bilder zeichneten sich deutlich ab und schienen so nahe. Es war, als führen wir in den Himmel hinein, den Sternen zu, welche am Horizont wie große Kerzen brannten, die zu einem nächtlichen Feste aufgesteckt werden, und als baue die Milchstraße eine glänzende Brücke von der Erde zu den Wolken.

Und wie die Pferde, die meinen kleinen Wagen zogen, durch die grünen Graswellen weiter und weiter schwammen, da blitzte es am Horizonte auf, zuerst wie ein neuer großer Stern, dann, immer mächtiger, eine riesige Flamme, bis endlich deutlich eine rote lodernde Feuersäule emporstieg.

Mein Kutscher hielt an, spähte hinaus, schüttelte den Kopf und sagte dann: »Ich will der Sohn einer Hündin sein, wenn das nicht der Hof der Eva Kwirinewa ist, der da brennt.«

»So fahre hin!« – »Wozu?« – »Um zu retten!« – »Was wollen Sie an so einer Baracke aus Holz und Stroh retten? Ehe wir hinkommen, ist nur ein Aschenhaufen da.« – »Nun, fahre nur!« – »Ich fahre schon, wenn der Herr es will«, sagte der Kutscher und lenkte die Pferde zur Seite. Die Steppe ächzte unter den Rädern des Wagens auf, dann glitten wir wieder geräuschlos dahin wie über weichen Samt.

Plötzlich tauchte zur Seite eine dunkle Gestalt aus dem

hohen Grase auf, sie winkte uns und kam dann auf uns zugelaufen.

»Nehmt mich auf«, flehte sie, »nehmt mich auf, ich habe mich verirrt auf der Steppe.«

»Wer bist du?«

»Ein Mädchen, das bei Eva Kwirinewa im Steppenhause im Dienst war.«

»Im Steppenhause? Dort brennt es ja! Wir wollen hin, um zu retten.«

Das Mädchen machte eine Bewegung mit der Hand, die deutlicher sagte, als es die Sprache vermochte, daß dort nichts mehr zu retten war.

»Wie ist das Feuer entstanden?«

»Wie es entstanden ist?« erwiderte das Mädchen gleichsam erstaunt. »Wie kann es entstanden sein, sie hat es ja doch selbst angezündet, ihr Haus, wer kann ihr das verbieten, ihr eigenes Haus anzuzünden? Sie wollte es einmal so.«

»Wer? Eva Kwirinewa?«

»Eva Kwirinewa, Gott gebe ihr den ewigen Frieden.«

Die Feuersäule verschwand, man sah nur noch Rauch emporsteigen, der leicht gerötet war. »Nun ist alles vorbei«, seufzte das Mädchen auf.

»Was ist vorbei?« rief ich. »So erzähle doch!«

»Es war heute nachmittag«, begann sie, »die Sonne stand schon tief, als unerwartet Herr Delgopolski vor unserem Hause hielt, er war zu Pferde, er kam von der Jagd oder sonstwo her. Genug, er war sehr ermüdet, hielt sein Pferd an und pfiff. Ich sprang hinaus und ergriff den Zügel, aber schon erschien die Frau auf der Schwelle.«

»Eva Kwirinewa?« fragte der Kutscher.

»Wer sonst?« fuhr das Mädchen fort. »Als sie den edlen Herrn erblickte, lächelte sie recht böse. – Oh, sie konnte so böse lächeln, daß einem das Herz im Leibe stillestand.

›Hat der Herr die Gnade, mich wieder einmal zu besuchen?‹ begann sie in einer Weise, die mir angst machte.

›Ich komme nicht, dich zu besuchen‹, gab Herr Delgopolski stolz zur Antwort, ›ich habe mich verirrt, bin todmüde, will unter deinem Dache rasten.‹ Er stieg ab, band sein Pferd an, und Eva Kwirinewa ging mit ihm in die Stube. Er ging voran, sie folgte ihm. In der Türe wendete sie sich um und winkte mir, draußen zu bleiben. Ich blieb also bei dem Pferde, raufte Gras aus und gab es ihm, holte Wasser und tränkte es. Ich hörte die beiden drinnen laut sprechen, laut und heftig. ›Was haben die etwa zu streiten?‹ dachte ich, aber ich regte mich nicht.

Dann wurde es ruhig. Die Frau ging ein und aus auf den Fußspitzen. Einmal blieb sie vor dem Hause stehen, hielt die Hand über die Augen und spähte nach allen Seiten aus, ob jemand komme.

Die Sonne war untergegangen, es wurde dunkel. Plötzlich kam die Frau; sie hatte sich vom Kopf bis zum Fuße angezogen wie zur Kirche oder zum Jahrmarkt, sie trug rote Stiefel, einen bunten Rock und über dem gestrickten frischen Hemde, das so weiß war wie Schnee, ihren neuen Pelz von blauem Tuch mit weißem Lammfell; sie hatte wohl zehn Schnüre Korallen und Münzen um den Hals, daß es nur so funkelte, und ein rotseidenes Tuch um den Kopf. Sie war ein schönes Weib, wie ich sie so ansah.

›Was hat sie nur vor?‹ dachte ich.

›Gib mir die Stricke‹, sagte sie leise. – ›Die Wäsche hängt auf den Stricken‹, erwiderte ich. – ›So wirf sie zur Erde, wirf sie fort‹, sprach sie, ›und gib mir die Stricke!‹

Ich gab sie ihr, und sie ging hinein, leise, wie eine Katze schlich sie sich. ›Wozu sie nur die Stricke braucht?‹ dachte ich, näherte mich leise dem Fenster der Stube und blickte hinein. Mich konnte sie nicht sehen, da es schon vollkommen finster war draußen, ich aber sah alles genau, was in der Stube vorging, denn Eva Kwirinewa hatte ein Licht angezündet und auf den Tisch gestellt, und ich hörte auch alles, was sie sprachen, denn das Fenster war zerschlagen und nur so zur Not mit Papier verklebt.

Herr Delgopolski schlief auf der Ofenbank. Als jetzt das

Licht auf ihn fiel, sah ich, daß sie ihn mit den Stricken gebunden hatte. Sie hatte ihm die Arme gebunden und die Füße und hatte ihn an die Bank gefesselt. Eva Kwirinewa saß bei ihm, als er erwachte. Er versuchte, sich zu regen, sich zu erheben, aber die Stricke hinderten ihn.

›Was ist das für ein Scherz?‹ rief er aus. ›Und was sollen diese festlichen Kleider?‹

›Heute ist ein großes Fest für mich‹, erwiderte Eva, ›es ist der Tag gekommen, wo ich an Ihnen Rache nehmen kann.‹

Herr Delgopolski riß vergebens an den Stricken, dann begann er laut um Hilfe zu rufen, aber niemand hörte ihn als ich, und wie sollte ich ihm helfen, ich schwaches Mädchen.

Eva Kwirinewa saß ruhig da, die Arme über der Brust verschränkt, und lachte. Es war ein furchtbares Lachen. ›Schweigen Sie, oder ich schneide Ihnen die Zunge heraus‹, sagte sie endlich, sprang auf und faßte ein Messer. Er schwieg. Er kannte sie offenbar. Sie war zu allem imstande, was sie sagte. Wie sie sah, daß er sich ihr ergab, warf sie das Messer auf den Tisch und setzte sich wieder zu ihm hin.

›Bereuen Sie, was Sie mir getan haben?‹ sagte sie ruhig, ja stolz.

›Soll ich etwa bereuen, daß ich ein schönes Weib mein genannt habe‹, versetzte Herr Delgopolski spöttisch, er ahnte noch nicht, was ihm bevorstand, ›und du bist heute noch schön, Eva, komm küsse mich!‹

›Scherzen Sie nicht‹, sagte sie strenge, ›Sie haben schlecht an mir gehandelt, sehr schlecht, wie ein Teufel haben Sie an mir gehandelt. Ich habe Akensy aus Liebe zum Manne genommen und habe ihm drei schöne Kinder geboren. Da kamen Sie – ‹

›Bist du nicht eine Hexe‹, rief Herr Delgopolski, ›und einer Hexe Tochter? Hast du mir nicht einen Liebestrank gegeben?‹ – ›Ja, das habe ich getan.‹ – ›Was willst du also?‹ – ›Ich habe Sie geliebt und wollte Sie in meinen Armen sehen‹, sagte Eva. – ›In deinen Armen!‹ rief Herr Delgopolski. ›Du wolltest mich zu deinen Füßen sehen, und du hast es erreicht. Ich habe um deine Gunst gebettelt wie um die Gunst einer Kaiserin.‹

›Gut, gut‹, rief sie, ›und dann? Habe ich Sie nicht glücklich gemacht? Habe ich nicht, als mein Mann – als Akensy – als der Narr mir drohte, habe ich ihm nicht Gift gegeben, und auch den Kindern, meinen Kindern allen, als sie Ihnen lästig wurden?‹ sprach sie, immer ruhig, ohne sich zu regen.

›Habe ich es von dir verlangt, entsetzliches Weib!‹ schrie er auf.

Sie beachtete es nicht und fuhr fort: ›Sie aber haben eines Tages ein reiches Fräulein kennengelernt, das weiß war und blonde Locken hatte und Samt und Seide trug und Zobel, und Sie haben mich verraten, verspottet, mit Hunden aus Ihrem Hofe gejagt, das Fräulein aber haben Sie zu Ihrer Frau gemacht. War es nicht so? Ja, so war es, und dafür werde ich Sie jetzt töten.‹

›Wahnsinnige!‹ schrie er auf.

›Ich bin ganz bei Vernunft‹, entgegnete sie. Dann stand sie auf, trug Stroh und Heu zusammen und zündete es an.

›Was tust du?‹ fragte er; er war ganz bleich und bebte am ganzen Leibe.

›Ich zünde mein Haus an‹, sagte sie mit ihrem bösen Lächeln, ›wir werden in den Flammen sterben.‹

Da wollte ich in die Stube, ich weiß selbst nicht, wozu, ich armes, schwaches Mädchen, ich versuchte, die Türe aufzustoßen, aber sie war versperrt und verrammelt, ich rief Eva Kwirinewa, ich rief um Hilfe, aber mir antwortete nur das Prasseln des Feuers und der Wind, der klagend über die weite, traurige Erde strich. Eine namenlose Angst faßte mich, ich konnte nicht einmal beten, und so lief ich, wie sinnlos, in die Steppe hinein.‹

Wir blickten jetzt alle zugleich nach der Richtung, wo das Haus der Eva Kwirinewa lag. Das Feuer war erloschen, der Rauch hatte sich verzogen, weithin war nichts zu sehen als die ruhige, feierliche, sternbeglänzte Steppennacht.

Ferdinand von Saar

Die Heirat des Herrn Stäudl

I

»Danke, Herr Landesgerichtsrat. Ich setze mich nicht. Ich kann aufrecht vor Ihnen stehen.« Und Herr Stäudl richtete seine eingesunkene knochige Hünengestalt in ihrer ganzen Höhe empor, so daß ihn der Untersuchungsrichter und sein Schriftführer mit einigem Erstaunen ansahen.

»Nun, wie Sie wollen. Aber Sie haben das Recht, sich auf den Stuhl niederzulassen. Und es wäre mir angenehmer; Sie verdunkeln uns sonst den Tisch. Auch haben Sie ja viel vorzubringen.«

»Das würde mir nichts machen, Herr Landesgerichtsrat. Da Sie es aber wünschen, so werde ich mich setzen.« Er tat es und legte die unglaublich großen, mit verschrumpften Hautfalten bedeckten Hände vor sich auf die Knie. Der lang hinabfallende, halb ergraute Zottelbart, die kahle, vielfach gehöckerte Schädeldecke, die weit aufgerissenen farblosen Augen, die starr auf den Richter geheftet waren, gaben dem Manne etwas unheimlich Wildes, das nur durch den schmerzlichen Ausdruck in seinem schlaffen, bräunlich fahlen Antlitz gemildert wurde.

»Sie können beginnen, Herr Stäudl.«

»Nun alsdann. Aber um alles genau auseinanderzusetzen, werde ich von kleinauf anfangen müssen.«

»Tun Sie das.«

»Nun alsdann. Sehen Sie, Herr Untersuchungsrichter, ich

hatte mich seit jeher von den Weibern ferngehalten. Nicht etwa, daß ich keinen Gefallen an ihnen gefunden hätte oder daß ich, wie so mancher, zu schüchtern gewesen wäre, mich an sie heranzumachen. Keineswegs. Aber ich bin immer sehr stolz gewesen auf meine Mannheit und habe es unter meiner Würde gehalten, mich mit ihnen abzugeben. Schon als ich noch die Schule besuchte, war es so. Damals saßen Buben und Mädel in einem Klassenzimmer beisammen, und da suchten bereits die meisten Knirpse mit den kleinen Flittchen anzubandeln. Sie steckten ihnen Zettelchen zu und waren froh, wenn sie in ihrer Gesellschaft allerlei Schabernack treiben konnten. Ich aber hielt mich vollständig abseits und sprach mit keiner ein Wort. Ich merkte, daß sie sich deshalb über mich lustig machten. Sie spielten mir allerlei Streiche und legten mir zuletzt förmliche Fallen, um mich an sich zu bringen. Aber ich wußte immer auszuweichen. Das verdroß sie nach und nach. Sie zogen mir schiefe Gesichter, und schließlich taten sie so, als wär ihnen nicht das geringste an mir gelegen. Ich aber fuhr fort, mit Verachtung über sie hinwegzublicken. Nur ein einziges Mal habe ich mich herabgelassen. Es war da ein schmächtiges, flachshaariges Ding, dessen Eltern gleich den meinen ziemlich weit draußen vor der Stadt wohnten. Ich meine Korneuburg, wo ich geboren bin. Die Franzl, so hieß die Kleine, hatte also denselben Weg zu machen. Es fiel mir aber nicht ein, mich ihr anzuschließen. Ich grüßte sie nicht einmal und überholte sie stets mit langen Schritten. Eines Tages jedoch, im Winter, gab es einen argen Schneesturm. Dabei stellenweise scharfes Glatteis, so daß das arme Mädel nicht wußte, wohin es den Fuß setzen sollte. Sie trippelte und wankte hin und her, bis sie endlich der Länge nach auf den Rücken plumpste. Da hielt ich es denn doch für meine Pflicht, ihr aufzuhelfen und sie nach Hause zu führen, wobei sie sich gleich einer Klette an mich hängte. Seitdem ging ich mit ihr. Denn sie gefiel mir, weil sie ein sanftes, stilles Kind war, keine ausgelassene Schnattergans wie die anderen. Aber ich schloß mich nicht etwa gleich von der Schule weg an, sondern erst draußen, wo das freie Feld begann; denn meinem Ansehen wollte ich nichts vergeben. Das dauerte so ein paar Wochen, bis Tauwetter mit starkem Regen eintrat. Als ich nun eines Nachmittags so recht im Gusse auf sie wartete, sah ich, wie sie mit einem anderen Jungen, den ich überdies seit jeher nicht hatte ausstehen können, herankam. Der hoffärtige Schlingel – er war der Sohn eines Beamten – hatte einen Regenschirm, während ich natürlich keinen besaß, und den hielt er über der Franzl ausgespannt, die darunter ganz stolz und seelenvergnügt einherging. Kaum hatte ich das gesehen, als ich auch schon kehrtmachte und nach Hause eilte. Seit diesem Tage sprach ich mit der Franzl kein Wort und grüßte sie nicht einmal mehr.«

»Es scheint, daß Sie eifersüchtig waren«, sagte der Richter.

»Keineswegs. Ich dachte mir: Warum braucht sie sich von dem Laffen mit einem Schirm begleiten zu lassen? Kann ich bis auf die Haut durchnäßt werden, kann sie es auch.«

»Eine eigentümliche Auffassung.«

»Mag sein. Aber ich war nun einmal so – und blieb es auch, als ich heranwuchs und mich der Gärtnerei widmete, zu der ich große Lust und Liebe hatte. Ich arbeitete zuerst in der Lehre bei einem benachbarten Nutzgärtner; später nahm mich über Verwendung meines Onkels, der in Wien lebte, ein Herrschaftsgärtner in Hietzing zu sich, und nach ein paar Jahren kam ich schon als Gehilfe in die großen Villengärten des Herrn Ritter von Artner. Sie werden sie wohl kennen oder wenigstens davon gehört haben, denn die dortigen Treibhäuser sind eine Sehenswürdigkeit. Der damalige Obergärtner hieß Nowak. Ein sehr hervorragender Mann in seinem Fache; als Rosenzüchter stand er weit und breit in Ruf. Er erkannte auch bald meine Fähigkeiten und zog mich im Laufe der Zeit den älteren Gehilfen vor. Die waren zwar nicht ungeschickt, aber faul und leichtsinnig. Sie taten nur, was sie gerade mußten; im übrigen gingen sie ihrem Vergnügen nach. Ich aber blieb des Abends immer zu Hause, wo ich allerlei Bücher über die Gartenkunst las. Die andern verdroß das. Sie fingen an, mich zu hänseln und zu vexieren; zuletzt suchten sie gar, mit mir anzubinden. Ich aber, als sie mir einmal, ihrer drei, zu Leibe wollten, stieß ihnen mit diesen Händen« – Herr Stäudl hob sie mit ausgespreizten Fingern in die Luft – »die Köpfe aneinander. Da hatte ich Ruhe; sie erkannten und fürchteten meine Stärke. Auf diese Art stieg ich mehr und mehr im Ansehen, so daß mich sogar der Herr Ritter von Artner mit einer lobenden Ansprache auszeichnete.

Dies sowie meine zunehmende Fertigkeit ließen mich hoffen – und auch Herr Nowak war dieser Meinung –, daß ich Aussicht hätte, dereinst Obergärtner zu werden. Er selbst, schon an die Siebzig, wurde von Jahr zu Jahr gebrechlicher. Bei alledem führte ich mein eingezogenes Leben fort. Mäßigkeit war immer mein Wahlspruch gewesen, obgleich mich die meisten deswegen für einen Knauser hielten. Des Morgens ein Stück Brot und einen Trunk Wasser. Mittags im nächsten kleinen Wirtshaus Suppe, Fleisch, Gemüse. Basta. Abends wieder ein Stück Brot und ein Seidel Wein, das ich mir selbst nach Hause holte. Mich wie die andern mit Weibsbildern abzugeben fiel mir nicht ein. Aber ich dachte endlich im stillen daran, mich zu verheiraten. Denn das schien mir unerläßlich, wenn ich, woran ich nicht mehr zweifelte, bald Obergärtner sein würde. Ich hatte auch schon ein Mädchen ins Auge gefaßt: die Tochter eines Handelsgärtners an der Nußdorfer Lände, mit welchem wir in Geschäftsverbindung standen, indem wir ihm Pflanzen und Setzlinge abließen und umgekehrt.

Als ich Gertrud, so hieß das Mädchen, zum ersten Mal sah, stand sie gerade am Herd und kochte. In der Küche alles sehr sauber und nett. Sie selbst eine stattliche, kräftig gebaute Person, die mir wohlgefiel. Die würde, so schloß ich, eine tüchtige Hausfrau abgeben – um so mehr, als sie auch, ihrem ganzen Benehmen nach, sehr züchtig und tugendhaft zu sein schien. So ließ ich denn meine Absicht den Vater merken, der darüber sehr froh war, da er um meine Aussichten wissen mochte. Es kam zu näherem Verkehr, und ich und das Mädchen galten schon als Verlobte. Aber in allen Ehren. Das Haus betrat ich nur an Sonntagen. Und zwar nachmittags zur Jause. Dann gingen wir, immer im Beisein des Vaters, in den Nußdorfer Bockkeller zum Bier oder nach Heiligenstadt zum Heurigen. Das tat ich eigentlich nur dem Alten zulieb, der nicht ungern ins Glas guckte. Aber um neun Uhr mußte es ein Ende haben, denn ich war seit jeher gewohnt, früh schlafen zu gehen.

So zog sich die Sache fast ein Jahr hin. Mit einmal, ganz plötzlich, wurde ich zum Ritter von Artner gerufen. Er teilte mir mit, daß Nowak mit Neujahr zur Ruhe gesetzt werde und ich an seine Stelle ernannt sei. Ich dankte ehrerbietig, aber aufrecht. Denn sosehr mich die Ernennung freute, so war es doch auch ein Vorteil für den Herrn Ritter von Artner, daß er einen Mann wie mich als Obergärtner bekam. Aber im Innern war ich doch sehr aufgeregt, und da trieb es mich, meine Zukünftige von dem Ereignis in Kenntnis zu setzen. Wie gesagt, kam ich an Wochentagen niemals hin. Aber heute war gerade erst Montag; ich hätte also die ganze Woche warten müssen. Freilich hätte ich auch schreiben können; aber das fiel mir zum Glück nicht ein, sondern ich eilte schnurstracks hinab an die Nußdorfer Lände. Trat auch ohne weiteres ins Haus, das mitten in dem großen Gemüsegarten lag – und dann gleich rechts in die Küche hinein, wo ich die Gertrud um diese Zeit sicher anzutreffen hoffte. Sie war auch dort. Aber dicht bei ihr, gewissermaßen Kopf an Kopf, stand der Bäckerjunge, der in dieser Gegend Brot und Semmeln austrug – ein bartloser Bursche von siebzehn oder achtzehn Jahren. Am linken Arm den Korb, hatte er den rechten um ihre Mitte geschlungen, es sah aus, als hätten sich die beiden soeben geküßt. Ich das sehen und kehrtmachen und nach Hause gehen war eins. Dort erst fing mich die Sache zu wurmen an. Aber mein Stolz behielt die Oberhand. Ein Mädchen, das sich von einem Bäckerjungen küssen läßt, ist nicht wert, daß du noch an sie denkst. So sprach ich zu mir selbst. Und dabei blieb es, ob mir auch der Alte ganz weinerlich auf die Bude gerückt kam und alles nur auf den Bäckerjungen schieben wollte, dessen unziemlicher Frechheit sich seine Tochter nicht hätte erwehren können. Ich erwiderte darauf gar nichts und wies ihm bloß mit einer bezeichnenden Handbewegung die Tür. Einen dicken Schreibbrief, den mir die Gertrud schickte, zerriß ich ungelesen. Kurz: so, als wäre gar nichts vorgefallen und als hätt ich das Mädchen niemals gesehen, trat ich zu Neujahr mein Amt an. Ans Heiraten dacht ich nicht mehr.

Die einzige Sorge in dieser Beziehung machte mir die große Wohnung, die ich jetzt bekam. Drei sehr geräumige Zimmer außer der Küche und sonstigem Zubehör. Aber da war ja bald geholfen. Ich sperrte die letzten zwei Zimmer ab. In das erste ließ ich das Bett schaffen, in dem ich bis jetzt geschlafen hatte; die andern notwendigsten Möbelstücke kaufte ich mir – und führte ganz ruhig meine Junggesellenwirtschaft fort. Einen Augenblick dachte ich daran, eine Magd zu halten. Aber eine junge oder jüngere wäre nicht passend gewesen – und vor alten Weibern habe ich immer Abscheu empfunden. Schöpfte mir also auch als Obergärtner beim Brunnen das Wasser, ging zum Mittagessen ins Wirtshaus, holte mir abends meinen Wein herüber – und räumte täglich mit eigenen Händen auf. Ich hätte zwar das meiste durch einen Gärtnerburschen besorgen lassen können – und ein anderer hätte es auch getan. Ich aber hielt strenge Dienstordnung; es sollte nicht heißen, daß ich einen der Leute, die der Herr Ritter von Artner bezahlte, für mich verwende. So lebte ich also für mich allein, einen Tag wie den andern, fast zehn Jahre lang und befand mich wohl dabei – bis ich endlich ...« Herr Stäudl brach ab und blickte starr vor sich hin.

»Bis Sie endlich doch heirateten«, sagte der Richter. »Lassen Sie hören, wie Sie dazu gekommen sind.«

II

»Ja, wie das gekommen ist«, sagte Herr Stäudl, ohne sich zu erregen. »Das ist so gekommen. Der Herr Ritter von Artner hatte einen Bedienten, der bei ihm und seiner Familie sehr in Gunst stand. Er verdiente es auch, denn er war ein braver Mensch, willig und unermüdlich – ein Böhme von Geburt. Er hieß Thomas. Da er, wie gesagt, sehr in Gnaden stand, so war ihm gestattet worden, ein Mädchen zu heiraten, in das er sich verliebt hatte. Auch eine Böhmin. Ins Haus aber durfte er sie nicht nehmen, sondern es wurde für sie in der Nähe der Villa, wo die Herrschaft sich aufhielt, eine Wohnung genommen. Dort gebar sie in den nächsten Jahren zwei Kinder, einen Knaben und ein Mädchen. Man nannte sie nach ihrem Manne die Thomasin. Sie galt als hübsches Weib und stand insofern auch im Dienste der Herrschaft, als sie bei der Wäsche und sonstigen Verrichtungen mithalf. Ich selbst kannte sie kaum. Ich hielt mich ja fast den ganzen Tag in den Gärten auf, und wenn ich ihr je einmal begegnete, so blickte ich – wie überhaupt bei meiner Größe über alle Weiber – auch über sie hinweg, denn die Freude machte ich keiner, mich zu bücken, um ihr unter das Kopftuch oder unter den Hut zu schauen. Kurz, ich wußte eigentlich gar nicht, wie sie aussah.

Da geschah es, daß ihr Mann starb. Er hatte sich, wie es hieß, durch einen kalten Trunk, den er erhitzt getan, ein Lungenübel zugezogen, das ihm den Garaus machte. Nun hatte die Herrschaft die Wittib auf dem Halse. Sie erhielt Pension und überdies freie Wohnung in einem kleinen, außer Gebrauch befindlichen Maschinenhause, wo früher Wasser aus der Donau heraufgepumpt wurde und das in einem der unteren Gartenteile lag. Als ich davon in Kenntnis gesetzt wurde, erlaubte ich mir, Einsprache zu tun. Denn gerade um das Häuschen herum lagen meine feinsten Obstkulturen, denen zwei übel gehütete Rangen großen Schaden tun konnten; auch war ja der ganze Blumenflor vor solchen

Grasteufeln nicht sicher. Aber der Herr Ritter von Artner, dem das Weib höchstwahrscheinlich den Aufenthalt in dem Häuschen abgebettelt hatte, bestand auf seiner Anordnung. Wenn ich merkte, sagte er, daß die Kinder etwas verwüsten, so möchte ich es nur melden, er würde dann schon Abhilfe zu treffen wissen. Da konnte ich denn nichts mehr einwenden, dachte aber bei mir: den Aufpasser und Ankläger mach ich nicht; ich werde schon selbst Vorsorge treffen. Beschloß also, mit der Thomasin, sobald sie eingezogen war, ein Wort zu reden.

Als ich sie an einem schönen Maimorgen aufsuchte, stand sie mit ihren Kindern gerade vor der Tür. Ich trat auf sie zu, und zwar mit sehr strenger Miene, so daß sich, wie ich bemerken konnte, die Kinder gleich vor mir zu fürchten anfingen, was ich gerade bezwecken wollte.

›Frau Thomasin‹, begann ich ohne jede weitere Begrüßung, ›Sie haben von der Herrschaft hier Wohnung erhalten. Gut. Aber sie liegt in den Gärten, und für diese bin ich verantwortlich. Ich verbiete also Ihnen und den Kindern, irgend etwas anzurühren. Weder Blumen noch Früchte. Auch kein Fallobst, denn selbst dieses wird aufgelesen und in Rechnung gestellt. Wenn Sie Gemüse oder sonstiges benötigen, so haben Sie sich an den ersten Gehilfen zu wenden, der es Ihnen zum billigsten Preis ablassen wird. Hoffentlich haben Sie mich verstanden, und ich mache Sie daher auch für die Kinder verantwortlich.‹

Das Weib war bei dem ganz verdutzt dagestanden und hatte mich mit halb offenem Munde angestarrt. Jetzt sagte sie in singendem Böhmisch-Deutsch: ›Aber Jesus! Was glauben S' denn, Herr Stäudl? Wer'n mir was anrührn? Bitt ich Ihne! Könnt uns einfalln so was! Meine Kinderle sind brav. Schaun Sie s' nur an, sind ja liebe Kinderle!‹

›Hab sie schon gesehen‹, sagte ich und blickte weg. Das tat ich aber eigentlich nur, um die Thomasin nicht länger anschauen zu müssen. Denn die war wirklich ein hübsches Weib. So gegen die Dreißig. Nicht gar groß, aber auch nicht klein. Voll, aber doch schlank. Und eine Haut hatte sie, milchweiß. Und braune Haare, die in der Sonne wie Gold glänzten; auch die Augen, die von derselben Farbe waren. Es war Zeit, daß ich ging, und so wendete ich mich mit einem kurzen, barschen Gruß. Sie aber suchte mich beim Arm festzuhalten, indem sie sagte: ›Sein S' doch nit so bös, Herr Stäudl! Mir wer'n Ihne kan Verdruß machen. Wer'n S' sehn, wir wer'n ganz gut auskummen miteinand.‹ Und dabei lächelte sie mit einem ganz eigenen Zug um den Mund, der rot war wie eine Granatblüte.

Natürlich riß ich mich gleich los; aber meine Hand war zufällig mit der ihren in Berührung geraten, und da fühlte ich, wie es mir heiß durch den Arm hinaufging bis in die Brust. Eine ähnliche Empfindung hatte ich gehabt, als ich einmal ganz zufällig an das Atlaskleid einer jungen Dame streifte, die unsere Treibhäuser besichtigte. Die Hand der Thomasin war, trotz aller harten Arbeit, die sie verrichtete, glatt und knisterig wie der Atlas an jenem Damenkleide. Ich konnte dieses Gefühl den ganzen Tag nicht aus dem Leib bringen. Dabei schwebte mir das Weib und ihre milchweiße Haut beständig vor Augen. Auch in der nächsten Zeit, bis ich endlich über mich selbst wild wurde und mir alle diese Phantasien gewaltsam aus dem Sinn schlug. So hatt ich's auch untergekriegt. Aber dem Maschinenhaus wich ich immer in weitem Bogen aus. Ich fühlte, daß mir dort Gefahr drohte.

Die Thomasin jedoch schien es darauf anzulegen, mir in den Wurf zu kommen. Denn sie begegnete mir manchmal da oder dort, wo sie nicht zu vermuten war. Dabei wollte sie immer, unterwürfig grüßend, mit dem gewissen Lächeln ein Gespräch anknüpfen. Ich aber erwiderte kein Wort und ging ohne Gruß an ihr vorüber, obgleich es mir bei ihrem Anblick immer einen Riß gab.

Eines Abends, da ich mich von der Arbeit weg gerade in meine Wohnung begeben wollte, sah ich das Weib davorstehen und durch das offene Fenster in mein Zimmer gucken.

Das brachte mich in Wut. ›Was hat Sie da zu schaffen!‹ schrie ich. ›Was spioniert Sie da?‹

›Aber Jesus‹, antwortete sie, ohne im geringsten zu erschrecken, ›sein S' doch nit gleich so bös, Herr Stäudl! Was soll ich spioniern? Hab mir nur wolln Ihr Zimmerle anschaun. Mein Gott‹ – sie schlug dabei ihre weißen Hände zusammen –, ›wie sieht's bei Ihne aus! Wie bei an Arrestant. Nit amal Vorhangl haben S'. Wie können S' nur so allanig bleibn, Herr Stäudl? Sie sollten a brave Frau habn. Da hätten S' Ordnung. Auch sonst möcht's Ihne gut gehn. Hätten S' Freud am Leben – und wären nicht immer so brummig.‹

›Will Sie jetzt still sein, Sie unverschämte Person!‹ sagte ich. ›Ich brauch Ihren Rat nicht. Schau Sie, daß Sie weiterkommt!‹

›No ja, i geh schon‹, erwiderte sie und lächelte wieder. ›Aber bleiben S' nit so allanig, sag ich Ihne.‹ Damit entfernte sie sich langsam und griff dabei mit beiden Händen nach rückwärts, um den dicken Haarzopf aufzustecken, der ihr in den Nacken gesunken war.

Ich fühlte mich wirklich höchst aufgebracht über ihre Reden. Als ich aber in mein Zimmer trat, mußte ich ihr unwillkürlich recht geben. Es sah in der Tat ganz gefängnismäßig bei mir aus. Auch ziemlich unsauber. Ich konnte mir ja nicht immer die Zeit nehmen, ordentlich aufzuräumen. So war ich unzufrieden mit mir selbst – und blieb es auch. Ich fing sogar an, mich abends allein zu fühlen, und ging hin und wieder ins Wirtshaus, was ich früher niemals tat. Kurz, es war in mir etwas aus dem Geleis gekommen – und ich konnte mich nimmer ganz zusammenfinden.

Eines Tages, so gegen den Herbst zu, fühlte ich mich unwohl. Aber ich war nicht gewohnt, auf derlei zu achten. Ging also wie sonst meiner Beschäftigung nach, auch nicht zeitiger zu Bette, vielmehr ins Wirtshaus, weil ich mir dachte, ein Glas Rotwein würde mir guttun. Aber schon während der Nacht wurde mir ganz miserabel, und am Morgen konnt ich nicht mehr aufstehn. Es war der Typhus, und ich weiß nicht, wie viele Tage ich im Delirium gelegen bin. In diesem Zustand kam es mir vor, als ob die Thomasin im Zimmer und um mich beschäftigt sei. Sie legte mir Umschläge auf den Kopf und tat auch sonst alles, was bei einem Schwerkranken notwendig ist. Aber ich wußte nicht, ob ich es nur träumte oder ob das Weib wirklich da war. Als ich meiner Sinne wieder mächtig wurde, da merkte ich freilich, daß es sich so verhielt. Die Herrschaft hatte sie zu meiner Wartung befohlen. Und die verrichtete sie in einer Weise – ich brauchte sie nur anzublicken, so wußte sie gleich, was ich wollte. Ich lag noch immer ganz kraftlos da und konnte mich lange kaum rühren – und da tat es mir so wohl, wenn sie die Decke oder die Polster richtete und mir dann mit ihrer glatten Hand über die Stirn strich . . . Was soll ich noch sagen, Herr Untersuchungsrichter? Als ich wieder gesund war, hab ich sie geheiratet.«

»Soweit wären wir also«, bemerkte der Richter nach einer Pause.

III

»Soweit wären wir«, wiederholte Herr Stäudl mechanisch. »Und ich muß sagen, daß ich mich zufrieden und glücklich fühlte. Denn ich lernte kennen, was das heißt, ein eigenes Hauswesen zu haben. Und die Thomasin – ich nannte sie auch nach meiner Verheiratung so – war eine ganz vortreffliche Hausfrau. In Wohnung und Küche alles immer spiegelblank wie sie selbst. Es war eigentümlich, daß an ihr niemals etwas haftenblieb, obgleich sie überall zugriff. Auf andern ist gleich jeder Fleck sichtbar, der vom Himmel fällt, trotz aller Sorgfalt. Bei ihr aber mußt ich im stillen immer an den Schwan denken, der in dem kleinen seichten Teich in einem der Gärten gehalten wurde. Sooft er auch unter das schlammige Wasser tauchte, er kam immer wieder zum Vorschein wie der frisch gefallene Schnee. Ja, so war sie. Und ich wußte nun auch, was es heißt, ein Weib zu besitzen. Den ehelichen Verkehr hatte ich mir den Umständen gemäß eingerichtet. Die Frau hatte Kinder, und die durften nicht etwa Zeugen von Zärtlichkeiten sein. Ich wies ihnen also das letzte Zimmer an, wo sie auch schliefen. In dem mittleren schlief die Thomasin; ich selbst blieb, wo ich immer gewesen, und obendrein wurde nachts die Tür zugemacht. Im übrigen waren wir eine Familie. Die Kinder, namentlich das Mädchen, waren wirklich lieb und gut; sie folgten mir auf den Wink, obgleich ich nicht ihr Vater war. Deshalb gab ich mich auch nicht viel mit ihnen ab. ›Es sind deine Kinder‹, sagte ich zur Frau; ›erziehe sie, wie du es für recht und gut hältst. Ich will nur, daß sie sich anständig benehmen.‹ Das taten sie auch, denn obgleich ich ihnen kein böses Wort gab, fürchteten sie mich wie den Teufel. Eigene Kinder wollten sich nicht einstellen, mir war es ganz recht. Denn das hätte jedenfalls Unordnung ins Haus gebracht; auch würde ich mich gewissermaßen vor den Stiefkindern geschämt haben, die ja doch schon heranwuchsen und sich jedenfalls über die Sache ihre Gedanken gemacht hätten.

So lebte ich, wie gesagt, zufrieden und behaglich über zwei Jahre. Abends ging ich nie aus. Nur alle vierzehn Tage besuchte ich einen Verein, welchen die Gärtner der ganzen Gegend gegründet hatten und wo neben geselliger Unterhaltung auch allerlei ins Fach schlagende Gegenstände zur Sprache kamen. Ich war nie ein Freund von solchen Veranstaltungen, bei denen doch nichts anderes herauskommt, als daß ein paar vorlaute Leute den Ton angeben und sich geltend zu machen suchen. Wollte also anfänglich dem Verein gar nicht beitreten. Aber da hieß es: ›Was? Sie wollen sich ausschließen, Herr Stäudl? Sie, eine unserer ersten Kapazitäten? Und wir haben die Absicht gehabt, gerade Sie zu unserem Obmann zu wählen!‹ Da konnte ich wohl nicht anders und ergab mich darein, obwohl mir die ganze Sache höchst zuwider war.

Nun, die Zusammenkünfte fanden jeden zweiten Freitag in einem Grinzinger Gasthause statt, wo bekanntlich guter Wein geschenkt wird. Eines Freitags also ging ich wie gewöhnlich so nach sechs vom Hause fort. Ich hatte schon ein ziemliches Stück Weges zurückgelegt, als mir plötzlich der Gedanke kam, ob meine Leute wohl das kleine Warmhaus geheizt haben möchten. Es war zwar schon im April und der Tag auch sehr sonnig gewesen, aber ein Nachtfrost war doch nicht ganz ausgeschlossen – und strikten Befehl hatte ich nicht gegeben. Die Sache schien mir wichtig, einiger sehr seltener Keimpflanzen wegen, die dort untergebracht waren. Kehre also um, begebe mich durch ein Seitenpförtchen, dessen Schlüssel ich immer bei mir trug, in den Garten, wo sich das Warmhaus befindet. Mache die Tür auf – was seh ich? Meine Frau steht drinnen mit einem meiner Gehilfen – und zwar in einer Art und Weise, die mir keinen Zweifel darüber läßt, was da vorgeht. Ganz starr stand ich da. Auch die beiden. Dann fingen sie zu zittern an, daß ihnen fast die Knie einbrachen. Sie dachten wohl, nun würde ich auf sie losfahren. Aber nichts da! Ich drehte mich wie damals vor der Gertrud und dem Bäckerburschen auf dem Absatz um und ging. Aufrecht, ohne jedes Gefühl in mir als das der tiefsten Verachtung, ging ich nach Grinzing. Ich war um so ruhiger, als ich bei meinem Eintritt in das Warmhaus gemerkt hatte, daß geheizt war. Machte daher ganz ordentlich den Vereinsabend mit; nur des Trinkens enthielt ich mich soweit wie möglich, denn ich wollte nicht, daß mir das Geschehene, weil es mir jetzt doch allmählich zuzusetzen begann, über den Kopf wüchse. Vielmehr überlegte ich schon auf dem Heimwege – obgleich ich mit ein paar andern Gärtnern, die mich begleiteten, unausgesetzt reden mußte – ganz gründlich, was nun zu tun sei.

Sonst wurde ich immer von der Frau erwartet, wenn ich nach Hause kam. Diesmal nicht. Sie wagte es offenbar nicht, mir unter die Augen zu treten. Während ich bei mir, wo es ganz finster war, Licht machte, hörte ich leises Geräusch im Nebenzimmer. Da sperrte ich die Tür gleich mit dem Schlüssel ab und legte mich zu Bett. Schlafen konnte ich allerdings nicht. Als aber der Morgen graute, hatte ich meinen

Entschluß gefaßt. Ich stand auf, holte mir wie früher das Wasser vom Brunnen, wusch mich und kleidete mich völlig an. Dann drehte ich den Schlüssel wieder um und ging sogleich in den Garten, wo ich, als wäre nichts vorgefallen, meinen Verrichtungen oblag. Dabei sah ich mich nach dem Gehilfen um – ich hatte deren vier –, den ich gestern bei der Frau gesehen. Er war nicht zu erblicken, er mußte sich absichtlich von mir fernhalten. Ich ließ ihn rufen. Es dauerte lange, bis er erschien, ganz blaß wie das böse Gewissen. Ich ließ mir aber gar nichts anmerken, sondern erteilte ihm bloß einige Aufträge; der Schuft sollte nicht etwa glauben, daß mir das Vorgefallene naheging oder gar Herzweh bereitete. So gegen acht verließ ich den Garten und ging die Hauptstraße hinunter, gegen den Ort zu. Dort hatte man in den letzten Jahren eine Unmasse neuer Häuser gebaut, wo immer Wohnungen leerstanden und sofort zu mieten waren. Fand auch bald eine, die mir passend schien. Ich nahm sie auch gleich auf und bezahlte den vierteljährigen Zins. Dann kehrte ich nach Hause zurück, wo die Thomasin am Herd stand und das Mittagessen zu kochen anfing. Ich gab ihr einen Wink, mir ins Zimmer hinein zu folgen. Als sie jetzt vor mir stand, sah sie mich mit ungewissem Blick an und wollte etwas sagen. Ich aber schnitt ihr das Wort vom Munde ab.

›Thomasin‹, sagte ich ganz kurz, ›Ihr werdet übermorgen mit den Kindern mein Haus verlassen. Ich habe Euch eine Wohnung genommen. In der Panzergasse. Zimmer, Kabinett, Küche. Der Zins ist gezahlt und wird jedes Vierteljahr von mir gezahlt werden. Außerdem erhaltet Ihr monatlich soundso viel. Keine Widerrede! Mit den Gerichten geb ich mich nicht ab. Wir sind geschiedene Leute. Übermorgen müßt Ihr mit den Kindern fort sein. Die Möbel, die sich in Eueren Zimmern befinden, könnt Ihr mitnehmen.‹

Sie erwiderte nichts, wollte aber meine Hand erfassen und vor mir auf die Knie sinken. ›Hinaus!‹ schrie ich, und zwar mit einer solchen Stimme, daß sie auch schon, wie geflogen, aus dem Zimmer war. Nun hatte ich Ruhe. In zwei Tagen war sie fort.

Ihr Wegziehen machte natürlich das größte Aufsehen. Kein Mensch außer dem jungen Schurken wußte es sich zu erklären; vorwitzige Frager fertigte ich kurzweg ab. Aber der Herr Ritter von Artner ließ mich zu sich bescheiden und wollte wissen, was da vorgefallen sei. Ich antwortete mit aller Ehrerbietung, doch in einem Ton, der weiteres Forschen abschnitt: ›Herr Ritter von Artner, das geht mich allein an.‹ Er stutzte und schien ungehalten. Aber er besann sich und sagte: ›Allerdings geht das Sie allein an. Sie werden Ihre Gründe gehabt haben.‹ – ›Ganz gewiß‹, erwiderte ich und empfahl mich. Damit war die Sache abgetan.«

»Leider noch nicht«, sagte der Richter. »Die Hauptsache kommt erst.«

IV

»Ja, die kommt erst«, bekräftigte Herr Stäudl mit dumpfer Stimme, während er sich mit seiner vertrockneten Gigantenhand über die Stirn fuhr. »Wenn mir jemand gesagt hätte, daß ich mich jemals so ganz und gar selbst verlieren könnte, den hätt ich reif fürs Tollhaus erklärt. Denn ich habe mich immer für felsenfest und unerschütterlich gehalten. Und ich war es auch. Aber es muß schon so sein, für jeden kommt einmal die Stunde, die ihn niederwirft. Doch ich will fortfahren.

Sehen Sie, Herr Untersuchungsrichter, als das Weib weg war, erschien mir auch alles wieder in Ordnung. Denn mein Herz hatte ich ja nicht an sie gehängt – wie überhaupt an keinen Menschen; nicht einmal an meine Eltern, die mir allerdings früh gestorben waren. Aber auch an keinen sogenannten Freund. Ich verkehrte wohl in meinen jungen Jahren mit diesem oder jenem nicht ungern, wie das schon der gemeinsame Beruf und sonstige Umstände mit sich bringen. Sobald aber einer mein Selbstgefühl irgendwie verletzte, war es aus. Ich kannte ihn nicht mehr. So war es auch mit dem

Weibe. Sie hatte ein Verbrechen gegen mein Selbstgefühl begangen. Somit war sie für mich tot – oder schien es wenigstens zu sein, wie ich denn auch über den schuldigen Gehilfen, bis er eines Tages selbst den Dienst kündigte, vollständig hinwegsah, als wäre gar nichts geschehen.

Auch im Häuslichen vermißte ich die Thomasin nicht allzusehr. Ich war das einsame Leben zu lange gewohnt gewesen, um es nicht ohne besondere Beschwerden wiederaufzunehmen. Nur die Abende begannen mir lang zu werden. Da fühlte ich mich einsam. Am Lesen fand ich keine rechte Freude mehr, und so stiegen allerlei Gedanken in mir auf, denen ich nicht gerne nachhing. Ich fing also an, ins Wirtshaus zu gehen. Aber in kein nahes, wo mich jedermann kannte, sondern hinunter ans Donauufer in eines der Einkehrhäuser für die Schiffsleute, die mit ihren Zillen und Flößen aus den oberen Gegenden, von Linz oder auch von Passau, kommen. Da ging es oft recht lebhaft zu. Das zerstreute mich, und ich begann sogar mit den Leuten Karten zu spielen, wobei ich natürlich auch immer mehr Bier oder Wein trank. Zwar nicht unmäßig, aber doch mehr, als ich sonst im Leben gewohnt war. Wie gesagt, das zerstreute mich.

Aber es dauerte nicht lange, so stellte sich ein Unbehagen an mir selbst ein, das ich nicht loswerden konnte. Es fehlte mir etwas, und in diesem Zustande mußte ich immer häufiger an die Thomasin denken. Ich sah sie oft so deutlich vor mir mit ihrer milchweißen Haut, mit den glatten, schimmernden Armen und Händen, als stände sie leibhaft da. Selbst bei der Arbeit ließ mir das höllische Bild keine Ruhe. Schließlich empfand ich eine solche Sehnsucht nach dem Weibe, daß ich oft laut hätte aufbrüllen können vor Schmerz. Ich tat alles mögliche, um mein fortwährendes Verlangen zu übertäuben; ich versuchte sogar – nein, ich will nicht aussprechen, was ich da versuchte. Aber es half alles nichts: mein elender Zustand blieb sich gleich. Und ich kam ganz herunter dabei. Ich fühlte mich so schwach und hinfällig, daß ich kaum mehr kriechen konnte. Und da – ich schäme mich, es zu sagen – kam mir auch der Gedanke, die Thomasin aufzusuchen, und nur die Vorstellung, daß sie mir vielleicht die Tür weisen könnte, hielt mich zurück, es zu tun.

Um diese Zeit ließ ich wieder einmal mein Zimmer gründlich scheuern und ausfegen, wie das bei mir, seit das Weib fort war, jeden Monat geschah. Und zwar durch eine Taglöhnerin, die in den Gärten arbeitete und von mir für diese besondere Dienstleistung auch besonders bezahlt wurde. Es war eine bejahrte, gutmütige Person, die gern schwatzte. Obgleich ich ihr niemals Red und Antwort gab, suchte sie doch immer ein Gespräch anzuknüpfen. So auch diesmal, da ich gerade in die Wohnung getreten war, um nachzusehen, ob alles in Ordnung sei.

›Sie sollten sich in acht nehmen, Herr Stäudl‹, sagte sie.

Da ich nichts erwiderte, wiederholte sie: ›Ja, wirklich, Sie sollten sich in acht nehmen.‹

Das machte mich stutzig, und ich sagte barsch: ›Wieso? Warum?‹

›Ihre Frau lauert Ihnen auf.‹

Es gab mir einen Riß durch den ganzen Leib, und das Herz stand mir still. ›Was soll das heißen?‹ brachte ich mühsam hervor.

›Na, sie möcht halt mit Ihnen zusammenkommen. Darum schleicht sie auch seit einiger Zeit, wenn's finster wird, draußen auf der Straße herum. In die Gärten hinein traut sie sich nicht. Aber sie wird Sie schon einmal erwischen, wenn Sie gerade ausgehen wollen oder bei der Nacht heimkommen.‹

Die Knie wankten mir. Aber ich sagte: ›Was red't Sie da für dummes Zeug! Warum sollte sie –‹

Das Weib sah mich von der Seite an. ›No, sie soll in der Hoffnung sein. Aber nicht von Ihnen. Und da will sie halt, daß Sie der Vater sind.‹

Mir wurde ganz kalt, aber das Blut stieg mir dabei brennheiß zu Kopf. ›Woher weiß Sie denn das?‹ fragte ich mit versagender Stimme.

›Woher ich das weiß? Von der Greißlerin, wo sie einkauft. Dort soll sie g'sagt haben: Es nutzt ihm nix. Er muß der Vater sein. So oder so. Und das Kind muß ihn beerben, wenn er einmal stirbt.‹

Jetzt brachte ich keinen Laut mehr hervor.

›Darum sag ich Ihnen‹, fuhr das Weib fort, ›sein S' g'scheit, Herr Stäudl. Lassen Sie sich in nix ein.‹ Damit ging sie.

In welchem Zustand ich zurückblieb, können Sie sich denken, Herr Untersuchungsrichter. Einesteils empfand ich eine so höllische Wut über diese Niedertracht, daß ich das Weib hätte zerreißen können, wenn sie dagewesen wäre. Andernteils aber überfiel mich eine solche Schwachheit, daß mir bei dem Gedanken an sie sogleich wieder ein wahnsinniges Verlangen aufstieg. Nun war ich fertig. Ich hatte weder Rast noch Ruhe mehr. Ich wagte mich nicht auf die Straße, und daheim konnt ich auch nicht bleiben. So ging ich doch wieder hinunter in das Wirtshaus an der Donau. Beim Fortgehen spähte ich immer früher durch die Torspalte, ob sie nicht etwa draußen stehe. Ich atmete auf, wenn ich mich überzeugt hatte, daß sie nicht da sei – und doch war mir's auch wie eine Enttäuschung. So ging's eine Zeitlang fort. Ich verwilderte dabei ganz und begann nun wirklich zu trinken. Vor Mitternacht ging ich nicht nach Hause, weil ich mir dachte, so lange wird sie auf mich wohl nicht warten, aber ich fühlte, daß es mir recht wäre, wenn sie es täte.

Da – in einer finsteren Nacht geschah es. Ich war keineswegs betrunken, aber bis zum äußersten aufgeregt, das Blut pochte mir an die Schläfe. Es hatte sich starker Südwind erhoben und verlöschte das Licht der Laterne, die ich bei meinen nächtlichen Gängen immer mit mir trug. Ein scharfer Strichregen schlug mir ins Gesicht. Wenn sie jetzt da wäre! Ich wünschte es mehr, als ich es fürchtete. Wie ich nun an die Haustür trete, kauert etwas Dunkles auf der Schwelle. Sie war es. Es hatte mir den Atem verschlagen. Am ganzen Leibe zitternd, schloß ich die Tür auf und ging in den dunklen Gang hinein. Sie mir nach. Im Zimmer fiel ich sie an wie ein wildes Tier. Mit einem Schrei riß ich ihr die durchnäßte

Jacke auf – warf sie aufs Bett und mich über sie. Aber in meiner wahnsinnigen Gier überkam mich plötzlich der Gedanke an ihre ganze Schändlichkeit – und da – da – mit diesen Händen ...« Er hielt keuchend inne.

»Haben Sie das Weib erwürgt«, ergänzte der Richter.

Stäudl schwieg. Dann erhob er sich langsam und sagte: »Ja, ich habe einen Mord begangen. Aber ich wußte nicht, was ich tat. Die Geschworenen werden mich freisprechen.«

»Wir wollen es hoffen. Jedenfalls wird man mildernde Umstände finden.«

»Man braucht keine zu finden«, entgegnete Stäudl, indem er seine knochige Hünengestalt wieder zu voller Höhe emporrichtete. »Was geschehen ist, ist geschehen. Das Weib hat seinen Tod selbst verschuldet. Sie ist gerichtet. Mich kann man nicht verurteilen. Aber ich werde mich selbst justifizieren, weil es mit mir so weit hat kommen können. Dieses Bewußtsein erträgt keiner, der beschaffen ist wie ich. Für die Kinder wird gesorgt sein, denn ich habe mir etwas erspart. Das hat auch die Thomasin gewußt.«

Der Richter drückte an der elektrischen Klingel. Ein Justizwachmann erschien, um den Angeklagten abzuführen.

Als er draußen war, wendete sich der Rat zu dem Schriftführer, einem schmächtigen jungen Mann, der eben die erste Zeit seiner Gerichtspraxis durchmachte. »Nun, Herr Doktor, was sagen Sie dazu? Wie ich höre, sind Sie ja auch Dichter. Hätten Sie da nicht Stoff zu einer Novelle?«

Der junge Mann zog seine Nase in die Länge und die stark gewölbten Brauen noch höher hinauf, so daß sie über den kalten, unbeweglichen Augen zwei Rundbogen bildeten. »Nun ja«, sagte er mit einem geringschätzigen Achselzucken. »Aber ich befasse mich nur mit Zukunftsmenschen. Und dieser Stäudl ist nichts als ein atavistischer Schwachkopf, der an Größenwahn leidet und überdies mit verlarvter Epilepsie behaftet ist.«

Der Rat sah ihn an, ohne etwas zu erwidern. Dann nahm er Hut und Überrock und ging.

Rainer Maria Rilke

Frau Blahas Magd

In jedem Sommer fuhr Frau Blaha, welche an den kleinen Beamten der Turnauer Bahn, Wenzel Blaha, verheiratet war, für einige Wochen in ihren Heimatort. Dieser Ort ist im flachen und sumpfigen Böhmen in der Gegend von Nimburg gelegen und recht arm und unbedeutend. Als Frau Blaha, die sich doch schon gewissermaßen Städterin fühlte, all die kleinen elenden Häuser wiedersah, glaubte sie sich imstande, eine Wohltat zu versuchen. Sie trat bei einer bekannten Bäuerin ein, von der sie wußte, daß sie eine Tochter besäße, und schlug ihr vor, diese Tochter zu sich in die Stadt in Dienst zu nehmen. Sie würde ihr einen kleinen, bescheidenen Lohn zahlen, und überdies hätte das Mädchen den Vorteil, in der Stadt zu sein und da manches zu lernen. (Was sie da lernen sollte, war Frau Blaha selbst nicht klar.) Die Bäuerin besprach die Angelegenheit mit ihrem Mann, der beständig die Augen zusammenkniff und zunächst nur ausspuckte. Nach einer halben Stunde aber kam er wieder in die Stube und fragte: »Na, und weiß die Frau, daß die Anna soso ist?« Dabei schwankte seine braune, faltige Hand wie ein welkes Kastanienblatt vor seiner Stirn hin und her. »Dummkopf«, machte die Bäuerin, »wir werden doch nicht . . .!«

So kam die Anna zu Blahas. Sie war da meistens den ganzen Tag allein. Der Herr, Wenzel Blaha, war in der Kanzlei, die Frau ging in die Häuser nähen, und Kinder gab es keine. Anna saß in der kleinen, finstern Küche, welche ein Fenster in den Lichthof hatte, und wartete, bis der Leierkastenmann kam. Das war jeden Tag vor der Dämmerung. Dann lehnte sie in dem kleinen Fenster, weit vorgebeugt, so daß ihr blasses Haar im Winde hing, und tanzte innerlich, bis daß sie schwindlig wurde und die hohen, schmutzigen Mauern unsicher und schwankend sich gegeneinander bewegten. Wenn ihr dann ängstlich wurde, begann sie durch das ganze Haus zu gehen über die finsteren und schmutzigen Treppen bis hinunter in die qualmige Gassenschenke, wo dann und wann irgendeiner sang in der ersten Trunkenheit. Unterwegs geriet sie immer unter die Kinder, die sich, ohne daß eines zu Hause vermißt wurde, tagelang im Hofe herumtrieben, und die Kinder wollten seltsamerweise immer, sie solle ihnen Geschichten erzählen. Sie kamen ihr manchmal sogar bis in die Küche nach. Aber dann setzte die Anna sich an den Herd, deckte das leere, blasse Gesicht mit den Händen zu und sagte: »Nachdenken.« Und die Kinder geduldeten sich eine Weile. Als aber Annuschka immer noch nachdachte, so daß es ganz still und bange wurde in der finsteren Küche, liefen die Kinder davon und sahen nicht mehr, daß das Mädchen sanft und klagend zu weinen begann und vor lauter Heimweh ganz klein und hilflos war. Wonach sie sich sehnte, ist ungewiß. Nach den Schlägen vielleicht auch ein wenig. Meistens aber nach so etwas Unbestimmtem, das irgendwann einmal war, oder vielleicht hat sie es auch nur geträumt. Bei dem vielen Nachdenken, das die Kinder von ihr verlangten, fiel es ihr langsam ein. Erst rot, rot – und dann viele Leute. Und dann eine Glocke, eine laute Glocke, und dann: ein König – und ein Bauer und ein Turm. Und sie sprechen. »Lieber König«, sagt der Bauer ... »Ja«, sagt der König darauf mit sehr stolzer Stimme: »Ich weiß.« Und, in der Tat, wie sollte ein König nicht alles wissen, was ein Bauer ihm zu sagen hat.

Kurz darauf nahm die Frau das Mädchen einmal zum

Einkaufen mit. Da es um Weihnachten war und Abend, waren die Schaufenster sehr hell und mit vielem Überfluß angefüllt. In einem Spielwarenladen sah Anna plötzlich ihre Erinnerung. Den König, den Bauer, den Turm . . . Oh, und das Herz schlug ihr lauter, als ihre Schritte waren. Aber sie sah rasch fort, und ohne stehenzubleiben, ging sie neben Frau Blaha her. Sie hatte das Gefühl, als ob sie nichts verraten dürfte. Und das Puppentheater blieb also, gleichsam unbeachtet, hinter ihnen zurück. Frau Blaha, die keine Kinder hatte, hatte es gar nicht bemerkt. – Kurz darauf hatte Anna ihren Ausgehsonntag. Sie kam nicht am Abend zurück. Ein Mann, den sie schon unten in der Schenke gesehen hatte, schloß sich ihr an, und sie konnte sich nicht mehr genug erinnern, wohin er sie geführt hatte. Ihr war, als wäre sie ein Jahr fort gewesen. Als sie müde, Montag früh, in die Küche kam, war alles noch kälter und grauer als sonst. Sie zerschlug an diesem Tag eine Suppenterrine und wurde deshalb arg gescholten. Daß sie die Nacht ausgeblieben war, hatte die Frau gar nicht bemerkt. Später, bis gegen Neujahr, blieb sie noch drei Nächte aus. Dann hörte sie mit einem Male auf, im Hause herumzugehen, verschloß ängstlich die Wohnung und kam, auch wenn der Leiermann spielte, nicht immer ans Fenster.

So verging der Winter, und ein blasses, zaghaftes Frühjahr begann. Das ist eine eigene Jahreszeit in den Hinterhöfen. Die Häuser sind schwarz und feucht, und die Luft ist licht wie oft gewaschenes Linnen. Die schlechtgeputzten Fenster zucken von Glanz, und verschiedene leichte Abfälle tanzen im Wind an den Stockwerken vorüber. Die Geräusche des ganzen Hauses sind vernehmlicher, und die Schüsseln klirren anders, heller, höher, und die Messer und Löffel haben ein anderes Rasseln.

Zu dieser Zeit bekam Annuschka ein Kind. Es kam ihr vollkommen unerwartet. Nachdem sie sich wochenlang dick und schwer gefühlt hatte, drängte es sich eines Morgens aus ihr heraus und war in der Welt, weiß Gott, woher. Es war

Sonntag, und man schlief noch im Hause. Sie betrachtete es eine Weile, ohne daß ihr Gesicht sich irgendwie veränderte. Das Kind bewegte sich kaum, aber plötzlich begann eine ganz spitze Stimme in der kleinen Brust, und zugleich rief Frau Blaha, und ein Bett krachte in der Stube drin. Da packte Annuschka ihre blaue Schürze, welche nah am Bette hing, zog die Gürtelbänder derselben über dem kleinen Halse zusammen und legte das ganze blaue Bündel zuunterst in ihren Koffer. Dann ging sie in die Stube, zog die Vorhänge auf und begann den Kaffee zu kochen. An einem der nächsten Tage zählte Annuschka ihren bisher erhaltenen Lohn. Es waren fünfzehn Gulden. Dann versperrte sie die Tür, machte den Koffer auf und legte die blaue Schürze, die schwer und reglos war, auf den Küchentisch. Sie band sie langsam auf, besah das Kind und maß mit einem Zentimeterstreifen seine Länge, vom Kopf bis zu den Füßen. Dann brachte sie alles in die frühere Ordnung und ging aus dem Haus. Aber schade, der König, der Bauer und der Turm waren um vieles kleiner. Sie brachte sie dennoch mit und noch andere Puppen dazu. Nämlich eine Prinzessin mit roten runden Punkten auf den Wangen, einen alten Mann, einen anderen alten Mann, der ein Kreuz auf der Brust hatte und schon wegen seines großen Bartes wie der heilige Nikolaus aussah, und noch zwei oder drei, die nicht so schön und bedeutend waren. Dazu ein Theater, dessen Vorhang auf und nieder ging, wobei der Garten dahinter abwechselnd auftauchte und wieder verschwand.

Jetzt hatte Annuschka etwas für das Alleinsein. Wo war das Heimweh hin? Sie baute das große, schöne Theater auf (es hatte zwölf Gulden gekostet) und stellte sich, wie es sich gehört, dahinter auf. Aber manchmal, wenn der Vorhang gerade aufgerollt war, lief sie rasch nach vorn, und nun schaute sie in Gärten hinein, und die ganze graue Küche war verschwunden hinter den hohen, prächtigen Bäumen. Dann trat sie wieder zurück und holte zwei oder drei Figuren hervor und ließ sie reden nach ihrer Meinung. Es wurde nie ein

Stück daraus; aber es gab Rede und Gegenrede, auch geschah es, daß sich zwei Puppen plötzlich, wie erschrocken, voreinander verneigten. Oder es verneigten sich beide vor dem alten Mann, der das nicht konnte, weil er ganz von Holz war. Deshalb fiel er jedesmal aus Dankbarkeit um.

Unter den Kindern ging das Gerücht von diesen Spielen Annuschkas. Und seither fanden sich, erst mißtrauisch, dann immer argloser, die Kinder der Nachbarschaft in der Küche der Blahas ein und standen, wenn es dämmerte, in den Ekken und ließen die schönen Puppen, die immer dasselbe sprachen, nicht aus den Augen. Einmal hatte Annuschka ganz heiße Wangen und sagte: »Ich habe noch eine ganz große Puppe.« Die Kinder zitterten vor Ungeduld. Aber Annuschka schien es wieder vergessen zu haben. Sie stellte alle Personen in ihren Garten hinein und diejenigen, die nicht aufrecht bleiben mochten, lehnte sie an die seitlichen Kulissen. Dabei kam auch eine Art Harlekin mit großem, rundem Gesicht zum Vorschein, dessen sich die Kinder gar nicht erinnern konnten. Aber durch alle Pracht immer noch mehr gereizt, baten die Kinder um die ›ganz große‹. Nur einmal, die ›ganz große‹. Nur einen Augenblick: die ›ganz große‹.

Annuschka ging nach hinten zu ihrem Koffer. Es dunkelte schon. Die Kinder und die Puppen standen einander gegenüber, ganz still und ähnlich. Aber aus den weit aufgerissenen Augen des Harlekin, welche waren, als ob sie etwas Entsetzliches erwarteten, kam ganz unvermutet eine solche Angst über die Kinder, daß sie mit einem Male aufschreiend davonliefen, ohne Ausnahme.

Mit dem großen Blauen in den Händen kam Annuschka zurück. Auf einmal zitterten ihre Hände. Die Küche war hinter den Kindern so still geworden und so leer. Annuschka hatte keine Angst. Sie lachte leise und stieß das Theater mit den Füßen um und trat die einzelnen dünnen Brettchen, welche doch den Garten bedeuteten, entzwei. Und dann, als die Küche schon ganz dunkel war, ging sie herum und spaltete allen Puppen die Köpfe, auch der großen blauen.

Robert Weil

Der sprechende Heiland

Die Bewohner des kleinen italienischen Bergstädtchens B. waren in nicht geringer Aufregung, als man eines Morgens an einer Felswand den verstümmelten Leichnam des Ziegenhirten Franceschi fand. Vom ersten Moment an stand es fest, daß Franceschi das Opfer eines Mordes geworden war. Die fürchterlichen Beilwunden, die den ganzen Körper des herkulisch gebauten Jünglings bedeckten, ließen keinen Zweifel darüber aufkommen. Die Tat mußte begangen worden sein, während der Hirte, von Müdigkeit übermannt, eingeschlummert war, denn die zahlreichsten und heftigsten Wunden wiesen Kopf und Rücken des Erschlagenen auf.

Wer hat's getan? schwirrte eine hundertstimmige Frage durch die Menge. Und welcher Beweggrund hat einem Menschen die Mordwaffe gegen seinen Mitmenschen in die Hand gedrückt?

Bei der Untersuchung zeigte sich's, daß von dem Hab und Gut des Ermordeten kein Centesimo fehlte. Der Beutel, den er unterm Hemd auf der Brust zu tragen pflegte und darin er sein Erspartes verwahrt hatte, war ungeöffnet. Ruhig tickte die schwere, silberne Uhr im Gürtel weiter, und die beiden dicken Messingringe an der linken Hand glänzten wie sonst. Ein Raubmord war nach alldem ausgeschlossen.

Bleibt nur eins: ein Racheakt. Franceschi war ein Spieler. Er hatte so manchem schon seinen sauer verdienten Monatslohn in *einer* Nacht abgenommen. Franceschi war auch ein Schürzenjäger. So manches kühne Abenteuer wußte man sich von ihm zu erzählen. Bedurfte es da noch vieler Erwägung, daß nur ein unglücklicher Spieler oder ein eifersüchtiger Liebhaber die grause Tat verübt haben konnte? Spiel und Liebe – wie viele blutige Verbrechen haben sie schon gestiftet! Helden sind dem Spiel zum Opfer gefallen, Cäsaren haben sich an der Liebe verblutet – warum sollte ein simpler Ziegenhirte eine Ausnahme machen?

Nun aber erhob sich immer stürmischer und eindringlicher, immer wilder und erregter die Frage nach dem Wer? Wer hat's getan?

Hunderterlei Vermutungen schwirren durch die Luft. Die Burschen, denen Franceschi beim Kartenspiel Geld abgenommen, die Männer, von welchen Franceschi in zärtlicher Umarmung mit ihrem Schatz überrascht worden – alle werden genannt. Aber noch weiß niemand etwas Bestimmtes, noch vermutet man nur.

Während so die erregte Menge sich am Marktplatz vor dem Haus des Syndaco drängt und das furchtbare Ereignis bespricht, laufen die Nachrichten bereits hinaus in die Umgebung, nach Mailand, nach Florenz, nach Italien. Spaltenlange Telegramme eilen ins Ausland und verkünden der ganzen Welt die geheimnisvolle Ermordung des Ziegenhirten Paolo Franceschi.

Plötzlich geht eine Bewegung durch die Menge am Marktplatz. »Die Kommission kommt!« hört man rufen. Barfüßige Buben stürmen herbei und schwenken die Mützen: »Die Kommission kommt!«

Drei Wagen halten vor dem Gemeindeamt. Alles drängt herzu, alles will sie sehen, »die Herren aus der Hauptstadt«, jeder will dabeisein, wenn sie den Schuldigen ergreifen. »Denn diese Herren erkennen sofort, wer schuldig ist.«

Die Untersuchung dauerte von Mittag bis spät in die Nacht. Trotzdem verlief sie resultatlos. Der Lokalaugenschein ward aufgenommen und die Aussagen sämtlicher

Personen, die über den Verstorbenen etwas anzugeben wußten, zu Protokoll genommen. Auch jede Verdächtigung gegen irgendeinen Dorfinsassen wurde genau geprüft. Aber kaum *ein* Verdachtsgrund, der sich als stichhaltig erwiesen hätte.

Auch gegen Franceschis Genossen, den Rinderhirten Emilio, hatten einige Mädchen allerlei Belastendes ausgesagt. So habe Emilio aus einer nicht aufgeklärten Ursache Franceschi mit seinem Haß verfolgt, und man wollte auch gelegentlich aus Emilios Munde gehört haben, daß er Franceschi das »Bewußte« vergelten werde. Als die Zeuginnen aber ihre Angaben auf das Kruzifix beschwören sollten, da begann erst die eine zu schwanken und dann die andere, bestimmt könne sie sich nicht erinnern, sie glaube nur gehört zu haben – es könne eine Verwechslung vorliegen –, ja, es sei immerhin nicht unmöglich, daß Emilio schuldlos sei.

Wie so eine nach der anderen ihre Aussagen zurückgezogen, da leuchteten einem besonders hübschen jungen Mädchen die Augen, und mit glühenden Wangen schrie sie Emilios Feindinnen ein flammendes »Verleumderinnen!« entgegen. Das war Lucia, des hübschen Rinderhirten schwarzäugiger Schatz. Sie liebte Emilio mit der Glut, mit der nur das Herz der jungen Südländerinnen zu lieben vermag, ja, sie vergötterte ihn geradezu. Dadurch zog sie sich die Mißgunst und den Spott der übrigen Mädchen zu, die Lucia Emilios Zuneigung neideten und nicht zuletzt deshalb heute gegen ihn ausgesagt hatten.

Endlich war die Nacht hereingebrochen, ohne daß man die Spur des Täters entdeckt hätte. Vor der Abfahrt hatten sich »die Herren aus der Hauptstadt« noch im Pfarrhaus versammelt, wo sie eifrig mit dem ehrwürdigen Abbate irgendeinen geheimen Plan zu besprechen schienen. Von der Straße aus konnte man durch die erleuchteten Fenster deutlich sehen, wie Antonio, der Priester, den Stadtherren mit lebhaften Gesten etwas erklärte, dem diese eifrig zustimmten. Zum Schluß trat der Präsident der Kommission, ein alter Herr mit weißem Bart, auf den Abbate zu und schüttelte ihm freundlich die Hand. Dann verabschiedete man sich, das Tor unten war geöffnet, und bald darauf verließen die drei Wagen, so wie sie gekommen waren, das Städtchen, diesmal unter eisigem Schweigen der angesammelten Menge. Man hatte also doch nicht den Schuldigen gefunden!

Am nächsten Tag war die kleine Kirche des Ortes dicht gefüllt. Antonio hatte die Gemeinde zusammenberufen, um ihr eine hochwichtige Mitteilung zu machen. Keines fehlt, kein Mann und kein Weib, kein Greis und kein Jüngling. Alles drängt sich voll Erwartung zwischen den morschen Bänken, auch Emilio steht mit Lucia unter der Schar.

Jetzt wenden sich alle Blicke nach oben, wo auf dem überhängenden Altan der Priester im heiligen Meßgewand erscheint. Antonio breitet die hagern Hände segnend über seine Pfarrkinder aus und spricht: »Gläubige Brüder und Schwestern! In unserem friedlichen Orte ist eine Mordtat geschehen. Einer ist unter euch, der den Paolo Franceschi im Schlafe überfallen und mit dem Beile erschlagen hat. Er ist von Jesu, seinem Gotte, abgefallen, er hat die Worte der Schrift ›Du sollst nicht morden!‹ verachtet in jenem fürchterlichen Augenblick. ›Räche dich, töte ihn!‹ hat der Haß, die Leidenschaft geschrien, und er hat gehorcht.«

Eine tiefe Stille folgt diesen Worten. In der finstersten Ecke steht Emilio, zu Boden gesenkt den unsteten Blick. Niemand sieht, wie blaß er ist, wie scheu es um seine Mundwinkel zuckt.

Der Priester, mit durchdringendem Blick jeden einzelnen prüfend, fährt fort, und seine Stimme, erst sanft und leise, wird immer lauter und mächtiger und schwillt an bis zum wütenden Orkan: »Noch wissen wir nicht, wer's getan hat. Noch ruht der Fluch der ungesühnten Mordtat auf der ganzen Gemeinde und würde unabgewaschen ruhn, bis die Posaunen ertönen zum Jüngsten Gericht und die Toten auferstehn aus den eisernen Särgen. Aber ich sage euch, ich *schwöre* euch, wir werden ihn finden. Und sei er verborgen wie die Kohle im tiefsten Bergwerk, wie die Koralle im ungeheuren Weltmeer – es kommt an den Tag, und die Stunde naht, wo die schwarze Seele nackt, zuckend vor euer aller Augen liegt. Und nun sag ich dir, der du das Furchtbare vollbracht, tritt vor und bekenne! Bekenne, ehe es zu spät ist! Bekenne hier vor dieser ganzen Gemeinde deinen Mord! Bekenne, ehe Gott, der Herr, dich zum Bekennen *zwingt*!«

Einen Moment hält der Abbate inne. Aber nichts rührt sich. Regungslos stehn sie eins wie das andere und harren dessen, was da kommen wird.

»Noch einmal!« tönt's vom Altan herunter. »Wer von euch hat's vollbracht? Der du schuldig bist, ich ermahne dich zum letzten Mal: tritt vor und bekenne!«

Alles still. Kein Laut. Keine bewegte Lippe.

»Nichts?« ruft der Abbate. »Nun denn, da du nicht freiwillig bekannt hast, so höre: Heute um Mitternacht werden wir uns hier versammeln, alle, ohne Ausnahme; keiner darf fernbleiben, es sei denn die Schwerkranken. Ich werde hier oben stehn und ihr dort unten. Und Punkt Mitternacht, wenn die zwölf ehernen Glockenschläge vom Turme herabklingen, da werdet ihr sehn, wie plötzlich diese Statue unseres Heilands die Lippen bewegen wird und etwas rufen. Ihr werdet noch dastehn wie versteinert, atemberaubt – und im selben Moment wird eins von euch hinstürzen zu den Füßen dieses Marmors und sie umklammern und schreien: ›Ich – ich hab's getan!‹ – Das, gläubige Brüder und Schwestern, läßt euch der Herr durch den Mund seines Dieners verkünden. Auf Wiedersehn um Mitternacht!«

Und wie er das gesprochen, da geht's wie ein fürchterlicher Schauer durch alle Herzen. Etwas Unfaßbares, Nochnichtdagewesenes wird sich ereignen. »Die Stimme des Herrn!« geht es geheimnisvoll von Mund zu Mund.

Die Stimme des Herrn – sie wird sprechen!

Zwischen den schwarzen Bergen, in enger Talschlucht, schreitet Emilio mit seinem Schatz dahin. Unter ihnen wälzt der Gebirgsbach rauschend sein schmutziges Wasser hinab, über ihnen kreist der Falke hoch zwischen Himmel und Erde. Letzte Glut der untergehenden Sonne bricht durch das grüne Laubgeäst. Plötzlich hält Emilio an, faßt Lucia bei der Hand und neigt seinen Mund herab an ihr Ohr, indem er ihr zuflüstert: »Glaubst du dran?«

»Was der Abbate gesprochen hat?«

»Ja.«

Lucia schaut ihn groß an: »Warum denn nicht?«

»Du glaubst wirklich?« fährt Emilio auf.

Sie blickt ihm in die Augen: »Emilio, was ist dir?«

»Heute hat er gelogen«, schreit er auf. »Eine Statue kann nicht sprechen, das gibt's nicht! Wie kann ein Marmor sprechen? Kalter, toter Marmor?«

»Er wird doch sprechen«, erwidert Lucia ruhig, »unser Abbate hat's gesagt!«

Ein höhnisches Lachen ist die Antwort. »Törichte Lucia!«

»Unser Abbate lügt nicht«, versetzt Lucia ernst.

Emilio will etwas erwidern, aber er bringt kein Wort über die Lippen. Eine Weile schreiten sie weiter, ohne etwas zu sprechen. Aber in des Burschen Brust gärt es. Eine teuflische Angst hämmert ihm im Herzen. Diese Mitternacht, da es ans Licht kommen soll, treibt ihm die Fieberhitze ins Gesicht.

»Lucia!« schreit er plötzlich wie gefoltert auf. »Lucia, flieh mit mir! Flieh mit mir – über die Berge, übers Meer, in die weite Welt! Lucia, meine Liebste – mein alles!«

In die Arme gefaßt hat er sie, ans Herz gepreßt hält er sie. Fassungslos starrt ihn das schöne Mädchen an. »Was hast du auf einmal, Liebster?«

»Ach, Lucia«, stöhnt Emilio, »flieh mit mir! Arbeiten will ich und rackern, Tag und Nacht, Rosse hüten, Kohlen graben, Schiffe ziehn, alles, was du willst – aber flieh mit mir! Ich hab solch eine Sehnsucht nach der Welt!«

Und schon will er sie mit sich fortreißen. »Emilio!« schreit das Mädchen mit heißen Wangen auf. »Warum fliehen?«

Seine Augen funkeln, als er sagt: »Was, du gehst nicht mit? Du hast mich nicht mehr lieb?« Mit geschwollener Stirnader steht er vor ihr. »Du hast mich nie liebgehabt, Verräterin!«

Aber Lucia senkt den Blick nicht. »Emilio«, ruft sie, in ihrem Stolz beleidigt, »kennst du den Mörder, der den Paolo Franceschi erschlagen hat?«

Emilio fährt zusammen, Totenblässe überzieht sein Gesicht.

»Du glaubst – ?« stößt er hervor.

»Daß *du* es bist!«

»Daß – ich –« Die Kehle schnürt's ihm zusammen, er glaubt versinken zu müssen. Starr steht er da und stiert die Geliebte an, die das Fürchterliche ausgesprochen.

Und plötzlich, mit einem wilden Aufschrei, stürzt er zu Boden. Lang schlägt der Körper hin, und ein krampfhaftes Schluchzen macht alle seine Glieder erzittern.

»Auch du, auch du!« wimmert er vor sich hin.

Lucia fühlt einen Stich im Herzen. Eine tiefe Bestürzung überkommt sie. Ob sie da nicht etwas Abscheuliches angerichtet, ob sie ihm nicht blutiges Unrecht angetan hat? Er – der starke, stolze Emilio – hingestreckt wie ein armer Sünder – hilflos weinend zu ihren Füßen.

»Emilio«, flüstert sie mit bewegter Stimme und neigt sich zu ihm herab, »hab ich dir unrecht getan?«

»Lucia!« schluchzt er wild.

»Hast du ihn wirklich nicht erschlagen?«

»Ich? – Lucia, und du fragst?«

»Habt ihr denn nie einen Streit zusammen gehabt, Paolo und du?«

»Nie!«

Fest und tief faßt ihn das Mädchen in die Augen. »Nie? Im ganzen Leben nie?«

»Niemals, Lucia!«

»Auch keines Weibes wegen, Emilio?«

»Wie kannst du fragen!«

»Denk nach, Emilio, auch keines Weibes wegen?«

»Lucia!« Aufgesprungen ist er, furchtlos blickt er ihr ins Auge.

»Und du kannst schwören?« fragt das Mädchen immer erregter.

Kerzengrad reckt er sich auf. »Willst du's?«

»Ja«, erwidert Lucia, »ich will's!«

»So schwöre ich!« ruft Emilio und hebt feierlich die beiden Finger der rechten Hand.

»Bei den sieben Todsünden?«

»Bei den sieben Todsünden!« spricht Emilio nach.

Wie versteinert steht Lucia und starrt ihn an. »Emilio!« schreit sie plötzlich auf und fliegt an seinen Hals. »Verzeih mir, Emilio! Verzeih mir!«

Dicht aneinandergepreßt schreiten sie dahin. Näher zieht die Nacht, lauter rauschen die Wasser. Im Tale tief unten verschwimmt im Nebel die Spitze des Kirchturms. Aber in Lucias Seele flammt heller Sonnenschein; Licht, wohin sie blickt. Es ist schon Nacht, als sie das letzte Häuschen hoch oben im Gebirge erreichen. Hier ist Lucia daheim.

»Du bist bestimmt in der Kirche, nicht wahr?« fragt sie ihn bei der Haustür.

»Ich muß ja«, erwidert er finster.

»Natürlich. Aber bist du noch immer traurig? Freust du dich nicht auch?«

»Warum denn sollte ich mich freuen?«

»Weil – weil es ja ans Licht kommen wird! Weil unser Heiland sprechen wird! Ach, Emilio, dann ist jeder Verdacht gegen dich ein für allemal erstickt. Dann sollen sie es nur wagen, ein böses Wort über dich zu sagen! So, nun leb wohl, Emilio!«

Er streckt die Arme aus und zieht sie an sich. »Lucia, liebst du mich?«

»Du weißt es doch!«

»Bis ins Grab?«

»Bis ins Grab!«

Eine stürmische Umarmung – dann ist Lucia im Haus verschwunden.

Draußen steht der Sturm auf. Zwischen den Wänden der Talschlucht treibt er sich herum und pfeift und brüllt wie ein rasender Löwe. Immer wilder erhebt er seine nächtliche Stimme, immer toller pocht er an die schwarzen Bergkolosse.

Das ist für Emilio das rechte Element; der Sturm rüttelt und reckt ihn auf. Feigheit, Selbstanklage, Zerknirschung – wie Glas zersplittert er sie an dem kahlen Felsgestein. Emilio ist's, als streiche ein frischer, belebender Odem über seine dumpfe Seele, während er dahinschreitet. Was kümmert ihn die ganze Welt? Was kümmert ihn Ehre, Ruf, Gewissen? Was kümmert's ihn, daß er falsch geschworen? Lucia glaubt an ihn – was braucht er mehr? Lucia wird mit ihm fliehn, mit ihm sterben, wenn es sein muß.

Hirnlose Kreaturen, die da meinen, ein Kerl wie Emilio werde sich vor ihrem Gaukelspiel fürchten! Ein Kerl mit Eisen in allen Gliedern werde den toten Marmor nicht ansehn können, ohne sich zu verraten! Ein wildes höhnisches Lachen tönt durch die stürmische Nacht. Das ist Emilios Lachen, der mit den Teufeln um die Wette lästert. »Wie sie jetzt daheim sitzen, die Narren – schlaflos vor Aufregung, mit offenem Mund, auf jeden Glockenschlag lauernd, ob's schon näher kommt, das Wunder –, und ich, ich lach sie alle aus und weiß doch nur ganz allein, wer den Paolo Franceschi ins Jenseits befördert hat! Den Hund, der mir die schwarze Julia abspenstig gemacht hat! Ich lach sie alle aus!« Und lauter brüllt der Sturm, und lauter schreit Emilio seine Tat in die Einsamkeit hinaus.

Indessen saß Lucia an ihrem Fenster und starrte hinaus in das Dunkel. Heiß war ihr Kopf, heiß zum Zerspringen. Alle Eindrücke der letzten Stunden standen deutlich vor ihrer Seele. Und *ein* Gefühl konnte sie nicht loswerden, daß sie ein Unrecht begangen hatte. Eine Geliebte hat den Geliebten beschuldigt, gemordet zu haben! Emilio ist zu ihren Füßen gelegen, hat sich die Haare zerwühlt und geschluchzt wie ein verlassenes Kind. Ist das die Stimme der Schuld, die Larve des bösen Gewissens? Oh, nein, wie er dann aufstand, seine Unschuld zum Himmel hinaufschwur bei den sieben Todsünden – da hat sie gefühlt, was sie getan hat.

Nun saß sie in finsterer Nacht mit glühenden Wangen am Fenster, und während ihr das Herz in mächtigen Schlägen pochte, schwirrte ihr immer nur der eine Gedanke durch den Kopf: Gutmachen! Gutmachen! Und müßte sie die Bäume aus dem Boden reißen und die Felsen aneinander zerschlagen – ihren Fehler mußte sie gutmachen. Gereinigt von allem Verdacht sollte Emilio auch vor der Welt dastehen, und er sollte erkennen, daß sie seiner nicht unwürdig sei, daß sie nicht zu jenen gehörte, die nicht wagen, für ihre Liebe das Höchste – und wäre es selbst das Leben – einzusetzen.

Und auf einmal, wie sie so sann und hunderterlei Pläne ihren Kopf durchkreuzten – auf einmal sprang sie auf: sie hatte das Mittel gefunden! Die Mitternacht – die Versammlung in der Kirche – die sprechende Statue – da, da lag's! Nein, der Abbate hatte gelogen, Marmor spricht nicht, Steine reden nicht. Die Sprache hat nur der Mensch! Doch diesmal wird der Marmor sprechen! Der Marmor wird den Schuldigen verraten – und Emilio wird Lucia mit beiden Armen umfassen, und sein Jubeln wird das Entsetzen der versammelten Gemeinde übertönen!

Mit einem Freudenschrei sprang Lucia zur Türe hinaus: so – so wollte sie ihr Unrecht gutmachen!

Stockdunkle Nacht. Heulend fliegt der Sturm von Fels zu Fels, von Wand zu Wand, von Hütte zu Hütte. Sternlos der Himmel, kein Lichtstreif am weiten Firmament. Finster die Schluchten, verödet die Steige. Nur hier und dort ein einsames Licht aus einem kleinen Fenster.

Jetzt, beim Nahen der Mitternacht, wird's lebendig. Hier und dort tauchen schwarze Gestalten auf, aus Hütten und Häusern, Toren und Gäßchen kriecht's hervor. Größere und Kleinere, mit lauterem und leiserem Tritt huschen sie nach der Kirche. In das ängstliche Flüstern hinein brüllt der Sturm. Laut schlagen die Herzen, aber noch lauter rauschen die gepeitschten Wipfel der Bäume. Was wird kommen? Was wird diese Stunde bringen?

Geöffnet ist die Kirchentür, und die zwei matten Ampeln flackern. Jeder, der da eintritt, fühlt sich von einem Schauer durchflossen. Diese Statue dort, in jener Ecke, wird den Mund öffnen und sprechen. Und einer, der neben dir steht, wird sich hinstürzen und eine fürchterliche Tat bekennen. Weißt du, ob es nicht dein Bruder ist, dein Vater, dein Sohn?

Jetzt bückt sich eine hohe Gestalt unter der schmalen Kirchentür. Ein verächtliches Lächeln umzuckt ihre Lippen. Emilio ist's. Er ist gekommen, um zu lachen, um sich an der Einfalt seiner Mitmenschen zu weiden. Aber auch er verspürt den Schauer. Auch sein Gesicht entfärbt sich bei dem Anblick der nächtlichen Versammlung. Seine Blicke suchen Lucia. Vergebens! Vielleicht, daß sie in irgendeiner finstern Ecke verborgen ist. Sie wird doch nicht daheim geblieben sein?

Schon ist die Kirche zum Erdrücken voll. So viele Menschen hat das kleine Gotteshaus seit seinem Bestande noch nie auf einmal umfaßt. Alle sind sie gekommen, alle wollen sie's sehen, alle hören, wie der Herr Jesus sich seinen Gläubigen offenbart.

Nur Lucia fehlt noch immer. Emilio wird unruhig. Sollte sie wirklich nicht kommen? Sie, die einzige? – Er weiß nicht, was das ist, aber weil sie nicht da ist, wird ihm so schwül und dumpf zumut, daß er gleich hinauslaufen möchte. Ach was, hinauslaufen! Lachen wird er, lachen bis zum Überdruß, lachen über die ganze Komödie!

Plötzlich öffnet sich die schmale Pforte, die zum Altan

führt, und im gestickten Ornat, umgeben von seinen Gehilfen, erscheint der Priester. Ein Murmeln bewegt die Versammlung: »Schau nur, wie blaß er ist – die tiefen Falten im Gesicht – wie er zittert!«

Und wirklich – Antonio zittert. Er hat ein Wagnis unternommen, wie es kühner noch kein Priester unternahm. Die Angst vor dem Verratenwerden soll zur Verräterin selbst werden. Und nun – nun wird sich's zeigen, ob Antonio richtig gerechnet hat, ob er nicht ein allzu gewagtes Spiel gespielt hat. Meldet sich der Schuldige vor dem letzten Glokkenschlag – dann ist das Spiel gewonnen. Läßt er auch den letzten vorübergehn, ohne daß ihn die Angst zum Geständnis treibt – dann Antonio, den Stab genommen und hinausgeflohn in die Ferne. Denn hier glaubt niemand mehr an dich.

Und wie der Priester noch regungslos oben steht und in maßloser Erregung auf die Menge hinabstarrt, in den halbdunklen Raum, da beginnt die Glocke zu schlagen. Eins – zwei – drei – vier – nichts! – fünf – sechs – sieben – noch immer nichts! – acht – neun – noch immer nichts! – zehn – noch immer nichts! – elf – Totenstille, alle Blicke durchbohren die Statue – zwölf – und – ha!

»Der du gemordet hast den Paolo Franceschi, tritt vor und sprich! Und sprich, warum!«

Die Statue – die Statue hat gesprochen!

Und da – da stürzt auf einmal etwas vor, da klammert sich plötzlich wie sinnlos eine Gestalt an die marmornen Füße, da schreit eine Stimme schrill durch das schauergeschwängerte Haus: »Ich – ich hab ihn erschlagen, Emilio, der Rinderhirt – wegen der schwarzen Julia!«

Emilio? – Gelähmt sind alle Glieder, versteinert jede Zunge, und Antonio stürzt zusammen.

Aber auf einmal ertönt eine fürchterliche Stimme: »Wegen der schwarzen Julia?«

Hinter der Statue regt sich's, zwei Arme strecken sich heraus, zwei lodernde Augen flammen auf, und eine

Mädchengestalt mit fiebergeröteten Wangen kriecht hervor.

»Verräter!« Ein Blinken – ein Zucken – ein Aufschrei aus zusammengewürgter Kehle – ein dumpfer Fall – und entseelt liegt der Mörder zu Lucias Füßen.

Gustav Meyrink

Der Mann auf der Flasche

Melanchthon tanzte mit der Fledermaus, welche den Kopf unten und oben die Füße hatte.

Die Flügel um den Leib geschlagen und in den Krallenzehen einen großen, goldenen Reifen steif emporhaltend, wie um anzudeuten, daß sie von irgendwo herabhänge, sah sie ganz absonderlich aus, und es mußte einen merkwürdigen Eindruck auf Melanchthon machen, wenn er beim Tanzen beständig durch diesen Ring zu sehen gezwungen war, der genau in seine Gesichtshöhe reichte.

Sie war eine der originellsten Masken auf dem Feste des persischen Prinzen, auch eine der scheußlichsten allerdings – diese Fledermaus.

Sogar Seiner Durchlaucht – Mohammed Darasche-Koh, dem Gastgeber, war sie aufgefallen.

»Schöne Maske, ich kenne dich«, hatte er ihr zugenickt, und damit hatte er große Heiterkeit bei den Nebenstehenden erregt.

»Es ist bestimmt die kleine Marquise X, die intime Freundin der Fürstin«, meinte ein holländischer Ratsherr, gekleidet im Stile Rembrandts – es könne gar nicht anders sein, jeden Winkel wisse sie im Schlosse, ihren Reden nach –, und vorhin, als mehreren Kavalieren der »frostige« Einfall gekommen, sich von dem alten Kammerdiener Filzstiefel und Fackeln bringen zu lassen, um draußen im Parke Schneeballen zu werfen, wobei die Fledermaus ausgelassen mitgetollt habe, hätte er wetten mögen, ein ihm wohlbekanntes Hyazintharmband an ihrem Handgelenk aufblitzen gesehen zu haben.

»Ach, wie interessant«, mischte sich ein blauer Schmetterling ins Gespräch, »könnte da nicht Melanchthon vorsichtig ein wenig sondieren, ob Graf Faast, wie es in letzter Zeit den Anschein hat, bei der Fürstin wirklich Hahn im Korbe ist.«

»Ich warne dich, Maske, sprich nicht so laut«, unterbrach ernst der holländische Ratsherr, »nur gut, daß die Musik den Walzerschluß fortissimo spielte – vor wenigen Augenblicken noch stand der Prinz hier ganz in der Nähe!«

»Ja, ja – am besten kein Wort über solche Dinge«, mischte sich flüsternd ein ägyptischer Anubis ein, »die Eifersucht dieses Asiaten kennt keine Grenzen; und es liegt vielleicht mehr Zündstoff im Schlosse aufgehäuft, als wir alle ahnen. – Graf de Faast spielt schon zu lange mit dem Feuer, und wenn Darasche-Koh wüßte ...«

Eine rauhe, zottige Figur, ein geschlungenes Knäuel aus Seil darstellend, bahnte sich – in wilder Flucht vor einem hellenischen Krieger in schimmerndem Waffenschmuck – eine Gasse durch die Gruppe der Masken, die den beiden verständnislos nachsahen, wie sie auf flinken Gummisohlen über den spiegelglatten Steinboden huschten.

»Hättest du denn keine Angst, *durchgehauen* zu werden, Mynheer Kannitverstahn, wenn du der Gordische Knoten wärest und wüßtest, daß Alexander der Große hinter dir her ist?« spottete die umgekehrte Fledermaus und tippte mit dem Fächer auf des Holländers ernsthafte Nase.

»Ei, ei, ei, schöne Marquise Fledermaus, der scharfe Geist verrät sich stets«, sagte lächelnd ein baumlanger »Junker Hans« mit Schweif und Pferdefuß, »wie schade, ach wie schade, daß man dich – Füßchen oben – nur als Fledermaus so auf dem Kopfe stehen sehen darf.«

Jemand stieß ein brüllendes Gelächter aus.

Alle drehten sich um und sahen einen dicken Alten mit breiten Hosen und einem Ochsenkopf.

»Ah, der pensionierte Herr Handelsgerichtsvizepräsident hat gelacht«, meinte trocken der Junker Hans.

*

Da ertönt dumpfes Läuten, und ein Henker im roten Talar der westfälischen Feme, eine erzene Glocke schwingend, stellt sich inmitten des ungeheuren Saales auf – über sein blitzendes Beil gelehnt.

Aus den Nischen und Loggien strömen die Masken herbei: Harlekins, »Ladies with the rose«, Menschenfresser, Ibisse und gestiefelte Kater, Piquefünf, Chinesinnen, deutsche Dichter mit der Aufschrift »Nur ein Viertelstündchen«, Don Quixotes und Wallensteinische Reiter, Kolombinen, Bajaderen und Dominos in allen Farben.

Der rote Henker verteilt Täfelchen aus Elfenbein mit Goldschrift unter der Menge.

»Ah, Programme für die Vorstellung!«:

»Der Mann in der Flasche«

Marionetten-Komödie im Geiste Aubrey Beardsleys
von Prinz Mohammed Darasche-Koh

Personen:

Der Mann in der Flasche . . . Miguel Graf de Faast
Der Mann auf der Flasche . . . Prinz Mohammed Darasche-Koh
Die Dame in der Sänfte . . . xxx

Vampire, Marionetten, Buckelige, Affen, Musikanten

Ort der Handlung:
Ein offener Tiger-Rachen

»Was? Vom Prinzen selbst ist das Puppenspiel?«

»Vermutlich eine Szene aus Tausendundeiner Nacht?«

»Wer wird denn die Dame in der Sänfte geben?« hört man neugierige Stimmen durcheinanderfragen.

»Unerhörte Überraschungen stehen uns heute noch bevor – o ja«, zwitschert ein niedlicher Incroyable in Hermelin und hängt sich in einen Abbé ein, »weißt du, der Pierrot vorhin, mit dem ich die Tarantella tanzte, das war der Graf de Faast, der den Mann in der Flasche spielen wird, und er hat mir viel anvertraut: Die Marionetten werden schrecklich unheimlich sein, aber nur für die, die es verstehen, weißt du, und einen Elefanten hat der Prinz eigens aus Hamburg telegraphisch bestellt – aber du hörst mir ja gar nicht zu!« Und ärgerlich läßt die Kleine den Arm ihres Begleiters los und läuft davon.

Durch die weiten Flügeltüren fluten immer neue Scharen von Masken aus den Nebengemächern in die Festhalle, sammeln sich planlos in der Mitte, laufen durcheinander wie das ewig wechselnde Farbenspiel eines Kaleidoskopes oder drücken sich an den Wänden zusammen, die wundervollen Fresken Ghirlandajos zu bestaunen, die, bis zur blauen, sternenbesäten Decke emporsteigend, gleich Märchengeländen den Saal umrahmen.

Wie eine buntschillernde Insel des Lebens liegt die Halle, umspült von den Gefilden farbengebundener Phantasien, die, einst in froh pochenden Künstlerherzen erwacht, eine jetzt kaum mehr verständlich einfache und langsame Sprache den hastenden Seelen des Heute zuraunen.

*

Diener reichen Erfrischungen auf Silbertassen in das fröhliche Gewoge, Sorbet und Wein. – Sessel werden gebracht und in die Fensternischen gestellt.

Mit scharrendem Geräusch schieben sich die Wände der einen Schmalseite zurück, und langsam rollt eine Bühne aus dem Dunkel vor, mit rotbraun und gelb geflammter Umrahmung und weißen Zähnen oben und unten: ein stilisierter, gähnender Tigerrachen.

In der Mitte der Szene steht eine riesige kugelförmige Flasche – aus fußdickem Glas, fast zwei Mann hoch und sehr geräumig. Rosa Seidenvorhänge im Hintergrunde des Theaters.

Die kolossalen Ebenholztüren des Saales fliegen auf, und mit majestätischer Ruhe tritt ein Elefant – gold- und juwelengeschmückt – herein. Auf seinem Nacken der rote Henker, lenkt ihn mit dem Stiel seines Beiles.

Von den Spitzen seiner Stoßzähne schwingen Ketten von Amethysten, nicken Wedel aus Pfauenfedern. Goldgewirkte Decken hängen ihm in rosinfarbenen Quasten über die Flanken bis auf den Boden herab. Die ungeheure Stirne hinter einem Netz mit funkelnden Edelsteinen, schreitet er gelassen durch den Festraum.

In Zügen umdrängen ihn die Masken und jauchzen der bunten Schar vornehmer Darsteller zu, die in einem Palankin auf seinem Rücken sitzen: Prinz Darasche-Koh mit Turban und Reiheragraffe. – Graf de Faast als Pierrot neben ihm. – Marionetten und Musikanten lehnen starr und steif wie Holzpuppen.

Der Elefant ist bei der Bühne angelangt und hebt mit dem Rüssel Mann um Mann aus dem Palankin; Händeklatschen und lauter Jubel, als er den Pierrot nimmt und in den Hals der Flasche hinabgleiten läßt, dann den Metalldeckel schließt und den Prinzen obendrauf setzt.

Die Musikanten haben sich im Halbkreis niedergelassen und ziehen seltsame, dünne, gespenstisch aussehende Instrumente hervor.

Ernsthaft sieht der Elefant ihnen zu, dann kehrt er langsam um und schreitet zum Eingang zurück. Toll und ausgelassen wie Kinder hängen sich ihm scharenweise die Masken an Rüssel, Ohren und Stoßzähne und wollen ihn jauchzend zurückhalten; das Tier spürt ihr Zerren kaum.

Die Vorstellung beginnt; irgendwoher, wie aus dem Boden herauf, tönt leise Musik. – Puppenorchester und Marionetten bleiben leblos wie aus Wachs. Der Flötenbläser stiert mit gläsernem, blödsinnigem Ausdruck zur Decke; die Züge der Rokokodirigentin in Perücke und Federhut, den Taktstock wie lauschend erhoben und den spitzen Finger geheimnisvoll an die Lippen gelegt, sind in grauenhaft lüsternem Lächeln verzerrt.

Im Vordergrund der Bühne die Marionetten; ein buckliger Zwerg mit kalkweißem Gesicht, ein grauer grinsender Teufel und eine fahle geschminkte Sängerin mit roten lechzenden Lippen scheinen in satanischer Bosheit um ein schreckliches Geheimnis zu wissen, das sie in brünstigem Krampfe erstarren ließ. – Das haarsträubende Entsetzen des Scheintodes brütet über der regungslosen Gruppe.

Nur der Pierrot in der Flasche ist in ruheloser Bewegung, schwenkt seinen spitzen Filzhut, verbeugt sich, und mitunter grüßt er hinauf zu dem persischen Prinzen, der mit gekreuzten Beinen unbeweglich auf dem Deckel der Flasche sitzt – dann wieder schneidet er tolle Grimassen.

Seine Luftsprünge bringen die Zuschauer zum Lachen: wie grotesk er aussieht! Die dicken Glaswände verzerren seinen Anblick so seltsam; manchmal hat er Glotzaugen, die hervorquellen und so wunderlich funkeln, dann wieder gar keine Augen, nur Stirne und Kinn, oder ein dreifaches Gesicht; zuweilen ist er dick und gedunsen, dann wieder skelettartig dürr und langbeinig wie eine Spinne. Oder sein Bauch schwillt zur Kugel an. Jeder sieht ihn anders, je nachdem sein Blick auf die Flasche fällt.

In gewissen kurzen Zeiträumen, ohne jeden erkennbaren, logischen Zusammenhang kommt ruckweise ein spukhaftes, sekundenlanges Leben in die Gestalten, das gleich darauf wieder in die alte, grauenvolle Leichenstarre versinkt, daß es scheint, als hüpfe das Bild über tote Zwischenräume hinweg von einem Eindruck zum andern – wie der Zeiger einer Turmuhr traumhaft von Minute zu Minute zuckt.

Einmal hatten die Figuren aus schnellenden Kniekehlen heraus drei gespenstische Tanzschritte seitwärts der Flasche zu gemacht; und im Hintergrund verrenkte sich ein verwachsenes Kind wie in lasterhafter Qual.

Von den Musikanten einer – wie ein Baschkir mit irrem, wimpernlosem Blick und birnenförmigem Schädel – nickte dazu und spreizte mit einem Ausdruck schreckhafter Verworfenheit seine dürren, gräßlichen Finger, die trommelschlegelartig in kugelförmige Enden ausliefen, wie wächserne Symbole einer geheimnisvollen Entartung.

Dann wieder war an die Sängerin ein phantastisches weibliches Zwitterwesen herangesprungen, mit langen schlotternden Spitzenhöschen und in tänzelnder Stellung erstarrt.

Wie erfrischendes Aufatmen wirkte es förmlich, als mitten in eine solche Pause der Regungslosigkeit durch die rosaseidenen Vorhänge aus dem Hintergrunde eine verschlossene Sänfte aus Sandelholz von zwei Mohren auf die Szene getragen und in die Nähe der Flasche niedergestellt wurde, auf die jetzt von oben plötzlich ein fahles, mondscheinartiges Licht fiel.

Die Zuschauer waren sozusagen in zwei Lager geteilt, die einen, unfähig sich zu rühren und sprachlos, ganz im Banne dieser traumhaft vampirartigen rätselhaften Marionettentänze, von denen ein dämonisches Fluidum vergifteter, unerklärlicher Wollust ausströmte, während die andere Gruppe, zu plump für derlei seelische Schrecken, nicht aus dem Lachen über das spaßige Gebaren des Mannes in der Flasche herauskam.

Dieser hatte zwar die lustigen Tänze aufgegeben, aber sein jetziges Benehmen kam ihnen nicht minder komisch vor. Durch alle möglichen Mittel trachtete er offenbar, irgend etwas ihm äußerst dringend Scheinendes dem auf dem Flaschendeckel sitzenden Prinzen verständlich zu machen. Ja, er schlug und sprang zuletzt gegen die Wandungen, als wolle er sie zerbrechen oder gar die Flasche umwerfen. Dabei hatte es den Anschein, als schreie er laut, obwohl natürlich nicht das leiseste Geräusch durch das fußdicke Glas drang.

Die pantomimischen Gebärden und Verrenkungen des Pierrots beantwortete der Perser von Zeit zu Zeit mit einem Lächeln – oder er wies mit dem Finger auf die Sänfte.

Die Neugier des Publikums erreichte den Höhepunkt, als man bei einer solchen Gelegenheit deutlich bemerkte, daß der Pierrot sein Gesicht längere Zeit fest an das Glas drückte, wie um etwas drüben am Sänftenfenster zu erkennen, dann aber plötzlich wie ein Wahnsinniger die Hände vor den Kopf schlug, als hätte er etwas Gräßliches erblickt, sich auf die Knie warf und die Haare raufte. Dann sprang er auf und raste mit solcher Schnelle in der Flasche herum, daß man bei den spiegelnden Verzerrungen manchmal nur noch ein helles, umherflatterndes Tuch zu sehen vermeinte.

Groß war auch das Kopfzerbrechen im Publikum, was es denn eigentlich mit der »Dame in der Sänfte« für eine Bewandtnis habe; man konnte wohl wahrnehmen, daß ein weißes Gesicht an die Sänftenscheibe gepreßt war und unbeweglich zur Flasche herübersah, alles andere aber verdeckte der Schatten, und man war auf bloßes Raten angewiesen.

»Was nur der Sinn dieses unheimlichen Puppenspiels sein mag«, flüsterte der blaue Domino und schmiegte sich ängstlich an den Junker Hans. – Erregt und mit gedämpfter Stimme tauschte man seine Meinungen aus. Einen so recht eigentlichen Sinn habe das Stück nicht, nur Dinge, die nichts *Gehirnliches* bedeuten, könnten den verborgenen Zutritt zur Seele finden, meinte ein Feuersalamander, und so, wie es Menschen gäbe, die beim Anblick der wässerigen Absonderungen blutleerer Leichen, von erotischem Taumel geschüttelt, kraftlose Schreie der Verzückung ausstießen, so gäbe es gewiß auch ...

»Kurz und gut – Wollust und Entsetzen wachsen auf einem Holz«, unterbrach die Fledermaus, »aber glaubt mir, ich zittere am ganzen Körper vor Aufregung, es liegt etwas unsagbar Grauenhaftes in der Luft, das ich nicht abschütteln kann, immer wieder legt es sich um mich, wie dicke Tücher. – Geht das von dem Puppenspiel aus? Ich sage nein; auf mich strömt es vom Prinzen Darasche-Koh über. Warum sitzt er so scheinbar teilnahmslos da, oben auf der Flasche? Und doch läuft manchmal so ein Zucken über sein Gesicht! – Irgend etwas Unheimliches geht hier vor, ich lasse mir's nicht nehmen.«

»Eine gewisse symbolistische Bedeutung glaube ich doch herausgefunden zu haben, und dazu paßt ganz gut, was du eben sagtest«, mischte sich Melanchthon in das Gespräch, »ist denn nicht der ›Mann *in* der Flasche‹ der Ausdruck der im Menschen eingeschlossenen Seele, die ohnmächtig zusehen muß, wie die Sinne – die Marionetten – sich frech ergötzen und wie nun alles der unaufhaltsamen Verwesung im Laster entgegengeht?«

Lautes Gelächter und Händeklatschen schnitt ihm die Rede ab. Der Pierrot hatte sich auf dem Boden der Flasche zusammengekrümmt und umkrallte mit den Fingern seinen Hals. Dann wieder riß er den Mund weit auf, deutete in wilder Verzweiflung auf seine Brust und nach oben – und faltete schließlich flehend die Hände, als wolle er etwas vom Publikum erbitten.

»Er will zu trinken haben – na ja, so eine große Flasche und kein Sekt drin –, gebt ihm doch zu trinken, ihr Marionetten!« rief ein Zuschauer. Alles lachte und klatschte Beifall.

Da sprang der Pierrot wieder auf, riß sich die weißen Kleider von der Brust, machte eine taumelnde Bewegung und fiel der Länge nach zu Boden.

»Bravo, bravo, Pierrot! Großartig gespielt! Da capo, da capo!« jubelte die Menge.

Als jedoch der Mann sich nicht mehr rührte und keine Miene machte, die Szene zu wiederholen, legte sich langsam der Applaus, und die allgemeine Aufmerksamkeit wandte sich den Marionetten zu.

Diese standen noch immer in derselben geisterhaften Stellung, die sie zuletzt eingenommen hatten, doch lag jetzt eine Art Spannung in ihren Mienen, die früher nicht wahrzunehmen gewesen. Es schien, als ob sie auf irgendein Stichwort warteten. Der bucklige Zwerg mit dem kalkweißen Gesicht drehte schließlich vorsichtig seine Augen nach dem Prinzen Darasche-Koh.

Der Perser rührte sich nicht. Seine Züge sahen verfallen aus.

Endlich trat von den Figuren im Hintergrund einer der Mohren zögernd an die Sänfte heran und öffnete den Schlag.

Und da geschah etwas höchst Seltsames. Steif fiel ein nackter weiblicher Körper heraus und schlug mit dumpfem Klatschen lang hin.

Einen Augenblick Totenstille, dann schrien tausend Stimmen durcheinander – es brauste der Saal.

»Was ist's? – Was ist geschehen?!«

Marionetten, Affen, Musikanten – alles sprang zu; Masken schwangen sich auf die Bühne: Die Fürstin, die Gemahlin Darasche-Kohs, lag da, ganz nackt, auf ein stählernes Stangengerüst geschnürt. Die Stellen, wo die Stricke in das Fleisch einschnürten, waren blau unterlaufen. Im Munde stak ihr ein seidener Knebel.

Unbeschreibliches Entsetzen lähmte alle Arme.

»Der Pierrot«, gellte plötzlich eine Stimme, »der Pierrot!« – Eine wahnsinnige, unbestimmte Angst fuhr wie ein Dolchstoß in alle Herzen.

»Wo ist der Prinz?«

Der Perser war während des Tumultes spurlos verschwunden ...

Schon stand Melanchthon auf den Schultern des Junker Hans, vergebens – er konnte den Deckel der Flasche nicht heben, und das kleine Luftventil war – *zugeschraubt!*

»So schlagt doch die Wandungen ein, schnell, schnell!« Der holländische Ratsherr entriß dem roten Henker das

Beil, mit einem Satz sprang er auf die Bühne. Es klang wie eine geborstene Glocke, als die Schläge schmetternd niederfielen; ein schauerlicher Ton. Tiefe Sprünge zuckten durch das Glas wie weiße Blitze – die Schneide der Axt bog sich. Endlich – endlich . . . die Flasche brach in Trümmer. Darinnen lag, erstickt, die Leiche des Grafen de Faast – die Finger in die Brust gekrallt.

Durch die Festeshalle mit lautlosem Flügelschlag, unsichtbar, zogen die schwarzen Riesenvögel des Entsetzens.

Franz Kafka

Ein Brudermord

Es ist erwiesen, daß der Mord auf folgende Weise erfolgte: Schmar, der Mörder, stellte sich gegen neun Uhr abends in der mondklaren Nacht an jener Straßenecke auf, wo Wese, das Opfer, aus der Gasse, in welcher sein Bureau lag, in jene Gasse einbiegen mußte, in der er wohnte.

Kalte, jeden durchschauernde Nachtluft. Aber Schmar hatte nur ein dünnes blaues Kleid angezogen; das Röckchen war überdies aufgeknöpft. Er fühlte keine Kälte; auch war er immerfort in Bewegung. Seine Mordwaffe, halb Bajonett, halb Küchenmesser, hielt er ganz bloßgelegt immer fest im Griff. Betrachtete das Messer gegen das Mondlicht; die Schneide blitzte auf; nicht genug für Schmar; er hieb mit ihr gegen die Backsteine des Pflasters, daß es Funken gab; bereute es vielleicht; und um den Schaden gutzumachen, strich er mit ihr violinbogenartig über seine Stiefelsohle, während er, auf einem Bein stehend, vorgebeugt, gleichzeitig dem Klang des Messers an seinem Stiefel, gleichzeitig in die schicksalsvolle Seitengasse lauschte. Warum duldete das alles der Private Pallas, der in der Nähe aus seinem Fenster im zweiten Stockwerk alles beobachtete? Ergründet die Menschennatur! Mit hochgeschlagenem Kragen, den Schlafrock um den weiten Leib gegürtet, kopfschüttelnd, blickte er hinab.

Und fünf Häuser weiter, ihm schräg gegenüber, sah Frau

Wese, den Fuchspelz über ihrem Nachthemd, nach ihrem Manne aus, der heute ungewöhnlich lange zögerte.

Endlich ertönte die Türglocke vor Weses Bureau, zu laut für eine Türglocke, über die Stadt hin, zum Himmel auf, und Wese, der fleißige Nachtarbeiter, tritt dort, in dieser Gasse noch unsichtbar, nur durch das Glockenzeichen angekündigt, aus dem Haus; gleich zählt das Pflaster seine ruhigen Schritte.

Pallas beugt sich weit hervor; er darf nichts versäumen. Frau Wese schließt, beruhigt durch die Glocke, klirrend ihr Fenster. Schmar aber kniet nieder; da er augenblicklich keine anderen Blößen hat, drückt er nur Gesicht und Hände gegen die Steine; wo alles friert, glüht Schmar.

Gerade an der Grenze, welche die Gassen scheidet, bleibt Wese stehen, nur mit dem Stock stützt er sich in die jenseitige Gasse. Eine Laune. Der Nachthimmel hat ihn angelockt, das Dunkelblaue und das Goldene. Unwissend blickt er es an, unwissend streicht er das Haar unter dem gelüpften Hut; nichts rückt dort oben zusammen, um ihm die allernächste Zukunft anzuzeigen; alles bleibt an seinem unsinnigen, unerforschlichen Platz. An und für sich sehr vernünftig, daß Wese weitergeht, aber er geht ins Messer des Schmar.

»Wese!« schreit Schmar, auf den Fußspitzen stehend, den Arm aufgereckt, das Messer scharf gesenkt. »Wese! Vergebens wartet Julia!« Und rechts in den Hals und links in den Hals und drittens tief in den Bauch sticht Schmar. Wasserratten, aufgeschlitzt, geben einen ähnlichen Laut von sich wie Wese.

»Getan«, sagt Schmar und wirft das Messer, den überflüssigen blutigen Ballast, gegen die nächste Hausfront. »Seligkeit des Mordes! Erleichterung, Beflügelung durch das Fließen des fremden Blutes! Wese, alter Nachtschatten, Freund, Bierbankgenosse, versickerst im dunklen Straßengrund. Warum bist du nicht einfach eine mit Blut gefüllte Blase, daß ich mich auf dich setzte und du verschwändest ganz und gar. Nicht alles wird erfüllt, nicht alle Blütenträume reiften, dein schwerer Rest liegt hier, schon unzugänglich jedem Tritt. Was soll die stumme Frage, die du damit stellst?«

Pallas, alles Gift durcheinanderwürgend in seinem Leib, steht in seiner zweiflügelig aufspringenden Haustür. »Schmar! Schmar! Alles bemerkt, nichts übersehen.« Pallas und Schmar prüfen einander. Pallas befriedigt's, Schmar kommt zu keinem Ende.

Frau Wese mit einer Volksmenge zu ihren beiden Seiten eilt mit vor Schrecken ganz gealtertem Gesicht herbei. Der Pelz öffnet sich, sie stürzt über Wese, der nachthemdbekleidete Körper gehört ihm, der über dem Ehepaar sich wie der Rasen eines Grabes schließende Pelz gehört der Menge.

Schmar, mit Mühe die letzte Übelkeit verbeißend, den Mund an die Schulter des Schutzmannes gedrückt, der leichtfüßig ihn davonführt.

Alfons Petzold

Der Totschläger

»Hund, elendiger Hund!«

Und dann kam noch ein furchtbarer Fluch durch die niedere Stube geprallt. Der fiel aber aus keinem wutvergeiferten Mund, sondern aus einer wie zu einem Stein zornverkrampften Faust und war ein schrecklicher Hieb, der einen blonden, eisenharten Schädel wie eine leere Zigarrenkiste einschlug.

Als der kräftige junge Männerkörper auf die öldurchtränkten, trittezerkerbten Steinfliesen des Werkgasthauses, des ehemaligen alten Maschinenhauses, hinschlug, schwerplumpsig wie ein voller Kartoffelsack, kam es Franz Scheiblechner, dem Faustschwinger, zum aufrüttelnden Bewußtsein, daß er einen Menschen totgeschlagen, also ein Mörder geworden war.

Eine atemdrosselnde, schwarze Hülle warf sich über sein bisher so frohes, zufriedenes Arbeiterleben. Einen Augenblick lang fühlte er sich in einem stählernen Sarg liegen, an dessen Deckel sich seine lebenshungrige Jugend vergeblich wundstieß.

Dann weitete sich vor seinen entsetzten Augen die enge, tabakqualmerfüllte Wirtsstube zu einem mächtigen Raum, der erfüllt war von einer Unzahl Menschen, die alle Blicke voll Abscheu und Haß für ihn hatten, mit den Fingern auf ihn wiesen und anklagend ihn anheulten.

»Mörder!«

So litt er schon jetzt zwiefachen Tod: den der Gerechtigkeit und den der Schande für seine Tat.

Und es kam noch der Tod der Rache dazu.

Denn es schrumpften auf einmal all die vielen Menschen vor ihm zu einer knöchernen Faust zusammen, die spannte sich um seinen Hals, und er hörte die Stimme des von ihm Erschlagenen im Weltall dröhnen: »Mörder!«

Eine klagende Frauenstimme riß ihn aus seiner ihn hinrichtenden Betäubung.

»Franz, Franz! Heiliger Gott, was hast denn getan? Schau nicht so wild, ich bin's ja, dein Annerl!«

Seine Braut war es, die ihn ins Gesicht klagte. Ihre ihn aufrüttelnden Worte voll Herzweh und fragender wie auch schon wissender Verzweiflung rissen ihn unbarmherzig über den rotglühenden Rost des Geschehenen.

Und er wachte auf zu tierischer Selbsterhaltung. Aus der brennenden Not seiner Seele schrie er mit brutaler Härte das weinende Mädchen an.

»Weil der Hundskerl, der Fallot, meine Maschin schimpfiert hat, hab ich ihm eine feste aufs Dachl geben!«

Darauf ließ er sich ruhig von der erschienenen Polizei abführen.

Der Maschinenwärter Franz Scheiblechner und der Transmissionenaufseher Ferdinand Gruber, beide in der großen Jutespinnerei angestellt, waren seit Jahr und Tag gute Freunde gewesen.

In der ewig nebligen, feuchtheißen Dampf- und Ölschwüle des geräumigen Maschinenhauses hatten sie sich kennen- und schätzengelernt und die Brücke getreulicher Freundschaft in die fröhlichere Atmosphäre der Gassen, Vorstadtgärten und Gasthäuser hinübergespannt.

Über diesen wohlgebauten Brückensteg war dann im Laufe der Zeit von den zwei Freunden schon manche frohe, glückliche Stunde, gar mancher Trost in ihr für gewöhnlich so graues, mit Verdrießlichkeiten und Enttäuschungen aller Art vollbeladenes Arbeiterleben getragen worden.

Nach Anbruch der abendlichen Feierzeit und an den freien Sonn- und Feiertagen sah man die beiden ebenso beisammen wie in der Fabrik, in der sie durch ihre Beschäftigung zumeist immer in Berührung standen. Wie Maschine und Transmission, so schienen Scheiblechner und Gruber untrennbar zu sein.

Keiner besuchte ohne den anderen eine festliche Veranstaltung, machte ohne den anderen an der Seite einen Ausflug in die Umgebung der Stadt. In jeder Wählerversammlung, Werkstättenbesprechung und anderen Zusammenkünften der Arbeiter sah man die beiden Freunde nebeneinander sitzen oder stehen, immer für die gleiche Meinung sich einsetzend, die in ihnen beinahe die gleichen Worte bei den Auseinandersetzungen mit den Kameraden weckte. Lachen und Schimpf für die Erscheinungen ihres Daseins kam aus ihnen in seltener Eintracht nach einem rätselhaften Gesetz. Sah man an einem regnerischen Sonntagnachmittag den langen, stricknadeldünnen Gruber Ferdl in der verrauchten Extrastube des kleinen Vorstadtkaffeehauses die blanken, federweißglänzenden Tarockkarten schwingen, so konnte man eine todsichere Wette eingehen, daß einer seiner drei Spielpartner der Maschinenwärter Scheiblechner war.

Der saß dann immer mit seinem klobigen, kräftig untersetzten Knochen- und Muskelpostament seinem leibschmächtigen Freund gegenüber und lächelte mit fettglänzendem Ölkannengesicht beruhigend und versöhnlich über die Aufgeregtheit und den blinden Spieleifer Grubers, während er selbst die personifizierte Gleichgültigkeit vorstellte. Kein noch so unerwarteter Zufall konnte ihn in seiner ruhigen Beschaulichkeit stören, und er sah mit dem gleichen geduldigen Ausdruck des Zuwartens und der Selbstverständlichkeit in den frischen, wasserblauen Augen auf die sumpfgrüne, abgegriffene Fläche des breiten Spieltisches nieder, mit dem er gewohnt war, stundenlang in das von ihm regulierte Kesselfeuer zu schauen. Die schöne Freundschaft zwischen den beiden an Körper und Seele so ungleichen Menschen bekam mit der Zeit einen solchen Grad der Innigkeit und des Bewußtseins, eine Einigkeit vorzustellen, daß Scheiblechner, als er anfing, einem Mädchen aus der Nachbarschaft den Hof zu machen, vorerst den Gruber ganz ernsthaft fragte, ob er mit diesem Verhältnis einverstanden sei und dazu raten könne, und erst nach dessen Zustimmung es wagte, der Weghuber Annerl seine Liebe und ernsten Eheabsichten zu erklären.

Als der bisherige Schlafgenosse des Transmissionenaufsehers auf längere Zeit zu seinem Regiment als Soldat einrükken mußte, gab der Maschinenwärter sofort seine hübsche Wohnkammer auf, deren breites Fenster auf licht- und luftreiche Felder lugte. Er mußte zu seinem einsam gewordenen Freund ziehen, der in einer halbdunkeln Stube hauste, die dieser mit seinem minderen Gehalt allein schwer bezahlen konnte. Und Scheiblechner opferte mit Freuden seiner Freundschaft die bisherigen Schätze seines Proletendaseins: Licht und werkstättenfremde, reine Luft. Nur in einem waren die Freunde nicht eines Sinnes, behauptete jeder starr und steif seine eigene Meinung. Es war dies ihr Verhältnis zu der Maschine, die sie beide zu bedienen hatten. Der eine ihren ganzen vielgliedrigen Leib, der andere ihre gewaltigen Füße und Hände, mit der sie ihre ungeheure Kraft in die entlegensten Räume und Winkel der Fabrik schleuderte.

Der Maschinenwärter liebte das ihm anvertraute Werk über alles, war stets, auch in seiner freien Zeit, voll Sorge um die riesigen Räder, den mächtigen Kesselbauch, die wunderbaren Schrauben, schmirgelte, polierte die Manometer, Kolben, Griffe, daß sie wie zierliche Sönnchen, Monde und Sternschwänzchen aufleuchteten; und immer, auch bei der schwersten Arbeit, hing sein Blick voll Stolz und Liebe an dem ungeheuren Körper des Ungetüms aus Stahl und Kupfer, das da glühend, brausend, stampfend, zischend, heulend

Hunderten von Arbeitsmuskeln tausendfache Kraft und Stärke, Ungebeugtheit vor dem Werke in den Stunden der Arbeit gab.

Gerade das Gegenteil fühlte der Transmissionenaufseher Gruber. Haß und oftmals eine unaussprechliche grauenhafte Furcht setzte er gegen die Liebe und das Vertrauen seines Freundes zur Maschine ein.

Nur mit Widerwillen ging er zur Frühe jedes Tages von neuem an seine verfluchte Arbeit. Unausgesetzt war er voll des ärgsten Mißtrauens, das ein Schwächerer gegen eine ihm feindlich gesinnte Macht empfindet. Umrauschte ihn das ölige Schleifen der Riemen über die glänzenden Holz- und Stahlwellen, hielt er sich immer zur Flucht vor einem plötzlichen Überfall bereit.

Wie ein Tierbändiger unter unzuverlässigen, nur mit glühender Eisenstange niederzuhaltenden Bestien kam er sich vor, solange er seinem Dienst nachgehen, Antrieb, Übertragungen, Riemenregulatoren nach ihrer Haltbarkeit prüfen, ihre geheimen Leiden und Wunden suchen und einölen mußte.

Er wurde erst wieder ein Mensch, der sich seines Daseins freuen konnte, wenn die Dampfsirene Feierabend verkündete und die sausenden Räder und Riemen, erschlagenen Tigern gleich, mit einem ersterbenden Fauchen in der Dämmerung der Säle schlaff hinsanken und stumm wurden. Aber selbst in Schlaf und Träume hinein verfolgten ihn die fettigen Polypenarme der stählernen Ungeheuer in der fernen Fabrik.

Zu Beginn ihrer Freundschaft hatte es Gruber einigemal versucht, seinem Freund die Menschenfeindschaft der Maschinen zu erklären und in dessen Herzen den gleichen Haß gegen diese Erfindungen böser Geister und Teufel großzuziehen, der in ihm sein arges Wesen trieb. Aber seine plumpen Beschimpfungen und übertriebenen Vorwürfe hatten bei dem sonst so gutmütigen Maschinenwärter jedesmal Wutausbrüche zur Folge gehabt, und tagelang nachher war er noch voll Entrüstung gewesen über seines Freundes schandbares Benehmen gegen die über alles geliebten Maschinen. So verbarg Gruber um des lieben Friedens willen schlecht und recht seine wahre Gesinnung vor dem Freund. Wenn nun Scheiblechner vor Kameraden und Bekannten in den höchsten Tönen der Begeisterung von seinen Dampfkesseln, Akkumulatoren, Motoren sprach, biß sich Gruber voll unterdrückten Zornes und Schmerzes über die Arglosigkeit des Anpreisers die Zähne ineinander, um nicht das Gegenteil herauszubrüllen. Und insgeheim wuchs in ihm eine große eisige Furcht zur Gewißheit auf, daß da drinnen in dem roten Maschinenhaus Stahl und Messing, Kupfer und Eisen, Riemen und Radwerk über sein und seines Freundes Verderben in der Ruhe mancher Nacht nachsannen.

Der Zeitpunkt der Kesselreinigung war herangekommen. Diese dauerte von Samstag abends bis Montag früh. Während Gruber dem kontrollierenden Ingenieur das einwandfreie Funktionieren der Transmissionen und Sicherheitsvorrichtungen vorführen mußte, saß der Maschinist in dem Fabriksgasthaus, verzehrte sein Nachtmahl, trank ein Glas Wein und wartete auf seinen Freund, um dann nach vollständigem Stillstand des Werkes die Feuer zu löschen und die Kessel zum Einstieg bereitzumachen.

Es waren nur mehr wenige Gäste zugegen, alles Arbeiter der Fabrik, Junggesellen und einige leichte Brüder, die daheim Weib und Kind auf den Wochenlohn warten ließen, weil es hier an den Samstagen ein besonders süffiges Bier gab. Der Wirt, ein ehemaliger Werkmeister, dem eine schwere Walze die Finger der rechten Hand zermalmt hatte, zählte schon die Tageslosung zusammen, während Schankbursche und Kellnerjunge sich schläfrig in den dichten Tabakqualm hineinlehnten.

Eben wollte sich Scheiblechner noch eine Virginierzigarre bestellen, als die Tür aufprallte und Gruber wie hereingeschleudert gegen einen Tisch anflog. Er sah fürchterlich aus. Die blaue Zeugbluse hing ihm, mit dem heruntergerissenen Hemd zu einem Strick verdreht, am Leibe herunter. Seine nackten Schultern, Brust und Rükken sahen aus, als wären sie durch das schmutzigste Tropföl gezogen worden. Das Gesicht fahlte leichenhaft unter dem wirren schwarzen Haarschopf hervor, und die Augen waren die eines wütenden Hundes, der Wasser sieht. Mit keuchendem Schreien kam es aus seiner stoßenden Brust: »Jetzt hat s' mich endlich einmal erwischt, das verfluchte Luder. Ich trete oben auf die Transmissionsbrücke, da ruft mich der Herr Ingenieur; ich dreh mich um, und schon hat s' mich beim Frack, das elendige eiserne Viech, dreht mich um die Scheiben, und nur weil der Ingenieur gleich abg'stellt hat, pick ich jetzt nicht als Fettfleck auf der Mauer wie eine Heringsseel! Ich hab's ja immer g'wußt und g'sagt, daß 's der scheinheilige Hundskrampen auf mich abg'sehn g'habt hat –«

Erregt fiel ihm da der Maschinenwärter in die Rede: »Ferdl, was schimpfst denn auf die Maschin, du bist ja selbst schuld dran, hätt'st aufg'paßt, hätt s' dich nicht erwischt!«

Der Aufseher war irr vor überstandener Todesangst und Wut; er spie seinen Freund an: »He, was hast g'sagt, schuld soll ich sein? Ah, vielleicht hätt ich noch dank schön sagn solln, wenn mich dein Sauwerkel hing'richt hätt! Mit Dynamit soll s' in die Luft g'sprengt werden, das vermaledeite Biest!«

»Du, Gruber, halt dich z'rück!«

Mühsam gurgelte es Scheiblechner aus der von Empörung gewürgten Kehle.

»Ich mich z'rückhalten!« brüllte Gruber. »Ich mich z'rückhalten, wo's um mein Leben gangen ist? Daß ich nicht lach! Und wann jetzt der Direktor vor mir steht, sag ich ihm dasselbe. Natürlich, du Schlürferl möcht's am liebsten deiner verdammten Maschin hinten neinkriechen! Aber heut hab ich ihr's g'zeigt, dem graupign Mistvieh; mit der Spitzhackn hab ich ihr die Schlitzaugn, die zwei Manometer, vom Schädel g'haut!«

Der Maschinist fühlte Feuer im Gehirn, heiß und rot schießt es ihm in die Augen. Er taumelte nach vorn und stierte dem Gruber ins Gesicht: »Was hast getan, was ...?«

»Deiner eisernen Geliebten den Hirnkasten eing'haut!«

Scheiblechner spürte die Haare auf seinem Kopf brennen, und sein Herz lag in glühender Lohe. Er sah seine Maschine, sein Werk beschimpft, entehrt. Ein furchtbares Etwas, gegen das anzukämpfen er nicht mehr die Kraft hatte, ballte ihm die Faust, riß sie in die Höhe und ließ sie auf die Stirne des Schmähers fallen. Das Gesicht Grubers höhnte noch einmal fratzenhaft auf, dann verschwand es mit dem Falle eines schweren Körpers. Als die Faust Scheiblechners pendelnd zurückfiel, atmete Ferdinand Gruber nicht mehr.

Arthur Schnitzler

Der Mörder

Ein junger Mann, Doktor beider Rechte, ohne seinen Beruf auszuüben, elternlos, in behaglichen Umständen lebend, als liebenswürdiger Gesellschafter wohlgelitten, stand nun seit mehr als einem Jahre in Beziehungen zu einem Mädchen geringerer Abkunft, das, ohne Verwandtschaft gleich ihm, keinerlei Rücksichten auf die Meinung der Welt zu nehmen genötigt war. Gleich zu Beginn der Bekanntschaft, weniger aus Güte oder Leidenschaft als aus dem Bedürfnis, sich seines neuen Glückes auf möglichst ungestörte Weise zu erfreuen, hatte Alfred die Geliebte veranlaßt, ihre Stellung als Korrespondentin in einem ansehnlichen Wiener Warenhause aufzugeben. Doch nachdem er sich längere Zeit hindurch, von ihrer dankbaren Zärtlichkeit umschmeichelt, im bequemsten Genusse gemeinsamer Freiheit wohler befunden hatte als in irgendeinem früheren Verhältnis, begann er nun allmählich jene ihm wohlbekannte verheißungsvolle Unruhe zu verspüren, wie sie ihm sonst das nahe Ende einer Liebesbeziehung anzukündigen pflegte, ein Ende, das nur in diesem Falle vorläufig nicht abzusehen schien. Schon sah er sich im Geiste als Schicksalsgenossen eines Jugendfreundes, der, vor Jahren in eine Verbindung ähnlicher Art verstrickt, nun als verdrossener Familienvater ein zurückgezogenes und beschränktes Leben zu führen gezwungen war; und manche Stunden, die ihm ohne Ahnungen solcher Art an der Seite eines anmutigen und sanften Wesens, wie Elise es war, das reinste Vergnügen hätten gewähren müssen, begannen ihm Langeweile und Pein zu bereiten. Wohl war ihm die Fähigkeit und, was er sich noch höher anrechnen mochte, die Rücksicht eigen, Elise von solchen Stimmungen nichts merken zu lassen; immerhin aber hatten sie die Wirkung, ihn wieder öfter die Geselligkeit jener gutbürgerlichen Kreise aufsuchen zu lassen, denen er im Laufe des letzten Jahres sich beinahe völlig entfremdet hatte. Und als ihm bei Gelegenheit einer Tanzunterhaltung eine vielumworbene junge Dame, die Tochter eines begüterten Fabrikbesitzers, mit auffallender Freundlichkeit entgegenkam und er so plötzlich die leichte Möglichkeit einer Verbindung vor sich sah, die seiner Stellung und seinem Vermögen angemessen war, begann er jene andere, die wie ein heiter-zwangloses Abenteuer angefangen, als lästige Fessel zu empfinden, die ein junger Mann von seinen Vorzügen unbedenklich abschütteln dürfte. Doch die lächelnde Ruhe, mit der Elise ihn immer wieder empfing, ihre sich stets gleichbleibende Hingabe in den spärlicher werdenden Stunden des Zusammenseins, die ahnungslose Sicherheit, mit der sie ihn aus ihren Armen in eine ihr unbekannte Welt entließ, all dies drängte ihm nicht nur jedesmal das Abschiedswort von den Lippen, zu dem er sich vorher stets fest entschlossen glaubte, sondern erfüllte ihn mit einer Art von quälendem Mitleid, dessen kaum bewußte Äußerungen einer so herzlich vertrauenden Frau wie Elise nur als neue und innigere Zeichen seiner Neigung erscheinen mußten. Und so kam es dahin, daß Elise sich niemals heißer von ihm angebetet glaubte, als wenn er von einer neuen Begegnung mit Adele, wenn er durchbebt von der Erinnerung süßfragender Blicke, verheißender Händedrücke und zuletzt im Rausch der ersten heimlichen Brautküsse in jenes stille, ihm allein und seiner treulosen Liebe geweihte Heim zurückgekehrt war; und statt mit dem Lebewohl, das er sich noch auf der Schwelle vorgenommen, verließ Alfred die Geliebte allmorgendlich mit erneuten Schwüren ewigen Angehörens.

So liefen die Tage durch beide Abenteuer hin; endlich blieb nur mehr zu entscheiden, welcher Abend für die unvermeidlich gewordene Aussprache mit Elisen besser gewählt wäre: der vor oder der nach der Verlobung mit Adelen; und an dem ersten dieser beiden Abende, da ja doch noch eine Frist vor ihm lag, erschien Alfred in einer durch die Gewohnheit seines Doppelspiels fast beruhigten Seelenverfassung bei der Geliebten.

Er fand sie blaß, wie er sie vorher niemals gesehen, in der Ecke des Diwans lehnen; auch erhob sie sich nicht wie sonst bei seinem Eintritt, um ihm Stirn und Mund zum Willkommskuß zu bieten, sondern zeigte ein müdes, etwas gezwungenes Lächeln, so daß zugleich mit einem Gefühl der Erleichterung die Vermutung in Alfred aufstieg, die Nachricht von seiner bevorstehenden Verlobung sei trotz aller Geheimhaltung nach der rätselhaften Art der Gerüchte doch schon bis zu ihr gedrungen. Aber auf seine sich überstürzenden Fragen erfuhr er nichts anderes, als daß Elise, was sie ihm bisher verschwiegen, von Zeit zu Zeit an Herzkrämpfen leide, von denen sie sich sonst rasch zu erholen pflegte, deren Nachwirkung aber diesmal länger anzuhalten drohe als je. Alfred, im Bewußtsein seiner schuldvollen Vorsätze, war von dieser Eröffnung so heftig berührt, daß er sich in Ausdrücken der Teilnahme, in Beweisen von Güte gar nicht genugtun konnte; und vor Mitternacht, ohne zu begreifen, wie es soweit gekommen, hatte er mit Elisen den Plan einer gemeinsamen Reise entworfen, auf der sie gewiß dauernde Genesung von ihren üblen Anfällen finden sollte.

Niemals so zärtlich geliebt, nie aber auch so durchtränkt von eigener Zärtlichkeit hatte er je von ihr Abschied genommen als in dieser Nacht, so daß er auf dem Heimweg ernstlich einen Absagebrief an Adele erwog, in dem er seine Flucht aus Verlobung und Eheband wie ein Gebot seiner für ein dauernd stilles Glück nicht geschaffenen unsteten Natur zu entschuldigen gedachte. Die kunstvollen Verschlingungen der Sätze verfolgten ihn noch in den Schlaf; aber schon das Morgenlicht, das durch die Spalten der Jalousien auf seiner Decke spielte, ließ ihm die aufgewandte Mühe ebenso töricht als überflüssig erscheinen. Ja, er war kaum zu staunen fähig, daß ihm nun die leidende Geliebte der verflossenen Nacht traumhaft fern wie eine Verlassene erschien, während Adele blühend im Duft unermeßlicher Sehnsucht vor seiner Seele stand. Um die Mittagsstunde brachte er dem Vater Adelens seine Werbung vor, die wohl sehr freundlich, aber doch nicht mit völliger Zustimmung aufgenommen wurde. In gutmütig-spöttischer Anspielung auf des Bewerbers oft versuchte Jugend stellte der Vater vielmehr die Forderung, Alfred möge sich vorerst für ein Jahr auf Reisen begeben, um so in der Entfernung die Kraft und die Widerstandsfähigkeit seiner Gefühle zu prüfen, und er widersetzte sich sogar dem Vorschlag eines Briefwechsels zwischen den jungen Leuten, um die Möglichkeit einer Selbsttäuschung auch auf diesem Wege mit Sicherheit ausgeschaltet zu wissen. Wenn Alfred mit den Absichten von heute wiederkehrte und wenn er dann bei Adelen die gleichen Empfindungen wiederfände, die sie heute zu hegen überzeugt sei, so werde der sofortigen Vermählung des jungen Paares von seiner Seite nicht das geringste im Wege stehen. Alfred, der sich diesen Bedingungen nur widerstrebend zu fügen schien, nahm sie in Wahrheit wie eine neue Fristerstreckung des Geschicks innerlich aufatmend entgegen, und nach kurzem Besinnen erklärte er, unter diesen Umständen sich schon heute verabschieden zu wollen, wäre es auch nur, um damit zugleich das Ende der geforderten Trennungszeit näher heranzurücken. Adele schien zuerst von dieser unerwarteten Fügsamkeit verletzt zu sein, doch nach einer kurzen, vom Vater verstatteten Unterredung unter vier Augen hatte Alfred seine Braut dahin gebracht, daß sie ihn um seiner Liebesklugheit willen bewunderte und ihn mit Schwüren der

Treue, ja mit Tränen in den Augen in eine gefährliche Trennungsferne entließ.

Kaum auf die Straße gelangt, begann Alfred schon allerlei Möglichkeiten zu erwägen, die im Laufe dieses ihm zur Verfügung stehenden Jahres eine Lösung seiner Beziehungen zu Elisen herbeiführen könnten. Und sein Drang, die schwierigsten Angelegenheiten des Lebens ohne tätiges Eingreifen zu erledigen, war so übermächtig, daß jener nicht nur über seine Eitelkeit den Sieg davontrug, sondern auch dem Aufschweben düsterer Ahnungen günstig war, vor denen sein wehleidiges Wesen sonst gerne zurückschreckte. In dem Zwang ungewohnt engen Zusammenseins, wie es die Reise mit sich brachte, so dachte er, könnte es wohl geschehen, daß Elise, erkaltend, sich allmählich von ihm abwendete; und auch das Herzleiden der Geliebten bot den Ausblick auf eine freilich unerwünschtere Art der Befreiung. Bald aber wies er beides, Hoffnung wie Befürchtung, mit so heftiger Bewegung von sich, daß am Ende nichts in ihm war als die kindlich-freudige Erwartung einer bunten Lustfahrt ins Weite in Gesellschaft eines liebenswürdig anhänglichen Geschöpfes; und noch am Abend des gleichen Tages plauderte er mit der arglosen Geliebten in heiterster Laune über die reizvollen Aussichten der bevorstehenden Reise.

Da der Frühling im Anzug war, suchte Alfred mit Elisen zuerst die milden Ufer des Genfer Sees auf. Später stiegen sie zu kühleren Gebirgshöhen empor, verbrachten den Spätsommer in einem englischen Seebad, besuchten im Herbst holländische und deutsche Städte, um endlich dem einbrechenden trüberen Wetter unter den Trost südlicher Sonne zu entfliehen. Bis dahin war nicht nur Elise, die über die nahe Umgebung Wiens früher nicht hinausgekommen war, wie eine köstlich Träumende an der Hand ihres geliebten Führers durch dieses Jahr der Wunder geschwebt; auch Alfred, so klar er sich immerfort der Zukunft mit ihren nur aufgeschobenen Schwierigkeiten bewußt war, hatte, von dem Glück Elisens wie mitgefangen, sich der anmutigen Gegenwart unbedenklich hingegeben. Und während er zu Beginn der Reise Begegnungen mit Bekannten vorsichtig auszuweichen gesucht, es möglichst vermieden hatte, mit Elisen sich auf belebteren Promenaden und in den Speisesälen großer Hotels zu zeigen, forderte er später mit einer gewissen Absichtlichkeit das Schicksal heraus und war gerne gefaßt, durch eine Depesche seiner Braut des Treubruchs bezichtigt und damit zwar eines noch immer heißersehnten Besitzes, zugleich aber alles Zwiespalts, aller Unruhe und aller Verantwortung ledig zu werden. Doch keine Depesche noch sonst eine Nachricht aus der Heimat drang zu ihm, denn Adele hielt sich gegen Alfreds eitle Erwartung so streng wie er selbst nach der vom Vater geforderten Übereinkunft.

Doch es kam die Stunde, in der, für Alfred wenigstens, dies Wunderjahr ein jähes Ende nahm und mit einem Male zauberlos, ja öder als irgendein anderes, das er erlebt, in der Zeit stillezustehen schien. Dies ereignete sich im Botanischen Garten zu Palermo an einem hellen Herbsttag, da Elise, die bis dahin sich frisch, lebhaft und blühend gezeigt hatte, plötzlich mit beiden Händen an ihr Herz griff, den Geliebten angstvoll anblickte und sofort wieder lächelte, als sei sie sich's wie einer Pflicht bewußt, ihm keinerlei Ungelegenheiten zu verursachen. Dies aber, statt ihn zu rühren, füllte ihn mit Erbitterung, die er freilich vorerst unter der Miene des Besorgten zu verbergen wußte. Er warf ihr vor, ohne selbst daran zu glauben, daß sie ihm dergleichen Anfälle gewiß schon etliche Male geheimgehalten, gab seiner Kränkung Ausdruck, daß sie ihn offenbar für herzlos hielt, beschwor sie, heute noch, sofort, mit ihm einen Arzt aufzusuchen, und war recht froh, als sie diesen Vorschlag mit Rücksicht auf ihr geringes Vertrauen zu den Heilkünstlern des Landes ablehnte. Doch als sie plötzlich, wie überströmend von Dankbarkeit und Liebe, hier, unter freiem Himmel, auf der Bank, an der Leute vorübergingen, seine Hand an ihre Lippen drückte, fühlte er, gleich einer fliegenden Welle, Haß durch seine Pulse jagen, dessen Vorhandensein ihn zwar selbst in Erstaunen setzte, den er aber bald vor sich mit der Erinnerung vieler Stunden der Langeweile und Leere entschuldigte, an denen die Reise, wie er mit einmal zu wissen glaubte, allzu reich gewesen war. Zugleich flammte ein so glühendes Verlangen nach Adelen in ihm auf, daß er, allen Abmachungen zum Trotz, noch am gleichen Tag eine Depesche an sie sandte, in der er sie um ein Wort nach Genua anflehte und die er unterschrieb: »Ewig der Deine«.

Wenige Tage später fand er in Genua ihre Erwiderung, die lautete: »Und ich die Deine für ebensolang.« Mit dem zerknitterten Blatt auf dem Herzen, das ihm nun trotz des fragwürdig scherzhaften Tones den Inbegriff aller Hoffnungen bedeutete, trat er in Elisens Begleitung die Fahrt nach Ceylon an, die als voraussichtlich schönster Teil der Reise an deren Ende gesetzt war. Elise hätte von verschlagenerer Gemütsart sein müssen, als sie war, wenn sie auf dieser Fahrt zu ahnen vermocht hätte, daß nur das kühne Spiel von Alfreds Einbildungskraft ihr reichere Wonnen des Geliebtseins schenkte als je zuvor, wenn sie gewußt hätte, daß nicht sie selbst es mehr war, die nun in den schweigenden dunklen Meeresnächten an seinem Halse lag, sondern die ferne, durch seine Sehnsucht in aller Lebensfülle herbeigezauberte Braut. Doch auf der endlich erreichten glühenden Insel, in der dumpfen Gleichförmigkeit des letzten Aufenthaltes, da er erkannte, daß die allzu stürmisch aufgeforderte Phantasie ihm den Dienst versagen wollte, begann er sich von Elisen fernzuhalten und war tückisch genug, eine neue leichte Mahnung des Herzleidens, das sie beim ersten Betreten des festen Bodens angewandelt, als die Ursache seiner Zurückhaltung anzugeben. Sie nahm es hin wie alles, was von ihm kam, als Zeichen einer Liebe, die ihr nun allen Sinn und alle Seligkeit des Daseins bedeutete. Und wenn sie unter dem milden Glanz eines blaugoldenen Himmels, fest an ihn geschmiegt und geborgen, durch die rauschenden Schatten der Wälder fuhr, wußte sie nicht, daß ihr Begleiter nur die einsame Stunde herbeiwünschte, in der ihm, ungestört von Elisen, Gelegenheit geboten war, mit fliegender Feder beschwörende, sengende Worte an eine andere auf das Papier zu werfen, von deren Dasein in der Welt Elise bis zu diesem Augenblick nichts ahnte und niemals etwas ahnen sollte. In solchen Stunden des Alleinseins stieg sein Verlangen nach der Entfernten so mächtig an, daß er die eine, die Nahe, die ihm Gehörende, die, mit der er nun bald ein Jahr lang die Welt durchquerte, bis auf die Züge des Antlitzes, ja bis auf die Stimme zu vergessen vermochte. Und als er in der Nacht vor dem Antritt der Heimreise, aus dem Schreibzimmer kommend, Elise in einem neuen schweren Anfall halb bewußtlos auf das Bett hingestreckt fand, erkannte er, was er sonst eher wie eine leise Angst in sich zu fühlen geglaubt hatte, mit leichtem, beinahe süßem Grauen als die nie erloschene, finster glimmende Hoffnung seiner Seele. Dennoch sandte er ohne Aufschub und in wirklich schmerzlicher Erregung nach dem Arzt, der unverzüglich erschien und der Kranken durch eine Morphiumeinspritzung Linderung verschaffte. Dem vermeintlichen Gatten aber, der die nun bedenklich gewordene Reise aus gewichtigen Gründen nicht aufschieben zu können erklärte, gab er ein Billett mit, das die Leidende der besonderen Sorgfalt des Schiffsarztes empfahl.

Gleich in den ersten Tagen schien die Seeluft auf Elise den wohltätigen Einfluß auszuüben. Ihre Blässe verschwand, ihr Wesen war aufgeschlossener, ihr Gebaren freier, als Alfred es jemals an ihr wahrgenommen. Und während sie früher sich gegen jede, selbst die harmloseste Annäherung von fremder Seite gleichgültig, ja abwehrend verhalten hatte, wich sie diesmal gemeinsamen Unterhaltungen, wie sie das Leben auf dem Schiffe mit sich brachte, keineswegs aus und nahm die achtungsvollen Huldigungen einiger mitreisender Herren mit Befriedigung entgegen. Insbesondere ein deutscher Baron, der auf dem Meere Heilung eines langwierigen Lungenleidens suchte, hielt sich in Elisens

Nähe so viel auf, als es eben noch ohne Zudringlichkeit geschehen konnte, und Alfred hätte sich gern überredet, das aufmunternde Benehmen, das Elise diesem liebenswürdigsten ihrer Bewunderer gegenüber zur Schau trug, als die willkommenen Zeichen einer neu keimenden Neigung anzusehen. Doch als er Elise einmal scheinbar ärgerlich über ihre auffallende Freundlichkeit zur Rede zu stellen versuchte, erklärte sie ihm lächelnd, daß all dies entgegenkommende Wesen andern gegenüber nichts anderes bezweckt hätte, als des Geliebten Eifersucht zu erregen, und sie der gelungenen List sich unsäglich freute. Diesmal vermochte Alfred seine Ungeduld, seine Enttäuschung nicht mehr zu verbergen. Er erwiderte ihr Geständnis, durch das sie ihn beruhigt und beglückt zu haben glaubte, mit Worten von einer ihr unbegreiflichen Härte; in dumpfer Ratlosigkeit hielt sie ihnen eine Weile stand, bis sie plötzlich auf dem Verdeck, wo die Unterredung stattgefunden hatte, bewußtlos zusammenstürzte und in die Kajüte hinuntergetragen werden mußte. Der Schiffsarzt, durch das Schreiben seines Kollegen genügend unterrichtet, hielt eine nähere Untersuchung nicht für nötig und brachte dem gequälten Herzen durch das schon einmal bewährte Mittel vorübergehende Linderung. Doch konnte er nicht verhindern, daß sich die Anfälle am nächsten und am dritten Tage ohne jede äußere Veranlassung wiederholten, und wenn das Morphium auch nie seine Wirkung versagte, so durfte er doch seine Befürchtung nicht verhehlen, daß die Krankheit ein übles Ende nehmen könnte, und mahnte Alfred in angemessener, aber höchst bestimmter Form, seiner schönen Gattin in jeder Hinsicht Schonung angedeihen zu lassen.

Alfred, in seinem dumpf wühlenden Groll gegen Elise, wäre leicht geneigt gewesen, dem Arzte besonders in dem einen Punkte, der einem strengen Verbote gleichkam, Folge zu leisten, wenn ihn nicht Elise, von Sehnsucht verzehrt, in einer einsamen Nachtstunde, als gälte es, ihn durch Zärtlichkeit zu versöhnen, endlich wieder in ihr Herz zu ziehen verstanden hätte. Doch wie sie mit halbgeschlossenen Augen vergehend in seinen Armen lag und er über ihrer feuchten Stirne den bläulichen Wellenschein verschimmern sah, der durch das kleine Kajütenfenster hereinbrach, da fühlte er, wie ihm gleichsam aus den tiefsten Seelengründen auf die Lippen ein Lächeln stieg, das er selbst erst allmählich als eines des Hohns, ja des Triumphes erkannte. Und noch während er seiner dunklen Hoffnung erschauernd sich bewußt ward, mußte er sich sagen, daß ihre Erfüllung nicht nur für ihn das Heil und die Rettung aus allem Wirrsal, sondern daß auch Elise, wenn sie das Ende als unausbleiblich erkannt hätte und ihr eine Wahl verstattet wäre, kein anderes wünschen würde, als unter seinen Küssen zu verscheiden. Und wie sie nun, wohl vertraut mit der Gefahr, in immer leidenschaftlicherer Hingabe gleichsam bereit schien, aus Liebe und in Liebe dahinzugehen, so glaubte er sich stark genug, ein Opfer anzunehmen, durch das, so ungeheuer es auch war, im Ineinanderwirken schicksalhafter Zusammenhänge das Los dreier Menschen zuletzt doch nur günstig gewendet würde.

Aber während er Nacht für Nacht das matte Verschimmern ihrer Augen, das selige Verhauchen ihres Atems mit erwartungsvollem Grauen beobachtete, erschien er sich wie ein Betrogener, wenn eine Minute später ihre erwachenden Blicke dankbar in die seinen glänzten, der warme Hauch ihrer Lippen mit frischer Lust den seinen eintrank und so der ganze Aufwand seiner tödlichen Tücke zu nichts anderem vertan war, als neues, schöneres Leben durch Elisens Pulse zu treiben. Und sie war seiner Liebe so sicher, daß sie bei Tag, wenn er sie auf Stunden sich selbst oder der Gesellschaft anderer überlassen hatte, um auf dem obersten Verdeck die fiebernde Stirn dem kühlenden Meerwind preiszugeben, ohne Mißtrauen zurückblieb und das ratlos irre Lächeln des Wiederkehrenden leuchtenden Auges wie einen zärtlichen Gruß erwiderte.

In Neapel, wo das Schiff zu eintägiger Rast anlegen sollte, um dann ohne weiteren Zwischenaufenthalt nach

Hamburg abzugehen, hoffte Alfred, von Adelen einen Brief zu finden, um den er sie zuletzt aus Ceylon in glühenden Worten angefleht hatte. Das stürmische Wetter enthob ihn der Mühe, einen Vorwand dafür zu suchen, daß er sich ohne Elise in Gesellschaft anderer gleichgültiger Reisender durch einen der bereitliegenden Kähne ans Land setzen ließ. Er fuhr zur Post, trat zum Schalter, nannte seinen Namen und mußte sich mit leeren Händen zurückziehen. Wenn er sich auch damit zu beruhigen versuchte, daß Adelens Brief nicht rechtzeitig abgesandt oder verlorengegangen war, so ließ ihn doch das Gefühl von Vernichtung, das nach dieser Enttäuschung über ihn kam, erkennen, daß ein künftiges Leben ohne Adele für ihn nicht mehr zu denken war. Am Ende seiner Vorstellungskräfte angelangt, dachte er zuerst daran, sofort nach seiner Rückkehr auf das Schiff Elisen schonungslos die Wahrheit mitzuteilen. Gleich aber kam die Überlegung, daß die Folgen eines solchen Geständnisses nicht abzusehen waren, daß es Elise nicht nur auf der Stelle tödlich treffen, daß es sie auch in Wahnsinn oder Selbstmord treiben, daß aber eine solche Begebenheit in ihren Ursachen kaum geheim bleiben und damit seinen Beziehungen zu Adele verhängnisvoll werden könnte. Das gleiche blieb zu befürchten, wenn er das Geständnis bis zum letzten Augenblick, bis zur Landung in Hamburg oder gar bis zur Ankunft in Wien aufschieben wollte. In so verzweifelten Gedanken und ihrer Hinterhältigkeit sich kaum mehr bewußt, wandelte Alfred zur Mittagszeit im brennenden Sonnenschein am Meeresstrand umher, als er sich plötzlich schwindeln und einer Ohnmacht nahe fühlte. Angsterfüllt sank er auf eine Bank und blieb sitzen, bis der Krampf sich löste und die Nebel vor seinen Augen schwanden. Dann aber atmete er wie erwachend auf. Er wußte mit einemmal, daß in dem unbegreiflichen Augenblick, da seine äußeren Sinne ihn zu verlassen gedroht hatten, ein Entschluß furchtbar und klar zu Ende gereift war, der längst in den Tiefen seiner Seele sich vorbereitet hatte. Seinen heißen, grausamen Wunsch, dessen Erfüllung er all die Tage her gleichsam aus feiger Verborgenheit zu fördern gesucht hatte, er mußte ihn nun ohne weiteren Aufschub mit eigenem Willen, mit eigenen Händen zur Tat machen. Und wie das Ergebnis langer innerer Überlegung stieg ein fertiger Plan aus seiner Brust hervor.

Er erhob sich und begab sich vorerst in ein Hotel, um dort mit dem trefflichsten Appetit sein Mittagsmahl einzunehmen. Dann suchte er nacheinander drei Ärzte auf, gab sich überall als einen von unerträglichen Schmerzen gepeinigten Kranken aus, der, seit Jahren an Morphium gewöhnt, mit seinem Vorrat zu Ende gekommen sei, nahm die erbetenen Rezepte in Empfang, ließ sie in verschiedenen Apotheken anfertigen und fand sich, als er bei sinkender Sonne wieder an Bord ging, im Besitze einer Dosis, die er für seine Zwecke mehr als genügend halten durfte. An der Abendtafel auf dem Schiff erzählte er im Tone höchsten Entzückens von einer Wanderung durch Pompeji, zu der er den verflossenen Tag ausgenützt hätte, und mit einer brennenden Lust am Lügen, als müßte er nun sein eigenes Wesen ins Teuflische steigern, verweilte er bei der Schilderung einer Viertelstunde, die er im Garten des Appius Claudius verbracht hatte, vor einer Statuette, die er natürlich in Wirklichkeit nie gesehen und von der er zufällig im Reisehandbuch gelesen. Elise saß an seiner Seite, ihr gegenüber der Baron, die Blicke der beiden begegneten sich, und Alfred vermochte die Vorstellung nicht abzuwehren, daß hier zwei Gespenster aus leeren Augenhöhlen einander anstarrten.

Später aber, wie an so manchem Abend vorher, wandelte er mit Elisen auf dem obersten Verdeck im Mondenschein umher, während fern die Lichter der Küste verglänzten. Da er eine Sekunde lang sich schwach werden fühlte, jagte er seinen Entschluß durch die Einbildung neu auf, daß es Adelens Arm wäre, den er an den seinen preßte; und an der Glutwelle, die ihm durch die Adern schoß, erkannte er, daß das Glück, das seiner wartete, auch durch die furchtbarste

Schuld nicht zu teuer erkauft wäre. Zugleich aber regte sich in ihm geheimnisvoll etwas wie Neid auf das junge Geschöpf an seiner Seite, dem es beschieden sein sollte, aus aller Lebenswirrnis so bald ohne Leiden und ahnungslos den erlösenden Ausgang zu finden.

Als er Elise in der Kajüte mit vollkommener, fast ins Unerträgliche gesteigerter Klarheit und doch mit verzweifelter Lust zum letzten Mal in die Arme schloß, empfand er sich wie den Vollzieher eines Schicksals, an dem sein Wille keinen Anteil mehr hatte. Nur eines Griffes von seinen Fingern hätte es bedurft, das Glas umzustoßen, das bläulich vom Tischchen herüberschillerte, und die Gifttropfen wären, ein harmloses Naß, in die gleichgültigen Dielen versickert. Aber Alfred lag regungslos und wartete. Er wartete, bis er endlich, mit stillstehendem Herzen, einer ihm wohlvertrauten Bewegung Elisens gewahr wurde, die mit halbgeschlossenen Augen ihre Hand nach dem Glas ausstreckte, um, wie sie immer vor dem Einschlafen tat, ihren letzten Durst zu stillen. Er sah mit weit aufgerissenen Lidern, ohne sich zu rühren, wie sie sich ein wenig aufrichtete, das Glas an die Lippen setzte und dessen Inhalt in einem Zuge hinunterstürzte. Dann legte sie sich wieder hin mit einem leichten Seufzer, den Kopf, ihrer Gewohnheit nach, zum Schlummer an seine Brust bettend. Alfred hörte in seinen Schläfen ein langsames, dumpfes Hämmern, hörte Elisens ruhiges Atmen und hörte die Wellen wie klagend an den Bug des Schiffes schlagen, das gleichsam durch eine stillestehende Zeit hinschwebte.

Mit einem Male fühlte er, wie ein heftiges Beben durch Elisens Körper ging. Ihre beiden Hände griffen nach seinem Nacken, ihre Finger schienen sich in seine Haut einbohren zu wollen, dann erst, mit einem langen Stöhnen, öffnete sie die Augen. Alfred löste sich aus ihrer Umklammerung, sprang aus dem Bett, sah, wie sie versuchte, sich zu erheben, mit den Armen ins Leere schlug, einen irren Blick in der Dämmerung hin und her flackern ließ und plötzlich der Länge nach wieder zurücksank, um mit kurzen, flachen

Atemzügen, aber völlig bewegungslos liegenzubleiben. Alfred erkannte sofort, daß sie ohne jedes Bewußtsein war, und fragte sich kalt, wie lange dieser Zustand wohl währen könnte, ehe er zum Ende führte. Es fiel ihm zugleich ein, daß sie in diesem Augenblick vielleicht noch zu retten wäre; und mit dem dunklen Gefühl, auf diese Art ein letztes Mal das Schicksal zu versuchen: entweder selbst die Früchte seines bisherigen Tuns zu vernichten oder durch ein kühnes Wagnis sich zu entsühnen, eilte er davon, den Arzt zu holen. Erkannte der, was hier geschehen war, so sollte das Spiel endgültig verloren sein; im andern Falle aber sprach er sich selbst für alle Zukunft von Schuld und Reue los.

Als Alfred mit dem Arzt in die Kajüte trat, lag Elise bleich, mit halb offenen, verglasten Augen, die Finger in die Decke verkrampft und schimmernde Tropfen auf Stirn und Wangen. Der Arzt beugte sich nieder, legte sein Ohr an ihre Brust, horchte lange, nickte bedenklich, schob Elisens Lider auseinander, hielt die eigene Hand vor ihre Lippen, horchte noch einmal; dann wandte er sich zu Alfred und eröffnete ihm, daß der Todeskampf zu Ende sei. Mit einem irren Blick, der nicht geheuchelt war, schlug Alfred die Hände über dem Kopf zusammen, sank vors Bett hin und blieb, die Stirn auf Elisens Knie gepreßt, eine kurze Weile so liegen. Dann wandte er sich um und starrte wie verloren den Arzt an, der mit bedauerndem Blick ihm die Hand bot. Alfred nahm sie nicht, schüttelte den Kopf, und im völligen Besitze seiner inneren Klarheit, wie in allzu spätem Selbstvorwurf, flüsterte er vor sich hin: »Hätten wir Ihnen doch gefolgt.« Dann verbarg er kummervoll das Gesicht in den Händen. »Das hab ich mir denken können«, hörte er den Arzt tadelnd, aber mild erwidern, und in einem übermächtigen Gefühl des Triumphes spürte er hinter seinen zuckenden Lidern das Glühen und Leuchten seiner Augen.

Schon am Tage darauf, wie es die Vorschrift verlangte, wurde Elisens Leichnam ins Meer gesenkt, und Alfred als Witwer fühlte sich von allgemeiner, doch stumm zurückhaltender Teilnahme umgeben. Niemand wagte ihn zu stören, wenn er stundenlang auf dem Verdeck hin und her ging und in eine Weite blickte, die für ihn, was niemand ahnen konnte, vom Dufte seligster Hoffnungen durchweht war. Nur der Baron schloß sich zuweilen dem Hinundherwandelnden an, wobei er es mit deutlicher Absicht unterließ, auch nur mit einem Worte des Trauerfalls zu gedenken. Alfred wußte wohl, daß den Baron nichts anderes zu diesen Begleitgängen veranlaßte als die Sehnsucht, sich für kurze Minuten wieder im Dunstkreis der geliebten Verstorbenen zu fühlen. Für Alfred waren diese Minuten die einzigen, in denen er sich von der Vergangenheit angerührt fühlte; sonst hatte er sich völlig über seine Tat, und was sie den Menschen bedeuten mochte, emporgehoben. In lebendiger Gegenwart stand das Bild der Heißersehnten, in Schuld Errungenen vor ihm; und wenn er vom Bug des Schiffes aus hinab ins Wasser schaute, so war ihm, als sähe er es friedevoll über begrabene Welten dahinrinnen, denen es in ihrer Schlummertiefe gleich war, ob sie gestern oder vor tausend Jahren versunken waren.

Erst als die deutsche Küste sichtbar wurde, gingen seine Pulse schneller. Seine Absicht war es, in Hamburg nicht länger zu verweilen, als nötig war, den Brief zu beheben, der ja hier seiner warten mußte, und mit dem nächsten Zuge heimwärts zu reisen. Die Langwierigkeit der Ausschiffung verursachte ihm quälende Ungeduld; und wie erlöst atmete er auf, als das Gepäck endlich auf den Wagen geschafft war und er durch die Straßen der Stadt, über denen mit kleinen rosa Wolken der späte Frühlingsnachmittag hing, zum Postgebäude fuhr. Er überreichte dem Beamten seine Karte, sah ihm mit heißen Augen zu, die Briefschaften durchblättern, hielt die Hand schon zum Empfang bereit und empfing die Antwort, daß nichts für ihn da wäre, kein Brief, keine Karte, kein Telegramm. Er versuchte ein ungläubiges Lächeln und bat den Beamten in fast demütigem Tone, dessen er sich gleich schämte, nochmals nachzusehen. Und nun versuchte

Alfred, über die Ränder der Briefumschläge weg die Adressen zu entziffern, glaubte immer wieder seinen Namen in Adelens Schriftzügen zu erkennen, streckte ein paarmal schon hoffnungsvoll die Hände aus – und mußte immer wieder erfahren, daß er sich getäuscht hatte. Endlich legte der Beamte das Päckchen in das Fach zurück, schüttelte den Kopf und wandte sich ab. Alfred empfahl sich mit übertriebener Höflichkeit und fand sich in der nächsten Minute halb betäubt vor dem Tore stehen. Klar war ihm nur das eine, daß er vorläufig hier festgebannt war und keineswegs nach Wien fahren konnte, ohne irgendeine Nachricht von Adelen in Händen zu haben. Er fuhr in ein Hotel, nahm ein Zimmer und warf vor allem die folgenden Worte auf eines der bereitliegenden Blankette: »Keine Silbe von Dir. Unbegreiflich. Fassungslos. Bin übermorgen daheim. Wann kann ich Dich sehen? Antworte sofort.« Er setzte seine Adresse dazu und gab die Depesche mit bezahlter Rückantwort auf. Als er in die schon abendlich erleuchtete Halle trat, spürte er zwei Augen auf sich gerichtet; von einem Lehnstuhl her, eine Zeitung auf dem Knie, ernst, ohne sich zu erheben, grüßte ihn der Baron, von dem er auf dem Schiff nur flüchtigen Abschied genommen hatte. Alfred zeigte sich von der unverhofften Begegnung erfreut, glaubte sogar, es wirklich zu sein, und machte dem Baron von seiner Absicht Mitteilung, bis morgen hier zu bleiben. Der Baron, der trotz seiner bleichen Wangen und seines fortgesetzten Hüstelns behauptete, sich sehr wohl zu fühlen, schlug während des Abendessens vor, gemeinsam eine Singspielhalle aufzusuchen, und bemerkte auf Alfreds Zögern hin leise und mit gesenkten Wimpern, daß Trauer noch niemanden von den Toten auferweckt habe. Alfred lachte, erschrak über sein Lachen, glaubte seine Verlegenheit von dem Baron bemerkt und fühlte sofort, daß er nichts Klügeres tun konnte, als sich ihm anzuschließen. Bald darauf saß er mit ihm in einer Loge, trank Champagner, sah durch Rauch und Dunst bei den gemeinen Klängen eines schrillen Orchesters Gymnastiker und

Clowns ihre Künste und Späße treiben, hörte halbnackte Weiber freche Lieder singen und lenkte des schweigsamen Genossen Aufmerksamkeit wie unter einem wütenden Zwang auf wohlgeformte Beine und üppige Brüste, die sich auf der Bühne zur Schau stellten. Dann scherzte er mit einer Blumenverkäuferin, warf einer Tänzerin, die verführerisch ihre schwarzen Locken schüttelte, eine gelbe Rose vor die Füße und lachte auf, als er die schmalen Lippen des Barons wie in Bitternis und Ekel zucken sah. Später war ihm, als blickten aus dem Saal unten Hunderte mit böser Neugier ihn an und als gelte das Raunen und Summen ihm allein. Fröstelnde Angst kroch ihm über den Rücken, dann fiel ihm ein, daß er ein paar Gläser Champagner allzu geschwind hinuntergestürzt hatte, und er war wieder beruhigt. Er bemerkte mit Befriedigung, daß, während er über die Brüstung gebeugt gewesen, zwei geschminkte Weiber den Baron in eine Unterhaltung gezogen hatten, atmete auf, als wäre er einer Gefahr entronnen, erhob sich, nickte dem Gefährten wie ermutigend und zu dem Abenteuer glückwünschend zu; und bald ging er, allein, durch Straßen, die er nie gesehen und niemals wieder sehen würde, irgendeine Melodie vor sich hin pfeifend und im Gefühl, eine Traumstadt zu durchirren, in der kühlen Nachtluft nach dem Hotel zurück.

Als er des Morgens nach dumpfem, tiefem Schlaf erwachte, mußte er sich erst besinnen, daß er nicht mehr auf dem Schiff dahinfuhr und daß der weiße Schimmer dort nicht Elisens Morgenkleid, sondern einen Fenstervorhang bedeutete. Mit einer ungeheuren Willensanstrengung wehrte er eine drohend aufsteigende Erinnerung ab und klingelte. Zugleich mit dem Frühstück brachte man ihm ein Telegramm. Er ließ es auf dem Tablett liegen, solange sich der Kellner noch im Zimmer aufhielt; und es war ihm, als verdiente diese Selbstüberwindung irgendwie ihren Lohn. Kaum hatte sich die Tür wieder geschlossen, so öffnete er das Telegramm mit zitternden Fingern, die Buchstaben schwammen zuerst vor seinen Augen, plötzlich aber standen sie starr und riesengroß: »Morgen mittag 11 Uhr. Adele«. Er rannte hin und her, lachte durch die Zähne und ließ sich von dem knappen, kalten Ton der Aufforderung durchaus nicht anfrösteln. So war nun einmal ihre Art. Und wenn er auch daheim nicht alles fände, wie er noch vor kurzem gehofft hatte, ja, selbst wenn ihm irgendwelche unangenehmen Eröffnungen bevorständen, was hatte es weiter zu bedeuten? Er würde ihr doch wieder gegenüberstehen, im Lichte ihrer Augen, im Duft ihres Atems, und so war das Ungeheure nicht vergebens getan.

Es hielt ihn nicht länger im Hotel, die kurze Zeit bis zum Abgang des Zuges lief er in der Stadt umher, mit überoffenen Lidern, aber ohne Menschen und Dinge zu sehen. Mittags fuhr er von Hamburg ab, starrte durch die Scheiben stunden- und stundenlang auf die fliehende Landschaft; alles, was von Gedanken, Hoffnungen und Befürchtungen in ihm sich regen wollte, mit der ganzen wohlgeübten Anspannung seines Willens niederzwingend; und wenn er, um den Mitreisenden nicht allzu auffällig zu werden, ein Buch oder eine Zeitung vornahm, so zählte er, ohne zu lesen, ein Mal übers andere bis hundert, fünfhundert, tausend. Als es Nacht wurde, durchbrach die zehrende Sehnsucht alle seine Bemühungen, sich gefaßt zu halten. Er schalt sich närrisch, das Ausbleiben der Nachrichten und den Ton der letzten Depesche mißdeutet zu haben, und wußte keinen anderen Vorwurf gegen Adele, als daß sie sich redlicher an die Abmachung gehalten als er. Aber sollte sie etwa auf irgendeine Weise doch erfahren haben, daß er mit einer Frau gereist war, so fühlte er sich in seiner Liebe stark genug, gegen alle Eifersucht und Erbitterung die Beleidigte wieder zurückzugewinnen. Und so sehr hatte er sich zum Herrn über seine wachen Träume gesetzt, daß er in dieser endlosen Nacht die Melodie ihrer Stimme zu hören, die Umrisse ihrer Gestalt und ihre Züge zu sehen, ja, daß er ihren Kuß zu fühlen vermochte, so versengend süß, wie er ihm in Wirklichkeit von ihren Lippen niemals beschieden gewesen.

Er war daheim. Mit freundlichem Behagen empfing ihn seine Wohnung. Das sorglich bereitete Frühstück mundete ihm trefflich, und zum ersten Mal wieder seit vielen Tagen, so wollte ihm scheinen, dachte er in völliger Ruhe jener andern, die, von irdischem Gram für alle Zeit erlöst, im schweigenden Meere schlummerte. In irgendeinem Augenblicke war ihm, als könnte jene Stundenfolge von der Landung in Neapel bis zu Elisens Tod wohl auch eine Einbildung seiner zerrütteten Nerven sein, und der schlimme Ausgang wäre, wie ja die Ärzte vorausgesehen, ja prophezeit hatten, nur im gesetzmäßigen Verlaufe der Krankheit geschehen. Ja, der Mann, der in einer sonnbeglänzten fremden Stadt tückisch von Arzt zu Arzt, von Apotheker zu Apotheker geeilt und mit grausamem Vorbedacht das tödliche Gift vorbereitet hatte, der Mann, der die Geliebte, die er ins Jenseits senden wollte, noch eine Stunde vorher zu frevler Wonne in die Arme geschlossen, schien ihm ein völlig andeer als der, der hier zwischen traulichen Wänden in einer unveränderten, bürgerlich behaglichen Umgebung seinen Tee trank; schien ihm einer, der viel mehr war als er, einer, zu dem er selbst mit schaudernder Bewunderung emporschauen müßte. Doch als ihm später, da er aus dem Bade stieg, der Spiegel sein schlankes, nacktes Bild zurückwarf und er sich plötzlich bewußt ward, daß er es doch selber war, der das Unbegreifliche getan, da sah er seine Augen in hartem Glanze leuchten, fühlte sich würdiger als je, die wartende Braut an sein Herz zu schließen, und, höhnische Überlegenheit auf den Lippen, ihrer Liebe so sicher wie nie zuvor.

Zur bestimmten Stunde trat er in den Gelben Salon, den er vor einem Jahre fast am gleichen Tage zum letzten Mal verlassen hatte, und in der nächsten Minute stand Adele vor ihm, unbefangen, als hätte sie am Tag vorher Abschied von ihm genommen, reichte ihm die Hand und überließ sie ihm zu einem langen Kuß. ›Was hält mich ab, sie zu umarmen?‹ fragte er sich. Da hörte er sie schon reden mit der dunklen

Stimme, die er ja heute nacht erst im Traum vernommen, und es ward ihm bewußt, daß er selbst noch kein Wort gesprochen, daß er nur ihren Namen geflüstert hatte, als sie vor ihn hingetreten war. Er möge ihr nicht übelnehmen, begann sie, daß sie ihm auf seine schönen Briefe nicht geantwortet hätte; aber es sei nun einmal so, daß gewisse Angelegenheiten sich Aug in Aug besser und einfacher erledigen ließen als schriftlich. Ihr Schweigen müsse ihn ja jedenfalls vorbereitet haben, daß sich mancherlei geändert hätte, und der kühle Ton ihrer Depesche wäre, wie sie sofort gestehen wolle, durchaus beabsichtigt gewesen. Seit ungefähr einem halben Jahre sei sie nämlich mit einem andern verlobt. Und sie nannte einen Namen, den Alfred kannte. Es war der eines seiner vielen guten Freunde aus alter Zeit, dessen er im Laufe dieses Jahres so wenig gedacht hatte wie beinah aller Menschen, denen er früher begegnet war. Er hörte Adele ruhig an, starrte gebannt auf ihre glatte Stirn, dann gleichsam durch sie ins Leere, und in seinen Ohren rauschte es wie von fernen Wellen, die über versunkene Welten rannen. Plötzlich sah er es aus Adelens Augen hervorbrechen wie einen Schimmer von Angst; er wußte, daß er totenblaß, mit furchtbarem Blick ihr gegenüberstand, und er sagte, sich selbst unvermutet, hart und klanglos: »Das geht nicht, Adele, du irrst dich, du darfst nicht.«

Daß er endlich Worte gefunden, beruhigte sie offenbar. Sie lächelte wieder in ihrer verbindlichen Art und erklärte ihm, daß nicht sie es sei, die sich irrte, sondern er. Sie dürfe nämlich, sie dürfe alles, was sie wolle. Sie sei ja gar nicht mit ihm verlobt gewesen, sondern als freie Menschen seien sie voneinander geschieden, ohne jede Verpflichtung, sie wie er. Und da sie ihn nicht mehr liebe, sondern jenen andern, so sei die Sache eben erledigt. Er müsse das einsehen und sich fügen; sonst bedaure sie wirklich, daß sie dem väterlichen Rat von heute morgen nicht gefolgt und für Alfred einfach nicht mehr zu Hause gewesen sei. Und sie saß ihm gegenüber, die schlanken Hände über dem Knie verschlungen, mit hellen, fernen Augen. Alfred fühlte, daß er seiner ganzen Beherrschung bedurfte, um nicht etwas Lächerliches oder Gräßliches zu vollbringen. Was er eigentlich wollte, war ihm nicht klar. Ihr an den Hals fahren und sie würgen oder sich auf den Boden hinwerfen und jammern wie ein Kind? Aber was half es, darüber nachzudenken. Er hatte ja keine Wahl, er lag ja schon da wie gefällt und hatte eben noch die Geistesgegenwart, die Hände Adelens zu fassen, die davoneilen wollte, und heiser zu ihr emporzuflehen, daß sie bleibe. Eine Viertelstunde nur! Ihn anhören! Das könnte er doch von ihr verlangen nach all dem, was früher zwischen ihnen gewesen. Er müsse ihr ja so viel erzählen, mehr als sie ahnen könne, und sie sei verpflichtet, es anzuhören. Denn wenn sie alles wisse, dann würde sie auch wissen, daß er ihr zu eigen gehöre und sie ihm allein. Wissen, daß sie keinem andern gehören dürfe, daß er sie sich errungen in Schuld und Qualen, daß vor seinen ungeheuren Rechten alle andern in den Staub sänken, tief in den Staub, daß sie an ihn geschmiedet sei, unauflöslich, für ewige Zeiten, so wie er an sie. Und auf den Knien vor ihr, ihre Hände in den seinen krampfend, seine Blicke in den ihren, ließ er seine Worte fliegen, breitete den ganzen Inhalt des vergangenen Jahres vor ihr aus, erzählte, wie er vor ihr eine andere geliebt, wie er mit jener andern, die krank gewesen und niemand auf Erden hatte als ihn, fortgereist war, wie er in Qualen der Sehnsucht sich verzehrt, wie aber die andere hilflos und klammernd an ihm gehangen; wie er am Ende seiner Pein, aus Liebe zu ihr, zu ihr, deren Hände er in den seinen halte, aus einer Liebe, wie die Erde sie noch nie gesehen – wie er jene andere, die ohne ihn nicht hätte leben wollen und können, aus der Welt geschafft, mitleidig-tückisch vergiftet habe; wie unter fernen Meereswogen nun das arme Geschöpf schlummerte – das Opfer für eine Seligkeit, die ja nun auch ohnegleichen sein werde wie der Preis, um den sie errungen ward.

Adele hatte ihm ihre Hände gelassen, auch ihren Blick hatte sie aus dem seinen nicht emporgetaucht. Sie hörte an, was er erzählte, und er wußte nicht recht, wie – ob als ein Märchen von fernen fremden Wesen oder als einen Zeitungsbericht von Menschen, die sie nichts angingen. Vielleicht glaubte sie ihm nicht einmal, was er ihr erzählte. Aber jedenfalls war es ihr gleich, ob Wahrheit von seinen Lippen kam oder Lüge. Er fühlte seine Ohnmacht mehr und mehr. Er sah alle seine Worte leer und kühl an ihr herunterrinnen; und am Ende, da er sein Schicksal von ihren Lippen lesen wollte, das er doch schon kannte, schüttelte sie nur den Kopf. Er sah sie an, angstvoll, wissend und doch ungläubig, mit einer irren Frage in den flackernden Augen.

»Nein«, sagte sie starr, »es ist aus.«

Und er wußte, daß es mit diesem Nein für immer zu Ende war. Völlig unbewegt blieben Adelens Mienen. Nicht die leiseste Erinnerung entschwundener Zärtlichkeit, nicht einmal Grauen war in ihnen, nur ein vernichtender Ausdruck von Gleichgültigkeit und Langeweile.

Alfred neigte das Haupt, leer lächelnd wie zum Einverständnis, ergriff ihre Hände nicht mehr, die sie entfremdet hängenließ, wandte sich und ging. Die Tür hinter ihm blieb offen, und er fühlte einen kalten Hauch im Nacken. Als er die Treppe hinunterging, wußte er, daß ihm nichts zu tun übrigblieb, als ein Ende zu machen. So über alle Zweifel war das entschieden, daß er gemächlich schlendernd durch den schmeichelnden Frühlingstag nach Hause spazierte, wie zum ersehnten Schlummer nach einer wüsten Nacht.

In seinem Zimmer aber erwartete ihn jemand. Es war der Baron. Ohne Alfreds dargebotene Hand zu nehmen, erklärte er, nur eine kurze Aussprache mit ihm zu wünschen, und auf ein kurzes, höfliches Nicken Alfreds fuhr er fort: »Es ist mir ein Bedürfnis, Ihnen mitzuteilen, daß ich Sie für einen Schurken halte.« Gut so, dachte Alfred, auch gegen diesen Abschluß ist nichts zu sagen; und er entgegnete ruhig: »Ich stehe Ihnen zur Verfügung. Morgen früh, wenn's gefällig ist.« Der Baron schüttelte kurz den Kopf. Es zeigte sich, daß er alles, offenbar schon von der Reise aus, wohl vorbereitet hatte. Zwei junge Herren von der deutschen Botschaft harrten nur seiner weiteren Aufträge; und er sprach die Erwartung aus, daß sein Gegner, der ja hier zu Hause sei, es leicht ermöglichen werde, die Sache noch vor Abend in Ordnung zu bringen. Alfred glaubte es versprechen zu dürfen. Einen Augenblick kam ihm der Einfall, dem Baron die ganze Wahrheit zu gestehen; aber bei dem ungeheuren Haß, der ihn von dieser kalten Stirne anstrahlte, mußte er fürchten, daß jener, der die Wahrheit vielleicht ahnen mochte, ihn dann den Gerichten überliefern würde; und so zog er es vor zu schweigen.

Alfred fand die Herren, deren er bedurfte, ohne Mühe. Der eine war Adelens Verlobter, der andere ein junger Offizier, mit dem er in früherer Zeit manchen lustigen Tag genossen. Vor Sonnenuntergang in den Auen nächst der Donau, an einem für solche Zusammenkünfte gern gewählten Platz, stand er dem Baron gegenüber. Eine Ruhe, die er nach den Wirren der abgelaufenen Tage wie ein Glück empfand, empfing ihn. Als er den Lauf der Pistole auf sich gerichtet sah, während dreier Sekunden, die, von einer fernen Stimme abgezählt, gleich drei kalten Tropfen vom Abendhimmel auf den klingenden Boden fielen, gedachte er einer unsäglich Geliebten, über deren verwesenden Leib die Wogen des Meeres rannen. Und als er auf dem Boden lag und etwas Dunkles über ihn sich beugte, ihn umschloß, ihn nicht mehr lassen wollte, fühlte er selig, daß er, ein Entsühnter für sie, zu ihr ins Nichts verschwand, nach dem er sich lange gesehnt hatte.

Robert Neumann

Die Öffentlichkeit ist ausgeschlossen

Es ist die Attrappe, deren die Göttin der Gerechtigkeit nun einmal nicht entraten kann: der rote Vorhang hinter dem Sitz der Gerichtspräsidenten, das festgeschraubte Kruzifix vor ihm auf dem Tisch und jenes dämonische Halbrund, das anschaulich und spielzeughaft geordnet Geschworene, Schriftführer, Anwälte, Angeklagte und Ankläger in der Apparatur erhöhter, versenkter, vorgeschobener und zurückverlegter Sitze, Sessel, Bänke verstaut – dieser verstaubte und imponierende Zauber der Nüchternheit ist aufgeboten, und was etwa den Tag von anderen Tagen im großen Schwurgerichtssaal unterscheidet, ist, daß der Troß Gaffer, jenes gleichgültig gähnende oder hektisch angeregte Gewimmel in den Bänken der Zuhörer fehlt. Die Tribüne gähnt leer: Die Öffentlichkeit ist ausgeschlossen.

Langsam nur, aus hergeleierten Protokollen, zwischen Rede und Widerrede, vor Köpfen, die im Halbschlafe nikken, und andern, die, wachsam, plötzlich vorhacken, scharf, Geierschnäbel, mit einer Frage, einem Protest – langsam quillt das Bild auf des Falles, über den man hier zu Gericht sitzt. Ein Mensch, ein Zweiundzwanzigjähriger, wird wegen Einmengung in die Verhaftung eines Kriegsinvaliden aufs Amt bestellt. In seiner Brieftasche finden sich sechs Photographien kleinsten Formats, am Zahnrad erkennbar als Kopien aus einem Film und darstellend nackte Menschen, einen Vorgang von außerordentlicher, ja unüberbietbarer Freimütigkeit. Woher? Von einem Fremden geschenkt bekommen. Wozu? Zur Unterhaltung, für Freunde – zum Privatgebrauch, wenn man das Wort ihm gestatten will. Man hält ihn zurück, man durchsucht seine Wohnung, des unzüchtigen Films habhaft zu werden. Man findet nichts. Und findet doch einen Brief, einen Geschäftsbrief. Da bestellt einer, ein Herr Lecker aus Kolomea, »weitere tausend Meter pikant«. Und nun schließt sich Glied um Glied die Kette der Agenten, die den Weiterverkauf des Filmes vermittelt, der Photographen, die ihn kopiert und wieder kopiert haben; festgestellt sind die Käufer: der ungarische Rittmeister, der ein Exemplar für Galatz, der Innsbrucker Gastwirt, der eins für einen Zirkel dort lebender Pensionisten, der Spanier, der gleich zehn Kopien für die Freudenhäuser an der algerischen Küste erworben hat. Was fehlt, ist nur mehr das Corpus delicti, ist der Film; denn jede Hand, die man faßt, ist leer, jeder weiß nur von Kopien und hat übrigens die »Ware« eben weitergegeben. Eine Schar Detektive wird aufgeboten, verteilt sich, jagt hinter Spuren. Endlich, bei einer zweiten Haussuchung, findet man in der Küche jenes Zweiundzwanzigjährigen einen Kochtopf mit Schmalz. Die Frau – sie ist hochschwanger – räumt ihn beiseite. Er fällt, birst – auf den Fliesen im Fett liegt, über eine Spule gewickelt, der Streifen Zelluloid. Und nun sitzen sie alle auf der Bank, die als unterste in das Halbrund sich fügt, sitzen nebeneinander, Jud und Christ und Schieber und Offizier und Exot, anschaulich eingeordnet in die Apparatur der Justizmaschine, und kämpfen heiser beteuernd oder wortkarg, stumpf oder südlich flammend um ihre Freiheit. Der Zweiundzwanzigjährige ist es, bei dem alle Fäden zusammenlaufen. Da sitzt er, Milchgesicht unter Bärtigen, als Hauptangeklagter. Er ist es, der die Kopien in Auftrag gegeben hat. Er hat offeriert. Er hat für die Umgehung der Zollkontrolle gesorgt. Er hat Briefe geschrieben. Er hat Ruhnke und Rosenzweig zueinandergebracht. Er führt Prozesse. Er geht an die Filmbörse. Er telephoniert, telegraphiert, er ist da und dort. »Er hat mich verführt«, sagt Lecker aus Kolomea mit langsam grollender Stimme und preßt seinen breiten Bauch an die Barre.

Der Verteidiger, früh aufgequollener, plump geckenhafter Mensch mit dröhnender Redeweise, will das nicht wahrhaben. »Ein Zweiundzwanzigjähriger«, sagt er und hebt beide Hände, »ein halbes Kind!« Seine Worte, lind fettig, bauen Bilder einer trostlosen Jugend. Vor eineinhalb Jahren hat er geheiratet. »Leichtsinnig? Wer das sagt, der weiß nicht, was es heißt, ohne Heimat durch die Straßen zu irren«, beteuern die erhobenen Hände. Er wird Schriftenzeichner in einem Filmatelier. Er verliert seine Stelle. Die Frau ist schwanger. Er sucht Brot. Er wird Lebensmittelvertreter, Losratenagent, Fremdenführer. Er versucht sich als Zeitungsverkäufer, als gelegentlicher Gepäckträger auf dem Westbahnhof, als Ansichtskartenhändler in Nachtlokalen. Dort trifft er einen Bekannten aus der Zeit im Filmatelier, einen Menschen mit Namen Hold. Und? »Dann«, sagt der Schmächtige unter Schluchzen, »dann bin ich der Versuchung erlegen.« Welcher Versuchung? »Er kann nicht weitersprechen«, sagt der Verteidiger fett.

Der Staatsanwalt hackt vor: »Dann werde ich weitersprechen.« Und hart, knapp: »Dieser Hold kommt zu Ihnen. Sagt Ihnen, er habe seine Stelle verloren, sei Kaufmann geworden, habe Bankrott gemacht. Ist das so?« – »Ja«, schluchzend. – »Und?« – »Er hat mir erzählt, daß er mit seiner Frau und mit der Freundin seiner Frau den Film gedreht hat.« – »Welchen Film?« Leise: »Opiumträume.« Der Vorsitzende, breit: »Den schweinischen Film, mit einem Wort, den Sie dann weitervertrieben haben und dessentwegen Sie hier stehen.« Der Staatsanwalt: »Wie viele Kopien haben Sie verkauft?« Der Schmale: »Ich weiß nicht.« Der Staatsanwalt läßt nicht locker: »Ich weiß es! Siebzehn! Und zum Verkauf wie vieler Kopien hat Hold Sie ermächtigt?« Der Schmächtige schweigt. Sein Verteidiger: »Er kann es nicht sagen.« Der Staatsanwalt: »Aber ich kann es sagen!« Und er hackt vor: »Zu keiner! Drei Stunden nachdem er Ihnen den Film zum Kopieren gegeben hat, kommt er wieder. Er hat Angst bekommen, will den Film zurück haben, will ihn vernichten. Vernichten! Sie sind einverstanden. Legen die Spule vor ihm in einen Kochtopf mit Wasser, Kochen ihn. Zeigen dem Hold die ersten zwei Meter der Spule – sie sind zerstört. Und wie der Geprellte beruhigt weggegangen ist, schneiden Sie die ersten drei Meter fort. Tiefer ist das heiße Wasser nicht eingedrungen. Alles andere ist unverletzt. Und Sie verkaufen siebzehn Kopien von dem erschwindelten Film!« Der Schlanke schluchzt. Die Geschworenen tuscheln miteinander. Dann erhebt sich der Obmann: »Meine Kollegen und ich wollen bitten, daß man uns den Film vorführt.« Der Vorsitzende: »Das wäre auf jeden Fall geschehen. Ich unterbreche die Verhandlung. Wir gehen hinüber in die Filmprüfstelle der Polizeidirektion. Hold, seine Frau und die dritte Darstellerin sind in Untersuchungshaft und werden sich vor dem Schöffengericht zu verantworten haben. Soll ich sie in der Prüfstelle vorführen lassen?«

Man bittet darum. Man ist zum Aufbruch bereit. In Gruppen, in Grüppchen, angeregt unamtlich, zieht sich's hinüber. Die dreißig Sessel des Vorführungsraumes reichen nicht aus. Der Gerichtspräsident, nun talarlos, mit Mantel und Hut, verbindlicher Österreicher, erhebt sich und bietet einem der Angeklagten den Sessel an. Ein höflicher Wortstreit. Man nötigt den alten Herrn auf den Platz. Ihm zur Seite, rechts, sitzt der dicke Mann aus Galizien. Links hat einer der Geschworenen, ein verkümmerter Mensch mit quer über die Glatze gebürstetem Haarrest, einen Sitz sich erobert. Davor und dahinter, rechts, links, durcheinandergewürfelt, sitzen, stehen, recken die Hälse Angeklagte, Geschworene, Anwälte.

»Ist alles anwesend?« Da kommt noch im letzten Augenblick, von Justizwachleuten geführt, ein magerer Mann mit weißen, weibischen Zügen und hinter ihm zwei Frauen. Die vordere, zierlich, mit kleinen Bewegungen, zitternd fast, hat den schlicht geputzten Sommerhut ins Gesicht geschoben und schaut nicht auf. Die andere, hoch gewachsen, blickt unter einer makellosen Stirne hervor aus kampfentschlossenen Augen dem und jenem der Männer kühl ins Gesicht. »Aus dem Untersuchungsgefängnis«, zischelt es irgendwo, »die Darsteller.« Da keine Sessel mehr frei sind, fassen sie Posten rechts vorne im Raum, schräg unter der Leinwand, vor der vordersten Reihe. Einen Atemzug lang noch rascheln Blicke aus Männeraugen, tasten an Kleidern hin. Ein Gekicher ist irgendwo und erschrickt vor sich selbst. Licht lischt.

Der Projektionsapparat hat zu rattern begonnen. Auf der weißen Wand taumelt Schrift. »Le songe d'opium.« Dann: »Pierrot a perdu ses amies.« Und plötzlich steht jener Blasse, der da von Justizbeamten flankiert vor die vorderste Bank gestellt ist – steht jenes Blassen Schemen und Doppelgänger auf dem flimmernden Vorhang, geschminkt und herausgeputzt, Pierrot, und er wiegt sich, ist leicht, licht beweglich – so leicht und so licht, daß man darüber das dämonische Rattern der Projektionsmaschine einen Augenblick lang vergißt. Er hat seine beiden Freundinnen verloren, sucht sie, findet sie nicht. Er wird traurig, greift, sich zu trösten, zur Opiumpfeife. Er sinkt zurück, und er träumt. Da ist es die kleinere der beiden Frauen, die Scheue, die vor die gesenkten Lider ihm hintritt, zierlich, im Tänzerschritt, leichtes Tanzkleid um Brust und Hüften geschlungen. Die andere, die Makellose, taucht auf, ist mit einem Sprung der ersten zur Seite. Legt die weißen Arme um ihren Leib. Sinkt an ihr nieder. Und nun entrollt sich, aufreizend, zügellos aufgepeitscht, im Lichtflirren der entfesselte Vorgang. Der Raum starrt, ist starr. Jeder Atem erstirbt. Aber von vorne her, vom elektrischen Rattern des Apparates zerhackt, sickert eintönig das Weinen einer kleinen, einsamen Frauenstimme aus der Dunkelheit. Polizistenhände stützen einen wankenden Schatten.

Inzwischen hat auf der Lichtfläche jenen beiden in ihrem Ringen der Mann Pierrot sich gesellt. Der Vorgang verwirrt sich. Drei Gesichter, aufgeschlossen von dem Erlebnis, abgelöst, hingesetzt über verschlungene Glieder, atmen Entflammtheit. Takt wird Taumel. Roter Rausch, eine Geißel, zuckt Blitze über die ineinander Verkrampften. Der Projektionsapparat rattert.

Da gellt rechts vorn im Dunkel ein Schrei: »Schuft!« Und noch einmal: »Schuft!« Schatten bewegen sich. Der Gerichtspräsident ist aufgesprungen, ruft: »Licht!« Das Filmbild reißt ab, Lampen flammen. Alles hat sich erhoben. Vorne zum dritten Mal: »Schuft!« Die Kleine, Zarte hat sich auf den blassen Menschen geworfen und sucht seinen Hals zu umkrallen. Unter dem verschobenen Hute, dem schlichten Sommerhut mit dem lächerlich vereinfachten Blumenschmuck, fällt ihr lose das blondsträhnige Haar ins Gesicht. Polizisten fassen sie, reißen sie zurück. Sie windet sich. Handschellen klirren. Ihr Gesicht ist zerstört. Mitten durch die zusammengedrängte, dunstende Männerrotte im Raum führt, schleift man sie fort. Dem Kaufmann Hold, dem Blassen, der eben noch Pierrot war, verzerrt sich plötzlich das Gesicht zu einem weibischen Weinen. Worte schwirren. Man redet wirr durcheinander. Durch die offene Tür quillt es langsam, geil erregt, verdutzt, verstummt hinaus auf den Gang.

Die andere Frau, die Hochgewachsene, ist wenig beachtet auf ihrem Platze stehengeblieben. Unbewegt, hingelehnt an die Wand, so schaut sie in leidenschaftlicher Kühle aus kampfentschlossenen Augen den vierzig Männern im Saal ins Gesicht. Erst da sich alle verzogen haben: Richter, Ankläger und Anwalt und die Geschworenen, fassungslos rundäugige Kleinbürger, die über sie zu Gericht sitzen werden, und die Angeklagten, Profitgeier, die das Bild ihrer Lust und

Nacktheit verschacherten – erst da der Raum sich geleert hat, kommt es über sie wie eine blasse Ermattung. Der Justizwachmann berührt ihren Arm. Der Schritt der beiden, gepaart im Gleichtakt, verhallt auf dem langen Gang, an dessen Ende eine eiserne Tür ist.

Stefan Zweig

Leporella

Sie hieß mit ihrem bürgerlichen Namen Crescentia Anna Aloisa Finkenhuber, war neununddreißig Jahre alt, stammte aus unehelicher Geburt und einem kleinen Gebirgsdorf im Zillertal. In der Rubrik »Besondere Kennzeichen« ihres Dienstbotenbuches stand ein querer, verneinender Strich; wären aber Beamte zu charakterologischer Schilderung verpflichtet, so hätte ein bloßer flüchtiger Aufblick an jener Stelle unbedingt vermerkt werden müssen: ähnlich einem abgetriebenen, starkknochigen, dürren Gebirgspferd. Denn etwas unverkennbar Pferdehaftes lag in dem Ausdruck der schwerfallenden Unterlippe, dem zugleich länglichen und harten Oval des gebräunten Gesichts, dem dumpfen, wimperlosen Blick und besonders dem filzigen, dicken, mit Fett an die Stirn angesträhnten Haar. Auch aus ihrem Gang stieß die Stützigkeit, die störrische Mauleselart eines älplerischen Paßgaules vor, wie sie dort über steinige Saumpfade Sommer und Winter die gleichen hölzernen Tragen mit dem gleichen holprigen Trott mürrisch bergauf und talab schaffen. Vom Halfter der Arbeit gelöst, pflegte Crescenz, die knochigen Hände lose ineinander gefaltet, mit abgeschrägten Ellbogen dumpf vor sich hin zu dösen, wie die Tiere im Stall stehen, mit gleichsam eingezogenen Sinnen. Alles an ihr war hart, hölzern und schwer. Sie dachte mühselig und begriff langsam: jeder neue Gedanke troff nur dumpf wie durch ein dickes Sieb in ihren inneren Sinn; hatte sie aber einmal etwas Neues endlich in sich gezogen, so hielt sie es zäh und habgierig fest. Sie las nie, weder Zeitung noch im Gebetbuch, Schreiben bereitete ihr Mühe, und die ungelenken Buchstaben in ihrem Küchenbuch erinnerten merkwürdig an ihre eigene klobige, überallhin spitz ausfahrende Gestalt, die aller handgreiflichen Formen der Weiblichkeit sichtlich entbehrte. Ebenso hart wie Knochen, Stirn, Hüften und Hände war ihre Stimme, die trotz den dicken tirolischen Kehllauten immer eingerostet knarrte – dies eigentlich nicht verwunderlich, denn Crescenz sprach zu niemandem ein unnötiges Wort. Und niemand hatte sie jemals lachen sehen; auch darin war sie vollkommen tierhaft, denn, grausamer vielleicht als der Verlust der Sprache: den unbewußten Kreaturen Gottes ist das Lachen, dieser selig frei hervorbrechende Ausdruck des Gefühls, nicht gegönnt.

Als uneheliches Kind zu Lasten der Gemeinde aufgezogen, mit zwölf Jahren bereits als Magd verdingt, späterhin Scheuerin in einer Gaststube, war sie endlich aus jener Fuhrwerkerkneipe, wo sie durch ihre zähe, stiernackige Arbeitswut auffiel, in ein angesehenes Touristengasthaus als Köchin vorgedrungen. Um fünf Uhr morgens stand die Crescenz dort tagtäglich auf, werkte, fegte, putzte, feuerte, bürstete, räumte, kochte, knetete, walkte, preßte, wusch und prasselte bis spät hinein in die Nacht. Niemals nahm sie Urlaub, nie betrat sie, außer für den Kirchgang, die Straße: das runde, hitzende Stück Feuer im Herd war für sie Sonne, die Tausende und aber Tausende Holzscheite, die sie im Laufe der Jahre zerschlug, ihr Wald.

Die Männer ließen ihr Ruhe, sei es, weil dies Vierteljahrhundert verbissenen Robotens alles Weibliche von ihr weggeschunden, sei es, weil sie stockig und maulfaul jede Annäherung abwirschte. Ihre einzige Freude fand sie im baren Geld, das sie mit dem hamsterhaften Instinkt der Bäurischen und Einschichtigen zäh zusammenraffte, um nicht, alt geworden, im Armenhaus noch einmal das bittere Brot der Gemeinde würgen zu müssen.

Einzig des Geldes halber hatte auch dies dumpfe Geschöpf mit siebenunddreißig Jahren seine tirolische Heimat zum ersten Mal verlassen. Eine berufsmäßige Vermittlerin, die sie während der Sommerfrische von früh bis nachts in Küche und Stube berserkern gesehen, lockte sie mit der Verheißung doppelter Löhnung nach Wien. Während der Eisenbahnfahrt sprach Crescenz keine Silbe zu keinem, hielt den schweren Strohkorb mit ihrer Habe trotz der freundlich angebotenen Hilfe der Mitreisenden, die ihn im Gepäcknetz verstauen wollten, waagrecht auf den schon schmerzenden Knien, denn Betrug und Diebstahl waren die einzigen Gedanken, die ihre klotzige Bauernstirn mit dem Begriff der Großstadt vermörtelten.

In Wien mußte man sie dann während der ersten Tage auf den Markt begleiten, weil sie sich vor den Wagen fürchtete wie die Kuh vor dem Automobil. Sobald sie aber einmal die vier Straßen bis zum Markt hin kannte, brauchte sie niemanden mehr, trottete mit ihrem Korb, ohne den Blick zu heben, von der Haustüre zum Verkaufsstand und wieder heim, fegte, feuerte und räumte an dem neueren wie an dem früheren Herd, ohne eine Veränderung zu bemerken. Um neun Uhr, zur Stunde des Dorfes, ging sie zu Bett und schlief wie ein Tier mit offenem Mund, bis der Wecker sie morgens aufkrachte. Niemand wußte, ob sie sich wohl befinde, vielleicht sie selber nicht, denn sie ging keinem zu, antwortete auf Befehle bloß mit dumpfem »Woll, woll« oder, wenn sie andern Sinnes war, mit einem stützigen Aufbocken der Schultern. Nachbarn und Mägde im Hause beachtete sie nicht: die spöttelnden Blicke ihrer leichtlebigeren Gefährtinnen glitschten wie Wasser an dem ledernen Fell ihrer Gleichgültigkeit ab. Nur einmal, als ein Mädchen ihre tirolische Mundart nachspottete und nicht abließ, die Maulfaule zu hänseln, riß sie plötzlich ein brennendes Holzscheit aus dem Herd und fuhr damit auf die entsetzt Schreiende los. Von diesem Tage an wichen alle der Wütigen aus, und niemand wagte mehr, sie zu höhnen.

Jeden Sonntagmorgen aber ging Crescenz in ihrem gefältelten, weitgeplusterten Rock und der bäurischen Tellerhaube zur Kirche. Und ein einziges Mal, an ihrem ersten Wiener Ausgangstag, versuchte sie einen Spaziergang. Aber da sie die Trambahn nicht benutzen wollte und längs ihrer vorsichtigen Wanderung durch die wirblig sie umschütternden Straßen immer nur steinerne Wände sah, gelangte sie bloß bis zum Donaukanal; dort starrte sie das strömende Wasser an wie etwas Bekanntes, machte kehrt und stapfte auf demselben Wege, immer an den Häusern entlang und die Fahrstraße ängstlich vermeidend, wieder zurück. Dieser erste und einzige Erkundungsgang mußte sie offenbar enttäuscht haben, denn seitdem verließ sie nie mehr das Haus, sondern saß sonntags lieber mit dem Nähzeug beschäftigt oder mit leeren Händen beim Fenster. So brachte die Großstadt keinerlei Veränderung in die alteingewerkelte Tretmühle ihrer Tage, außer daß sie nun an jedem Monatsende vier blaue Zettel statt vordem zwei in ihre verwitterten, zerknochten und zerstoßenen Hände bekam. Diese Banknoten prüfte sie jedesmal lange und mißtrauisch. Sie fältelte sie umständlich auseinander und glättete sie schließlich beinahe zärtlich flach, ehe sie die neuen Blätter zu den andern in das gelbe geschnitzte Holzkästchen legte, das sie vom Dorf her mitgebracht. Diese ungefüge, klobige kleine Truhe war das ganze Geheimnis, der Sinn ihres Lebens. Nachts legte sie den Schlüssel unter das Kopfkissen. Wo sie ihn tagsüber verwahrte, erfuhr niemand im Hause.

So war dies sonderbare Menschenwesen beschaffen (wie sie genannt sein möge, obwohl eben das Menschliche nur in ganz abgedumpfter und verschütteter Weise aus ihrem Gehaben zutage trat) – aber vielleicht bedurfte es gerade eines Geschöpfes mit dermaßen scheuklappenhaft verschlossenen Sinnen, um den Dienst in dem gleichfalls höchst sonderbaren Haushalt des jungen Freiherrn von F. aushalten zu können. Denn im allgemeinen vermochten Dienstleute dort die zänkische Atmosphäre nicht länger zu ertragen als die gesetzlich bemessene Frist von Einstand und Kündigung. Der gereizte, bis zum Hysterischen hochgejagte Schreiton kam von der Hausfrau. Ältliche Tochter eines schwerreichen Essener Fabrikanten, hatte sie in einem Kurort den bedeutend jüngeren Freiherrn (von schlechtem Adel und noch schlechterer Geldsituation) kennengelernt und den bildhübschen, auf aristokratischen Charme zugespitzten Windhund hastig geheiratet. Aber kaum waren die Flitterwochen abgeklungen, so mußte die Neuvermählte schon die Berechtigung des Widerstandes zugeben, den ihre mehr auf Solidität und Tüchtigkeit drängenden Eltern der eiligen Eheschließung entgegengesetzt hatten. Denn nebst zahlreichen verschwiegenen Schulden trat bald zutage, daß der rasch lässig gewordene Ehemann seinen junggeselligen Schlendereien bedeutend mehr Interesse zuwandte als den ehelichen Pflichten; nicht gerade ungutmütig, im Innersten sogar jovial wie alle Leichtfertigen, aber durchaus laß und hemmungslos in seiner Welteinstellung, verachtete dieser hübsche Halbkavalier das Geld als eine knauserische Borniertheit plebejischer Herkunft. Er wollte ein leichtes Leben, sie eine solide, ordentliche Häuslichkeit rheinisch-bürgerlicher Art: das stieg ihm in die Nerven. Und als er trotz ihrem Reichtum jede größere Summe erfeilschen mußte und die rechnerische Gattin ihm sogar seine liebste Forderung, einen Rennstall, verweigerte, sah er wenig Anlaß mehr, sich weiterhin um die breitnackige, massive Norddeutsche ehelich zu bekümmern, deren lauter herrischer Ton ihm unangenehm in die Ohren fiel. So legte er sie, wie man zu sagen pflegt, still aufs Eis, schob ohne jede harte Gebärde, aber darum nicht minder gründlich die Enttäuschte von sich ab. Machte sie ihm Vorwürfe, so hörte er höflich und scheinbar teilnehmend zu, blies aber, sobald ihr Sermon zu Ende war, mit dem Dampf seiner Zigarette die leidenschaftlichen Ermahnungen weit von sich weg und tat ungehemmt, was ihm beliebte. Diese glatte, beinahe amtliche Liebenswürdigkeit erbitterte die enttäuschte Frau mehr als jeder Widerstand. Und da sie gegen seine guterzogene, niemals ausfällige, gegen seine geradezu penetrante Höflichkeit vollkommen ohnmächtig blieb, brach sich der gestaute Zorn in anderer Richtung gewaltsam Bahn. Sie wetterte mit den Dienstboten, an den Unschuldigen ihre im Grunde gerechte, hier aber unangebrachte Empörung ungestüm entladend. Die Folgen blieben nicht aus: innerhalb zweier Jahre mußte sie nicht weniger als sechzehnmal ihre Mädchen wechseln, einmal sogar nach einer vorausgegangenen Handgreiflichkeit, die nur durch eine namhafte Entschädigung geregelt werden konnte.

Einzig Crescenz stand, wie ein Droschkengaul im Regen, unerschütterlich inmitten dieses stürmischen Tumults. Sie nahm niemandes Partei, kümmerte sich um keine Veränderung, schien nicht zu bemerken, daß die ihr zugesellten fremden Wesen, mit denen sie die Mägdekammer teilte, fortwährend Rufnahmen, Haarfarbe, Körperdunst und Benehmen wechselten. Denn sie selbst sprach mit keiner, kümmerte sich nicht um die krachend zufallenden Türen, die unterbrochenen Mittagsmahlzeiten, die ohnmächtigen und hysterischen Ausbrüche. Sie ging teilnahmslos geschäftig von ihrer Küche zum Markt, vom Markt wieder in ihre Küche; was jenseits dieses abgemauerten Kreises geschah, beschäftigte sie nicht. Wie ein Dreschflegel hart und gefühllos werkend, schlug sie Tag um Tag entzwei, und derart flossen zwei Großstadtjahre ereignislos an ihr vorüber, keine Weiterung ihrer inneren Welt bewirkend, es sei denn, daß die gehäuften blauen Banknoten in ihrem Kästchen um einen Zoll breit sich hoben und, wenn sie mit feuchtem Finger Zettel um Zettel am Jahresende durchzählte, die magische Tausendzahl nicht mehr ferne war.

Doch der Zufall hat diamantene Bohrer, und das Schicksal, gefährlich listenreich, weiß oft von unvermuteter Stelle sich Zugang und vollkommene Erschütterung auch in die felsigste Natur zu sprengen. Bei Crescenz kleidete sich der äußere Anlaß beinahe so banal wie sie selbst: Nach zehnjähriger Pause hatte es dem Staat wieder einmal beliebt, eine Volkszählung zu verordnen, und in alle Wohnhäuser wurden wegen genauer Ausfüllung der Personalien äußerst komplizierte Bogen gesandt. Mißtrauisch gegen die kraxigen und nur phonetisch richtigen Schreibkünste der Dienstpersonen, zog der Baron vor, eigenhändig die Rubriken auszufüllen, und hatte zu diesem Behufe auch Crescenz in sein Zimmer beordert. Als er ihr nun Namen, Alter und Geburtsort abfragte, ergab sich, daß er, als passionierter Jäger und Freund des dortigen Revierbesitzers, gerade in ihrem älplerischen Winkel öfters Gemsen geschossen und ein Führer gerade aus ihrem Heimatdorf ihn zwei Wochen lang begleitet hatte. Und da kurioserweise ebendieser Führer sich noch als Oheim der Crescenz und der Baron lockerer Laune erwies, wickelte sich vom zufälligen Anlaß ein längeres Gespräch los, bei dem eine abermalige Überraschung zutage trat, nämlich daß er damals in ebendemselben Wirtshaus, wo sie kochte, einen ausgezeichneten Hirschbraten gegessen hatte – Lappalien dies alles, aber doch sonderbar durch Zufälligkeit, und für Crescenz, die hier zum ersten Mal einen Menschen sah, der etwas von ihrer Heimat wußte, geradezu wunderhaft. Sie stand vor ihm mit rotem, interessiertem Gesicht, bog sich unbeholfen und geschmeichelt, als er zu Späßen überging und, die Tiroler Mundart nachahmend, sie ausfragte, ob sie jodeln könne und dergleichen knabenhaften Unfug mehr. Schließlich, von sich selbst amüsiert, klatschte er ihr nach allumgänglicher Bauernart eine mit der flachen Hand auf den harten Hintern und entließ sie lachend: »Jetzt geh, brave Cenzi, und da hast du noch zwei Kronen dafür, weil du aus dem Zillertal bist.«

Gewiß: das war an und für sich kein pathetischer und bedeutsamer Anlaß. Aber auf das fischhaft unterirdische Gefühl dieses dumpfen Wesens wirkte dies Fünfminutengespräch wie ein Stein in einem Sumpf: erst allmählich und träge bilden sich bewegte Kreise, die schwermassig weiterwellend ganz langsam den Rand des Bewußtseins erreichen. Zum ersten Mal seit Jahren hatte die hartnäckige Maulfalte mit irgendeinem Menschen wieder ein persönliches Gespräch geführt, und übernatürlich wollte ihr die Fügung erscheinen, daß gerade dieser erste Mensch, der zu ihr gesprochen, mitten hier im steinernen Gewirr von ihren Bergen wußte und sogar schon einmal einen von ihr zubereiteten Hirschbraten gegessen. Dazu kam noch jener burschikose Schlag auf den Hintern, der ja in der Bauernsprache eine Art lakonischer Anfrage oder Werbung an das Weibsbild darstellt. Und wenn Crescenz auch nicht sich zu meinen erkühnte, dieser elegante, vornehme Herr habe damit tatsächlich ein derartiges Verlangen an sie gestellt – die körperliche Vertraulichkeit wirkte doch irgendwie aufrüttelnd in ihre schläfrigen Sinne.

So begann durch diesen zufälligen Anstoß nun Schicht um Schicht ein Ziehen und Bewegen in ihrem innern Erdreich, bis endlich, erst klotzhaft und dann immer deutlicher, ein neues Gefühl sich ablöste, jenem plötzlichen Erkennen gleich, mit dem ein Hund unter allen den zweibeinigen Gestalten, die ihn umgeben, eines unvermuteten Tages sich eine dieser Gestalten als Herrn zuerkennt: Von dieser Stunde an läuft er ihm nach, grüßt schweifwedelnd oder mit Gebell den ihm vom Schicksal Übergeordneten, wird ihm freiwillig hörig und folgt seiner Spur gehorsam Schritt um Schritt. Genauso war in dem abgestumpften Kreis der Crescenz, den bisher nur die fünf gewohnten Begriffe Geld, Markt, Herd, Kirche und Bett restlos umgrenzten, ein neues Element gedrungen, das Raum forderte und mit brüsker Gewalt alles Frühere zur Seite drängte. Und mit jener bäurischen Habgier, die das einmal

Ergriffene nie mehr aus den harten Händen läßt, zog sie dieses neue Element tief hinein unter die Haut bis in die verworrene Triebwelt ihrer stumpfen Sinne. Es dauerte freilich einige Zeit, ehe die Verwandlung sichtlich zutage trat; auch diese ersten Zeichen waren durchaus unscheinbare, wie zum Beispiel diese: Sie putzte die Kleider des Barons und seine Schuhe mit einer besonderen fanatischen Sorgfalt, während sie Kleider und Schuhwerk der Baronin weiterhin der Sorge des Stubenmädchens überließ. Oder sie war öfters in Gang und Zimmern zu sehen, hastete, kaum daß sie den Schlüssel an der äußeren Tür knacken hörte, beflissen entgegen, um ihm Mantel und Stock abzunehmen. Der Küche wandte sie verdoppelte Aufmerksamkeit zu, fragte sich sogar mühsam den fremden Weg zur Großmarkthalle durch, eigens um einen Hirschbraten zu erstehen. Und auch an ihrer äußeren Gewandung waren Anzeichen verstärkter Sorgfalt zu bemerken.

Eine oder zwei Wochen hatte es gedauert, bis diese ersten Schößlinge ihres neuen Gefühls aus ihrer inneren Welt sich durchrangen. Und es bedurfte noch Wochen und Wochen, bis ein zweiter Gedanke diesem Triebe zuwuchs und aus unsicherem Wachstum klare Farbe und Gestalt bekam. Dieses zweite Gefühl war nichts anderes als ein Komplementärgefühl des ersten: ein vorerst dumpfer, allmählich aber unverhüllt und nackt vorspringender Haß gegen die Gattin des Barons, gegen die Frau, die mit ihm wohnen, schlafen, sprechen durfte und dennoch nicht die gleiche hingebende Ehrfurcht vor ihm hatte wie sie selbst. Sei es, daß sie – unwillkürlich jetzt achtsamer – einer jener beschämenden Szenen beigewohnt hatte, wobei der vergötterte Herr von seiner gereizten Frau in widerwärtiger Weise gedemütigt wurde, sei es, daß der Gegensatz seiner jovialen Vertraulichkeit sie die hochmütige Reserve der norddeutsch gehemmten Frau doppelt fühlen ließ – jedenfalls setzte sie mit einemmal der Ahnungslosen eine gewisse Bockigkeit entgegen, eine stachlige, mit tausend kleinen Spitzen und Bosheiten widerstrebende Feindseligkeit. So mußte die Baronin zumindest immer zweimal klingeln, ehe Crescenz mit absichtlicher Langsamkeit und deutlich vorgeschobener Unwilligkeit dem Rufe Folge leistete, und ihre hochgestemmten Schultern drückten dann immer schon von vornherein entschlossene Gegenwehr aus. Aufträge und Befehle nahm sie wortlos mürrisch entgegen, so daß die Baronin niemals wußte, ob sie richtig verstanden sei; fragte sie aber zur Vorsicht noch einmal, so bekam sie nur ein verdrossenes Nicken oder ein verächtliches »Hob jo scho g'hört« zur Antwort. Oder es erwies sich knapp vor dem Theaterbesuch, wenn die Frau schon nervös durch die Zimmer fuhr, ein wichtiger Schlüssel als unauffindbar, um eine halbe Stunde später unvermutet in einem Winkel entdeckt zu werden. Botschaften und Telefonanrufe an die Baronin beliebte sie regelmäßig zu vergessen: ausgefragt, warf sie dann, ohne das geringste Zeichen eines Bedauerns, nur ein hartes: »I hob holt vergess'n« vor die Füße. In die Augen blickte sie ihr nie, vielleicht aus Furcht, den Haß nicht verhalten zu können.

Unterdessen führten die häuslichen Mißhelligkeiten zu immer unerfreulicheren Szenen zwischen den Eheleuten. Möglicherweise hatte auch die unbewußt aufreizende Mürrischkeit der Crescenz ihren Anteil an der Erregtheit der von Woche zu Woche mehr exaltierten Frau. Durch allzulangen Mädchenstand in ihren Nerven schwank, dazu noch erbittert durch die Gleichgültigkeit ihres Gatten, die frechen Feindseligkeiten der Dienstboten, verlor die Gepeinigte immer mehr das Gleichgewicht. Vergeblich wurde ihre Erregtheit mit Brom und Veronal gefüttert; um so heftiger riß dann in Diskussionen der überspannte Strang ihrer Nerven durch, sie bekam Weinkrämpfe und hysterische Zustände, ohne damit aber bei irgend jemandem den geringsten Anteil oder auch nur den Anschein einer gutmütigen Hilfe zu erfahren. Schließlich empfahl der zugezogene Arzt einen zweimonatigen Aufenthalt in einem Sanatorium, ein Vorschlag, der von dem sonst höchst gleichgültigen Gatten mit so plötzlicher Besorgtheit gutgeheißen wurde, daß die Frau, von neuem mißtrauisch, sich zunächst dagegen wehrte. Aber zuletzt wurde die Reise dennoch beschlossen, die Kammerjungfer zur Begleitung bestimmt, indes Crescenz zur Bedienung des Herrn allein in der geräumigen Wohnung zurückbleiben sollte.

Diese Nachricht, daß ihr allein der gnädige Herr zur Behütung anvertraut sein solle, wirkte auf die schweren Sinne der Crescenz wie eine plötzliche Aufpulverung. Als hätte man all ihre Säfte und Kräfte, einer magischen Flasche gleich, wild durcheinandergeschüttelt, so kam jetzt vom Grunde ihres Wesens ein verborgener Bodensatz von Leidenschaft herauf und durchfärbte vollkommen ihr ganzes Gehabe. Das Benommene, Schwerfällige taute mit einmal ab von ihren harten, eingefrorenen Gliedern; es schien, als hätte sie seit dieser elektrisierenden Nachricht plötzlich leichte Gelenke, einen raschen, geschwinden Gang bekommen. Sie lief durch Zimmer hin und her, Treppen auf und ab, kaum daß es galt, die Reisevorbereitungen zu treffen, packte unaufgefordert alle Koffer und schleppte sie mit eigener Hand zum Wagen. Und als dann spätabends der Baron von der Bahn zurückkam und der dienstfertig ihm Entgegeneilenden den Stock und Mantel in die Hände gab und mit einem Seufzer der Erleichterung sagte: »Glücklich expediert!«, da geschah etwas Merkwürdiges. Denn mit einemmal setzte um die verkniffenen Lippen der Crescenz, die sonst, wie alle Tiere, niemals lachte, ein gewaltsames Zerren und Dehnen ein. Der Mund wurde schief, schob sich breit in die Quere, und plötzlich quoll mitten aus ihrem idiotisch erhellten Gesicht ein Grinsen dermaßen offen und tierisch hemmungslos hervor, daß der Baron, von diesem Anblick peinlich überrascht, sich der übel angebrachten Vertraulichkeit schämte und wortlos in sein Zimmer trat.

Aber diese flüchtige Sekunde des Unbehagens ging

rasch vorüber, und schon in den nächsten Tagen verband die beiden, Herrn und Magd, das einhellige Aufatmen einer köstlich empfundenen Stille und wohltuenden Ungebundenheit. Die Abwesenheit der Frau hatte die Atmosphäre gleichsam von überhängendem Gewölk entlüftet: der befreite Ehemann, glücklich entledigt des unablässigen Rechenschafterstattens, kam gleich am ersten Abend spät nach Hause, und die schweigsame Beflissenheit der Crescenz bot ihm wohltuenden Kontrast zu den allzu beredten Empfängen seiner Frau. Crescenz wieder stürzte sich mit begeisterter Leidenschaft in ihr Tagewerk, stand extrafrüh auf, putzte alles blitzblank, scheuerte Klinken und Schnallen wie eine Besessene, zauberte besonders leckere Menüs hervor, und zu seiner Überraschung bemerkte der Baron bei dem ersten Mittagstisch, daß für ihn allein das kostbare Service gewählt war, das sonst nur zu besonderen Anlässen den Silberschrank verließ. Im allgemeinen unachtsam, konnte er doch nicht umhin, die wachsam, beinahe zartsinnige Sorge dieses sonderbaren Geschöpfes zu bemerken; und gutmütig, wie er im Grunde war, sparte er nicht mit dem Ausdruck seiner Zufriedenheit. Er rühmte ihre Speisen, warf ihr hie und da ein paar freundliche Worte hin, und als er am nächsten Morgen, es war sein Namenstag, eine Torte mit seinen Initialen und überzuckertem Wappen kunstvoll bereitet fand, lachte er ihr übermütig zu: »Du wirst mich noch verwöhnen, Cenzi! Und was fange ich dann an, wenn, Gott behüte, meine Frau wieder zurückkommt?«

Immerhin: einen gewissen Zwang legte er sich noch einige Tage auf, ehe er die letzten Rücksichten von sich warf. Dann aber, aus mehrfachen Anzeigen ihrer Verschwiegenheit gewiß, begann er, wieder ganz Junggeselle, sich's in seiner eigenen Wohnung bequem zu machen. Ohne weitere Erklärung rief er Crescenz am vierten Tage seiner Strohwitwerschaft zu sich herein und ordnete in gleichmütigstem Tonfall an, sie möge abends ein kaltes

Nachtmahl für zwei Personen bereitstellen und sich dann zu Bett legen; alles andere werde er selbst besorgen. Stumm nahm Crescenz den Auftrag entgegen. Kein Blick, kein Blinzeln ließ durchschimmern, ob der eigentliche Sinn dieser Worte bis hinter ihre niedrige Stirn gedrungen sei. Aber wie gut sie seine eigentliche Absicht verstanden, bemerkte ihr Herr baldigst mit amüsierter Überraschung, denn nicht nur, daß er, spätabends mit einer kleinen Operelevin nach dem Theater heraufkommend, den Tisch erlesen gerichtet und mit Blumen geschmückt fand: auch im Schlafzimmer erwies sich neben seinem eigenen Bett frech einladend das nachbarliche aufgeschlagen, und der seidene Schlafrock sowie die Pantoffeln seiner Frau waren erwartungsvoll bereitgestellt. Unwillkürlich mußte der freigelassene Ehemann über die weitgehende Sorge dieses Geschöpfes lachen. Und damit fiel von selbst die letzte Hemmung vor ihrer helfenden Mitwisserschaft. Morgens schon schellte er, daß sie dem galanten Eindringling beim Ankleiden behilflich sei; damit war das schweigende Einvernehmen zwischen beiden völlig besiegelt.

In diesen Tagen erhielt Crescenz auch ihren neuen Namen. Jene muntere Operelevin, die gerade die Donna Elvira studierte und scherzhaft ihren zärtlichen Freund zum Don Juan zu erheben beliebte, hatte einmal lachend zu ihm gesagt: »Ruf doch deine Leporella herein!« Dieser Name machte ihm Spaß, eben weil er so grotesk die dürre Tirolerin parodierte, und von nun an rief er sie niemals mehr anders als Leporella. Crescenz, das erste Mal verwundert aufstarrend, dann aber verlockt von dem vokalischen Wohlklang dieses ihr unverständlichen Namens, genoß die Umtaufe geradezu als Nobilitierung: Jedesmal, wenn der Übermütige sie so anrief, schoben sich ihre dünnen Lippen auseinander, die braunen Pferdezähne breit entblößend, und unterwürfig, gleichsam schweifwedelnd drückte sie sich heran, um die Befehle des gnädigen Gebieters entgegenzunehmen.

Als eine Parodie war der Name gedacht, aber in ungewollter Treffsicherheit hatte die angehende Operdiva mit diesem Namen dem eigenartigen Geschöpf ein geradezu zauberhaft passendes Wortkleid umgeworfen; denn ähnlich Dapontes mit genießerischem Spießgesellen empfand diese liebesfremde verknöcherte alte Jungfer eine eigentümlich stolze Freude an den Abenteuern ihres Herrn. War es bloß die Genugtuung, das Bett der brennend gehaßten Frau jeden Morgen bald von diesem, bald von jenem jungen Körper umgewühlt und entehrt zu finden, oder knisterte ein geheimes Mitgenießen in ihren Sinnen – jedenfalls legte das bigotte, strenge alte Mädchen eine geradezu leidenschaftliche Beflissenheit an den Tag, allen Abenteuern ihres Herrn dienstbar zu sein. In ihrem eigenen, abgerackerten, durch jahrzehntelange Arbeit geschlechtslos gewordenen Körper längst nicht mehr bedrängt, wärmte sie sich wohlig an der kupplerischen Lust, nach ein paar Tagen schon einer zweiten und bald auch der dritten Frau in den Schlafraum nachblinzeln zu können: wie eine Beize wirkte diese Mitwisserschaft und das prickelnde Parfüm der erotischen Atmosphäre auf ihre verschlafenen Sinne. Crescenz wurde wahrhaftig Leporella und wie jener muntere Bursche beweglich, zuspringig und frisch; seltsame Eigenschaften kamen, gleichsam emporgetrieben von der flutenden Hitze dieser brennenden Anteilnahme, in ihrem Wesen zum Vorschein, allerhand kleine Listen, Verschmitztheiten und Spitzfindigkeiten, etwas Horcherisches, Neugieriges, Lauerndes und Umtummlerisches. Sie horchte an der Tür, spähte durch die Schlüssellöcher, durchstöberte Zimmer und Betten, flog, von einer merkwürdigen Erregtheit gestoßen, treppauf und treppab, kaum daß sie eine Beute jagdhaft witterte, und allmählich formte diese Wachheit, diese neugierige, schaulustige Anteilnahme eine Art lebendigen Menschen aus der hölzernen Hülle ihrer früheren Dösigkeit. Zum allgemeinen Erstaunen der Nachbarn wurde Crescenz mit einemmal umgänglich, sie schwatzte mit den Mädchen, scherzte in plumper Weise mit dem Briefträger, begann sich mit den Verkäuferinnen in Tratsch und Gerede einzulassen; und einmal abends, als die Lichter im Hofe gelöscht waren, hörten die Dienstmädchen gegenüber ihrem Zimmer ein merkwürdiges Summen aus dem sonst längst verstummten Fenster: ungefüge, mit halblauter, knarrender Stimme sang Crescenz eines jener älplerischen Lieder, wie sie die Sennerinnen auf den Weiden am Abend singen. Mit ganz zerbrochenem Ton, verbogen von den ungeübten Lippen, holperte die eintönige Melodie mühsam heraus; aber doch: es tönte merkwürdig ergreifend und fremd. Zum ersten Mal seit ihrer Kindheit versuchte Crescenz wieder zu singen, und es war etwas Rührendes in diesen stolpernden Tönen, die aus der Finsternis verschütteter Jahre mühsam aufstiegen ins Licht.

Von dieser merkwürdigen Verwandlung der ihm Verfallenen nahm ihr unbewußter Urheber, der Baron, am wenigsten wahr, denn wer wendet sich je um nach seinem Schatten? Man spürt ihn treu nachschleichend und stumm hinter den eigenen Schritten, manchmal voreilend wie einen noch nicht bewußten Wunsch, aber wie selten müht man sich, seine parodistischen Formen zu beobachten und sein Ich in dieser Verzerrung zu erkennen! Der Baron bemerkte nichts anderes an Crescenz, als daß sie immer zum Dienst bereit war, vollkommen schweigsam, verläßlich und bis zur Aufopferung ergeben. Und gerade dieses Stummsein, diese selbstverständliche Distanz in allen diskreten Situationen wirkte auf ihn als besondere Wohltat; manchmal streifte er ihr lässig, wie man einen Hund streichelt, ein paar freundliche Worte über, ein oder das andere Mal scherzte er auch mit ihr, kniff sie großmütig ins Ohrläppchen, schenkte ihr eine Banknote oder ein Theaterbillett – Kleinigkeiten für ihn, die er gedankenlos aus der Westentasche griff, für sie aber Reliquien, die sie ehrfürchtig in ihrer Holzkassette aufbewahrte. Allmählich gewöhnte er sich daran, laut vor ihr zu denken und ihr sogar komplizierte Aufträge anzuvertrauen – und je höhere Zeichen seines Zutrauens er ihr gab, desto dankbarer und beflissener spannte sie sich empor. Ein merkwürdig schnuppernder, suchender und spürender Instinkt trat allmählich bei ihr zutage, all seinen Wünschen jagdhaft nachspähend und ihnen sogar vorauslaufend; ihr ganzes Leben, Trachten und Wollen schien gleichsam heraus aus ihrem eigenen Leib in den seinen hinübergefahren; alles sah sie mit seinen Augen, horchte sie für seine Sinne, alle seine Freuden und Eroberungen genoß sie dank einer beinahe lasterhaften Begeisterung mit. Sie strahlte, wenn ein neues weibliches Wesen die Schwelle betrat, blickte enttäuscht und wie in einer Erwartung gekränkt, kehrte er abends ohne zärtliche Begleitung zurück – ihr früher so verschlafenes Denken arbeitete jetzt ebenso behende und ungestüm wie vordem nur ihre Hände, und aus ihren Augen funkelte und glänzte ein neues, wachsames Licht. Ein Mensch war erwacht in dem abgetriebenen, müden Arbeitstier – ein Mensch, dumpf, verschlossen, listig und gefährlich, nachsinnend und beschäftigt, unruhig und ränkevoll.

Einmal, als der Baron vorzeitig nach Hause kam, blieb er verwundert im Gange stehen: hatte da nicht hinter der Küchentür der sonst unweigerlich Stummen sonderbares Kichern und Lachen geknistert? Und schon schob sich, schief die Hände an der Schürze herumreibend, Leporella aus der halboffenen Tür, frech und verlegen zugleich. »Entschuldigen scho, gnä Herr«, sagte sie, mit dem Blick auf dem Boden herumwischend. »Ober die Tochter von Khonditor is drin ... ein hübsches Mädel ... die hätt so gern den gnä Herrn kennenglernt.« Der Baron sah überrascht auf, ob er an einer solchen unverschämten Vertraulichkeit sich erbittern oder über ihre kupplerische Dienstfertigkeit sich amüsieren sollte. Schließlich überwog seine männliche Neugier: »Laß sie einmal anschaun.«

Das Mädchen, ein knuspriger, blonder sechzehnjähriger Fratz, den Leporella mit schmeichlerischem Zureden allmählich an sich herangelockt, kam errötend und mit verlegenem Kichern, von der Magd immer wieder dringlich vorgeschoben, aus der Tür und drehte sich ungeschickt vor dem eleganten Mann, den sie tatsächlich von dem gegenüberliegenden Geschäft oft mit halb kindlicher Bewunderung betrachtet hatte. Der Baron fand sie hübsch und schlug ihr vor, in seinem Zimmer mit ihm Tee zu trinken. Ungewiß, ob sie annehmen dürfe, wandte sich das Mädel an Crescenz um. Die aber war mit auffälliger Hast bereits in der Küche verschwunden, und so blieb der ins Abenteuer Verlockten nichts übrig, als errötend und neugierig erregt der gefährlichen Einladung Folge zu leisten.

Aber die Natur macht keine Sprünge; war auch durch den Druck einer krausen und verkrümmten Leidenschaft aus diesem hartknochigen und verdumpften Wesen eine gewisse geistige Bewegung herausgetrieben worden, so reichte bei Crescenz dieses neuerlernte und engstirnige Denken doch nicht über den nächsten Anlaß hinaus, darin noch immer dem kurzfristigen Instinkt der Tiere verwandt. Ganz eingemauert in ihre Besessenheit, dem hündisch geliebten Herrn in allem zu dienen, vergaß Crescenz völlig die abwesende Frau. Um so furchtbarer wurde deshalb ihr Erwachen: wie Donner aus klarem Himmel fiel es über sie, als eines Morgens, unwirsch und verärgert, der Baron, einen Brief in der Hand, eintrat und ihr ankündigte, sie möge alles im Hause zurechtmachen, seine Frau komme morgen aus dem Sanatorium. Crescenz blieb fahl stehen, den Mund offen im Schreck; die Nachricht hatte in sie hineingestoßen wie ein Messer. Sie starrte und starrte nur, als ob sie nicht verstanden hätte. Und so maßlos, so erschreckend zerriß der Wetterschlag ihr Gesicht, daß der Baron meinte, sie mit einem lockern Wort ein wenig beruhigen zu müssen: »Mir scheint, dich freut's auch nicht, Cenzi. Aber da kann man halt nichts machen.«

Doch schon begann sich wieder etwas zu regen in dem steinstarren Gesicht. Es arbeitete sich von tief unten, gleichsam von den Eingeweiden, herauf, ein gewaltsamer Kampf, der allmählich die eben noch schlohweißen Wangen dunkelrot färbte. Ganz langsam, mit harten Herzstößen aufgepumpt, quoll etwas empor: die Kehle zitterte unter der zwängenden Anstrengung. Und endlich war es oben und stieß dumpf aus den verknirschten Zähnen: »Da ... da ... könnt ma scho was machen ...«

Hart, wie ein tödlicher Schuß war das herausgefahren. Und so böse, so finster entschlossen verpreßte sich das verzerrte Gesicht nach dieser gewaltsamen Entladung, daß der Baron unwillkürlich aufschreckte und erstaunt zurückwich. Aber schon hatte Crescenz sich wieder abgewandt und begann mit derartig krampfigem Eifer einen Kupfermörser zu scheuern, als wolle sie sich die Finger zerbrechen.

Mit der heimgekehrten Frau wetterte wieder Sturm ins Haus, schlug krachend die Türen, sauste unwirsch durch die Zimmer und fegte wie Zugluft die schwül-behagliche Atmosphäre aus der Wohnung weg. Mochte die Betrogene durch Zuträgereien der Nachbarschaft und anonyme Briefe erfahren haben, in wie unwürdiger Weise der Mann das Hausrecht mißbraucht hatte, oder verdroß sie sein nervöser, hemmungslos offenkundiger Mißmut beim Empfang – jedenfalls die zwei Monate Sanatorium schienen ihren zum Reißen gespannten Nerven wenig gedient zu haben, denn Weinkrämpfe wechselten strichweise mit Drohungen und hysterischen Szenen. Die Beziehungen wurden unleidlicher von Tag zu Tag. Einige Wochen lang trotzte der Baron noch mannhaft dem Ansturm der Vorwürfe mittels seiner bislang bewährten Höflichkeit und erwiderte ausweichend und vertröstend, sobald sie mit Scheidung oder Briefen an ihre Eltern drohte. Aber gerade diese seine lieblos-kühle Indifferenz trieb die freundlose, rings von geheimer Feindseligkeit umstellte Frau immer tiefer hinein in immer nervösere Erregung.

Crescenz hatte sich ganz in ihr altes Schweigen verpanzert. Aber dies Schweigen war aggressiv und gefährlich geworden. Bei der Ankunft ihrer Herrin blieb sie trotzig in der Küche und vermied, schließlich herausgerufen, die Heimgekehrte zu grüßen. Die Schultern bockig vorgestemmt, stand sie hölzern da und beantwortete dermaßen unwirsch alle Fragen, daß sich die Ungeduldige bald von ihr abwandte; in den Rücken der Ahnungslosen aber stieß Crescenz mit einem einzigen Blick den ganzen aufgespeicherten Haß. Ihr habgieriges Gefühl empfand sich durch diese Rückkehr widerrechtlich bestohlen, aus der Freude leidenschaftlich genossener Dienstbarkeit war sie wieder zurückgestoßen in die Küche und an den Herd, der vertrauliche Leporella-Name ihr genommen. Denn vorsichtig hütete sich der Baron vor seiner Frau, Crescenz irgendwelche Sympathie zu bezeigen. Aber manchmal, wenn er, erschöpft von den widerlichen Szenen und irgendeines Zuspruches bedürftig, sich Luft machen wollte, schlich er hinein in die Küche zu ihr, setzte sich auf einen der harten Holzsessel, nur um herausstöhnen zu können: »Ich halte es nicht mehr aus.« Diese Augenblicke, da der vergötterte Herr aus übermäßiger Spannung bei ihr Zuflucht suchte, waren die seligsten Leporellas. Niemals wagte sie eine Antwort oder einen Trost; stumm in sich selbst gekehrt, saß sie da, blickte nur manchmal mit einem zuhörenden Blick mitleidig und gequält zu dem geknechteten Gotte auf, und diese wortlose Anteilnahme tat ihm wohl. Verließ er aber dann die Küche, so kroch jene rabiate Falte gleich wieder bis in die Stirn hinauf, und ihre schweren Hände schlugen den Zorn in wehrloses Fleisch hinein oder zerrieben ihn scheuernd an Schüsseln und Bestecken.

Endlich brach die dumpfgeballte Atmosphäre der Rückkehr in gewitterhafte Entladung los: Bei einer der unwirtlichen Szenen hatte der Baron schließlich die Geduld verloren, war ruckhaft aus der demütig-gleichgültigen Schuljungenstellung aufgesprungen und hatte knatternd die Tür hinter sich zugeschlagen. »Jetzt habe ich es satt«, schrie er dermaßen wütig, daß die Fenster bis ins letzte Zimmer klirrten. Und noch ganz zornheiß, mit blutrotem Gesicht, fuhr er hinaus in die Küche zu der wie ein gespannter Bogen zitternden Crescenz: »Sofort richt mir meinen Koffer her und mein Gewehr! Ich fahr für eine Woche auf die Jagd. In dieser Hölle hält es selbst der Teufel nicht länger aus; da muß einmal ein Ende gemacht werden.«

Crescenz blickte ihn begeistert an: so war er wieder Herr! Und ein rauhes Lachen kollerte aus der Kehle heraus: »Recht hat der gnä Herr, da muß ein End gemacht werden.« Und zuckend vor Eifer, hinjagend von Zimmer zu Zimmer, raffte sie mit fliegender Hast aus Schränken und von Tischen alles zusammen, jeder Nerv des grobschlächtigen Geschöpfes zitterte vor Spannung und Gier. Eigenhändig trug sie dann den Koffer und das Gewehr zum Wagen hinab. Aber als er nun nach einem Wort suchte, um ihr für ihren Eifer zu danken, fuhr sein Blick erschreckt zurück. Denn über die verkniffenen Lippen war wieder dieses tückische Lachen breit aufgekrochen, das ihn immer von neuem erschreckte. Unwillkürlich mußte er an die zusammengekrallte Geste eines Tieres im Ansprung denken, als er sie so lauern sah. Aber da duckte sie sich schon wieder zusammen und flüsterte nur heiser, mit einer fast beleidigenden Vertraulichkeit: »Fahrn der gnä Herr nur guet, i wer scho alles mochn.«

Drei Tage später wurde der Baron durch ein dringendes Telegramm von der Jagd zurückgerufen. Am Bahnhof erwartete ihn sein Vetter. Und mit dem ersten Blick erkannte der Beunruhigte, daß irgend etwas Peinliches sich ereignet haben mußte, denn der Vetter blickte nervös und fahrig. Nach einigen Worten schonender Vorbereitung erfuhr er: seine Frau sei morgens tot in ihrem Bett aufgefunden worden, das ganze Zimmer mit Leuchtgas erfüllt. Ein unachtsamer Zufall sei leider ausgeschlossen, berichtete der Vetter, denn der Gasofen sei jetzt im Mai längst außer Gebrauch und die selbstmörderische Absicht schon daran erkenntlich, daß die Unglückliche abends Veronal zu sich genommen. Dazu käme noch die Aussage der Köchin Crescenz, die allein an diesem Abend daheim geblieben sei und gehört habe, wie die Unglückliche noch nachts in das Vorzimmer gegangen sei, anscheinend um den sorgfältig geschlossenen Gasometer absichtlich zu öffnen. Auf diese Mitteilung hin habe auch der beigezogene Polizeiarzt jeden Zufall für ausgeschlossen erklärt und den Selbstmord zu Protokoll genommen.

Der Baron begann zu zittern. Als sein Vetter das Zeugnis der Crescenz erwähnte, spürte er mit einemmal das Blut in den Händen kalt werden; ein unangenehmer, widerlicher Gedanke wogte wie eine Übelkeit in ihm auf. Aber er drückte dies gärende, quälende Gefühl gewaltsam hinab und ließ sich willenlos von seinem Vetter in die Wohnung führen. Die Leiche war bereits fortgeschafft, im Empfangszimmer warteten seine Verwandten mit düster-feindseligen Mienen: ihre Kondolenz war kalt wie ein Messer. Mit einer gewissen anklägerischen Nachdrücklichkeit meinten sie erwähnen zu müssen, bedauerlicherweise sei es nicht mehr möglich gewesen, den »Skandal« zu vertuschen, weil das Mädchen des Morgens grell schreiend auf die Stiege hinausgestürzt sei: »Die gnädige Frau hat sich umbracht!«, und sie hätten ein stilles Begräbnis angeordnet, da – wieder kehrte sich die messerscharfe Schneide kalt gegen ihn – ja leider schon vordem durch allerhand Gerede die Neugier der Gesellschaft unangenehm gereizt worden sei. Der Verdüsterte hörte verworren zu, hob einmal unwillkürlich den Blick gegen die verschlossene Tür zum Schlafzimmer und duckte ihn feige wieder zurück. Er wollte irgend etwas zu Ende denken, das unablässig quälend in ihm wogte, aber diese leeren und gehässigen Reden verwirrten ihn. Noch eine halbe Stunde standen die Verwandten schwarz und schwatzend um ihn herum, dann empfahlen sie sich einer nach dem anderen. Er blieb allein zurück in dem leeren halbdunklen Zimmer, zitternd wie unter einem dumpfen Schlag, mit schmerzender Stirn und müden Gelenken.

Da pochte es an die Tür. »Herein« – schrak er auf. Und schon kam von hinten ein zögernder Schritt, ein harter, schleichender, schlurfender Schritt, den er kannte. Plötzlich überfiel ihn ein Grauen: Er fühlte seinen Halswirbel wie festgeschraubt und gleichzeitig die Haut von den Schläfen herab bis in die Knie überrieselt von eiskalten Schauern. Er wollte sich umwenden, aber die Muskeln versagten. So blieb er mitten im Zimmer stehen, zitternd und ohne Laut, mit herabgefallenen steinstarren Händen, und fühlte dabei ganz genau, wie feige dieses schuldbewußte Dastehen wirken müsse. Aber vergebens, daß er alle Kraft aufbot: die Muskeln gehorchten ihm nicht. Da sagte ganz gleichmütig, in unbewegtester, trockenster Sachlichkeit die Stimme hinter ihm: »Ich wollt nur fragen, ob der gnä Herr zu Hause speist oder außer Haus.« Der Baron bebte immer heftiger, nun fuhr das Eiskalte schon bis in die Brust hinab. Und dreimal setzte er vergeblich an, ehe es ihm endlich gelang herauszustoßen: »Nein, ich esse jetzt nichts.« Dann schlurfte der Schritt hinaus; er hatte nicht den Mut, sich umzuwenden. Und plötzlich brach die Starre: es schüttelte ihn durch und durch, ein Ekel oder ein Krampf. Mit einem Ruck sprang er hin gegen die Tür, drehte zuckend den Schlüssel um, damit dieser Schritt, dieser ihm nachfolgende gespenstisch verhaßte Schritt nicht noch einmal an ihn herankäme. Dann warf er sich in den Sessel, um einen Gedanken niederzuwürgen, den er nicht denken wollte und der doch immer wieder kalt und klebrig wie eine Schnecke in ihm aufkroch. Und dieser zwanghafte Gedanke, den anzufassen er sich ekelte, füllte sein ganzes Gefühl, unabwehrbar, schleimig und widerlich, und blieb bei ihm die ganze schlaflose Nacht und alle folgenden Stunden, selbst, da er schwarz gekleidet und schweigend während des Begräbnisses zu Häupten des Sarges stand.

Am Tage nach dem Begräbnis verließ der Baron hastig die Stadt: zu unerträglich waren ihm jetzt alle Gesichter; mitten in ihrer Teilnahme hatten sie (oder dünkte es ihm nur so?) einen merkwürdig beobachtenden, einen quälend inquisitorischen Blick. Und selbst die toten Dinge sprachen böse und anklägerisch: jedes Möbelstück in der Wohnung, insbesondere aber des Schlafzimmers, wo noch der süßliche Geruch von Gas an allen Gegenständen zu haften schien, stieß ihn fort, wenn er unwillkürlich nur die Tür aufklinkte. Aber der unerträglichste Alp seines Schlafens und Wachens war die unbekümmerte, kalte Gleichgültigkeit seiner ehemaligen Vertrauten, die, als wäre nicht das mindeste vorgefallen, im leeren Hause umherging. Seit jener Sekunde auf dem Bahnhof, da der Vetter ihren Namen genannt, zitterte er vor jeder Begegnung mit ihr. Kaum daß er ihren Schritt hörte, bemächtigte sich seiner eine fluchhaft nervöse Unruhe: Er konnte es nicht mehr sehen, nicht mehr ertragen, dieses schlürfende, gleichgültige Gehen, diese kalte, stumme Gelassenheit. Ekel faßte ihn schon, wenn er nur an sie dachte, an ihre knarrige Stimme, das fettige Haar, das dumpfe, tierische, unbarmherzige Fühllossein, und in seinem Zorn war Zorn gegen sich selbst, daß ihm die Kraft fehlte, dies Band, das ihn an der Kehle würgte, wie einen Strick gewaltsam zu zerreißen. So sah er nur einen Ausweg: die Flucht. Er packte heimlich, ohne ihr ein Wort zu sagen, die Koffer, nichts als einen hastigen Zettel hinterlassend, daß er zu Freunden nach Kärnten gefahren sei.

Der Baron blieb den ganzen Sommer weg. Einmal zur Regelung der Verlassenschaft dringend nach Wien gerufen, zog er vor, heimlich zu kommen, im Hotel zu wohnen und den Totenvogel, der da harrend im Hause saß, gar nicht zu verständigen. Crescenz erfuhr nichts von seiner Anwesenheit, weil sie mit niemandem sprach. Unbeschäftigt, finster wie eine Eule, saß sie den ganzen Tag starr in der Küche, ging zweimal, statt wie vordem einmal, in die Kirche, empfing durch den Anwalt des Barons Aufträge und Geld zur Verrechnung – von ihm selbst hörte sie nichts. Er schrieb nicht und ließ ihr nichts sagen. So saß sie stumm und wartete; ihr Gesicht wurde härter und hagerer, ihre Bewegungen verholzten wieder, und so, wartend und wartend, verbrachte sie viele Wochen hindurch in einem geheimnisvollen Zustand von Starre. Im Herbst aber erlaubten dringende Erledigungen dem Baron nicht länger, seinen Urlaub hinauszuziehen, er mußte in seine Wohnung zurück. An der Hausschwelle blieb er stehen und zögerte. Zwei Monate im Kreis vertrauter Freunde hatten ihn vieles beinahe vergessen lassen – aber nun, da er seinem Alp, seiner vielleicht Mitschuldigen körperlich wieder entgegentreten sollte, fühlte er genau denselben drückenden, Brechreiz verursachenden Krampf. Mit jeder Stufe, die er, immer langsamer, die Treppe hinaufstieg, griff auch die unsichtbare Hand höher hinauf an die Kehle. Schließlich benötigte er eine gewaltsame Zusammenfassung aller Willenskräfte, um die starren Finger zu zwingen, den Schlüssel im Schloß umzudrehen.

Überrascht fuhr Crescenz aus der Küche heraus, kaum daß sie den Schlüssel im Schlosse knacken hörte. Als sie ihn sah, stand sie einen Augenblick bleich, griff dann, gleichsam, um sich zu ducken, nieder zur Handtasche, die er hingestellt hatte. Aber sie vergaß ein Wort des Grußes. Auch er sagte kein Wort. Stumm trug sie die Handtasche in sein Zimmer, stumm folgte er ihr nach. Stumm wartete er, zum Fenster hinausblickend, bis sie den Raum verlassen hatte. Dann drehte er hastig den Schlüssel der Zimmertür um. Das war ihre erste Begrüßung nach Monaten.

Crescenz wartete. Und ebenso wartete der Baron, ob dieser gräßliche Krampf von Grauen bei ihrem Anblick weichen würde. Aber es wurde nicht besser. Noch ehe er sie sah, wenn er nur ihren Schritt vom Gang draußen hörte, fuhr schon das Unbehagen flattrig in ihm auf. Er rührte das Frühstück nicht an, entwich, ohne ein Wort an sie zu richten, allmorgendlich hastig dem Haus und blieb bis spätnachts fort, nur um ihre Gegenwart zu vermeiden. Die zwei, drei Aufträge, die er ihr zu erteilen genötigt war, gab er abgewandten Gesichts. Es würgte ihm die Kehle, die Luft desselben Raums mit diesem Gespenst zu atmen.

Crescenz saß indes stumm den ganzen Tag auf ihrem Holzschemel. Für sich selber kochte sie nicht mehr. Jede Speise widerte sie an, jedem Menschen wich sie aus. Sie saß nur und wartete mit scheuen Augen auf den ersten Pfiff ihres

Herrn wie ein verprügelter Hund, der weiß, daß er Schlechtes getan hat. Ihr dumpfer Sinn verstand nicht genau, was geschehen war; nur daß ihr Gott und Herr ihr auswich und sie nicht mehr wollte, nur dies drang wuchtig in sie ein.

Am dritten Tag der Rückkehr des Barons ging die Klingel. Ein grauhaariger, ruhiger Mann mit gut rasiertem Gesicht, einen Koffer in der Hand, stand vor der Tür. Crescenz wollte ihn wegweisen. Aber der Eindringling beharrte darauf, er sei der neue Diener, der Herr habe ihn für zehn Uhr bestellt, sie solle ihn anmelden. Crescenz wurde kalkweiß, einen Augenblick lang blieb sie stehen, die weggespreizten Finger starr in der Luft. Dann fiel die Hand wie ein durchschossener Vogel herab. »Gehn S' selbst hinein«, wirschte sie den Erstaunten an, drehte sich der Küche zu und schlug die Tür klirrend ins Schloß.

Der Diener blieb. Von diesem Tage an brauchte der Herr kein Wort mehr an sie zu richten, alle Botschaften an sie gingen durch den ruhigen alten Herrschaftsdiener. Was im Hause geschah, erfuhr sie nicht, alles floß wie die Welle über einen Stein kalt über sie hinweg.

Dieser drückende Zustand dauerte zwei Wochen und zehrte an Crescenz wie eine Krankheit. Ihr Gesicht war spitz und kantig geworden, das Haar an den Schläfen plötzlich grau. Ihre Bewegungen versteinerten vollkommen. Fast immer saß sie wie ein hölzerner Klotz stumm auf ihrem Holzschemel und starrte leer gegen das leere Fenster; arbeitete sie aber, so geschah es in einer wütigen, einem Zornausbruch ähnlichen, gewalttätigen Art.

Nach diesen zwei Wochen trat einmal der Diener eigens in das Zimmer seines Herrn, und an seinen bescheidenen Worten erkannte der Baron, daß er ihm besondere Mitteilung zu machen wünsche. Schon einmal hatte der Diener Klage geführt über das mürrische Wesen des »Tiroler Trampels«, wie er sie verächtlich nannte, und vorgeschlagen, ihr zu kündigen. Aber irgendwie peinlich berührt, schien der Baron seinen Vorschlag zunächst zu überhören. Doch während sich damals der Diener mit einer Verbeugung entfernte, blieb er diesmal hartnäckig bei seiner Meinung, zog ein merkwürdiges, beinahe verlegenes Gesicht und stammelte dann schließlich heraus, der gnädige Herr möge ihn nicht lächerlich finden, aber ... er könne ... ja, er könne es nicht anders sagen ... er *fürchte* sich vor ihr. Dieses verschlossene, bösartige Ding sei unerträglich, und der Herr Baron wisse gar nicht, eine wie gefährliche Person er da im Hause habe.

Unwillkürlich schrak der Gewarnte auf. Wie er das meine und was er damit sagen wolle? Da schwächte der Diener nun allerdings seine Behauptung ab, etwas Bestimmtes könne er ja nicht sagen, aber er habe so das Gefühl, diese Person sei ein wütiges Tier – die könne einem leicht irgendwas antun. Gestern, als er sich umwandte, um ihr eine Weisung zu geben, da habe er unvermutet einen Blick aufgefangen – nun, man könne ja nichts sagen über einen Blick, aber es sei so gewesen, als ob sie ihm an den Hals springen wolle. Und seitdem fürchte er sich vor ihr, ja, er habe Angst, die Speisen anzurühren, die sie zubereite. »Herr Baron wissen gar nicht«, schloß er seinen Bericht, »was für eine gefährliche Person das ist. Sie red't nichts, sie deut nichts, aber ich mein halt, die wär einen Mord imstande.« Aufschreckend warf der Baron einen jähen Blick auf den Ankläger. Hatte er etwas Bestimmtes gehört? Er spürte, wie seine Finger zu zittern begannen, und hastig legte er die Zigarre weg, damit sie die Erregung seiner Hände nicht in der Luft nachzeichne. Aber das Gesicht des alten Mannes war vollkommen arglos – nein, er konnte nichts wissen. Der Baron zögerte. Dann plötzlich raffte er seinen eigenen Wunsch zusammen und entschloß sich: »Wart noch ab. Aber wenn sie dir noch einmal unfreundlich begegnet, dann kündige ihr einfach in meinem Auftrag.«

Der Diener verbeugte sich, und erlöst wich der Baron zurück. Jede Erinnerung an dieses geheimnisvoll gefährliche Geschöpf verdüsterte ihm den Tag. Am besten, es geschah, überlegte er, während er weg war, zu Weihnachten vielleicht – schon der Gedanke an die erhoffte Befreiung tat ihm innerlich wohl. Ja, so ist es am besten, zu Weihnachten, bekräftigte er sich, wenn ich fort bin.

Aber am nächsten Tag schon, kaum daß er nach Tisch in sein Zimmer getreten war, klopfte es an die Tür. Gedankenlos von der Zeitung aufblickend, murrte er: »Herein!« Und da schlurfte schon dieser verhaßte Schritt, der immer in seinen Träumen umging, herzu. Er schrak auf; wie ein Totenschädel, bleich und käsig, schlotterte das verknöcherte Gesicht über der hagern, schwarzen Gestalt. Etwas von Mitleid mengte sich in sein Grauen, als er sah, wie der geängstigte Schritt dieses ganz in sich zertretenen Wesens am Rande des Teppichs demütig stehenblieb. Und um diese Benommenheit zu verbergen, bemühte er sich, arglos zu erscheinen. »Nun, was ist denn, Crescenz?« fragte er. Aber es kam nicht, wie beabsichtigt, jovial und herzlich heraus; wider seinen Willen klang die Frage wegstoßend und böse.

Crescenz rührte sich nicht. Sie starrte in den Teppich hinein. Endlich stieß sie, wie man mit dem Fuß etwas wegpoltert, heraus: »Der Diener hat mir aufgsogt. Er hat gsogt, daß der gnä Herr mir kündigt.«

Peinlich berührt stand der Baron auf. Daß es so rasch kommen würde, hatte er nicht erwartet. So begann er stotterig herumzureden, es werde nicht so scharf gemeint sein, sie solle doch trachten, sich mit dem andern Personal zu verständigen, und derlei zufällige Dinge mehr, wie sie ihm gerade vom Munde fielen.

Aber Crescenz blieb stehen, unbeweglich den Blick in den Teppich gebohrt, die Schultern hochgezogen. Mit erbitterter Beharrlichkeit hielt sie stierhaft den Kopf gesenkt, hörte an allen seinen verbindlichen Reden vorbei, einzig ein Wort erwartend, das nicht kam. Und als er endlich, leicht angewidert von der verächtlichen Rolle des Beschwätzers, die er hier vor einem Dienstboten spielen mußte, ermüdet schwieg, blieb sie bockig und stumm. Dann rang sie ungefüg heraus:

»Nur das wollt ich wissen, ob der Herr Baron selber dem Anton Auftrag gebn hat, er soll mir kündigen?« Sie stieß es heraus, hart, unwillig, gewalttätig. Und wie einen Stoß empfand es der in seinen Nerven schon Gereizte. War das eine Drohung? Forderte sie ihn heraus? Und mit einemmal verflog alle Feigheit, alles Mitleid in ihm. Der ganze in Wochen aufgestaute Haß und Ekel schoß brennend zusammen mit dem Wunsch, endlich ein Ende zu machen. Und plötzlich, völlig umschlagend im Ton, mit jener im Ministerium erlernten kühlen Sachlichkeit, bestätigte er gleichgültig, ja, ja, es sei richtig, er habe in der Tat dem Diener freie Hand gelassen, in allen Dingen des Haushalts zu verfügen. Er persönlich wolle ja ihr Bestes und sich auch bemühen, die Kündigung rückgängig zu machen. Wenn sie aber weiterhin darauf bestehe, sich mit dem Diener nicht freundschaftlich zu stellen, ja, dann müsse er allerdings auf ihre Dienste verzichten.

Und stark den ganzen Willen zusammenfassend, fest entschlossen, nicht zurückzuschrecken vor irgendeiner heimlichen Andeutung oder Vertraulichkeit, stemmte er bei den letzten Worten den Blick gegen die vermeintlich Drohende und sah sie entschlossen an. Aber der Blick, den Crescenz jetzt scheu vom Boden hob, war nur der eines weidwunden Tieres, das knapp vor sich aus dem Gebüsch die Meute herausbrechen sieht. »Ich danke ...«, rang sie noch ganz schwach hervor. »Ich geh schon ... Ich will dem gnä Herrn nicht mehr lästig sein ...«

Und langsam, ohne sich umzuwenden, schlurfte sie mit sinkenden Schultern und steifen, hölzernen Schritten zur Türe hinaus. Abends, als der Baron aus der Oper kam und auf dem Schreibtisch nach den eingelangten Briefen griff, bemerkte er dort etwas Fremdes und Viereckiges. Im aufgeflammten Licht erkannte er eine holzgeschnittene Kassette bäurischer Arbeit. Sie war nicht verschlossen; in säuberlicher Ordnung lagen darin alle Kleinigkeiten, die Crescenz jemals von ihm erhalten, die paar Karten von der Jagd, zwei Theaterbillette, ein Silberring, das ganze gehäufte Rechteck ihrer Banknoten und zwischendurch noch eine Momentfotografie, vor zwanzig Jahren in Tirol aufgenommen, auf der ihre Augen, offenbar vom Blitzlicht erschreckt, mit demselben getroffenen und verprügelten Ausdruck starrten wie vor wenigen Stunden bei ihrem Abschied.

Etwas ratlos schob der Baron die Kassette beiseite und ging hinaus, den Diener zu fragen, was denn diese Sachen der Crescenz auf seinem Schreibtisch zu schaffen hätten. Der Diener erbot sich sofort, seine Feindin zur Rechenschaftslegung hereinzuholen. Aber Crescenz war weder in der Küche noch in irgendeinem der anderen Zimmer zu finden. Und erst als der Polizeibericht am nächsten Tage den selbstmörderischen Sturz einer etwa vierzigjährigen Frau von der Brücke des Donaukanals meldete, mußten die beiden nicht länger fragen, wohin Leporella geflohen sei.

Theodor Däubler

Der Marmorbruch

Was war das für ein seltsamer, dichter Staub, der die Pinienstämme im Wald von Migliarino versilberte, als schiene der Mond? Wie ein metallisch glänzender Strom schlängelte sich die Straße durch die Sommernacht, und wenn ein Auto darauf vorüberglitt, brachen schwere, durchleuchtete Wolken flatternde Brandbänder ins Gebüsch und übersamteten mit ihren winzigen glitzernden Kristallen Pinienwedel und Brombeerhecken.

Mario Marin hielt sein Auto an; der Staub hatte die Scheinwerfer verschleiert und ihnen den klaren Blick genommen. Er stieg aus, putzte das Glas und wollte gerade wieder ans Steuerrad zurückkehren, als er im Licht seines Reflektors eine Gestalt erkannte, die stille zwischen den Stämmen stand. Geblendet schloß der Wanderer die Augen. Sein Gesicht zog sich in hundert Falten zusammen wie eine dicke Schnecke, die sich verscheucht in ihr Gehäuse zwängt; die vielen Runzeln seiner rostbraunen Haut drängten sich um die fleischige Nase, die fuchsigen Augenbrauen schlängelten sich unter dem ebenfalls roten Haarbusch hervor, der ihm tief in die Stirne hing, und die schwere, borstige Oberlippe klemmte sich krampfhaft unter das Nasenbein.

Als der Rotkopf seine kleinen, beweglichen Augen öffnete, erkannte ihn Mario sofort. Es war Lucidus Meccherini aus Marina Bassa.

»Sie wissen wohl nicht mehr, wer ich bin?« rief er dem nächtlichen Wanderer zu. Es fiel ihm auf, daß Lucidus heftig zusammenschrak.

»Erinnern Sie sich an den Obersten Marin?«

Er nickte.

»Ich bin Mario, sein Sohn.«

Und Lucidus zeigte sich plötzlich beruhigt, trat näher, schüttelte Mario die Hand und schwätzte mit sichtlichem Wohlbehagen: »Sie sind Mario? Der kleine Mario! Gott, wie groß Sie geworden sind! Mit einem Male ein stattlicher junger Mann. Oder vielleicht doch nicht so rasch? Denn zehn Jahre sind gewiß vergangen, seit ich Sie zum letzten Mal gesehen habe. Denken Sie, zehn Jahre!«

»Und damals mag ich höchstens fünfzehn gewesen sein.«

»Ihr eigener Wagen?« fragte Lucidus, der das Auto neugierig betrachtet hatte.

»Ja. Seit kurzer Zeit.«

»Also weit gebracht? Nicht wahr? Und was treiben Sie jetzt?«

»Ich wohne in Mailand. Bin Redakteur beim ›Secolo‹. – Und wie geht es Ihnen?«

»Wie man's nimmt«, sagte Lucidus. Er schien Sorgen zu haben.

»Aber erzählen Sie mir lieber, was Sie in unsere Gegend treibt.«

»Wenn man seine Jugendsommer in Marina verbracht hat, dann kann einem wohl die Lust ankommen, den alten, lieben Ort einmal wiederzusehen. Ich habe seit gestern Ferien, und da bin ich heute von Mailand heruntergefahren. Denken Sie, nicht eine einzige Panne!«

»Und jetzt?«

»Nur der Staub. Euer dicker weißer Marmorstaub. Er hatte mir die Scheinwerfer vollkommen zugedeckt.«

»Es sind in letzter Zeit besonders viele Marmortransporte

von Carrara gegen Pisa zugerollt. Seitdem sind die Straßen entsetzlich.«

»Und da wandern Sie so munter durch die Nacht, alter Abenteurer? Wollen Sie mich nicht ein Stück begleiten?«

Lucidus stieg ein. So fuhren sie langsam durch den Wald, und Lucidus erzählte. Mario erfuhr nun, daß Marina Bassa schon lange nicht mehr der stille, bescheidene Ort aus der Zeit seiner Kindheit war. Neue Hotels und Villen waren gebaut worden; das eleganteste Publikum von Rom, Mailand und Turin traf sich auf diesem kleinen Stück tyrrhenischen Strandes.

»Sehn Sie«, erklärte Lucidus, »auch unsere Familie hatte ihren Vorteil davon. In den zehn Jahren, in denen meine Tante Iphigenie krank darniederlag und in Mailand lebte, hab ich ihr alljährlich ein schönes Stück Geld durch das Vermieten ihres Häuschens verdient. Allerdings ist sie nun in diesem Sommer zurückgekommen.«

»Und hat ihre Schriftstellerei gewiß gleich wieder aufgenommen?« fragte Mario.

»Selbstverständlich.«

»Das wird Sie aber freuen!«

Lucidus schwieg. Nach einer Weile meinte er: »Nun aber müssen wir uns wieder mit dem verfluchten Marmorbruch herumschlagen. Ich hatte in all den Jahren das Gut meiner Tante zu verwalten. Und das Häuschen hat mir sogar Freude gemacht. Aber der Marmorbruch! Die Wege ins Gebirge! Der Ärger mit den Bergleuten! Und die schlechten Geschäfte. Überall Kunststein. Nichts wie Kunststein. Wenn ich nicht ein so treuer Verwalter des mir anvertrauten Gutes wäre – ich hätte den Bruch längst verkauft. Aber Iphigenie hängt an ›ihrem Bergwerk‹. Sie erzählt aller Welt, daß sie, die Dichterin, durch ihn auch das Material in Händen halte, aus dem die Plastiker, ein Donatello, ein Michelangelo, ihre Werke schufen. Und das befriedigte sie. Aber wissen Sie, Herr Marin, etwas anderes als Nachttisch- und Kommodenplatten hat ihr Bruch niemals produziert.«

An einer Straßenkreuzung ließ er Mario halten.

»Hier zweigt der Weg nach Carrara ab«, sagte er. »Das ist kein Spaß, diese nächtlichen Wege in die Berge hinauf. Aber wenn die Sonne erst einmal brennt, dann fällt mir das Gehen zu schwer, und man stirbt vor Durst. Denn zu einem Auto hab ich's leider noch nicht gebracht.«

Lucidus grüßte und verschwand in der Dunkelheit.

Bald darauf traf Mario in Marina Bassa ein. Ermüdet von der langen Fahrt, stieg er in der ersten besten Pension ab, die er sah, und legte sich sofort schlafen.

Lucidus Meccherini hatte es im Grunde gar nicht eilig: sein Weg führte nicht in die Berge. Aber er hatte Durst gespürt und sich daran erinnert, daß in der Nähe jener Straßenkreuzung auch um diese Zeit noch eine Wegschenke offenstand.

Er kehrte ein, und innerhalb kurzer Zeit war er angetrunken. Dann machte er sich auf den Weg, legte sich bald irgendwo auf den Rain an der Chaussee nieder und schlummerte. Bis der Morgenwind im Schilf des Straßengrabens rasselte, bis das rosafarbene Licht der Frühsonne von den hohen Marmorgipfeln niedergestiegen war und sich im Laub dieser Sumpfebene zwischen Meer und Bergen vergoldet hatte; bis die ersten weißen Ochsenpaare mit ihrer Ladung von quadratischen Blöcken aus Staubwolken heranwalzten.

Da stand Lucidus auf, zündete sich eine schwarze toskanische Zigarre an und schlenderte auf Carrara zu.

Die helle, saubere Stadt, in der alle Schwellen und Gesimse und selbst das Straßenpflaster aus weißem Marmor sind, blitzte und blinkte wie ein gut eingerichtetes Badezimmer. Und der staubige, übernächtige Kerl, der da über den Bürgersteig trottete, fiel den Passanten unangenehm auf.

Lucidus Meccherini klopfte an ein großes Portal. Ein Bedienter in weißer Jacke öffnete ihm, und er trat in einen weiten Säulenhof, dessen lichte Gänge so zart und rosig leuchteten wie die Monatsrosen in ihrer Mitte. Als eine zitternde

Blume breitete sich ein Springbrünnlein darin aus und spiegelte in seinem Wasser die morgendliche Farbe der Bogen und der Blumen. Der Diener sah Lucidus mißtrauisch an. »Sie wünschen, Herr?«

»Den Grafen Calzego.«

»Der Herr Graf schläft.«

»Ich warte gerne.«

»Der Herr Graf empfängt erst gegen Mittag.«

»Sagen Sie dem Grafen«, erwiderte Lucidus bestimmt, »daß ich gekommen bin, um ihm von einer Marmorart zu sprechen, von der er gewiß noch niemals gehört hat.«

Darauf bat ihn der Diener, auf einer der Bänke des Hofes Platz zu nehmen, und verschwand sofort.

Carlo Graf Calzego di Monte Minuto war einer der reichsten Grubenbesitzer im carrarischen Marmorgebiet. So reich, daß er sich nur noch wenig um den Bergwerksbetrieb kümmerte und sich ganz seiner einzigen, großen Liebhaberei widmete: dem Sammeln von Marmorproben. In einem eigens dafür eingerichteten Saal seines Palazzo bewahrte er eine Kollektion von mehreren tausend Täfelchen, Kuben, Kugeln und Pyramiden, die aus den verschiedensten Marmorarten der ganzen Welt gefertigt waren. Er behauptete, daß seine Sammlung vollständig sei – mit Ausnahme gewisser neuseeländischer Gesteinsarten, deren er noch nicht habhaft geworden war.

Auf die Nachricht hin, die ihm sein Diener brachte, erschien er binnen weniger Minuten im Hof. Im Eifer schlürfte er mit krummen Beinen so rasch durch die Bogengänge, daß er fast über seinen grünen geblümten Morgenrock gestolpert wäre und daß seine vornehm geschwungene, aber viel zu große Nase beinahe den Klemmer abgeschüttelt hätte, den sie zu tragen bestimmt war.

»Um was handelt es sich?« fragte er aufgeregt.

»Um einen neuen Marmor«, erwiderte Lucidus.

»Aus Neuseeland?«

Lucidus Meccherini lachte. »Aber nein, Herr Graf! Nicht

aus Neuseeland. Auch nicht sonst aus irgendeinem fernen Erdteil. Aus unseren guten, lieben, reichen carrarischen Bergen.«

Der Graf wurde blaß vor Enttäuschung.

»Und das wagen Sie mir zu sagen!« schrie er. »Wo ich alle Winkel dieses Gebirges kenne. Wo ich seit Jahr und Tag jeden Stein dieser Täler und Höhen umgewendet, beklopft und untersucht habe. Sie sind ein Scharlatan, mein Herr!«

Lucidus zeigte sich keineswegs beleidigt, ließ sich auch nicht aus der Fassung bringen, sondern bestand auf seiner Behauptung.

»Und wo sollte der Marmor zu finden sein?« rief der Graf empört.

»In meinem eigenen Bruch«, erwiderte Lucidus, »im Bruch ›Iphigenie Meccherini‹.«

»Kenne ich«, sagte Calzego, »Machiato zweiter und dritter Qualität und ein wenig blasser Pavonazzo.«

»Und Rosso lucido«, erwiderte Meccherini. »Ich weiß, Herr Graf, daß Sie alle Marmorarten der Welt und alle Brüche unseres Gebirges kennen, aber meinen Rosso lucido kennen Sie nicht.«

Calzego verstummte. Mit äußerster Spannung hörte er Lucidus' Erzählung vom geheimnisvollen Gesteine an. Alte Bergarbeiter, so berichtete der, hätten ihm des öfteren zugeraunt, daß ein wunderbarer Marmor im Bruch seiner Tante verborgen liege: ein roter, blutroter Marmor von ungewöhnlichem Glanz. Seit Jahrzehnten sei der Stein nicht mehr zum Vorschein gekommen, aber man müsse nur tief genug graben, um seiner habhaft zu werden.

»Und das glauben Sie?« fragte der Graf.

»Warum soll ich steinalten Traditionen mißtraun?« meinte Lucidus. »Es ist sehr gut möglich, daß die Leute recht haben. Ich wollte Ihnen heute nur dieses sagen, Herr Graf: Der Bruch steht zum Verkauf. Wollen Sie der Besitzer des Rosso lucido werden, der Herr über den seltsamsten und seltensten Marmor im ganzen Gebirge?«

»Wenn Sie sich nur nicht irren!« meinte Calzego.

»Was bedeutet für Sie der kleine Bruch?« fuhr Lucidus fort. »Kaufen Sie ihn! Beruht die Erzählung der Bergleute auf Wahrheit, so werden Sie einen neuen Marmor finden; ist sie aber Geschwätz, so ist mein Bruch nicht schlechter als hundert andere auch, die Sie besitzen.«

Der Graf besann sich einen Augenblick.

»Kommen Sie übermorgen wieder«, sagte er. »Kommen Sie bestimmt. Wir wollen sehen, was sich tun läßt.«

Am Morgen nach seiner Ankunft in Marina saß Mario unter der Weinlaube, die das rote Haus der Pension »Sandra« rings umschattete. Die Sonne durchleuchtete die frühsommerlich hellen Blätter und Ranken der Reben und warf Lichtflecken auf den Boden und die weißen Marmortische. Hin und wieder schien der Boden zu zittern – das Laub bewegte sich, denn es war noch nicht wirklich heiß. Noch wehte auch am Morgen ein leichter Wind von den Bergen, und solange der wehte, blieb es im Pensionsgarten still.

Mario war einstweilen der einzige Gast. Frau Salvatori, die Wirtin, hatte ihm den Morgenkaffee ins Freie getragen. Jetzt stand sie hinter dem Küchenfenster, den Blick fest auf den jungen Mann geheftet. Er sah sie nicht. Er las in der Zeitung und rauchte eine Zigarette. Er beschattete sich mit einer Hand die Stirn gegen die tänzelnden Sonnenflecken. Aber sein Haar glaubte Frau Salvatori doch zu erkennen. Und da stand es ja auch deutlich auf dem Meldezettel: Mario Marin. Sie besah sich den Zettel noch einmal, sie blickte wieder zu ihm hinüber. In dem Augenblick trat Sandra, ihre verheiratete Tochter, in die Küche.

»Der erste Gast?« fragte sie lächelnd.

»Und weißt du wer?« antwortete die Mutter. »Mario Marin!«

Sie reichte ihrer Tochter den Schein.

»Ich müßte mich sehr irren«, fuhr die Alte fort, »wenn er's nicht wirklich ist. Es mag zwar zehn Jahre her sein, daß er im Lande war – so lange wie der alte Oberst tot ist. Aber die glänzenden schwarzen Augen hatte er schon damals. Und die breite Stirn. Und die langen Hände.«

»Und die braunen Locken glaube ich auch«, fügte Sandra hinzu. »Ob er mich erkennt?«

»Damals wart ihr beide Kinder. Aber vielleicht – wenn du ihn erinnern willst.«

Sandra legte ihr braunes Wolltuch beiseite, kämmte sich rasch ihr kurzgeschnittenes Haar. Dann ging sie flink durch den Garten und stellte sich plötzlich vor Mario hin. Sie lachte ihn an.

Aber Mario erkannte sie nicht.

»Sie erinnern sich nicht?« fragte Sandra.

Er stand auf, lächelte höflich, versuchte sich zu besinnen, aber die junge Frau schien ihm fremd.

»Ich will Ihnen gestehen, daß ich mich auch nicht erinnert hätte«, sagte sie, »wenn Ihr Name nicht auf dem Meldezettel stünde. Aber so. Ich bin Sandra Salvatori.«

Nun erkannte er sie sofort.

Mario und Sandra waren Spielgefährten gewesen, von ihren allerersten Lebensjahren an. Jedes Jahr, wenn der alte Oberst mit seiner Familie an die See kam und wie immer in der Pension abstieg, die nach der einzigen Tochter ihres inzwischen verstorbenen Besitzers »Pension Sandra« hieß, hatten sich Sandrina und Mariuccio unter beifälligem Lachen und Klatschen der beiden Familien umarmt und geküßt. Dann waren sie einen Sommer hindurch unzertrennlich gewesen. Bis Mario vierzehn Jahre alt war und nicht mehr mit Mädchen spielen wollte. Damals hatte Sandrina geweint. Als der Oberst starb, zog sich die Witwe Marin auf ein Landhaus am Comersee zurück, wo auch ihre Söhne von da an den Sommer verbrachten. Seit jener Zeit waren sich Mario und Sandra nicht mehr begegnet, und nur selten mochten sie aneinander gedacht haben.

Sie kamen nun rasch ins Gespräch. Sandra erinnerte sich, daß Marios Name oft im »Secolo« zu lesen stand, aber es war ihr dabei nie in den Sinn gekommen, an ihren Spielkameraden zu denken.

»Und Sie?« fragte Mario. »Ich sehe an Ihrem Ring, daß Sie verheiratet sind.«

»Ja«, antwortete Sandra trocken.

»Mit wem, wenn ich fragen darf?«

»Ich weiß nicht, ob Sie sich erinnern werden. Vielleicht doch. Ihr Vater hat meinen Mann sehr gut gekannt: Lucidus Meccherini.«

Mario erschrak. So sehr, daß er sich sammeln mußte.

»Wirklich?« sagte er. »Ach! Mit Herrn Meccherini. Ja, ja, ich erinnere mich.« Und nach einer Weile fügte er hinzu: »Wissen Sie, ich habe Herrn Meccherini nämlich heute nacht im Walde von Migliarino getroffen.«

»Im Walde?« seufzte Sandra. »Nachts im Walde?«

»Er war auf dem Weg in die Steinbrüche«, erklärte Mario.

»Wenn das nur wahr ist! Wenn er nur nicht wieder auf dem Weg in die Schenken war!« Sandra setzte sich. »Wissen Sie, er trinkt. Er säuft. Er spielt. Was weiß ich, was er tut. Und das ist mein Mann!«

Sandra hatte an jenem Tage Zeit genug, Mario die traurige Geschichte ihrer Ehe mit Lucidus zu erzählen. Sie war nun seit drei Jahren verheiratet. Nach dem Tode ihres Vaters war die Pension der Frau Salvatori ein recht schlechtes Geschäft gewesen. Damals hatte Lucidus um sie angehalten. Seine Tante Iphigenie, die alte Schriftstellerin, deren Haus und deren Marmorbruch Lucidus verwaltete, lag im Sterben. Der Neffe war der einzige Erbe. Zwar warnten gute Freunde vor dieser Heirat; wer sein eigenes Vermögen verschleudere, so erklärte der Ortspfarrer, der werde Geerbtes noch weniger zusammenhalten. Aber die Mutter schenkte dem vierzigjährigen Mann Vertrauen. »Mit zwanzig Jahren, meine Tochter«, so sagte sie, »braucht man weniger einen Gatten als einen Vater. Lucidus könnte dein Vater sein.«

»Und so ist es!« rief Sandra. »Was sein Alter betrifft, so ist er nur wenige Jahre älter, als mein seliger Vater war, als er starb. Was aber seine Gewohnheiten betrifft, da ist er übler als ein mißratener Sohn.«

Sandra weinte. Und als sie weinte, da erinnerte sie Mario deutlich an die Sandrina aus der Kinderzeit. Damals, als er nicht mehr mit Mädchen spielen wollte und er sie irgendwo im Winkel des Weinberges traf, da hatten ihre Augen die gleiche leuchtende Bernsteinfarbe gehabt, und ihre Haut war blaß und durchsichtig gewesen wie heute.

Lucidus kehrte erste nach vollen drei Tagen und drei Nächten zurück. Mitten in der Dunkelheit klopfte er an das winzige Häuschen, das er mit seiner Frau bewohnte. Als Sandra nicht auf der Stelle öffnete, begann er laut zu fluchen und zu schimpfen, daß die Leute in den Nachbarhäusern aufwachten.

»Warum kommst du nicht gleich?« schrie er seine Frau an. »Ich bin müde!«

Das letzte Wort klang ganz heiser.

»Du bist betrunken«, antwortete Sandra, »und gehörst ins Bett.«

Sie hatte noch nicht zu Ende gesprochen, da war Lucidus schon mitten im Zimmer niedergefallen, ohne sich aber nur im geringsten weh zu tun. Er schlief auf der Stelle ein. Sandra versuchte ihn aufzuheben. Aber er war zu schwer. So legte sie ihm ein Kissen unter den Kopf.

Lucidus schnarchte und prustete, so daß die junge Frau auch im Nebenzimmer keine Ruhe fand. Mehrmals ging sie in den Garten hinaus. Dann aber lief sie wieder plötzlich ins Haus: Der Betrunkene hatte so furchtbare Hustenanfälle bekommen, daß sie zusammenschrak. Minutenlang schüttelte er seinen schweren Körper und schlug mit den Stiefeln krachend auf die Fliesen. Oft schrie er im Traum oder röchelte rauh.

Kurz bevor es Tag wurde, hoffte Sandra einzuschlafen. Aber beim ersten Morgenstrahl erwachte ihr Mann.

»Na und?« sagte er. »Wo bist du?«

»Du hast einen solchen Lärm gemacht, daß ich kein Auge hab schließen können.«

»Beschwer dich bei deiner Mutter, die uns kein größeres Haus als das da mieten will! Beschwer dich bei Iphigenie, die nicht stirbt. Aber nicht bei mir. Wo soll ich was Besseres hernehmen?«

Er stand plötzlich auf; sein Gesicht entfärbte sich vollkommen bei dieser Anstrengung, und er mußte sich setzen. »Und wenn ich noch soviel Geld haben sollte«, sagte er, »ein Haus kaufe ich nicht.«

»Wann wirst du wohl Geld haben!« rief Sandra.

»Freitag, nachmittags um fünf Uhr«, erwiderte Lucidus mit Bestimmtheit und drehte die Augen ganz schräg herum, um seine Frau zu sehen. Aber Sandra schwieg.

»Freitag, nachmittags um fünf Uhr. Der Bruch wird verkauft.«

»Was?«

»Ich verkaufe den Bruch.«

»Der dir gar nicht gehört!«

»Ja.«

»Also bist du soweit?«

»Aber mein liebes, süßes Kind«, sagte Lucidus, »was soll ich allerärmster Hund denn eigentlich tun? Wenn Iphigenie entdeckt, daß wir eine Hypothek auf ihr Häuschen genommen haben, dann enterbt sie uns.«

»Sicher.«

»Und was dann? Die Hypothek muß zurückgezahlt werden. Sofort. Und deswegen muß ich den Bruch verkaufen. Sofort. Solange ich noch die Vollmacht in Händen habe.«

»Wenn nun aber Iphigenie ihren Bruch einmal aufsuchen will? Wenn das alles einmal herauskommt?«

»Unmöglich!« schrie Lucidus. »Die Wege sind furchtbar! Sie ist zu alt, zu kränklich. Sie käme nicht lebend heim aus den Bergen.«

»Ob sie das Märchen, das du ihr da erzählst, immer glauben wird?«

Beide schwiegen eine Weile. Dann berichtete Lucidus von seinem Besuch bei Carlo Calzego. Als er den Grafen zum zweiten Mal aufsuchte, wollte dieser den Bruch auf der Stelle sehen. Aber Lucidus wußte das zu verhindern: es war ein Wochentag gewesen, und Calzego hätte sich durch Herumfragen bei den Leuten leicht davon überzeugen können, daß kein Mensch im Gebirge etwas von dem geheimnisvollen Marmor gehört hatte. Lucidus schlug also den kommenden Sonntag vor. Doch der Graf verlangte das Bergwerk in Betrieb zu sehen. Zu seinem Vorteil aber wußte Lucidus, daß die Bergarbeiter am darauffolgenden Freitag nicht arbeiten wollten, da in einem benachbarten Bergwerk das Totenamt für einen verunglückten Kameraden gelesen wurde. Deswegen hatte er mit dem Grafen vereinbart, den Bruch gerade an diesem Tage zu besichtigen. »Aber damit ist's leider noch nicht getan«, fügte er hinzu. »Wenn Calzego nicht an den neuen Marmor glaubt, dann kauft er nicht. Und vor allem nicht gleich. Daß der Bruch außer dem Zaubermarmor auch sonst ganz guten Stein enthält, das bedeutet ihm gar nichts. Deswegen habe ich mir einen Mordsspaß ausgedacht. Du kommst am Freitag mit in die Berge!«

Sandra, die der Erzählung ihres Mannes schweigend zugehört hatte, fragte hart: »Und wozu?«

Er lachte verlegen. »Als Zeugin natürlich. Du wirst als Bergbäuerin angezogen, als Arbeiterfrau. Du kommst, wenn ich mit Calzego verhandle, plötzlich des Weges. Ich spreche dich an. Und dann wirst du es sein, die die Geschichte vom Wundermarmor erzählt.«

Sandra weigerte sich. Lucidus bat. Sie erklärte ihm deutlich, daß das gemeiner, betrügerischer Diebstahl sei, mit dem sie selbst nichts zu tun haben wolle.

»Ich will nicht im Gefängnis enden wie du!« schrie sie.

Da wechselte Lucidus' Stimmung sofort. Und er schlug sie. Schlug Sandra so lange, bis sie ihm versprochen hatte, ihn in die Berge zu begleiten.

Inzwischen war es heller Tag geworden. Lucidus, der leichenblaß erschien, schlief wieder ein. Die junge Frau aber ging aus. Sollte sie der Mutter alles erzählen? Oder Iphigenie? Oder Mario? Dann schlug sie Lucidus tot. Oder er kam ins Gefängnis. Durfte man eigentlich seinen eigenen Mann ins Gefängnis bringen?

Als Sandra den Garten der Pension betrat, die ihren Namen trug, fand sie noch alle Fenster des Hauses geschlossen. Sie streifte durch den Weinberg. Hinter dem Weinberg lag ein kleines Piniengebüsch, in das sie einbog.

Plötzlich sah sie sich Mario gegenüber, der auf einem Morgenspaziergang war.

»So früh?« fragte Mario. Er sah ihre Augen an. »Sie haben geweint?«

»Mein Mann war wieder furchtbar betrunken, und er hat mich geschlagen«, erwiderte Sandra.

Mario fragte, was geschehen sei. Aber sie antwortete nicht. Die Ehe, das wußte Sandra, ist ein Gesetz wie irgendein anderes auch. Ein Gesetz, das man nicht übertreten darf. Und zu den Bestimmungen dieses Gesetzes gehört die Schweigsamkeit.

Hatte sie nicht schon zuviel erzählt? Sie lenkte ab: »Wie warm die Sonne scheint. Wissen Sie, daß ich mich schon wieder wohler fühle?«

Sie setzten sich, und Sandra schwieg, denn sie war wirklich zu müde zum Sprechen. Der Rücken tat ihr weh, und sie dachte eigentlich an gar nichts. Als ihr Mario den Arm um die Schulter legte und sie an sich heranzog, lehnte sie sich ruhig an ihn. Bis er ihr einmal über die Haare streichelte.

Da stand Sandra rasch auf und sagte: »Sie vergessen, Mario, daß wir keine Kinder mehr sind.«

»Leider«, antwortete er.

Aber sie sah ihn traurig an und ging.

Mario schlenderte am Strand entlang und dachte an Sandra. Sandra ist seltsam, dachte er, Sandra ist hübsch. Warum ist sie diesem Grobian und Saufbold treu? Wird sie ihm immer treu bleiben? Das Meer war still und muschelblaß und klatschte ganz zart auf den Sand. Die Krabben hatten es furchtbar eilig, rückwärts in ihre kleinen Sandkrater zu kriechen, aber die Segler, die es vielleicht auch eilig hatten, lagen still. Auf den Strandmasten wurden Fahnen aufgezogen, doch sie wollten nicht flattern. Ein Schwimmer lag auf dem Rücken im Wasser und trieb mit der Strömung die Küste entlang.

Es war vollkommener Sommer. Warum trug Sandra noch ein dunkles Kleid? Auch gestern hatte er sie nicht am Strand gesehen, hatte allein gebadet. Wie hübsch mußte Sandra im Wasser sein! Aber sie lachte nicht mehr.

Plötzlich stand Mario vor einem winzigen Gärtchen, vor einem schmalen, hohen Häuschen, das eine riesige Steineiche umschattete. Und davor ging eine große schwere Frau mit schneeweißen Haaren auf und ab: die Schriftstellerin Iphigenie Meccherini. Mario grüßte. Sie erkannte ihn nicht sogleich, aber als er sich vorgestellt hatte, nahm sie ihn mit größter Freundlichkeit auf.

»Prachtvoll dieser Morgen«, sagte sie. »Nicht wahr? Wie geschaffen, um meinen Homer zu repetieren und meinen Sprudel zu trinken!«

»Ihren Sprudel?« fragte Mario.

»Ach so«, erwiderte sie, »das wissen Sie natürlich noch nicht. Sehen Sie dort den Quell?«

Mario sah eine kleine verrostete Pumpe.

»Mein guter Lucidus hat diesen Brunnen in den glühenden Sand gebohrt. Und denken Sie, welche Überraschung: ein Wasser quillt hervor, das einen leicht mineralischen Beigeschmack hat und gewiß segensreiche Heilkraft.«

Sie beugte sich über die eiserne Pumpe und pumpte so heftig, daß ihr riesiger Strohhut mit den lang herabhängenden weißen Tüllbändern naß wurde. Dann reichte sie Mario ein Glas Wasser.

Er fand, daß es ganz einfach nach dem Rost schmecke, der sich im Rohr angesetzt hatte. Aber er behielt das für sich.

Iphigenie führte ihn nun durch den Garten, der aus einer großen Sanddüne und aus ein paar spärlichen Büschen bestand.

»Sehen Sie, mein Lieber«, sagte die alte Schriftstellerin, »das ist mein liebes Arkadien. Dort wächst der ruhmreiche Lorbeer im Schatten des segenspendenden Ölbaums. Dort blühen Aloe und Agave, die sinnlich-üppigen Gewächse des Südens, am südlichen Hang. Und vor dem Hause die neue Freitreppe, das ist das Symbol des steilen Weges, der zur Kunst führt. Sie mahnt mich täglich zum Höchsten – mit ihren leuchtenden Stufen aus echt carrarischem Marmor. Aus meinem Marmor!« Sie schritten das Treppchen hinauf in Iphigeniens Häuschen, dessen winzige Diele über und über mit griechischen und lateinischen Inschriften ausgemalt war. Mario erzählte der Alten von seiner nächtlichen Begegnung mit Lucidus.

»Der Gute!« rief Iphigenie begeistert. »Nachts. Zu Fuß. Allein auf der Landstraße. Da erkenn ich das Blut der Meccherini wieder! Und ihre grenzenlose Güte. Wissen Sie, daß ich Lucidus während der langen Zeit meiner Krankheit zum Verwalter meines Eigentums ernannt hatte? Er hat sich aufgeopfert für das ihm anvertraute Gut! Mit eigenen Händen hat er mir die marmorne Freitreppe gebaut. Aus meinem Marmor! Sie wissen nicht, mein lieber junger Freund, wie mich die Sehnsucht packt, wenn ich diese leuchtenden Kristalle sehe. Die Sehnsucht nach jenen strahlenden Höhen, wo sie gebrochen werden, nach der grenzenlosen, großartigen Klarheit der carrarischen Berge!«

»Haben Sie Ihren Bruch in letzter Zeit einmal aufgesucht?« fragte Mario.

»Leider seit meiner Krankheit nicht mehr. Lucidus sagt, daß die Straßen im Gebirge jetzt furchtbar sind, und ich bin auch nicht mehr ganz so rüstig wie ehemals. Aber der Tag wird kommen, wo mein Herz wieder den marmornen Höhen entgegenschlägt.« Iphigenie Meccherini erhob sich zu weiterem Gedankenflug. Sie wurde durch den Besuch Sandras unterbrochen, die plötzlich im Garten erschien. Die junge Frau sah ernst und traurig aus. Tante Iphigenie grüßte kurz, musterte Sandra scharf. »Du kommst zum Morgenbad? Nicht wahr? Geh hinauf und zieh dir dein Schwimmkleid an.«

Sandra verschwand.

»Sie kennen sie schon?« fragte Iphigenie. »Ein guter Kerl, aber leider ein melancholisches Temperament. Lucidus hat es oft schwer mit ihr.«

Die Alte ging ebenfalls, um sich für das Bad umzuziehn, nachdem sie Mario eine Badehose und ein Handtuch gebracht hatte. Sie kehrte kurz darauf am Arm Sandras zurück: über der Schulter ein meerblaues Peplon mit weißem Mäander, unter dem eine geplusterte Anstandshose mit großen Wellenrüschen hervorschaute.

Alle drei stiegen ins Wasser.

»Poseidon ruft seine Kinder!« exklamierte Iphigenie. »Laßt uns tummeln und flink wie die Rosse des Meeresbeherrschers . . .« Das Weitere hörten Sandra und Mario nicht, denn sie schwammen rasch dem offenen Meere zu und hatten bald klatschend und plantschend ein wirbelndes Bugwasser zwischen sich und die Tante gebracht.

Es war tiefe Nacht über dem Gebirge, als Lucidus und seine Frau die Grube »Iphigenie Meccherini« erreichten.

Der Mond wagte sich vorsichtig über die Gipfel – zierlich legte sich die Silbersichel um ein Zinnenstück. Die Flanken der Berge aber blieben schwarz. Nur dort, wo der Marmor anstand und die Brüche wie offene Wunden des Felsens bluteten, brachte das aufgehende Gestirn all die tausend Silberkristalle des Steins zu zartem Leuchten.

Und wie es höher und höher stieg, leuchteten die Bergwerke auf; tief in das lebendige Gestein geschnittene Kammern und Gänge, Säulenhallen und Tempelfronten, die die Arbeit gefügt hatte, leuchteten von einem geheimen, inneren Licht, das aus der Tiefe der Erde zu kommen schien, das zugleich Felsfeuchtigkeit und Erdfeuer sein konnte und doch nichts anderes als Mondsichellicht in Marmorkristallen war.

Lucidus fürchtete sich vor diesem Zauber, und kaum hatten die beiden einen der steinernen Säle betreten, so zündete er rasch Licht an.

»Zieh dich aus«, sagte er zu Sandra, »wir wollen anprobieren.«

»Ich bin müde«, antwortete die junge Frau, »und es ist noch lange Zeit, bis dein Käufer kommt.«

Aber Lucidus war ungeduldig und befahl, daß Sandra sich schleunigst umkleide. Solange es Nacht war. Er kramte aus seinem Mantelsack einen schwärzlichen Rock und eine graue Bluse hervor, dazu ein Kopftuch aus gelbem Kattun, und warf das alte, fadenscheinige Zeug über einen Marmorblock. Dann zog er eine Korbflasche mit Wein aus dem gleichen Sack und ging an den Eingang der Höhle, wo er sich's auf einigen dort liegenden Brettern bequem machte und zu trinken begann.

Mit Widerwillen zog Sandra diese Lumpen an, von denen sie nicht einmal wußte, wer sie vor ihr getragen hatte, legte ihre eigenen Kleider sorgfältig zusammen und verbarg sie in einem Winkel. Dann trat sie vor die Felsen und blickte in das finstere Tal hinab, das sich zu ihren Füßen in der Gebirgsnacht verlor.

Sandra war fromm. Für sie waren die Gesetze der Menschen und die Gesetze Gottes ein und dasselbe. Ob diese Gesetze zu Recht oder Unrecht bestanden, danach hatte sie niemals gefragt: sie hatte sie als eine Selbstverständlichkeit hingenommen wie Sommer und Winter, wie Tag und Nacht. Wie schön konnten diese Berge am hellen Tag sein! Wie grausig schienen sie in dieser Nacht, da der Mond nach raschem Vorüberwandeln schon wieder versunken war und Finsternis rings die gewaltigen Felsmassen ergriff. Aber die Berge waren Berge auch in der Nacht: auch die Schatten, die über das Leben der Menschen fallen, waren Gesetze. Und so war für Sandra auch Lucidus, der Mann, den ihr die

Mutter gegeben hatte, ein Gesetz. Kein Mensch konnte sie von seiner Härte befreien.

Auch Mario nicht.

So und nicht anders dachte Sandra.

Die Sonne rollte mit königlichem Licht über die schneeweißen Marmorhalden heran, die Wälder aus grünen Kastanien begannen zu leuchten, die Täler dampften, das Meer blitzte auf. Stimmen tönten im Gestein: kleine Vögel fielen nieder, flatterten über Bergstürzen. Menschenrufe klangen von Felswand zu Felswand. Lucidus schlief. Er hatte den Arm über den Kopf geschoben, um sich vor der Morgensonne zu schützen.

Als Sandra das Aufschlagen von Hufen im Marmor vernahm, weckte sie ihren Mann und versteckte sich. Kurz darauf sah sie zwei Reiter, den Grafen Carlo Calzego und seinen Diener, die im Bruch einritten. Lucidus verbeugte sich tief, hielt dem Grafen den Bügel und half ihm vom Maultier.

»Und die Arbeiter?« fragte Calzego. »Ich wollte das Bergwerk in Tätigkeit sehen.«

»Ein Unglück, Herr Graf!« rief Lucidus. »In einem benachbarten Bruch ist ein Mann gestorben, und meine Leute sind zu seinem Totenamt gegangen. Ich wollte Sie benachrichtigen. Ich wollte nach Carrara kommen. Aber es war zu spät.«

Calzego runzelte die Stirn und schwieg.

Er durchschritt nun das Bergwerk nach allen Richtungen, betastete sorgfältig das Gestein, schlug mit einem kleinen Hämmerchen gegen den Felsen. Aufmerksam durchkramte er den Abfall, Stück für Stück. Er ließ sich Wasser geben, spülte einzelne Steinbrocken darin, hielt sie gegen das Licht. Andere zerschlug er und untersuchte die Bruchflächen mit einer Vergrößerungslinse. Schließlich trat er auf einen Felsvorsprung und besichtigte die Lage des Ganzen.

»Ihr Bruch«, sagte er endlich, »ist einer der allergewöhnlichsten im ganzen carrarischen Gebiet. Eine gemeine, immer wiederkehrende Formation. Nichts, aber auch gar nichts Besonderes. Ich glaube nicht an Ihren roten Marmor.«

»Wie Sie meinen, Herr Graf«, erwiderte Lucidus. »Aber die Leute . . .«

In diesem Augenblick trat Sandra hervor.

Ihre schwarzen Haare und ihre dunklen Augen leuchteten unter dem gelben Kopftuch, über ihrer hellen, durchsichtigen Haut, in der die Schatten der durchwachten Nacht standen.

Lucidus beobachtete seine Frau aufmerksam.

Sandra näherte sich schüchtern, und als ihr der Graf freundlich zunickte, erwiderte sie kaum.

»Sie suchen Ihren Mann?« sagte Lucidus.

Sandra bejahte.

»Wissen Sie nicht, daß heute im Nachbarwerk Totenamt gelesen wird?«

»Ich hatte es ganz vergessen«, antwortete seine Frau.

»Aber Sie kommen uns gerade recht«, fuhr Lucidus fort. »Denn der Herr Graf, den Sie hier bei mir sehen, ist der ungläubigste Thomas von der Welt. Er will nicht einmal an sein eigenes Glück glauben!«

Sandra schwieg noch immer. Ihr Mann aber bewegte drohend seine fuchsigen Brauen, unter denen kurz darauf ein falsches Lachen aufzuckte.

»Sehen Sie, Herr Graf, wie schüchtern unser Bergvolk ist. Die Anwesenheit von zwei Herren aus dem Tal genügt, damit sie die Sprache verlieren. Aber versuchen Sie einmal Ihr Glück! Fragen Sie diese Frau, was Sie wissen wollen!«

Calzego begann vorsichtig und langsam ein Verhör, und Sandra antwortete, zögernd und ängstlich, was sie antworten sollte. Dann verabschiedete sie sich rasch.

Kurz darauf waren Lucidus und der Graf handelseinig, und Carlo Calzego di Monte Minuto wurde der Herr des Bergwerkes, das den Namen »Iphigenie Meccherini« trug. Übrigens nicht ohne eine größere Anzahlung, die der Verkäufer erbeten und erhalten hatte.

Nachdem der Graf und sein Diener davongeritten waren, suchte Lucidus seine Frau. Er lachte sie böse an. »Am Ende hast du also das Lügen doch gelernt!«

»Alle Frauen lernen lügen«, erwiderte Sandra. »Ob man sie's aber wirklich lehren soll?«

Über eine Woche hindurch hatte Mario Sandra nicht gesehen, weder am Strand noch in der Pension noch in der Nähe von Iphigenies Häuschen.

Mario langweilte sich ein wenig in Marina Bassa. Er hätte verreisen können; nichts zwang ihn, in dieser Sommerfrische zu bleiben. Aber er blieb.

Eines Morgens fuhr er nun mit seinem kleinen Auto ins Land hinein, bis an den Fuß der Marmorberge heran. Hier hatte in seiner Kindheit die Fahrstraße aufgehört; beschwerliche Fußpfade und steinige Schleifbahnen, auf denen man den Marmor zu Tal schlitterte, waren die einzigen Zugänge zum Gebirge gewesen. Jetzt führte eine breite Straße ins Innere: durch ein schmales Tal, das große Steinsägewerke mit ihrem Lärm erfüllten, dann aufwärts in weiten Windungen durch dunkle Kastanienwälder, endlich an kahlen Felsen und tiefen Abgründen vorbei bis unter die Marmorgipfel. Dort endete sie überraschend vor einer steilen Wand.

Man überschaute von hier aus einen großen Teil der Bergwerke. Wie strahlende Gletscher glitten die Schotterhalden zu Tal. Silbern leuchtete der Reichtum des Erdinnern.

Mario fragte einen Arbeiter, der des Weges kam, wem alle diese steinernen Schätze gehörten.

»Oh, den verschiedensten Herren«, erwiderte der Mann. Und er nannte eine ganze Reihe von Namen. Zum Schluß aber erklärte er: »Und der kleine Bruch dort, wo der Zickzackweg hinaufführt, zehn Minuten Wegs von hier, der gehört Iphigenie Meccherini. Wissen Sie, die die Romane schreibt.«

Mario machte einen kleinen Spaziergang bis dorthin; es

war still in den hohen Marmorsälen; eingerahmt von roh beschnittenen Pilastern aus grünlich geflecktem Stein, öffnete sich der großartige Rundblick über das Tal, das in einer einzigen Flucht diese silbernen Höhen mit der silbernen See verband.

Gegen Abend in Marina Bassa begegnete Mario zufällig Iphigenie Meccherini am Strand.

»Wissen Sie, wo ich war, gnädiges Fräulein?« rief er ihr entgegen. »In Ihrem Bergwerk!«

»Ach, wie reizend von Ihnen!« erwiderte die Alte. »Aber es war gewiß anstrengend.«

»Keineswegs«, antwortete Mario. »Mein kleiner Wagen hat mich bis in die unmittelbare Nähe des Bruchs getragen. Eine prachtvolle Straße. Glatt wie ein Parkett. Von der Stelle, wo die Chaussee aufhört, bis zu Ihrem Bergwerk hat man dann nur noch wenige Minuten zu gehen . . .«

Iphigenie schwieg.

»Sie werden sich wundern, wie einfach das jetzt ist«, fügte Mario hinzu. »In einer knappen Stunde sind Sie oben. – Wollen Sie mir einmal die Freude machen, mit mir hinaufzufahren?«

»Sehr gerne. Sehr, sehr liebenswürdig«, sagte die Alte langsam und ernst. »Wann würde es Ihnen passen?«

»Morgen? Übermorgen?«

»Morgen, wenn ich bitten dürfte«, erwiderte Iphigenie.

Man verabredete sich.

»Und es wäre reizend«, sagte Mario, »wenn auch Ihr Neffe und Frau Sandra mit uns kämen. Darf ich sie auffordern?«

Die Alte nickte zustimmend und zog sich rasch zurück.

Sofort nach dem Abendessen ging Mario aus, um Lucidus und Sandra aufzusuchen. Es dämmerte rasch. Unter den großen Schirmpinien, die längs des sandigen Weges standen, verbarg sich schon die Nacht, und ein kühler Bergwind scheuchte die Wärme des Tages hinab zwischen Mäuerchen und Brombeerhecken.

Sandra war allein. Sie ging unruhig in ihrem Gärtchen auf und ab und grüßte ein wenig zerstreut, als ihr Mario die Hand gab. »Ich müßte nun wohl sagen«, meinte er lächelnd, »wie lebhaft ich es bedaure, Ihren Gatten nicht angetroffen zu haben.«

Die junge Frau sah ihn eindringlich an. »Ich erwarte Lucidus zum Abendessen.«

»Und er kommt zu spät?« fragte Mario, noch ein wenig im Scherz.

»Tante Iphigenie hat ihn plötzlich zu sich bitten lassen«, erwiderte Sandra ernst. »Aber ich denke, daß er bald da ist.«

»Wissen Sie, Sandra, warum ich gekommen bin?« fragte Mario. »Um Ihnen Vorwürfe zu machen! Warum sieht man Sie nicht am Strand? Das Meer ist jetzt herrlich: warm und still. Und ich bade immer allein. Als wir Kinder waren, haben Sie mich niemals allein baden lassen.«

»Eben, weil wir Kinder waren.«

»Aber, Sandra, wenn Ihre Tante dabei ist! Auch sie fragt oft nach Ihnen.«

»So?«

»Und besonders morgen wird sie fragen. Morgen müssen Sie unbedingt mit uns kommen! Ihre Tante und ich planen einen Ausflug in die Berge, und dabei dürfen Sie nicht fehlen.«

»Und wohin?«

»Iphigenie will ihre alte Marmorgrube wiedersehen.«

Sandra erschrak. Sie mußte sich gegen einen Baum stützen. Auch Mario schwieg sofort.

Nach einer Weile begann sie zu sprechen: »Sie haben mich noch immer gern, nicht wahr?«

»Gewiß, Sandra.«

»Wie in der Kindheit?«

»Und noch mehr.«

»Dann verhindern Sie um alles in der Welt diese Fahrt in die Berge.«

In dem Augenblick kam Lucidus zurück. Er grüßte kaum,

ging rasch ins Haus und trat wenige Minuten später mit einer Reisetasche in den Garten.

»Was tust du?« rief Sandra mit einer Stimme, in der Furcht war.

»Ich verreise.«

»Wohin?«

»Nach Pisa. Um zehn Uhr dreizehn fährt die letzte Straßenbahn. Ich habe gerade noch Zeit genug, um sie zu erreichen.«

»Und du willst nicht einmal zu Abend essen?«

»Nein. Es eilt. Es eilt sehr. Iphigenie will, daß ich schon morgen früh bei unserm Rechtsanwalt bin. Adieu. Adieu, Herr Marin.«

Kaum hatte Lucidus gegrüßt, war er auch schon in der Dunkelheit verschwunden.

Sandra schwieg. Sandra sah auf: der Nachthimmel war hell. Eine schwarze Wolke verrollte überm Meer. Eine Weile sah sie ihr nach. Dann ging sie, ohne ein Wort zu sagen, ins Haus.

Als sie nach kurzer Zeit wiederkam, hatte sie eine Tasche in der Hand.

»Wir gehen zusammen zurück«, sagte sie zu Mario. »Wenn Lucidus nicht zu Hause ist, dann schlafe ich immer lieber bei meiner Mutter. Ich fürchte mich allein.«

Die beiden gingen ganz langsam dem Dorfe zu.

»Aber wissen Sie, Mario, Sie müssen mir den Gefallen tun. Sie müssen den Ausflug absagen. Unter irgendeinem Vorwand und heute abend noch.«

Mario nickte. Er verstand nicht, was Sandra gegen diesen Ausflug hatte, aber er fragte nicht. Wie er so schweigsam neben ihr herging, bemerkte er, daß ihr Schritt heute schwer war und ein wenig unsicher.

Plötzlich, in einem dunklen Weg, zwischen hohen Mauern, stand sie still, faßte sich mit beiden Händen an den Kopf und blickte zur Erde.

»Wie heiß es schon wieder ist«, sagte sie. »Auf einen

Augenblick, bei Sonnenuntergang, wird es kühl, aber dann bricht die Wärme nochmals aus dem Boden.«

Sie lehnte sich an ein Mäuerchen.

»Ich gehe so schwer.«

»Ich fürchte, daß Sie sich am Tage zuwenig bewegen«, sagte Mario. »Sie sollten schwimmen.«

»Ja.«

»Rudern und segeln.«

»Ja.«

»Sie sollten sich weniger um Ihren Mann kümmern und mehr um Ihren Spielkameraden.«

Sandra sah ihn mit einem Blick an, den er nicht verstehen konnte und nicht verstand. Aber er deutete ihn sich. So wie er wollte. Vielleicht falsch. Er legte ihr den Arm um die Schultern und küßte sie. Und sie bewegte sich gar nicht.

Im Garten der Pension trennten sie sich dann. Mario ging, um Iphigenie Meccherini aufzusuchen.

Als er vor ihr Häuschen trat, fand er es verschlossen. Er klopfte ein- oder zweimal leise an. Niemand antwortete. Die Alte schläft, dachte er. Dann ging er rings um das Häuschen herum, nach der Seeseite zu, um auszukundschaften, ob noch irgendwo Licht sei.

Im oberen Stock war ein Fenster weit geöffnet. Er sah Iphigenie tief gebückt, emsig schreibend an ihrem Tisch, vor ihr eine große Petroleumlampe, deren helles, goldgelbes Licht auf die große Steineiche vor dem Haus fiel. Sie hob hin und wieder den Kopf, lehnte sich in tiefem Nachdenken zurück, begann dann wieder rasch, fast stürmisch zu arbeiten.

Wer wird da stören? dachte Mario. Morgen früh ist noch Zeit genug, um den Ausflug abzusagen.

Die Aufwartefrau, die Iphigenie Meccherini im Dienst hatte, entdeckte frühmorgens das furchtbare Verbrechen, das an der alten Schriftstellerin verübt worden war. Als sie aus dem Dorf kam, wo sie wohnte, und wie gewöhnlich das Zimmer betrat, in dem ihre Herrin zugleich schlief und arbeitete, fand sie diese wie im Schlaf über ihren Arbeitstisch gebeugt. Ihr Kopf lag unbeweglich auf einem großen Manuskriptbogen, der rechte Arm war weit über die Tischplatte ausgestreckt.

Zuerst glaubte die Frau, daß Iphigenie über ihrer Arbeit eingeschlafen sei. Aber bald erkannte sie, daß die Alte nicht mehr atmete. Sie riß die grünen Holzläden auf, die nur angelehnt waren, und ließ das Licht herein.

Iphigenie hatte eine grausame Schußwunde unterhalb der Schläfe. Neben ihr am Boden lag in tausend Trümmern die Lampe, die ihre letzte Arbeit beschienen hatte.

Die Aufwartefrau wollte Hilfe rufen. Aber sie besann sich. Wer sollte noch helfen? So eilte sie zunächst zu Lucidus' Wohnung und, als sie dort niemand fand, in die Pension, wo sie Sandra vermutete. In wenigen Augenblicken war Sandra bei der Toten. Nachdem auch sie festgestellt hatte, daß es sich um ein Verbrechen handle und daß die Alte durch einen Schuß getötet worden sei, befahl sie der Aufwartefrau, die Polizei zu benachrichtigen.

Sie stiegen beide zusammen die Treppe hinunter.

»Ich erwarte Euch hier vor dem Haus«, sagte Sandra.

Die Sonne war glühendheiß trotz der frühen Stunde. So ging Sandra unter der Steineiche auf und ab, die einen Winkel des Gartens beschattete. Sie war eigentlich unfähig zu denken. Sie richtete ihre Blicke fest auf den Boden, auf ihre Schritte, so als ob sie der Sicherheit ihres Ganges mißtraue. Unentwegt. Plötzlich bemerkte sie im Sand, mitten unter der Steineiche, einen schwarzen glänzenden Gegenstand. Sie sah ihn mehrmals genau an. Sie wandte dann wieder den Blick ab, versuchte einen Schritt zu gehen. Nun war es, als ob der Gegenstand sie ansähe, als ob er sie mit glänzendem schwarzem Blick verfolge. Und sie wandte sich um. Sah ihn nochmals ganz scharf an. Dann hob sie ihn auf. Es war ein Knopf. Es war einer der drei großen schwarzen Knöpfe von Lucidus' Jacke. Gestern früh noch hatte sie einen dieser Knöpfe, der ihr locker schien, befestigt.

Als Sandra Schritte hörte, steckte sie den Knopf sofort in ihre Tasche.

Die Polizei kam. Sie stellte fest, was festzustellen war: daß Iphigenie Meccherini durch einen Schuß in die Schläfe getötet worden, daß der Mörder ins Zimmer gedrungen war und daß er bei seiner Flucht die Petroleumlampe zu Boden gerissen hatte. Dann wurde die Leiche auf ihrem Bette niedergelegt, und man zündete die Totenlichter an.

Im Dorfe richtete sich der Verdacht der Täterschaft gegen Lucidus. Auch Sandra wurde kurz verhört, obwohl ihr niemand die Tat zutraute; es stellte sich dabei sofort heraus, daß sie die Nacht in der Pension verbracht hatte und dort von vielen Personen gesehen worden war. Aber Lucidus, der Grobian, der Spieler und Säufer, der entweder gar kein Geld oder viel zuviel Geld hatte, der mußte der Mörder gewesen sein.

Als er gegen Mittag aus Pisa heimkehrte, wurde er verhaftet. Mario Marin, der ja die letzten Stunden vor dem Verbrechen in Gesellschaft Sandras verbracht und der Abreise ihres Mannes beigewohnt hatte, meldete sich als Zeuge auf der Polizei.

Als er das Zimmer des Karabinierihauptmanns betrat, der die Untersuchung leitete, sah er sich plötzlich Sandra gegenüber. Und Sandra blickte ihn so ernst und traurig an, daß er erschrak. Er verstand die Frage: »Warum haben Sie meine Tante nicht noch am gestrigen Abend aufgesucht? Alles Unglück wäre verhütet worden!«

Mario entlastete Lucidus. Er bestätigte, daß dieser sein Haus zu einer Stunde verlassen hatte, wo er direkt zur Haltestelle der Straßenbahn eilen mußte, wenn er diese überhaupt noch erreichen wollte. Im weiteren Verhör wurde festgestellt, daß, nach dem Gespräch zwischen Mario und Iphigenie am Strand, diese ihre Aufwartefrau ausgeschickt hatte, um Lucidus zu holen. Gegen acht Uhr war er gekommen, gegen neun Uhr gegangen. Auf der Schwelle hatte ihn die Aufwartefrau gesehen, als sie nochmals kurz zu ihrer

Herrin zurückkehrte; sie war dann zusammen mit ihm gegangen. Nach der Versicherung mehrerer Zeugen hatte Lucidus tatsächlich die Straßenbahn, die um 10.13 Uhr von Marina nach Pisa fuhr, benützt, auch ließ sich feststellen, wo er in Pisa übernachtet hatte – in einem kleinen Hotel beim Bahnhof – und daß er morgens um acht Uhr, um die Stunde, da in Marina der Mord entdeckt wurde, das Bureau des Familienadvokaten der Meccherini betreten hatte.

Nach dieser Untersuchung wurde Lucidus aus der Haft entlassen. Einen Verdacht, den man für kurze Zeit gegen die Aufwartefrau hegte, ließ man ebenfalls sehr rasch fallen.

Eine gewaltige Erregung hatte dieser Mord an der alten, immer noch recht bekannten Schriftstellerin Iphigenie Meccherini hervorgerufen. Vierundzwanzig Stunden nach der Aufdeckung des Verbrechens wimmelte Marina bereits von Sonderberichterstattern der großen Zeitungen.

So kam es, daß Mario auf der Straße einem Redakteur seines eigenen Blattes, dem Kollegen Placci vom »Secolo«, begegnete. »Sie sind hier, Marin!« rief Placci. »Wir dachten, Sie wären längst an irgendeinem anderen Ende Italiens. Und Sie rühren sich nicht! Sie sind wohl vollkommen zum Fisch geworden, körperlich und geistig? Ein solcher Fall! Erstklassige Sensation! Eine bekannte Schriftstellerin ermordet! Und das in der Zeit, wo sonst nichts los ist. Die Leute sind halb toll. Zwar wollte kein Mensch mehr eine Zeile von der Alten lesen, aber plötzlich erinnert sich alle Welt daran, daß man einmal, in seiner Jugend – na, Sie wissen ja, wie das Publikum ist. Wir drucken schon Extrablätter. Die Frau des Chefs hat aufs tiefste beklagt, daß sie in diesem Jahr nicht nach Marina, sondern nach Levante in die Sommerfrische gegangen ist. Und Sie schweigen sich aus!«

Marinos journalistischer Ehrgeiz erwachte. Er diktierte dem Sonderberichterstatter ein Telegramm, das sofort erschien und sehr sensationell wirkte. Die Überschriften lauteten: »Das grausige Rätsel von Marina – Unser Redakteur Mario Marin als Zeuge im Fall Meccherini vernommen –

Auch er glaubt fest an die Unschuld des Neffen der alten Schriftstellerin«.

Wirklich, auch Mario war fest von Lucidus' Unschuld überzeugt. Wie im übrigen plötzlich alle Welt. So blieb das Rätsel dieses Verbrechens weiter ungelöst. Und es war ein Rätsel! Wie war der Dieb ins Haus gedrungen, dessen Türen und Fenster von innen verschlossen gewesen waren? Auch hatte der Schuß unmöglich von außen durchs Fenster kommen können, denn der Fensterladen, hinter dem man die Tote gefunden hatte, war fest angelehnt gewesen. Er lag viel zu hoch, als daß man ihn von außen hätte schließen können. Dazu kam, daß der Mörder, hätte er von außen geschossen, aus sehr großer Entfernung hätte schießen müssen, da der Tisch nicht unmittelbar hinter dem Fenster stand. Man schloß also diese Hypothese aus und blieb bei der Vermutung, daß sich irgend jemand die Schlüssel zum Hause beschafft hatte oder mit Nachschlüsseln eingedrungen war.

Wenige Stunden, nachdem Mario das Telegramm diktiert hatte, begegnete er Lucidus. Er schüttelte ihm die Hand und sagte voll Teilnahme: »Wie Sie das mitgenommen haben muß! Dieser tragische Tod Ihrer Tante und dann noch die furchtbare Anklage!«

Lucidus nickte nur. Er war angetrunken. Seine Augen ohne bestimmten Ausdruck. Der Kopf schien schief auf den Schultern zu sitzen, und mit den Armen machte er immer wieder weit ausholende Bewegungen, als ob er mit dem Körper etwas sagen wollte, wozu Geist und Mund nicht mehr fähig waren.

»Wer hätte das gedacht«, stotterte er.

»Und immer noch keine Aufklärung«, sagte Mario. »Die Polizei tappt völlig im dunkeln.«

»Die Polizei ist dumm«, erwiderte Lucidus. »Saudumm. Zum Beispiel die Steineiche?«

»Was meinen Sie mit der Steineiche?«

»Ja, ja, die Steineiche. Da steht doch eine große Steineiche vor dem Haus meiner seligen Tante. Nicht wahr? Sehn

Sie, die Steineiche hat gewiß eine Rolle bei dem Verbrechen gespielt. Ich bin fest überzeugt, daß der Mörder auf dem Baum gesessen hat. Iphigenie arbeitete am offenen Fenster. Sie arbeitete immer am offenen Fenster, bei einer Petroleumlampe. Erst ein Schuß, der vielleicht tödlich war. Dann ein Schuß in die Lampe, die die Tote beschien. Nicht wahr, die Lampe war zertrümmert?«

»Gewiß«, bestätigte Mario. »Aber der angelehnte Fensterladen?«

»Es gibt ja auch Leitern. – Sehn Sie, so muß es gewesen sein. So und nicht anders. – Arme Iphigenie! Trostlos. – Sagen Sie, Herr Marin, wollen Sie vielleicht einen Schoppen mit mir trinken?«

Mario dankte.

Sie trennten sich, und Mario diktierte sofort ein Telegramm an den »Secolo«, das unter folgenden, noch sensationelleren Überschriften erschien: »Der Schuß durchs Fenster – Lucidus Meccherinis Hypothese – Eine tragische Steineiche«.

Mit dem Inhalt dieser Depesche beschäftigte sich die Polizei.

Im Laufe der Nacht wurden zwischen den Behörden von Mailand, wo der »Secolo« erschien, und denen von Marina Bassa mehrere Telegramme gewechselt.

Als Mario am folgenden Morgen im Garten der Pension saß, unter der Laube, wo er Sandra zuerst begegnet war, wurde er plötzlich durch laute Stimmen aufgeschreckt. Er sah Frau Salvatori händeringend am Fenster stehen und hörte, wie sie ein Mal über das andere rief: »Mein Gott! Mein Gott! Wie soll das enden? Was soll aus uns werden?«

Kurz darauf trat Sandra aus dem Haus und kam rasch auf Mario zu.

»Lucidus ist wieder verhaftet worden«, sagte sie leise. »Und wissen Sie, warum? Das letzte Telegramm des ›Secolo‹ hat neuen Verdacht erregt.«

Mario war fassungslos.

»Auf dieses Telegramm hin«, fuhr Sandra fort, »hat die Polizei heute in aller Frühe neue Untersuchungen angestellt. Sie hat in dem Beet, das unterm Fenster entlangläuft, tatsächlich die Eindruckspuren einer Leiter gefunden, die man hier angelehnt hatte. Die Leiter, die zu diesen Spuren paßte, fand sich in einem Schuppen des Gartens. Außerdem ist die Steineiche untersucht worden. Man bemerkte mehrere geknickte Äste und stellte fest, daß die Borke an einigen Punkten abgeschürft ist. Es ist also tatsächlich jemand auf den Baum gestiegen. Auch beweise, so behauptet man jetzt, die Lage der Toten, die Art, wie die Lampe getroffen worden sei, daß der Schuß nur von der Steineiche kommen konnte. Die Polizei fragt sich nun, woher Lucidus das alles habe wissen können.«

»Eine Hypothese also, die sich als richtig erwiesen hat«, erwiderte Mario.

»Aber die Polizei glaubt mehr. Sie beschuldigt ihn abermals.«

»Und Lucidus?«

»Er schweigt einstweilen«, antwortete Sandra. »Aber wenn Sie mir einen großen Gefallen tun wollen, so gehen Sie sofort zum Büro der Karabinieri.«

Mario zögerte keinen Augenblick. Er fand in der Stube des Hauptmanns außer Lucidus noch den Korrespondenten des »Secolo«, den man ebenfalls herbeigeholt hatte.

»Es ist gut, daß Sie kommen, Marin«, sagte dieser. »So werden Sie bestätigen können, daß ich den Inhalt des Telegramms von Ihnen habe.«

»Gewiß«, erwiderte Mario. »Wird das etwa bezweifelt?«

»Wenn Sie sich selbst dazu bekennen, nein!« sagte der Hauptmann.

»Herr Meccherini dürfte Ihnen das gleiche gesagt haben«, meinte Mario.

»Herr Meccherini hat sich darüber noch nicht deutlich ausgesprochen«, antwortete der Offizier. »Aber sagen Sie,

Herr Marin, von wem haben Sie selbst diese so außerordentlich zutreffenden Schilderungen des Vorgangs in der Mordnacht?«

Mario lachte. »Wenn Sie die Zeitung aufmerksam lesen, so finden Sie die Antwort auf Ihre Frage in der Depesche selbst. Von Herrn Meccherini.«

Lucidus, der scheinbar teilnahmslos dagesessen hatte, erhob sich. »Wissen Sie, Mario Marin, daß Sie ein unverschämter Lügner sind?«

Mario schwieg. Er verstand Lucidus zunächst gar nicht.

»Wissen Sie, daß Sie mich durch diese vollkommen falsche Behauptung ins Zuchthaus bringen können? Weiß der Teufel, wer Ihnen von dem Schuß aus der Steineiche berichtet hat. Ich nicht. Ich gewiß nicht.«

Nun entspann sich ein leidenschaftlicher Wortwechsel zwischen den beiden, dem die Anwesenden aufs gespannteste folgten. Aber da ihr Gespräch keine Zeugen gehabt hatte, konnte keiner von ihnen beweisen, was er behauptete.

»Im übrigen«, erklärte Lucidus, »berufe ich mich auf mein Verhalten in der Mordnacht, das der Polizei genau bekannt ist. Prüfen Sie es noch einmal durch, Herr Hauptmann, vom ersten bis zum letzten Augenblick. Sie werden wiederum bewiesen finden, daß ich die Wahrheit und nur die Wahrheit gesagt habe. Ob man das gleiche auch von Herrn Marin behaupten kann?«

Man untersuchte also zunächst noch einmal auf das sorgfältigste die Angaben des Lucidus Meccherini. Sie stimmten. Weniger klar ließ sich beweisen, was Mario in jener Nacht unternommen hatte. Wenn die so zutreffende Hypothese über den Verlauf des Verbrechens, wie sie in jenem Telegramm des »Secolo« aufgestellt war, nicht von Lucidus, sondern von Mario Marin stammte, so war das Grund genug, um Mario zu verdächtigen. Aber andere Feststellungen belasteten ihn fast noch mehr. Er mußte zugeben, daß er an jenem Abend noch einmal an Iphigeniens Haus geklopft hatte, um den geplanten Autoausflug abzusagen. Warum hatte er diesen wichtigen Punkt bei seiner ersten Aussage übergangen? Er selbst wußte es: Sandra hatte damals ihren Wunsch, er möge den Ausflug in die Berge unter allen Umständen verhindern, in so geheimnisvoller Weise vorgebracht, daß es ihm klug schien, davon zu schweigen. Daraus wurde ihm nun ein Strick gedreht, zumal er auch diesmal eine vollständige Erklärung dafür schuldig blieb, was ihn in so später Abendstunde noch einmal zu der Alten geführt hatte. Ferner ließ sich nicht beweisen, daß er tatsächlich die ganze Nacht, wie er behauptete, in seinem Pensionszimmer verbracht hatte. Es lag zu ebener Erde, und die Möglichkeit bestand, es unbemerkt zu verlassen.

»Nun sagen Sie einmal, Herr Hauptmann«, fragte Mario, »was mich nach Ihrer Meinung zu diesem Mord gebracht haben könnte?«

»Ich weiß es zunächst nicht«, erwiderte der Offizier. »Aber ebensowenig könnte ich diese Frage beantworten, wenn Herr Meccherini angeklagt wäre.«

»Das läge doch immerhin sehr viel näher«, meinte Mario, der sich nun verteidigen mußte. »Herr Meccherini ist mittellos und der natürliche Erbe der Ermordeten.«

»Aber Herr Meccherini hatte gar kein so großes Interesse an dieser Erbschaft«, antwortete der Hauptmann. »Erst vor wenigen Tagen hat er im Auftrag seiner Tante deren Marmorbruch verkauft. Die Verkaufssumme, die bei der hiesigen Bank deponiert wurde, hat sie ihm in jenem Gespräch, unmittelbar vor ihrer Ermordung, für musterhafte Verwaltung ihres Besitzes während der Krankheit geschenkt.«

»Was immerhin nachgeprüft werden müßte«, sagte Mario.

»Ebenso wie Ihr Verhalten in dieser Sache, Herr Marin«, sagte der Hauptmann streng. »Ich bedaure, Sie in Untersuchungshaft nehmen zu müssen.«

Lucidus Meccherini wurde nun zum zweiten Male aus dem Gefängnis entlassen.

Sandra empfing ihren Mann, als er heimkehrte, ohne ein Wort zu sagen. Nachdem er sich die Jacke ausgezogen und den Kragen abgeknöpft hatte, kramte er aus dem Küchenschrank ein Rechenheft hervor und begann darin Zahl an Zahl zu reihen. Er schrieb langsam und ungelenk. Vielleicht eine halbe Stunde mochte vergangen sein, in der er ununterbrochen gerechnet hatte, als er sich umwandte und seine Frau herbeirief.

Sandra kam sofort.

»Die Erbschaft in bar«, sagte er, »beträgt hundertvierundzwanzigtausend Lire. Dazu das Haus.«

»Ob das genügt, um Mario Marin aus dem Gefängnis zu befreien?« fragte Sandra.

Lucidus blieb die Antwort schuldig.

»Ich frage dich, ob das genügt, um Mario zu befreien?«

»Dazu genügt nicht einmal eine Million. Nicht zwei Millionen. Glaubst du etwa, daß die Polizei bestechlich ist?«

»Und was willst du dann tun?«

»Ich? Nichts.«

»Nichts?«

Sandra trat ganz nahe an ihren Mann heran.

»Soll ich dem Dummkopf etwa aus der Klemme helfen; verfluchtes Journalistenpack! Warum muß er gleich in die Welt hinaustelegraphieren, was er so nebenbei von irgendeinem Menschen hört? Er hat sich die Suppe selbst eingebrockt.«

»Er ist unschuldig!« schrie Sandra, und ihre Stimme überschlug sich dabei.

»Geht mich das was an? Herr Marin, der sich von Berufs wegen so sehr für Verbrecher und Verbrechen interessiert, kann jedenfalls bei diesem Experiment nur lernen.«

Lachend erhob er sich, setzte den harten, braungebrannten Strohhut schief auf seinen roten Schopf, schob sich eine schwarze Zigarre zwischen die Zähne und strolchte zum Garten hinaus.

»Ich gehe nach dem Unsern sehn«, rief er seiner Frau von weitem zu, »und die alte Wohnung kündigen.«

Sandra sah ihm eine Weile nach. Als sie Lucidus entfernt genug glaubte, kleidete sie sich an und ging ebenfalls aus, um ihre Mutter aufzusuchen ...

Frau Salvatori empfing sie fröhlich. »Gott sei Lob und Dank, daß alles vorüber ist! Das waren entsetzliche Tage. Wundert mich eigentlich, daß ich noch am Leben bin. Und du, meine arme Sandrina?«

Sandra weinte.

»Aber wer hätte das gedacht!« fuhr die Mutter fort. »Mario Marin! Warum? Wozu? Ob sie recht haben? Ob sie ihn nicht auch entlassen müssen?«

Sandra schluchzte immer lauter. Vergeblich suchte die Mutter zu beruhigen, zu trösten. Sandra war fassungslos.

Später kamen die Abendzeitungen. Darin stand zu lesen, daß der Untersuchungsrichter immer fester von der Schuld Mario Marins überzeugt sei. Der späte Besuch des Redakteurs bei Iphigenie Meccherini bleibe vollkommen rätselhaft. Im übrigen sei der Gefangene aus dem Polizeigefängnis in Marina Bassa nunmehr nach dem Gerichtsgefängnis in Pisa übergeführt worden.

Was war das für ein seltsamer, dichter Staub, der die Pinienstämme im Wald von Migliarino versilberte, als schiene der Mond? Wie ein metallisch glänzender Strom schlängelte sich die Straße durch die Sommernacht, und wenn ein Auto darauf vorüberglitt, brachen schwere durchleuchtete Wolken, flatternde Brandbänder ins Gebüsch und übersamteten mit ihren winzigen, glitzernden Kristallen Pinienwedel und Brombeerhecken.

Ein Gendarm, der mit einem Auto des Weges kam, hielt sein Fahrzeug an.

»Verfluchter Staub!« schimpfte er. »Schutzglas und Scheinwerfer mit einer dicken Schicht verkleistert. Schon zum dritten Mal! Sie verzeihen, Herr Major?«

Der Karibinierimajor, ermüdet von einer längeren Inspektionsfahrt, war eingenickt. Nun hob er den Kopf. Der Staub hatte sich etwas gelegt. Sein Chauffeur hatte soeben den Scheinwerfer klargemacht, und ein scharfes Licht fiel auf den Wegrand. Da stand zwischen den Brombeerbüschen eine junge Frau. Sie war über und über weiß vom Staub der Straße, aber sorgfältig gekleidet. Verängstigt blickte sie in die glühenden Augen des Automobils, das ihren Blick blendete.

Ein kurioser Fall, dachte der Major. Er stand sofort auf, näherte sich höflich der Fremden und fragte sie nach ihrem Namen.

Es war Sandra.

Wer hätte damals in ganz Italien nicht gewußt, wer Sandra war? Auch der Offizier wußte es sofort.

Sie erklärte, daß sie auf dem Weg zum Untersuchungsrichter in Pisa sei. Warum? Sie verweigerte die Auskunft.

Selbstverständlich erbot sich der Offizier, sie dorthin zu begleiten. Sandra verbrachte den Rest der Nacht in einem Polizeibureau und wurde am frühen Morgen vor den Untersuchungsrichter geführt.

Sie begann ihre Erklärung mit einem Satz, den sie sich in den letzten Stunden Wort für Wort zurechtgelegt hatte: »Herr Richter! Die Mörderin der Iphigenie Meccherini bin ich.«

Der alte Herr, der dieses Geständnis entgegennahm, legte beide Hände breit und ruhig vor sich auf den Tisch, lehnte sich langsam zurück und blickte Sandra aufmerksam an. Er wartete lange Zeit.

»Sagen Sie«, so fragte er endlich, »wie haben Sie so etwas eigentlich zustande gebracht?«

Aber auf eine Gegenfrage war Sandra nicht vorbereitet. Sie blieb zunächst stumm. Endlich antwortete sie in einem Ton, der den Richter stutzig machte: »Ich weiß es nicht. Ich weiß es wirklich nicht.«

Der Richter wartete eine Weile. Er schien sich auf eine

andere Frage zu besinnen. Dann ergriff er plötzlich ein Aktenbündel, aus dem er ein winziges, engbeschriebenes Zettelchen hervorkramte.

»Nach Ihrem Bekenntnis, gnädige Frau, ist es Zeit, daß dieser Brief an die richtige Adresse kommt. Herr Marin hatte ihn an Sie gerichtet. Er ist abgefangen worden. Aber Sie können sich darauf verlassen, daß sein Inhalt unter uns bleibt.« Er reichte ihr das Blatt.

Sandra brauchte lange, bis sie es lesen konnte. Marios Brief lautete:

»Liebe Sandra, ich kann Lucidus' furchtbare Schuld dem Richter nicht beweisen. Sie, die Sie vielleicht nichts Bestimmtes darüber wissen, aber gewiß Bestimmtes ahnen, können es ebensowenig. Ich muß Ihnen dennoch sagen, daß an dieser Schuld keinerlei Zweifel mehr bestehen kann. Lucidus war es, der mir den Inhalt der verhängnisvollen Depesche geliefert hat; Lucidus war es, der das später hartnäckig leugnete. Diese Lüge, die ich allein kenne, ist ein Beweis, der dem Richter nicht genügen kann, mir aber vollkommen genügt.

Er muß auch Ihnen genügen, denn Sie ahnten das Verbrechen voraus. Warum hätten Sie mich sonst an jenem Abend so inständig gebeten, Ihre Tante aufzusuchen und den geplanten Ausflug in die Berge zu verhindern? Sie wissen, daß mein später Besuch bei Iphigenie mich ins Gefängnis gebracht hat. Sie wissen, daß ich über die Ursachen dieses Besuches geschwiegen habe. Das war meine Pflicht. Genauso wie es nun Ihre Pflicht ist, darüber zu sprechen.

Ihre Pflicht, Sandra! Und mehr, Sie müssen die Wahrheit kennen. Sie werden mir unmöglich zutrauen können, was die Polizei von mir glaubt. Sie dürfen es nicht, Sandra! Schon deswegen, weil Sie in diesen Tagen gefühlt und erlebt haben, was nun aus unserer Kinderfreundschaft geworden ist.

Warum zögern Sie? Gerade Sie, Sandra? Dürfen Sie mich einem Manne opfern, den Sie hassen und dessen Schuld Sie gewiß ebenso sicher ahnen, wie ich von ihr überzeugt bin?

Mario».

Sandra war fertig. Sie sah starr auf das winzige Blättchen in ihrer Hand. Lange Zeit hatte der Richter Geduld mit ihr.

»Es ist also wahr, daß Sie Herrn Marin veranlaßt haben«, fragte er endlich, »Ihre Tante an jenem Abend aufzusuchen?«

»Ja«, antwortete Sandra.

»Weil ein Ausflug in die Marmorberge geplant war, den Sie ungern sahen?«

»Ja.«

»Sie hatten den Bruch Ihrer Tante gegen deren Willen, ohne ihr Wissen verkauft?«

»Ja.«

»An den Grafen Calzego?«

»Ja.«

»Sie, Frau Sandra, oder Ihr Mann?«

»Ich.«

»Und Sie wollten verhindern, daß Iphigenie Meccherini diesen widerrechtlichen Verkauf bemerke?«

»Ja.«

»Deswegen haben Sie also das furchtbare Verbrechen begangen?«

»Ja.«

Der Richter schwieg abermals. Er hatte es gewußt, daß Sandra nicht die Wahrheit sagte. An jenem Morgen hatte sich ein neuer Zeuge bei ihm gemeldet, der Graf Carlo Calzego di Monte Minuto, und von ihm hatte er erfahren, daß es Lucidus und nicht Sandra gewesen war, von dem er den Bruch gekauft hatte. Der Graf war noch im Gerichtsgebäude anwesend. Er wurde gerufen und Sandra gegenübergestellt, die er zunächst nicht erkannte. Aber als ihn Sandra selbst an die Bäuerin erinnerte, der er bei seinem Besuch auf der Grube »Iphigenie Meccherini« begegnet war, wußte er gleich, wer sie war.

»Ich muß zugeben«, sagte der Richter, nachdem der Zeuge wieder gegangen war, »daß Ihre Mittäterschaft bei dem Verkauf des Bruches dadurch erwiesen ist.«

»Gewiß«, sagte Sandra.

»Und daß Herr Marin durch Ihre Aussage vollkommen entlastet wird.«

»Selbstverständlich.«

»Andererseits steht fest, daß der Verkauf vor allem von Ihrem Mann bewerkstelligt worden ist und daß Sie, gnädige Frau, nur Statistin in seiner Komödie waren. Warum versuchen Sie ihn durch die Behauptung zu entlasten, daß er von dem Verkauf gar nichts gewußt habe?«

»Weil er mein Mann ist«, antwortete Sandra.

»Herr Marin sagt in seinem Brief, daß Sie ihn hassen.«

»Das ist nicht wahr!« rief Sandra. »Und dann, Herr Richter, er ist unschuldig! Vollkommen unschuldig! Ich bin die Mörderin!«

»Wenn Sie dabei bleiben wollen . . .«, erwiderte der Richter, indem er aufstand und dem Diener klingelte. »Zumindest aber ist Ihr Mann mitschuldig. Herr Marin wird natürlich noch heute frei. Nach Ihren Aussagen! Nach dem, was uns auch der Graf berichtet hat. – Darf ich Sie bitten, sich bis heute nachmittag zu gedulden?«

Am Nachmittag des gleichen Tages wurde Lucidus, den man inzwischen verhaftet hatte, nochmals genau verhört. Er war bei seinem Leugnen geblieben, er hatte sich wieder auf seine Abwesenheit in der Mordnacht berufen. Als man ihm schließlich von dem Geständnis seiner Frau berichtete, hatte er mit den Achseln gezuckt und gesagt: »Mag sein.«

Dann ließ der Richter Sandra zum zweiten Male kommen. Er erzählte ihr zunächst von der Aussage ihres Mannes.

»Also auch er hält mich für schuldig?« fragte sie endlich.

»Er schließt es nicht aus«, erwiderte der Richter.

»Er schließt es nicht aus?«

»Ja.«

Sandra ging lange im Zimmer auf und ab. Immer schneller, immer erregter.

»Herr Marin wird frei, nicht wahr?« fragte sie endlich. »Er wird nie mehr verhaftet werden?«

»Nein.«

»Und mein Mann wird auch frei?«

»Wahrscheinlich.«

»Und ich bin die Mörderin?«

»Weil Sie es sagen, gnädige Frau.«

»Und weil mein Mann es glaubt?«

»Ja.«

Sandra machte eine harte, krampfhafte Bewegung, riß ihr winziges Handtäschchen auf und griff hinein. Sie hatte sofort, was sie suchte, und legte es mitten auf den Kanzleitisch: einen großen schwarzen Knopf.

»Ich bin zu Ihnen gekommen, Herr Richter«, sagte sie leise, »um einem Unschuldigen zu helfen: Herrn Marin. Ich war bereit, für seine Befreiung eine Schuld auf mich zu nehmen. Aber nur in Gemeinschaft mit meinem Mann. Die Welt darf mich Mörderin nennen! Ich selbst darf mich Mörderin nennen! Aber der, der da, dem dieser Knopf gehört . . .«

Sandra erlag einem krampfhaften Schluchzen. Als sie wieder sprechen konnte, sprach sie ruhiger. Sie erzählte nun dem Richter, wo sie den Knopf gefunden hatte und was er bedeutete. Sie erzählte ihm alles, was sie wußte.

Lucidus wurde Sandra gegenübergestellt. Er bekannte nunmehr. Jetzt erfuhr man auch, daß er in der Mordnacht sein Hotelzimmer in Pisa, das zu ebener Erde lag, ungesehen verlassen hatte und nach dem Verbrechen ebenso ungesehen dorthin zurückgekehrt war.

Sandra wurde frei. Sie erhielt bald einen Brief von Mario, der sie besuchen wollte. Aber Sandra erwiderte, daß eine Freundschaft, die sich unter so traurigen Umständen erneuert habe, keinen Bestand in sich bergen könne, und bat Mario, ihr und ihrem Dorf für alle Zeiten fernzubleiben.

Heimito von Doderer

Zwei Lügen oder Eine antikische Tragödie auf dem Dorfe

1. Der Fremde

Der Kleinbauer Stacho saß mit seinem Weib und dem jüngeren Sohne Mirko bei Tische. Man hatte eben zur Nacht gegessen. Durch das kleine Fenster, von dem sich Mirkos plattnasiges Gesicht abhob, schien das letzte Abendrot zugleich mit dem ersten Stern. Die zwei Männer und das mächtig grobknochige Weib schwiegen und stocherten noch ihre Zähne aus, als draußen Schritte vernehmbar wurden, eine vorübergehende Verdunklung sich vor das Fenster schob und gleich darauf in höflich maßvoller Weise an die Türe gepocht ward. Jemand rief: »Herein!« Über die Schwelle trat, sich bückend, ein bärtiger Mann, dem Wanderschaft und das Von-auswärts-Kommen sogleich angesehen werden mußten. Nicht nur, daß er einen Reisesack auf dem Rücken, eine Art Brotbeutel umgehängt und einen Stock in der Hand trug und daß seine Halbstiefel bestaubt waren: Gesicht, Gruß, Sprache und Geruch gehörten, wie es schien, einer anderen Menschenfamilie an, als die war, welche das kleine Dorf hier ausmachte.

Des Fremden Begehr war Speise und Nachtlager gegen angemessene Bezahlung. Man wurde einig, und er legte das Geld auf den Tisch. Die Bäurin trug seine Habe, Quersack und Brotbeutel, die er beide sogleich vertrauensselig dem Weib übergab, nach rückwärts in die Schlafstube, richtete ein Lager und stieg durch die Falltür in den

Keller, um einen Steinkrug voll Milch heraufzuholen. Während der Gast dann die Suppe löffelte und mit den Hausleuten sprach, erschien sie nach einer Weile in der rückwärtigen Tür, die gegen Hof und Stall sich öffnete, und rief ihren Mann hinaus.

Der Bauer trat auf den Hof. Die Frau zog ihn ein Stück weiter mit sich fort, bis unter den Querbaum des Schuppens.

»Was soll's denn, Alte?« fragte Stacho. Es war fast dunkel geworden, aber im letzten Scheine des Sommerabends konnte er doch die Erregung bemerken, in welcher sich sein Weib befand, um so eher, als sie ihr Antlitz dicht vor das seine hielt. Die Augen funkelten im Halblicht.

»Du willst also heute abend das Wäldchen verkaufen, und der Holzhändler wartet wohl schon im Dorfkrug. Du mußt es nicht tun. Ich weiß was Besseres. Du hast nicht mehr nötig, das Wäldchen zu verkaufen.«

»Heut, oder es geht übers Jahr erst«, sagte der Bauer, »du weißt, daß dieser Mensch einmal des Jahres nur daherkommt, und da heißt es, den Kauf abschließen. Das will überlegt sein. Was soll mir das Holz.«

Sie schwiegen. Die Bäurin atmete heftig. »Der Beutel«, sagte sie endlich, »war so schwer. Ich sah hinein. Unten ist Gold. Zwei Pfund fast. Eine Art Stangen und anderes.«

Der Bauer trat zurück. »Nun, und was nützt mir das?«

»Das nützt dir nur«, antwortete sein Weib nach einer Weile, »wenn dieser Kerl sich nicht sonst schon im Dorfe umgetan hat, sondern von der Straße geradewegs zu uns, als ins erste Haus, eingetreten ist.«

»Daß dich der . . .«, knurrte Stacho, »aber du, hüte dich!« Er wandte sich kurz um, ging über den schon ganz dunklen Hof und trat wieder in die Stube. Die Frau hatte ihn zurückzuhalten versucht; nun, da es nicht gelang, folgte sie ihm auf dem Fuße. Sie saßen am Tische nieder.

»Woher kommt Ihr?« fragte die Bäurin den Fremden. Dieser nannte einen tagmarschweit entfernten Ort. »Und seid in unsere Kate zum Schlafen gegangen! Hättet auch

Besseres finden können. Vielleicht im Krug. Habt Ihr Euch schon umgesehen im Dorfe?«

»Nein«, sagte der Gast und lachte seltsam in sich hinein. »War müde wie ein Hund und trat von der Straße ins erste Haus. Bin's ganz zufrieden bei Euch.« Er streckte sich behaglich im Sessel, gähnte, und seine Augen wurden bald klein vor Schläfrigkeit.

»Es wird Zeit für den Krug«, sagte die Frau zu Stacho. Der Bauer hob den Kopf und sah sie mit leicht gerunzelter Stirne an. Dann glitt sein Blick zu dem Sohne Mirko hinüber, der dösend auf seinem Platz hockte, jetzt aber den Kopf hob, da ihn der Fremde ansprach: »Und Ihr? Geht in Taglohn? – Nun ja, in Eurem Alter, freilich. Wie Euch der Junge gleicht, Frau! Aus dem Gesicht gerissen, wie man zu sagen pflegt. Hab so etwas selten noch gesehen. Euer einziges Kind?«

»Ja«, antwortete der Bauer für seine Frau. »Der Ältere ist im Krieg geblieben, das will sagen, sie haben ihn gefangen, und aus Sibirien haben wir später nichts mehr von ihm gehört. Das sind nun bald achtzehn Jahre. Wär heut sechsunddreißig, der Bub.« Sie schwiegen.

»Ihr trinkt doch ein Schnäpschen«, sagte die Bäurin zu dem Gast.

»Ei freilich, gern«, meinte dieser und betrachtete nicht ohne Wohlgefallen das große Glas voll Kartoffelbrand, welches die Alte vor ihn hinstellte. »Ich danke Euch«, sagte er, nahm einen mundvollen Schluck, schüttelte sich und gähnte wieder. »Muß bald zur Ruh, Leute, verzeiht, heut sind's an die acht Stunden, die ich gegangen bin.«

»Ich geh in den Krug«, sagte der Bauer endlich, nahm die Kappe vom Nagel, zögerte ein wenig unter der Türe und ging schließlich.

2. Der Vater

Im Krug saßen an diesem Abend viele Bauern, die zum Teil den Holzhändler erwartet hatten, welcher aber ausgeblieben war. Als Stacho in den Schankraum eintrat, hoben sich aus dem Gewirre der Stimmen sogleich die laut gerufenen Worte des Wirtes: »Da ist er ja!«, und der Schankwirt wies, hinter der Theke stehend und eine Flasche in der einen Hand, mit der anderen gereckten Zeigefingers auf Stacho. Diesem aber wandten sich nun fast alle Blicke entgegen, man stand zum Teil auf, gehobene Gläser wurden wieder auf die Tischplatte gesetzt, und ein ganzer Schwarm von Menschen kam auf den verdutzten Kleinbauern zu, der sich alsbald von einem Kreise umgeben sah, durch welchen der Wirt sich recht mühsam mit einem vollen Schnapsglase durchdrängte. »Wohl bekomm's!« sagte er zu Stacho. »Meinen Glückwunsch! Und für heut abend seid Ihr mein Gast, Alter.«

Stacho, dermaßen überrannt, glotzte den Wirt an, der ihm das Glas in die Hand gedrückt hatte, sah dann rundum, fuhr mit der freien Hand in den Bart, brachte aber am Ende nichts weiter heraus als sein gewöhnliches »Was soll's?« Da aber die Umstehenden nun ihrerseits noch viel verdutzter dreinschauten als Stacho, ja mit einem Staunen, welches schon an Empörung grenzte, fiel ihm, so viel Unbegreiflichem gegenüber, nichts weiter ein als die Frage nach dem Holzhändler, ob der wohl gekommen sei oder etwa noch kommen würde.

Da schlug sich jemand klatschend auf den Schenkel. Der Holzhändler? Nein, der sei nicht gekommen heut abend, aber Stachos leiblicher Sohn sei heimgekehrt und sei hier im Wirtshaus gewesen, und sie hätten mit ihm gesprochen –

Es tröpfelte erst, dann aber rann ein gleichmäßiger, dünner Faden Branntwein aus dem schief gehaltenen Glase Stachos zu Boden. Jemand nahm es ihm rasch aus der Hand.

»Gebt Raum da«, rief man und führte den Alten zu einer der Bänke um den Wirtstisch.

Stacho hockte zusammengeknickt. Man nötigte ihn zu trinken. »Brüder«, sagte er nach einer Weile dumpfen Brütens, während ein Schmerz sein Gesicht zu verziehen schien, »warum aber ist der Junge nicht zu mir gekommen? Weiß er denn nicht, daß seine Eltern noch leben? Denkt er nicht, daß sein alter Vater als erster ihn hätte wiedersehen müssen? Brüder«, sagte er und hob den Kopf, »das ist bitter. Denn bei uns war – niemand.« Diese letzten Worte sprach er betont aus und schleppend langsam, als kosteten sie viele und große Kraft.

Ein allgemeiner Sturm von beschwichtigenden und erklärenden Reden erhob sich. Das dürfe er gar nicht so nehmen, hieß es, durchaus nicht. Sie hätten ihm freilich gesagt, dem Janko, daß die Eltern bei Leben und Gesundheit seien. »Jedoch verzeih«, meinte der Wirt, »der Jüngste bist du auch nicht mehr, Stacho, und wir rieten ihm sehr ab, dich und die Mutter zu erschrecken. Also blieb er noch ein wenig hier und länger, da beredeten wir's hin und her. Meinte jemand, man soll einen Boten schicken – aber das hat er nicht haben wollen, der Janko, nicht um alles, wollte durchaus sehen, ob ihr ihn ganz von selbst würdet wiedererkennen, trotz des großen Bartes, mußt du wissen, denn den hat er –«

»Und ihr, ihr habt ihn erkannt?« fragte der Kleinbauer und sah den Wirt mit Spannung von unten an.

»Nein, von uns keiner!« rief dieser. »Aber da war die alte Mutter Dablenka im Krug, die jeden von uns hier noch als Kind an den Pfützen hat spielen gesehen. Nun, die hat geschrien: ›Bei allen Heiligen, das ist –‹, freilich kamen wir dann auch dahinter, und er hat sich uns entdeckt.«

»Und ist nicht zu den Eltern gekommen«, brummte Stacho.

»Nein, so versteh doch, Alter, wir waren's, die ihm abrieten, und sagten ihm, das sei besser auf den morgenden hellen Vormittag zu verschieben, da er denn durchaus ohne irgendwelche Anmeldung zu euch wollte. Jeder von uns hätte ihm doch gerne Quartier gegeben für die Nacht, aber er hat nicht wollen, dein Bub, und ist am Ende gegangen, jedoch immer noch unschlüssig. Nun werden ihm am Wege vielleicht die Bedenken gekommen sein, und so schläft er wohl jetzt ruhig mit Sack und Pack irgendwo im Heu, und morgen hast du ihn. Wir dachten ja schon, euch heimlich einen Boten zu schicken, und eben, als du eintratest, war davon die Rede. Immerhin aber sind's mehr als zwei Stunden, seit uns Janko verlassen hat, und so meinten wir eben jetzt, er sei am Ende wohl geradenwegs nach Hause gegangen und längst bei euch. Zudem, er war recht müde und ist auch hier einmal eingenickt.«

»Wie sieht er denn aus, der Janko?« fragte der Bauer, dessen tiefliegende Augen ein wenig schwammen. Er kippte gleich nach dieser Frage ein Glas Branntwein. Der Wirt antwortete weitschweifig und sagte zunächst, daß Janko sehr ordentlich aussehe und nicht im mindesten abgerissen, daß er feste Schaftstiefel trage, und übrigens habe er ihn selbst, in aller Bescheidenheit, sagen gehört, daß er den Eltern ein schönes Stück Geld nach Haus bringe, das wohl reichen würde, mancherlei noch anzuschaffen, und auch auf den Erwerb von ein paar Wiesen und Äckern oder Vieh. »Ist überhaupt ein ordentlicher Mensch geworden, der Bub«, schloß er, »und man kann dir Glück wünschen, Stacho.«

Während die Bauern das Ding nun allgemein beschwatzten, wobei es freilich auch hieß, daß so mancher in diesem Sibirien und Rußland und in diesen ganzen Teufelskriegen dort drüben über Nacht zu Geld und Gut gekommen sei, da wäre oft besser, nicht zu fragen, wie – unter solchem Gerede befiel den Stacho ein heftiges Zittern am ganzen Leibe, und als er jetzt eilends Abschied nahm und zu verstehen gab, wie dringend es ihm mit der Heimkehr sei, da hatte er im Abgehen aller Blicke teilnehmend auf seinen Rücken versammelt. Draußen auf der Dorfstraße aber, als die letzten Grußworte verhallten und die erleuchtete Türe zum Krug sich wieder geschlossen hatte, fiel seine Verstellung wie eine Last von ihm, und er eilte, so gut es seine alten Knochen erlaubten, keuchend in der Dunkelheit vorwärts.

3. Ein Weg im Dunklen

Schon nach wenigen Minuten lag um seine Stirn ein Kranz kalter Schweißperlen. Er versuchte zu laufen, jedoch der Boden hielt ihn mit saugender Schwere fest, wie es in bösen Träumen oft zu gehen pflegt. An den Hügelkämmen stand der Saum der Wälder schwarz und geduckt, und gerade angesichts dieser entfernteren ruhenden Punkte wurde es Stacho deutlich, wie langsam er vorwärts kam mit seinen Schritten. Endlich hatte er die geschlossene Dorfzeile hinter sich, und die Häuser standen nunmehr einzelweis. Jedoch sein kleiner Hof lag weit draußen, gleichsam vorgestreut in die Landschaft, und schon jenseits einer sanfteren Hügelwelle, über welche die Wagengeleise der Straße, die er jetzt hinaneilte, hinwegzogen.

Am Kamme oben hielt er tief atmend die Schritte an. Voraus, im Dunklen, lag sein Hof und Heim. Der Gedanke, daß dort Furchtbares geschehen könne, ja vielleicht schon geschehen sei oder sich in ebendiesem Augenblick ereignete, war so wahnwitzig wie wahrscheinlich, war für sein Hirn kaum zu fassen und hatte doch den einfachen Verstand zum Anwalte. Er hob die Augen empor. Gegen den Himmel standen am Rande des Gesichtskreises drei Pappeln aufgereckt. Über ihnen schimmerte ein Stern, nah und hell. Er fuhr zusammen, schlug ein Kreuz und stürzte sich wieder in die Eile. Seine Vorstellung war erfüllt von einem einzigen Bild: er sah das Gesicht seines Weibes vor sich, wie sie ihn gemahnt hatte, endlich in den Krug zu gehen.

Sein Haus lag dunkel, das erfaßte er von weitem als erstes und als eine undeutliche Hoffnung. Das schlafende Haus erschien ihm weniger böse, als wenn es mit einem noch leuchtenden Auge in der Landschaft gewacht hätte. Wenige

Schritte von der Türe entfernt, bemerkte er das Fehlen des Schlüssels in seiner Tasche. Er pochte. Man rief fragend von innen, er gab sich zu erkennen, und die Türe ward geöffnet.

4. Die Stunde des Zorns

Die vordere Stube war hell, nur hatte man den Laden geschlossen. Am Tische unter der Lampe saßen das Weib und der jüngere Sohn, welcher sich sogleich nach dem Öffnen der Türe wieder dort niedergelassen hatte. Auf dem Tisch lag Neues und Furchtbares: das Gold. In kleinen Säulen, die aus übereinandergelegten Münzen gebildet waren, teils auch in sauber aufgelegten Reihen solcher Stücke, die wohl das Zählen erleichtern sollten; denn damit waren Mutter und Sohn beschäftigt. Das Gold zerriß die Stube, man könnte sagen, in der Art einer immerwährend platzenden Granate, wenn es dergleichen gäbe.

Der Bauer schloß die Türe hinter sich und blieb stehen. Mirko zog sich ein klein wenig zusammen, in der Art, wie sich eine Katze duckt.

Die Bäurin sah ihren Mann ruhig an.

»Ihr habt . . .?« sagte dieser endlich, denn zu mehr langte sein Atem nicht, und wies mit langsam sich erhebendem Arm auf die Türe der Schlafkammer.

»Ja«, sagte das Weib hart und kurz. Stacho trat einen Schritt auf sie zu. Sein Kinn schnellte vor, und beide Fäuste ballten sich wie in einem kurzen Krampf. »Schiebe den Riegel wieder zu«, sagte jetzt die Frau mit unerschütterter Ruhe. Der Mann gehorchte seltsamerweise sogleich, aber während er sich zur Türe gewandt hielt, mußte wohl jene Veränderung mit ihm vorgegangen sein, die nun sogleich Mutter und Sohn wie etwas Gefährliches und Fremdartiges antrat, ja bezwang und in ihren Bann schlug.

Stacho war nunmehr vollkommen ruhig. »Mach Licht drinnen«, sagte er befehlend zu dem Sohne. Dieser erhob sich schwerfällig und verschwand im Schlafzimmer seiner

Eltern. Als die Kerze brannte, trat ihm der Vater nach. Man hörte dort drinnen nichts weiter als wenige gewechselte Worte zwischen Vater und Sohn.

»Wer war es? Du allein?«

»Nein. Die Mutter und ich. Er schlief.«

Der Bauer trat wieder heraus. »Räum den Tisch frei und stell den zweiten aus der Küche dazu, gerade unter die Lampe. Verstanden?« Sie hatte wohl verstanden und tat, was ihr befohlen war. Das Gold verschwand klimpernd im Brotsack, der nahebei auf einem niederen Spinde lag. Als die Bäurin aber an Stacho vorbei zur Küche ging, war von ihr deutlich ein Knurren zu hören, das für einen Menschenton wahrhaftig verwunderlich klang. Stacho trat zu dem Sohn in den rückwärtigen Raum. »Pack an«, sagte er kurz. »Wir tragen ihn nach vorne.«

Sie schleppten den Toten heraus und legten ihn auf die beiden Tische unter dem Licht. Der Kopf des Leichnams fiel zurück, der Bart stand starr und struppig empor. Das Gesicht war blau und verzerrt und selbst für den jetzt wissenden Vater wenig erkenntlich. Der Bauer zog das Sackmesser und schnitt den Strick durch, mit welchem man seinen Älteren erwürgt hatte. Die Spur am Halse war tief eingerissen und an einer Stelle blutig. Die Bäurin stand, ohne ein Wort zu reden, im Hintergrund des Zimmers und sah finster auf ihren Mann.

Dieser begann den Leichnam zu entkleiden, und Mirko ward durch einen Wink zur Hilfe herzugerufen. Sie hoben, zogen, rückten. Ein Arm fiel aus dem Jackenärmel mit starkem Schlag auf die Tischplatte. Die Stiefel herunterzuzerren war keine geringe Plage. Stacho durchsuchte die Kleider, fand einige Papiere, und da er die kyrillische Schrift zur Not hatte lesen gelernt, so wurde ihm jetzt, durch den russischen Ausweis hier in seiner Hand, hintennach noch sozusagen behördlich bestätigt, wer da auf den Tischen aufgebahrt lag, nackt, wie ihn seine Mutter einst geboren hatte. Der Bauer steckte die Papiere ein, rief den jüngeren Sohn wieder zur Hilfe herbei und befahl, den toten Mann zu wenden und auf die Brust zu legen, so daß der Rücken nach oben käme. Dann schickte er Mirko um Wasser, Seife, ein Tuch und ein frisches Sonntagshemd.

Die Bäurin, unterdessen unbeweglich verweilend, verblieb im dunklen Hintergrunde der Stube. Stacho war über den Leichnam gebeugt. Als Mirko den Raum verlassen hatte, richtete sich der Vater auf und bat sein Weib mit ruhiger Stimme, nahe heranzutreten.

Am Tische aber und bei dem Toten erwartete sie nichts als ein zeigend ausgestreckter Finger und eine wortlose Stille. Der Finger zeigte auf drei runde braune Flecken am Rücken des Leichnams, oberhalb der rechten Hüfte, die so zueinander lagen, daß dieses Muttermal ziemlich genau die Form eines gleichseitigen Dreiecks ergab, eine Figur, die jetzt wie für alle Ewigkeit eingespannt erschien zwischen des Vaters zeigender Hand, der Mutter starrem Blick und dem hellen Schein der Lampe von oben. Eben als Mirko wieder das Zimmer betrat, fiel seine Mutter in die Knie, aber nicht wie jemand, der sich beugt, sondern sie rumpelte in sich zusammen und zu Boden nicht anders wie ein Sack Holzscheiter, den man auf den Estrich entleert. Der Bauer warf ihr die Papiere vor die Füße, und sie tastete lange danach mit Händen, die der Lenkung nicht mehr gehorchen wollten, und bis sie ein Blatt vor die Augen brachte, verging eine ganz geraume Weile.

Mirko, der, mit den verlangten Gegenständen im Arme, nun wieder unter der Türe erschienen war und dort unschlüssig stand, ward von dem Vater herangewunken. Auch dies geschah in aller Ruhe, und der Kleinbauer Stacho gehabte sich ganz wie einer, der nur ein Amt verrichtet, bei dem die Genauigkeit der Erfüllung alles, die etwaige Gemütsbewegung des Trägers aber nichts ist. »Mirko«, sagte er, »du weißt nicht, wer dieser tote Mann ist, welcher hier nackt auf den Tischen liegt?« Der Bursche antwortete nicht, auf seinem Gesicht lag eine Furcht, die sehr groß sein mußte, denn sie hatte seine Augen zu glanzlosen Kugeln gemacht, in welchen das Leben erstorben war, in denen kaum mehr das Licht von außen sich spiegeln wollte. »Dieser Mann ist dein Bruder. Hier deine Mutter muß es am besten wissen, sollte ein Mensch glauben.« Und zur Bäuerin: »Waschet jetzt den Leichnam, bettet ihn drinnen. Ich trete auf den Hof und erwarte dich dort, Frau«, sagte er und ging.

Als die Bäuerin eine halbe Stunde später hinauskam, fand sie ihren Mann wartend im Scheine einer Stallaterne, welche am Querbaum des Schuppens hing neben einem festgeknoteten Strick mit Schlinge. Darunter stand ein dreibeiniger Melkschemel. Stacho sah sein Weib an, in deren Antlitz es schon auf solche Art zuging, als schüttelte man da drinnen schwere Steine durcheinander. Er wies mit einer kurzen Bewegung des Kopfes auf die getroffene Vorbereitung und ging schweigend ins Haus.

In der Stube saß Mirko zusammengekrümmt an dem jetzt wieder leeren Tische. Nebenan hatten sie Janko im Bette aufgebahrt. Zwei Kerzen brannten. Der Tote hielt in den gefalteten Händen auf der Brust das Kreuz.

5. Gerichtstag

Durch eine lange Zeit blieb alles wie von der sich ausbreitenden Stille verschluckt, ja, jedes Geschehen schien für immer beendet. Der Vater lag regungslos auf den Knien neben dem Totenbett.

Ob Mirko durch irgendein wirklich vernehmbares Geräusch aufgeschreckt worden war, ist ungewiß, er stand jedenfalls, die gleichsam erloschenen Augen auf den Vater gerichtet, plötzlich in der Kammer auf und rief: »Wo ist die Mutter?«

»Auf dem Hofe«, antwortete Stacho, und Mirko ging. Stacho hörte die Schritte draußen, und dann, nach einer kurzen Stille, kehrten sie, in wilde Sprünge verwandelt, zurück. Brüllend, mit hoch erhobenen Fäusten, warf sich der Sohn auf den Vater.

Aber jene Gewalt, die dem hier und jetzt mit seinem Amte ausgestatteten Rächer eignete, war noch nicht erschöpft. Allerdings geriet der Stoß vor die Brust derb, mit welchem der tobende Junge zurückgeschleudert wurde, nicht aber war dieser Hieb allein die Ursache seines jämmerlichen Zusammenbrechens. Mirko saß wieder beim Tische. Er winselte. In der Mitte des Raumes stand sein Vater, dem das Atmen jetzt Mühe machte.

»Du wirst«, sagte Stacho nach einer Weile laut und langsam, »jetzt unters Dach in deine Kammer gehen und dich schlafen legen. Du wirst jedem Menschen, der dich jemals fragen sollte, sagen, daß du in das Bett stiegst, noch bevor irgendwer da hierherkam. Du hast mit all diesem nichts zu schaffen. Hast du's gehört?«

»Ja, gehört«, sagte Mirko, und von einer ebenso plötzlichen wie seltsamen Behendigkeit belebt, huschte er krummen Rückens aus der Stube und die schmale, knarrende Holztreppe empor. Gleich danach hörte man seine Kammertüre fallen.

Der Vater löschte die Lichter; im Hof, wo ihn nichts rührte, was er sah, im rückwärts gelegenen Raum, wo er den toten Sohn noch einmal küßte, und vorne in der Stube die Lampe über dem wieder leeren Tisch. Dann verschloß er sein Haus und ging. Denselben Weg in den Krug, den er vor nicht langer Zeit in umgekehrter Richtung zurückgelegt hatte und als ein keuchendes Emporsteigen auf der Stufenleiter von Furcht und Grauen – diese stieg er jetzt gleichsam wieder hinab, von der äußersten erreichten Staffel her wieder sinkend und in eine Ruhe hinein, wo der Mensch wohl weiß, was ihm zu tun obliegt. Die Nacht war warm und dunkel.

Im Kruge saß man noch beisammen, wenn's auch nur mehr wenige waren, sie genügten wohl als die Vertreter aller bei dem, was zu tun übrigblieb. Er sagte in das wie ein Trichter sich öffnende Erstaunen hinein, welches hier sein Wiedererscheinen schuf – er sagte, und alle hörten gespannt und aufmerksam zu: »Brüder, mein Janko ist wirklich heimgekehrt. Jedoch ist er nicht mehr am Leben. Mein Weib und ich, vom Teufel und dem Anblick des Goldes um den Verstand gebracht, das er, und weit mehr noch, als ihr schon erzähltet, wirklich aus der Fremde mit sich geschleppt hat, haben ihn ermordet. Ich *log* beim ersten Male, als ich sagte, es sei niemand bei uns gewesen. Wohl war er bei uns, aber die Mutter erkannte nicht ihr eigenes Kind, und von euch erst erfuhr ich, was wir schon *getan* hatten. Sie hat sich erhängt, als ich die Wahrheit nach Hause brachte. Mich aber werdet ihr den Gendarmen übergeben.«

Wie stürzender Schotter prasselten die Fragen, als der Hohlraum des Entsetzens sich wieder mit Leben zu füllen begann. Stacho antwortete, nicht ohne Einzelheiten. Nach kurzer Zeit schon war jeder Zweifel der Zuhörer erschlagen. Und an diesem Punkte angelangt, fügte er hinzu: »Mein Weib findet ihr am Querbaum im Schuppen. Nehmt euch des Jungen an, der jetzt wohl noch in seiner Kammer unterm Dache schläft, nicht ahnt, wer da kam und was da unter ihm geschah. Schont ihn, wenn ihr's ihm sagt. Und sagt ihm auch, er soll die Kate verkaufen und über Land gehen. Amen«, fügte er hinzu und griff nach dem Schnaps, den man ihm reichen wollte. Indessen blieb dieser ungetrunken. Der Alte fiel, als sei mit der glücklich vollbrachten zweiten Lüge sowohl die Sühne der ersten und das Amt dieses Abends als auch der Zweck seines letzten Restchens von Leben erfüllt, über den Tisch, schlug mit der Stirn auf die Platte, und als sie ihn aufrichteten, hatte auch das Herz seine Arbeit glücklich und für immer vollendet.

Alfred Polgar

Ein Spaßvogel

Das zweite Jahr ist nun schon der pensionierte Beamte Herr Laubner Gratisgast im Erholungsheim von G. für ausgediente Staatsangestellte. Die Hoteldiener, den Briefträger, die Marktfrauen neben der Kirche, den Steuermann des alten Raddampfers, der mit vielem Rauch und Pfiff den See überfährt, duzt er und spricht mit ihnen im ortsüblichen Dialekt, der allerdings Laubners eingeborene Mundart nicht ganz zudeckt. Dem Briefträger schenkt er Zigaretten, mit den Marktfrauen erörtert er die politischen Dinge, mit dem Steuermann Fragen der Navigation, und auf dem Friedhof von G. möchte er begraben werden, der schönen Aussicht wegen. Nicht einmal der Gedanke ans Sterben trübt ihm den Humor! Er sieht so harmlos aus, wie er ist, der Herr Laubner, fast schon ein Sechziger, ein friedliebender Bürger, dem die einfachsten Daseinsinhalte: Schauen, Hören, Essen, Schlafen, Reden und Spannungen des Geschlechts teilhaftig werden, dem dies also genügt, sich des Lebens als bescheidener Mitspieler wie als nie gelangweilter Zuschauer zu erfreuen. Besonders in G., wo die Menschen so gemütlich sind und Spaß verstehen. Laubner ist nämlich ein Spaßvogel. Die Fröhlichkeit, die ihm das Herz erfüllt, projiziert er nach außen; so hat er allmählich sich tief in die Täuschung hinein verirrt, das Leben sei heiter. Wie wenn ein Autofahrer nachts die närrische Impression hätte, die Straße sei aus eigenem hell, indes es doch die Scheinwerfer an seinem Wagen sind, von denen sie Licht bekommt.

Heute früh ist er besonders guter Laune. Es ist Sonntag, abends gibt es Bauernball, und die Morgensonne schon wärmt bis in den Magen hinein. Die Frauen, hier auf der Sommerfrische, gehen in Pyjamas zum Strand, »wie gefüllte Blumen«, sagt Laubner. Einer gefüllten Blume ruft er nach: »Fräulein, Ihre Hose hat ein Loch«, und auf die erschreckte Frage »Wo?« setzt er hinzu: »Sonst könnten Sie ja nicht hineinschlüpfen.« Solchen Schabernack treibt er mit den Nebenmenschen.

Jetzt hat er seinem Freund in Wien eine Ansichtskarte geschrieben, mit vielen Unterschriften von Leuten, die nicht da sind, und geht in den Tabakladen, eine Postkarte kaufen.

Im Laden ist niemand, die Verkäuferin legt im Zimmer nebenan einen Säugling trocken, sie hat den Eintretenden nicht kommen hören. Laubner findet, die Situation verpflichte zu einem Scherz, und da sieht er, daß das Schubfach, mit Münzen und ein paar Geldscheinen drin, offensteht. Rasch greift er hinein, langt eine Fünfzigschillingnote heraus, steckt sie in die Hosentasche. »Liebe Frau, Ihnen wird man noch einmal den ganzen Laden ausräumen, wenn Sie so schlecht aufpassen . . .«

»Ach, das gibt es gar nicht«, wird die Frau antworten, und: »Was ist denn das?« wird Laubner sagen und ihr mit der Banknote vor der verdutzten Nase herumfuchteln.

Es kam aber nicht so. Noch vor der Verkäuferin aus dem Nebenraum trat ein Mensch von der Straße her in den Laden, ging gleich auf Laubner zu, packte ihn beim Handgelenk: »Jetzt hab ich dich erwischt, du Gauner, hergeben das Geld!«

Laubner schreit den Menschen an, ob er verrückt sei, die Verkäuferin stürzt herein, sieht sprachlos auf die Streitenden, andere Leute, vom Lärm angelockt, kommen ins Lokal.

»Ich habe durch die Tür beobachtet, wie er Geld aus der Lade genommen hat.«

Laubner, knallrot im Gesicht, holt die Fünfzigschillingnote aus seiner Tasche: »Aber um Gottes willen, das war doch nur . . .«

Die Menschen im Laden starren ihn stumpf und böse an, die Verkäuferin schlägt die Hände zusammen: »Fünfzig Schilling, Jesus, Maria und Josef!«

Der, welcher Laubner überrascht hat, sagte: »Feiner Herr das, holts den Gendarmen!«

»Aber ich habe ja nur einen Scherz gemacht!« Das hätte Laubner nun nicht sagen sollen. Das verschlechterte seine Situation mehr, als es das Eingeständnis des Diebstahls getan hätte, denn Scherze mit Geld, heutzutage, empfinden die Leute von G. wie Gotteslästerung.

Die Verkäuferin jammert, daß ihr vorige Woche auch schon zehn Schilling gefehlt hätten, die Obstfrau, die zum Publikum gestoßen ist, stellt mit einem erbarmungslosen Blick auf den Laubner fest, bei ihr stimme es schon ein paar Tage nicht mit dem Geld.

»Aber liebe Frau Haberl, Sie kennen mich doch . . .!«

»Mit mir tratscht er alleweil«, sagt Frau Haberl über ihn hinweg zu den anderen, »und wenn ich nicht hinschau . . .« Hierbei macht sie die Gebärde des Stehlens. Das Kind im Nebenraum schreit, was die Erbitterung der Anwesenden gegen Laubner merkbar steigert.

Der Gendarm mit einer Suite von Dorfbuben betritt den Laden. Er gebietet Schweigen und Sprechen: »Haben Sie die fünfzig Schilling aus der Lade genommen?«

»Ja, aber . . .«

»Das können Sie später erzählen, jetzt kommen S' mit.« Und obschon Laubner, verstört und gebrochen, wie er war, nichts tat, was den Anschein hätte erwecken können, er wolle nicht mitkommen, fügte der Gendarm noch hinzu: »Ich verhafte Sie im Namen des Gesetzes!«

Diesen klingenden, würdigen, von allen Schauern der Machtvollkommenheit umwitterten Satz hat er selten Gelegenheit auszusprechen. Autoschnellfahrer werden nur aufgeschrieben und Strolche ohne viel geredetes Zeremoniell beim Kragen genommen. Aber hier war die Chance einer richtigen Amtshandlung gegeben, gegen einen richtigen Delinquenten, noch dazu gegen einen Stadtmenschen, noch weiter dazu gegen einen, der mit der ortsüblichen Mundart den ihm eingeborenen, in der Angst sich hemmungslos offenbarenden Tonfall nicht zudecken konnte.

Also wurde Laubner zum Amt gebracht und von dem Funktionär dort, weil auf frischer Tat ertappt, in den Gemeindekotter gesperrt. Kein Bitten und Protestieren nützte ihm. Die Gerechtigkeit in G. war viel zu ausgehungert, als daß sie den einmal geschnappten seltenen Bissen so leicht wieder freigegeben hätte. Ein Fall: das war an sich schon ein Glücksfall.

Der Gemeindediener, zugleich Zellenaufseher, hatte die Tür hinter Laubner zugesperrt und war mit dem Schlüssel ins Wirtshaus gegangen. Niemand konnte zu dem Gefangenen, nicht einmal der Funktionär, der das Einsperren verfügt hatte und, menschlich unnahbar hinter Gesetz und peinlicher Vorschrift verschanzt, zu seinem Bedauern nichts tun konnte als bedauern, daß er nichts tun konnte.

Die Leute im Ort besprachen lebhaft das Ereignis wie den Menschen, den es anging; und binnen weniger Stunden hatte Laubner Ruf und Leumund eines Gewohnheitsverbrechers. Alles, was in den letzten Sommern irgendwem in G. abhanden gekommen war, praktizierte die Einbildungskraft der dem guten Sommergast (Gott weiß, warum) plötzlich so aufsässigen Ansässigen in die Taschen des redlichen Mannes, aus Geschwätz fügte sich eine würgende Kette, in welche die Tat, die er nicht begangen hatte, sich als ein Glied unter vielen anderen bequem hineinpassen ließ. Zauberisch schnell war ein rechter Bösewichtmythos um Herrn Laubner gesponnen.

Was in seinem erschütterten Geist vorgegangen sein mag, welche Ängste und Erwägungen ihn zu dem radikalen Entschluß gebracht haben mögen, sich im Arrest mit seinen

Hosenträgern am Fensterkreuz aufzuhängen, weiß niemand. Vielleicht glaubte er an eine Unmöglichkeit, sich von dem Verdacht, der auf ihm lastete, reinigen zu können. Vielleicht hörte er, dämonisch verstärkt, die Stimme seines Freundes in Wien, der schrie: »Du mit deinen verfluchten idiotischen Späßen!« Auch sollen Ratten im Gemeindekotter von G. sein, vor welchen Tieren Laubner sein Leben lang heftigsten Abscheu empfand. Manche erklärten die unerklärliche Tat schlechtweg mit »Nachtgedanken«, die den Gefangenen in seiner Zelle wohl heimgesucht hätten. Mir scheint am plausibelsten die von Kennern des Laubnerschen Innenlebens aufgestellte Hypothese, wonach die Einsicht, die Menschen verstünden keinen Spaß mehr, ihn zur Verzweiflungstat gebracht habe. Das Licht, das er selbst auf seinen Weg geworfen hatte, erlosch: dunkel überall und kein Zurechtfinden mehr. Die Witzigkeit, deren er voll war, ging, so kann man sich das auch vorstellen, plötzlich in Fäulnis über, und das Gift aus solcher Fäulnis zerfraß ihm das Herz. Er mag die Vision einer Welt gehabt haben, von deren Bau der heitere Verputz gänzlich abgefallen war, und was dann dastand, muß ihm so roh, kalt und häßlich erschienen sein, daß er um keinen Preis weiter dort wohnen wollte.

Einige zweifeln, trotz allem, an Laubners gutem Gewissen (aber nur, weil ihnen, aus weltanschaulichen und Vernunftgründen, das Gemeine immer das Wahrscheinliche dünkt) und halten dafür, daß der Zettel, den Laubner hinterließ: »Ich bin unschuldig«, der letzte Aufsitzer war, den der Spaßvogel sich geleistet hatte.

Franz Nabl

Griff ins Dunkel

Nach einem Vierteljahrhundert hatte ich in die Stadt meiner Kindheit und Jugend heimgefunden. Als ich vor fünfundzwanzig Jahren, vom Fenster des Eisenbahnwagens aus, ihre fest zusammenhängende, um den turmbekrönten Hügel ausgebreitete Masse allmählich sich auflösen und zuletzt ganz aus dem Blick entschwinden sah, meinte ich, nie wieder in diesen Ort zurückkehren zu müssen. Deutlich konnte ich mich noch des damals empfundenen, beinahe triumphierenden Abschiedsgefühls entsinnen. Einer Freude, dem Kreis zu entfliehen, der für ein künftiges Lebensziel zu eng und zu kleinlich erschien. Meinen wenigen zurückbleibenden Freunden hatte ich dieses Gefühl während eines letzten Beisammenseins keineswegs verheimlicht, und dadurch war sogar eine leise Verstimmung zwischen uns entstanden, die dem geselligen Abend ein vorzeitiges, teilnahmsloses Ende bereitete.

Nun war seitdem ein Vierteljahrhundert hinter mir in die Vergangenheit gesunken, in einen Abgrund, aufgerissen von den furchtbarsten Erschütterungen, deren Ausläufer den Boden unter unseren Füßen noch immer schwanken machten. Vielleicht waren – vom erbarmungslosen Gesichtspunkt des eigenen Ichs aus betrachtet – alle die entsetzlichen Dinge der letzten Jahrzehnte nur geschehen, um mir bitterste Demütigungen zu ersparen, wenn ich jetzt flügellahm und abgestumpft an der einst verachteten Stätte Unterkunft suchte. Ich brauchte nicht nur mir allein Schuld beizumessen an dem sehr kläglichen Einsturz eines stolz erträumten und immerhin tapfer genug begonnenen Bauwerks, ich durfte die Zeit dafür zur Rechenschaft ziehen. So weit war ich in meiner Selbstzucht allerdings schon gelangt, um zu erkennen, daß meine künstlerische Begabung nicht ausgereicht hatte, mir den Weg durch einen freien Beruf zu bahnen. Aber es war angenehm, solch eine herbe Erkenntnis in sich zu verschließen und vor einstige Freunde, wenn es zu einer Wiederbegegnung kam, als schuldlos verwundeter Lebensinvalide hinzutreten.

Darum erklärte ich ohne Bedenken meine Bereitwilligkeit, in meinem Heimatort die Zweigniederlassung einer großstädtischen Versicherungsanstalt zu übernehmen, die ein Freund aus späteren Tagen, der gleich mir eine beschwingtere Zukunft erhofft, jedoch früher als ich Einkehr gehalten hatte zu nüchterner Erkenntnis, mir frei von höhnischer Gönnerschaft anbot. Durch das auf Wunsch meiner Eltern neben dem künstlerischen Beruf betriebene Brotstudium glaubte ich mich befähigt, ein solches Amt zu verwalten. Ich wollte nur, bevor ich mich endgültig band, kurze Zeit hindurch den Boden, den ich pflügen sollte, unerkannt beobachten und erst dann, beruhigt durch die so gewonnene Sicherheit und gleichsam nicht mehr als Neuling, die Zügel ergreifen.

Eine Woche etwa schon währte mein Aufenthalt in der altertümlichen Stadt. Die Vormittage mußten dem von mir ins Auge gefaßten vorbereitenden Zweck dienen, nach dem Mittagsbrot aber verbrachte ich täglich eine Stunde in dem auf den ehemaligen Befestigungswällen und Übungsplätzen angelegten Garten, einem vorzüglichen Wahrzeichen des Ortes. Doch nicht durch seine prächtigen, zum Teil ausländischen Bäume war er dazu geworden, auch nicht durch seine weiten, wohlgepflegten Rasenflächen und seine sorgfältig gehegten Blumenbeete, sondern durch die paradiesische Vertrautheit, die seine Tierwelt mit den Bewohnern der Stadt verband. Noch immer standen, wie in meiner frühesten Kindheit, allenthalben Männer und Frauen mit vom Körper weit abgestreckten Armen, von deren nach oben gekehrter Handfläche sich Buchfinken, Kleiber und Meisen Brotkrumen und Sämereien aufpickten, noch immer bemühten Kinder und Erwachsene sich mit unermüdlichen Locktönen um die Gunst zahlreicher Eichhörnchen, die, übersättigt und unlustig, in einer hohen Astgabel hockten und sich nur selten herabließen, eine der dargebotenen Nüsse anzunehmen und spielerisch im Grase zu verscharren. Als junger Mensch hatte ich dies Treiben mitgemacht wie irgendeine andere Belustigung, jetzt ergriff es mich seltsam, und der Gedanke, mein Leben hier weiterzuführen oder wohl gar zu beschließen, gewann die Kraft warmer Werbung.

Mein Vater hatte im öffentlichen Leben der Stadt eine hervorragende Stellung bekleidet, und unser geselliger Verkehr, an dem ich als Hochschüler unbehindert Anteil nahm, war sehr ausgebreitet gewesen. Die meisten meiner Altersgenossen, aber auch manche Angehörige der älteren Jahrgänge mußten noch leben und waren wohl in das rege, weitverzweigte Getriebe des Ortes eingefügt worden. So mochte ich schon vielen von ihnen begegnet sein, ohne sie zu erkennen – vielleicht, weil ich mir keine Mühe gab zu suchen oder weil ich, aus halb bewußtem Antrieb heraus, die alten Bekanntschaften erst wieder erneuern wollte, wenn ich imstande war, ihnen in vollzogener bürgerlicher Ebenbürtigkeit entgegenzutreten.

An einem trüben, regendrohenden Nachmittag verließ ich den Park früher, als es meine Gewohnheit war, obwohl ich wußte, daß gerade bei üblem Wetter – eben weil nur spärliche Besucher im Freien verweilten – sich Vögel und Eichhörnchen um so zahlreicher und zutraulicher um die wenigen Standhaften versammelten. Die großen, stark besuchten Kaffeehäuser an den Hauptpunkten der Stadt vermied ich, weil ich jeder voreiligen Begegnung ausweichen wollte, und so suchte ich ein abseits gelegenes, kleines Kaffeehaus auf, in dem ich als Mittelschüler die Kunst des Billardspiels mit einigen Gleichgesinnten betrieben hatte. Schon das unverändert gebliebene Äußere der altväterlichen Zusammenkunftsstelle bescheidener Kleinbürger und Ruheständler ließ mich hoffen, gefunden zu haben, was ich suchte. Vollends das Innere des nicht übermäßig großen Raumes zeigte sich in Brauch und Aussehen so ungewandelt, wie ich es in der Erinnerung aufbewahrte, und manche vergessene Einzelheit, die sich erst als Fremdes zwischen mich und das Vergangene drängen wollte, gab sich plötzlich wieder zu erkennen und verstärkte nun den Eindruck des Bildes mit unheimlicher Macht. An einem der runden Tischchen trank ich meine Tasse Kaffee und stellte zufrieden fest, daß die grauweiße Marmorplatte noch immer von Hörern der nahen Hochschule mit übermütigen Zeichnungen und rätselhaften Zahlenreihen bedeckt wurde. Ein wenig blätterte ich auch in der Abendausgabe der heimischen Zeitungen, und dann, nachdem ich der vom Gast geschuldeten Höflichkeit genügt hatte, lieferte ich mich hemmungslos und beinahe rührselig dem schalen Reiz der Örtlichkeit aus. Ich schloß die Augen bis auf einen schmalen Spalt, stützte den Kopf an die spiegelnde Lehne der Samtbank, sog den Geruch des minderwertigen Kaffees und der billigen Zigarren andächtig ein und lauschte dem Aneinanderklappen der Karambolbälle oder dem leisen Klingelton, mit dem der schellengezierte König auf dem Kegelbrett umfiel.

Während ich so dasaß und draußen ein jäh losbrechender Regen übers Straßenpflaster fegte, bemächtigte sich meiner mit einem Male die unangenehme Empfindung, von irgend jemandem angestarrt zu werden. Sie verlor sich gleich wieder, nach einer Weile aber kehrte sie zurück, und wie ich nun den Kopf rasch nach der erfühlten Seite warf, bemerkte ich drei oder vier Tische von mir entfernt einen Mann, der jetzt, da er sich ertappt sah, den Blick in die bereitgehaltene Zeitung senkte. Sekundenlang behielt ich ihn im Auge, er sah noch einige Male verstohlen zu mir herüber, endlich, gerade als ich ihn erkannte, stand er auf und trat, indem er meinen Namen aussprach, mit dargebotener Hand auf mich zu.

Er hatte gemeinsam mit mir die Mittelschule durchlaufen und noch später an der Hochschule zu meinem Kreis gehört. Aber die Zeit unseres innigsten Verkehrs waren die in den Oberklassen des Gymnasiums verbrachten Jahre gewesen. Er galt immer als bester Schüler unserer Klasse und war in seiner Vorzugsstellung nur einmal, knapp vor der Reifeprüfung, durch die Abneigung eines übrigens uns allen verhaßten Lehrers erschüttert worden. Mein Vater hielt große Stücke auf ihn, und als einmal mein Schlußzeugnis weniger günstig ausfiel, wurde er eingeladen, die Ferien auf unserem Sommersitz zu verbringen und mir Nachhilfestunden zu erteilen. Der Erfolg gestaltete sich so glänzend, daß ich ihm zum Weihnachtsfest im Auftrage meines Vaters eine silberne Zigarettendose mit meinem eingegrabenen Namenszug überreichen mußte. An alle diese Dinge erinnerte ich mich, während wir uns die Hände schüttelten, und auch daran, daß er an jenem Abschiedsabend vor fünfundzwanzig Jahren teilgenommen hatte und von allen Gefährten durch mein spöttisches Herabblicken auf sie, die Zurückbleibenden, am meisten verletzt worden war.

Verhältnismäßig leicht überwanden wir die durch die lange Trennung herbeigeführte, notwendige Entfremdung, und schnell gelangten wir zu einer zwar nicht übermäßig herzlichen, aber doch behaglichen Vertrautheit. Wohl weil wir beide keinen Bart trugen und einer aus dem Gesicht des anderen noch die Züge des einstigen Mitschülers herausfinden konnte. Das Quälendste für mich war, daß ich mich, auch als ich ihn schon erkannt hatte und er plaudernd an meinem Tisch saß, durchaus nicht seines Namens erinnern konnte. Eine undeutliche Ahnung dämmerte in mir auf, daß er irgendwie fremdländisch geklungen habe, polnisch oder kroatisch, und gerade als meine durch die nervöse Gedankenjagd nach diesem Namen hervorgerufene Unaufmerksamkeit ihm aufzufallen begann, formte ich, nicht plötzlich erfassend, sondern krampfhaft Buchstabe zu Buchstabe sammelnd und das Ergebnis mit geschlossenen Lippen nach innen sprechend, das erlösende Wort: Banaotovich.

Jetzt erst vermochte ich mich freier an unserem Gespräch zu beteiligen, das sich einstweilen auf die durchaus üblichen gemeinsamen Schulerinnerungen beschränkte. Nicht ohne merkbare Genugtuung zog Banaotovich dabei jene silberne Dose aus der Tasche, um mir zu beweisen, wie sehr er sie und das Gedenken an meinen von ihm hochgeschätzten Vater in Ehren halte. Ich schämte mich nachträglich beinahe dafür, wie dürftig und wohlfeil das Ding sich nun dem nüchternen Auge des Erwachsenen zeigte, und bedauerte, damals nicht ein Stück aus edlerem oder doch wenigstens schwererem Metall gewählt zu haben. Vermutlich war von meinem Vater für den Preis eine bescheidene Grenze gezogen worden. Denn daß ich von der vorbestimmten Summe zu meinen Gunsten etwa einen Abstrich vorgenommen hatte, erschien mir doch nicht recht glaublich.

Übrigens schaltete mein einstiger Schulkamerad, als ich ihn während des Gesprächs zum ersten Mal mit seinem Namen anredete, ein, daß er schon seit Jahren nicht mehr so heiße. Die infolge der tiefeinschneidenden politischen Veränderungen erhöhte Reizbarkeit der deutschen Bevölkerung gegen alles Slawische habe es ihm wünschenswert gemacht, um die Bewilligung einer Namensänderung anzusuchen und sich Banotter zu nennen. Er habe sich um so leichter zu diesem Schritt entschlossen, als seine Familie ja schon vor hundert Jahren aus dem südlichen Nachbarland eingewandert und hier völlig heimisch geworden sei. Da er seine Erklärung gleichwohl mit einer gewissen Befangenheit vorbrachte, beruhigte ich ihn, indem ich die Berechtigung seines Vorgehens durchaus anerkannte und versicherte, in einer ähnlichen Lage genauso gehandelt zu haben. Er zeigte sich darüber sehr befriedigt, und vielleicht war es ein Dank für mein bereitwilliges Verstehen, daß er sich nicht allzu eifrig nach meinen Lebensschicksalen erkundigte und damit auf die Möglichkeit einer billigen Vergeltung für mein ein wenig leichtfertiges, gottüberlegenes Benehmen an jenem nun schon so weit zurückliegenden Abschiedsabend verzichtete. Er beschränkte sich darauf, meine künstlerischen Versuche zu erwähnen, von denen er wiederholt gehört habe, und zu bedauern, daß seine eigene Unfähigkeit in allen Dingen der Kunst ihm ihre richtige Einschätzung und Würdigung verwehre.

Sein Ton schien mir, je länger wir beisammen saßen und sprachen, überhaupt wärmer und eindringlicher zu werden. Zugleich aber machte sich in seiner Redeweise und in den begleitenden Handbewegungen eine steigende Hast und Unruhe geltend. So als fürchte er, irgend etwas zu versäumen, und als könne er sich doch nicht entschließen, die erwünschte Wendung herbeizuführen. Das befremdete mich einigermaßen, denn ich erinnerte mich ganz gut, daß er während unserer Schulzeit zwar nie unfreundlich gewesen war, trotzdem aber zwischen sich und den übrigen weniger erfolgreichen Schülern immer eine Art unsichtbarer Trennungsmauer aufgerichtet hatte. Nicht aus Stolz, sondern im Gegenteil aus Unsicherheit, weil er seine Erfolge nicht so sehr ausgesprochener Begabung als zähestem Fleiß verdankte und immer von hämischen Angriffen auf der Hut sein zu müssen glaubte. Mit dieser Unnahbarkeit verband er übrigens die unerschütterliche Ruhe eines Menschen, der nur dann an ein Unternehmen herangeht, wenn er sich ihm vollständig gewachsen weiß.

Ich begann schon zu argwöhnen, er befinde sich in mißlicher wirtschaftlicher Lage und denke daran, von mir ein Darlehen oder eine Unterstützung zu begehren. Das wäre mir nun recht ungelegen gekommen. Nicht deshalb, weil ich seine Bitte hätte ablehnen müssen, sondern weil ich gezwungen gewesen wäre, meine Weigerung zu begründen und meine eigenen kümmerlichen Verhältnisse zu enthüllen.

Meine Befürchtungen erwiesen sich vorläufig als unnütz. Banaotovich oder, wie er jetzt genannt sein wollte, Banotter stieß plötzlich einen tiefen, seufzerartigen Atemzug aus, wie jemand, der die Vergeblichkeit seines Beginnens erkennt, und fragte dann, nach einem Blick auf die über dem Sitzplatz der Kassiererin angebrachte Uhr: »Bleibst du noch länger hier? Ich meine, in der Stadt?«

Ich entgegnete, daß ich dies nicht mit Bestimmtheit wüßte. Mein Aufenthalt könne wohl noch einige Tage dauern, er könne aber ebensogut auch schon morgen beendet sein. Es stünde nicht in meinem Belieben, ihn auszudehnen oder abzukürzen.

»Ich muß nämlich jetzt ins Amt«, versuchte er, seine Frage zu erklären, und fügte bedauernd hinzu: »Schade. Ich hätte mich gern noch eine Weile mit dir unterhalten. Wir haben uns doch eine Ewigkeit nicht gesehen . . . und wer weiß, ob wir noch einmal im Leben zusammentreffen.«

Eine bei seinen Worten ganz unverdeckt hervortretende Hilflosigkeit und mehr noch der sonderbare, fast flehende Ausdruck, mit dem er den Blick auf mich heftete, verstärkten meine freundliche Empfindung zu Mitleid. Auf die Gefahr hin, ihm doch noch Mut zu einer Bitte um Geld zu machen, sagte ich: »Wenn du heute abend frei bist, können wir ja noch einmal zusammenkommen.«

Obwohl meine Bereitwilligkeit ihn hoch erfreute, lehnte er den Speisesaal des Gasthofes, den ich als Treffpunkt vorschlug, ab und brachte seinerseits eine Weinstube in einem stillen Stadtteil in Vorschlag, deren ich mich noch undeutlich erinnerte. Ich hatte keine Ursache, seinen Wunsch abzuschlagen. Da ich ihn aber nicht begleiten mochte, tat ich, als wolle ich noch bleiben, und verließ erst nach ihm das Kaffeehaus.

Die kleine Kneipe, die uns zum Treffpunkt dienen sollte, führte den etwas ungewöhnlichen Namen »Zur Flucht nach Ägypten«. Sie lag in keinem alten Stadtteil, sondern in einer öden Häuserzeile aus dem letzten Drittel des vergangenen

Jahrhunderts; wohl aber in einem der vereinzelt erhaltenen, viel älteren Häuser, die noch eigenwillig ihren Platz innerhalb der vorgeschobenen Baulinie behaupteten und erst sichtbar wurden, wenn man knapp vor ihnen stand. Das verlieh dem einstöckigen Gebäude und mehr noch der darin untergebrachten Schenke einen geheimnisvollen, beinahe verdächtigen Anstrich. Man konnte sich recht gut vorstellen, daß hier abwegige Sonderlinge zechten oder lichtscheues Gesindel seine Zusammenkünfte abhielt, um irgendwelche gegen Gesetz und bürgerliche Ordnung gerichteten Pläne zu schmieden.

Ich mißtraute der verabreichten Kost und hatte mein Abendbrot in einem großen Speisehaus verzehrt; trotzdem betrat ich die Weinstube zur vereinbarten Zeit. Banotter saß allein an einem der wenigen mit buntgewürfelten Tüchern gedeckten Tische. Eine Aschenschale vor ihm quoll über von den Resten ausgerauchter Zigaretten, und so mochte auch das halbvolle Glas Wein, das er bei meinem Eintritt vom Munde nahm, nicht mehr das erste sein. Seine gefestigtere Stimmung bewies er sogleich dadurch, daß er sich zur Begrüßung nicht vom Sessel erhob, sondern mir bloß vertraulich mit der Hand zuwinkte. Er trank einen von jenen reizlosen, schweren Weinen, die im südöstlichen Teil des Landes gedeihen. Ich selbst zog den leichteren und ansprechenderen Schilcher vor, einen aus rötlichen Beeren gewonnenen Trank, dessen lichtrosa Färbung dem Uneingeweihten bedenklich erscheinen mochte.

Sehr bald merkte ich, daß Banotter mir nicht ohne Absicht zuvorgekommen war. Offenbar hatte er gewünscht, noch vor meinem Eintreffen lästige Hemmungen mit Hilfe des Weines zu beseitigen, und das war ihm auch vollkommen gelungen. Er setzte sich über alle vorbereitenden, inhaltlosen Einleitungsgespräche hinweg und sagte, während ich mir nach dem ersten prüfenden Schluck eine Zigarre anbrannte, nur ganz kurz: »Ich bin dir sehr dankbar dafür, daß du mir noch diese Zusammenkunft ermöglicht hast.«

Eine höfliche Redensart, die ich darauf erwiderte, beachtete er nicht im geringsten. »Ich hätte schon am Nachmittag mit dir sprechen können«, fuhr er fort, »aber hier ist es ruhiger . . . und dann hab ich mir das Ganze noch zurechtlegen müssen.«

Eine kleine Weile schwieg er; ich fühlte deutlich, nicht um mir Zeit zu einer Frage zu geben, sondern weil er vielleicht noch einen letzten Entschluß fassen wollte. Darum wartete ich ruhig, bis er wieder zu sprechen begann. »Die Sache, um die es sich handelt, ist nicht ganz einfach. Sie wird dich irgendwie belasten und zum Mitwisser machen. Überlege es dir also, ob du mich wirklich anhören willst. Du kannst noch immer nein sagen, und ich werde es dir nicht verargen. Es ist keine Kleinigkeit.«

Mir fielen sogleich die Gedanken ein, die vor wenigen Minuten der Anblick der armseligen und ungemütlichen Kneipe in mir erweckt hatte. Banotter war kein Verbrecher, das wußte ich mit beruhigender Sicherheit. Ein Sonderling vielleicht oder über die Grenze des Sonderlichen auch schon hinausgelangt ins Narrenhafte, so daß er Dinge schwer und furchtbar nahm, die ein anderer als harmlos belächelte. Ich durfte es wagen, mit ihm beisammen zu bleiben und mir seine Geheimnisse verraten zu lassen. Am Nachmittag hatte er zudem erklärt, ins Amt gehen zu müssen. Er war also, bei aller Eigenbrötlerei, ins bürgerliche Dasein eingeordnet und unbedenklich. »Wenn du Wert darauf legst, dich gegen mich auszusprechen –«, äußerte ich meine Bereitwilligkeit.

»Allerdings lege ich Wert darauf. Obwohl ich im Grunde genommen nicht weiß, warum. Ich habe es schon einige Male versucht . . . und das Ergebnis war immer das gleiche. Es ist anzunehmen, daß es auch diesmal nicht anders sein wird. Aber ich habe jetzt schon viele Jahre keinen neuen Versuch gewagt . . . und dann waren wir ja auch einmal . . . Freunde!« Er erhob gleichsam abwehrend die Hand. »Ich urteile selbstverständlich ganz einseitig. Außerdem reicht die Entstehung unserer Freundschaft in eine Zeit zurück, die heute längst zu nichts mehr verpflichtet. Immerhin – die Erinnerung an sie hat mir genügt, dich um diesen nicht zu unterschätzenden Dienst zu bitten.« Er trank sein Glas leer und winkte eine gelangweilte Kellnerin zu frischer Füllung herbei. »Du wirst noch wissen, daß ich in allen Jahrgängen des Gymnasiums Vorzugsschüler war und auch an der Hochschule alle Prüfungen mit Auszeichnung abgelegt habe?«

Ich neigte bestätigend den Kopf, und er verzog den Mund zu einem geringschätzigen Lächeln. »Es ist eine erwiesene Tatsache, daß solche Mustergestalten außerhalb der Schule häufig versagen. Oder doch wenigstens keine den Durchschnitt überragenden Leistungen erreichen. Ich bin ein neues Beispiel für diese Regel. Innerhalb des mir geöffneten Kreises aber glaube ich mich immer bewährt zu haben.«

Da er jetzt von mir irgendeine Äußerung zu erwarten schien, erklärte ich anerkennend, es sei gewiß ein glücklicheres und auch verdienstvolleres Schicksal, innerhalb eines engbegrenzten Gebietes Bescheid zu wissen und Nützliches zu vollbringen, als richtungslos und ohne jeden Vorteil für die Allgemeinheit in eine nebelhaft undeutlich verschwimmende Ferne zu schweifen.

»Das wollen wir unentschieden lassen, besonders was das Glück und die Zufriedenheit hinter solchen erkannten Grenzpfählen anlangt. Ich habe diese Dinge nur erwähnt, um das durchaus Bürgerliche meiner Existenz zu betonen. Darin liegt das Maßgebende für mich. Ich war ein einwandfreier Schüler und bin seit mehr als zwanzig Jahren ein ebenso einwandfreies Mitglied unserer bürgerlichen Gesellschaft. Niemand darf mir Handschlag und Gruß verweigern oder hinter meinem Rücken das Gesicht zu einem zweideutigen Lächeln verziehen. Und doch bin ich bei aller Mustergültigkeit der schwerste und gemeinste Verbrecher, der augenblicklich in dieser Stadt oder vielleicht sogar im ganzen Land frei herumgeht.«

Nach dieser Eröffnung, die zu unsinnig war, als daß sie

mich irgendwie hätte erschrecken können, verstummte er und sah mir mißtrauisch prüfend ins Gesicht. Und weil ich nur mit einem verlegenen Lächeln antworten konnte, zuckte er geringschätzig die Achseln. »Ich habe es nicht anders erwartet. Aber das macht nichts. Es soll mich nicht hindern, weiterzusprechen. Es besteht immerhin eine kleine Hoffnung, daß du im Laufe meines Berichtes zu lächeln aufhören wirst.«

»Entschuldige, Banaotovich«, suchte ich mich zu rechtfertigen, »ich kann deine Behauptung doch für nichts anderes halten als für einen Scherz! Oder höchstens für eigenwillige Übertreibung!«

»Das darfst du allerdings. Es stört mich nicht im mindesten. Und kann ich jetzt fortfahren?«

»Nach diesem ungewöhnlichen Anfang bin ich auf die Fortsetzung begierig.«

Er leerte sein Glas auf einen Zug zur Hälfte und fragte dann mit einem Kopfwink nach meinem eigenen, kaum berührten Trunk: »Du hast noch immer keine besondere Vorliebe für unsere guten Weine?«

»Sie sind mir zu schwer.«

Er nickte zustimmend. »Schwer sind sie, das ist richtig. Aber ich bin sie gewohnt, und sie passen zu ihrer Umgebung – ich meine nicht nur, solange sie im Freien am Stock hängen –, auch später noch, wenn sie gekeltert sind, hier in die Stadt und in ihre Gaststuben. Freilich, man muß dazu gehören, zu der Landschaft und zu der Stadt, um sie zu verstehen und zu lieben. Bei dir war das nicht der Fall, obwohl du hier geboren bist. Sonst hättest du nicht für so lange Zeit von hier fort können. Jetzt bist du allerdings zurückgekehrt. Vielleicht ist dein Zugehörigkeitsgefühl erst jetzt in dir erwacht . . . und wenn du bleibst, wirst du auch diese merkwürdigen Weine trinken lernen . . .«

Die letzten Worte sprach er sehr leise und mehr für sich selbst. Dann riß er sich förmlich mit einer körperlichen Bewegung aus seiner beginnenden Verlorenheit heraus. So als habe er sich dabei ertappt, daß er im Begriffe sei, einem gefährlichen Vorhaben noch im letzten Augenblick feig auszuweichen, und müsse nun jede Rückzugsmöglichkeit erbarmungslos zerstören. »Du erinnerst dich doch noch an den Wolansky?« fragte er ohne Übergang.

Der Mann, von dem er sprach, war jener Mittelschullehrer gewesen, der ein Jahr vor der Reifeprüfung als Vortragender des Griechischen unsere Klasse übernommen und, von einer heftigen Abneigung gegen Banaotovich erfüllt, ihn in seiner bisher unentwegt festgehaltenen Stellung als Jahrgangserster bedenklich erschüttert hatte. »Du weißt auch, daß er mir durch seine bodenlose Gehässigkeit bei der Matura fast das Vorzugszeugnis verdorben hätte?«

»Er ist doch noch vor der Prüfung plötzlich gestorben«, entgegnete ich ein wenig verwundert.

Banotter zog, gleichsam ungeduldig werdend, die Augenbrauen hoch. »Ja. Und einzig und allein auf diese Weise hab ich mit Auszeichnung die Matura machen und später sub auspiciis promovieren können.«

Mit diesen Worten spielte er auf eine Ehrung an, die im kaiserlichen Österreich der Vorkriegszeit solchen Schülern zuteil wurde, die nicht nur die Mittelschule, sondern auch die ihnen vorgeschriebenen Hochschulprüfungen mit ausgezeichnetem Erfolg erledigten. Sie bestand darin, daß ihnen anläßlich der feierlichen Promovierung zum Doktor ein Vertreter des Kaisers einen Diamantring überreichte.

»Eine allerletzte Möglichkeit also, mit der man als vernünftig denkender Mensch nicht rechnen durfte. Ich hatte aber doch mit ihr gerechnet . . . und meine Rechnung hat gestimmt.«

Er schwieg eine Zeitlang, während ich noch immer nicht ahnte, auf welches Ziel er am Ende zuhielt. »Ich weiß nicht, ob du dich jemals darum bekümmert hast«, sprach er endlich weiter, »daß unsere Stadt ein ungewöhnlich günstiger Nährboden für alle okkulten Bestrebungen war?«

»Ich habe oft davon gehört und gelesen. Es haben ja auch

einige sehr berühmte Medien von hier aus ihre Laufbahn begonnen.«

»Ich bin jedenfalls schon als ganz junger Mensch in diese eigentümliche Bewegung hineingeraten. Schon in den oberen Mittelschulklassen.«

»Davon hat aber niemand etwas gewußt!«

»Nein. Ich habe meine Teilnahme immer ängstlich geheimgehalten. Dem Lehrkörper hätte ich mich dadurch nur äußerst verdächtig gemacht, und meine Mitschüler hätten mich deshalb genauso verhöhnt wie wegen meiner sogenannten Streberei. Wenn ich heute daran zurückdenke, wie namenlos verzweifelt ich über die drohende Möglichkeit war, ohne Auszeichnung maturieren zu müssen, kommt es mir selbst beinahe lächerlich vor. Aber damals war es eben mein Zukunftstraum ... Ich hab gebüffelt wie wahnsinnig! Tag und Nacht! Ich hab alles Erdenkliche versucht, um den Wolansky mir günstiger zu stimmen! Ich hab mich gedemütigt vor ihm und bin vor ihm gekrochen wie die erbärmlichste Kreatur ... Es hat alles nichts geholfen. Und da ist aus meiner Verzweiflung langsam ein hartnäckiger, tödlicher Haß entstanden. Vielleicht war es ein großes Glück oder eine Vorbestimmung, daß ich gerade in dieser Zeit sehr häufig in einem okkultistischen Zirkel verkehrt hab und außerordentlich stark von ihm beeinflußt worden bin. Sonst wäre ich wahrscheinlich so weit gekommen, den Wolansky, diesen elenden, bornierten Schinder, mit der blanken Hand zu erschlagen ... Unter der Einwirkung des spiritistischen Treibens aber hat sich nach und nach der Gedanke in mir herausgebildet, ob es nicht möglich wäre, einen Menschen bloß durch beharrlich angewendete, fortwährend gesteigerte Willenskraft aus der Welt zu schaffen. Durch den immerwährenden, aus allen Sinnen, ja aus dem ganzen Körper herausströmenden Wunsch, ihn zu töten. Wochenlang hab ich es versucht, ohne recht daran zu glauben. Und weil es ohne jeden Erfolg geblieben ist, hab ich es nur zur Ablenkung fortgesetzt, aus meiner feigen, ohnmächtigen Wut heraus! Dann aber, nach einem Tag, an dem mich dieser elende Schuft wieder ganz grundlos und bis aufs Blut gequält hat, ist endlich eine furchtbare Nacht gekommen. Ich bin schlaflos im Bett gelegen und hab mich dagegen gesträubt, das alte Spiel zu beginnen. Nicht, weil es mir unsinnig und vergeblich erschienen wäre. Im Gegenteil! Weil ich vorausgeahnt hab, daß es diesmal ernst werden könnte ... Eine Stunde lang hab ich immer nur das eine gedacht: Stirb, du Hund! Du mußt sterben! Ich will, daß du stirbst ... Und auf einmal, wie ich schon vollständig erschöpft war und gemeint hab, ich muß ohnmächtig werden – da hab ich das entsetzliche, grauenvolle Gefühl gehabt, daß mir plötzlich ein neues Glied aus dem Körper herauswächst ... ein Arm, der immer länger und länger wird, der weit aus dem Bett herausragt, der sich aus dem Fenster tastet, ohne es öffnen zu müssen, auf die Straße hinaus, weiter, immer weiter ... ungehört, ungesehen ... durch Mauern hindurch und über den Fluß hinüber ... Ich hatte mich nie darum gekümmert, wo der Wolansky wohnte. Damals in der Nacht hab ich es gewußt. Ohne die Straße und die Hausnummer zu kennen. Ich war nie im Leben in seiner Wohnung ... und doch könnte ich noch heute sein Schlafzimmer genau beschreiben. Den Waschtisch zwischen den Fenstern, den Arbeitstisch an der linken Wand, den Kleiderkasten und einen alten Diwan an der Rückwand ... in einem Winkel den blaugrauen Kachelofen mit den abgesprungenen Kanten ... und an der rechten Wand ... das Bett, in dem er gelegen hatte. Sogar die Farbe, die der Überzug des Federbettes und der Steppdecke gehabt hat, sehe ich noch vor mir: ein tiefes, bräunliches Rot! Und durch diese Decke hindurch, die bis übers halbe Gesicht hinaufgerafft war, hat meine neue, aus mir herausgewachsene Hand den Wolansky an der Kehle gefaßt ... Zuerst hat er nur leise aufgeseufzt und den Kopf zur Seite gerückt. Dann hat er die Arme unter der Decke herausgezogen und nach irgend etwas gegriffen, das nicht da war. Aus dem Seufzen ist ein Stöhnen geworden, aus dem Stöhnen ein Röcheln.

Die Arme sind immer wilder in der Luft herumgefahren, die Beine haben die Decke am Fußende des Bettes zusammengetrampelt, der ganze Körper hat sich bogenförmig aufgebäumt, während er beim Hals durch eine entsetzliche, unerbittliche Kraft fest an die Kissen geheftet war ... Endlich ist mir das jämmerliche Bild vor den Augen verschwommen ... das geheimnisvolle Glied ist wieder in mich zurückgekrochen, wie ein Hund mit bösem Gewissen ... und ich bin eingeschlafen ... oder bewußtlos geworden. Am nächsten Morgen ist dann der Direktor vor Schulbeginn in unsere Klasse gekommen und hat uns gesagt, daß den Wolansky in der Nacht plötzlich der Schlag getroffen hat. Du erinnerst dich vielleicht noch daran ...«

Während seines Berichtes sah Banotter, obwohl er mir gegenübersaß, mich mit keinem Blick an. Zuerst verursachte dieses Ausweichen ihm erkennbare Mühe, allmählich aber redete er sich in einen so lebendigen Haß gegen den längst verstorbenen Lehrer und in eine so bebende Erregung hinein, daß er meiner als Zuhörer kaum mehr bedurfte. Und gerade durch dieses völlige Entrücktsein wurde er ein ganz anderer, oder er wurde der, der er wirklich war. Er schien mir durchaus nicht mehr nur ein schrulliger Sonderling zu sein, sondern ein Mensch, dem man allerlei zutrauen durfte, wenn auch nicht gerade eine so scheußliche Tat wie die, deren er sich eben anklagte. Gleichzeitig erkannte ich aber auch beinahe mit Befremden, daß er schon damals in unseren Knaben- und Jünglingsjahren durchaus nicht bloß der ein wenig geringschätzig belächelte Musterschüler gewesen sein konnte, den ich und alle Klassengefährten in ihm gesehen hatten. Er erwachte jetzt plötzlich hier an dem Tisch der kleinen, armseligen Kneipe für mich förmlich zu einem neuen und überraschenden Eigenleben.

»Deine Erzählung berührt allerdings ein Gebiet, gegen das ich mich seit jeher entschieden ablehnend verhalten habe«, unterbrach ich endlich unser Schweigen. »Aber ich muß gestehen, daß ich sie einigermaßen spannend finde.«

Eine Weile starrte er noch an mir vorbei, bevor meine Worte auf irgendeinem Umweg sein Gehör erreichten. »Spannend?« wiederholte er dann nachsichtig lächelnd.

»Deine Nerven waren damals natürlich in ungewöhnlich überreiztem Zustand«, beeilte ich mich zu begründen. »An und für sich, durch das vergebliche Ankämpfen gegen die Abneigung des Wolansky ... und dazu ist sicher noch der sehr ungünstige Einfluß des spiritistischen Hokuspokus gekommen, an dem du dich beteiligt hast. Vielleicht waren übrigens auch deine Entwicklungsjahre noch nicht ganz abgeschlossen ... und haben dich für derartige Dinge doppelt empfänglich gemacht.«

Er sah mir fast belustigt ins Gesicht. »Unsere Meinungen gehen eigentlich gar nicht so weit auseinander. Wenigstens vorläufig.«

Nun glaubte ich die Angelegenheit doch langsam ins Scherzhafte hinüberspielen zu müssen. »Ich kann mich nicht erinnern, daß an der Leiche Wolanskys Würgespuren entdeckt worden wären?«

Aber er tat, als nähme er meinen Einwand durchaus ernst. »Ich zweifle, daß eine so geheimnisvolle Hand Spuren hinterläßt, die den blöden Augen eines berufsmäßigen Leichenbeschauers erkennbar sind. Aber diese Frage brauchen wir einstweilen noch nicht zu erörtern. Jedenfalls habe ich nach der allerersten Erschütterung die ganze Geschichte mit den gleichen Augen betrachtet wie du und mich in kürzester Zeit beruhigt. Wenn man jeden Menschen, der irgendeinmal einem anderen den Tod gewünscht hat, einsperren wollte, würde die Erde über Nacht ein einziges Riesengefängnis sein.«

»Das allerdings.«

»Ich habe«, fuhr Banotter, wieder vollkommen gleichgültig geworden, fort, »mit Auszeichnung die Reifeprüfung bestanden und ein paar Jahre später meine Rigorosa. Und bin sub auspiciis promoviert worden. Damit war mein erstes Lebensziel glücklich erreicht. Nur war es mir jetzt nicht mehr so wichtig. In der Zwischenzeit hatte sich schon ein zweites, noch viel heißer ersehntes davorgeschoben.«

Er ließ sein Glas wieder nachfüllen. »Du bist während unserer Freundschaftsjahre eigentlich sehr selten in unser Haus gekommen?« erkundigte er sich unvermittelt. »Meistens war ich bei dir.«

»Ich kann mich nicht mehr deutlich erinnern«, antwortete ich, durch seine zusammenhanglose Frage unsicher gemacht. »Öfter als zwei- oder dreimal kaum.«

Banotter nickte zustimmend. »Ich habe mich mit meinem Vater nicht besonders gut verstanden und habe es so einzurichten gewußt, daß niemand Einblick in unsere Familie erhält.«

»Dein Vater hat eine große Realitätenkanzlei geführt?«

»Er hat auch noch andere, weniger einwandfreie Geschäfte betrieben. Und viel Geld damit verdient. Als ganz junger Mensch hab ich schwer darunter gelitten und hab es ihn auch in ziemlich unkindlicher Form fühlen lassen. Dadurch ist unsere gegenseitige Zuneigung natürlich nicht gerade gewachsen. Und das war auch der Grund, weshalb er später meinen scheinbaren Meinungsumschwung nicht recht hat gelten lassen wollen.«

»Einen Meinungsumschwung bezüglich der Art seines Geldverdienens?«

»Vor allem bezüglich des schon verdienten Geldes. Ich war nicht mehr so unbedingt überzeugt davon, daß es mit einem Makel behaftet sein müsse. Und daß ein anständiger Mensch es nicht anrühren dürfe, ohne sich selbst damit zu beschmutzen.«

»Und was hat dich nun zu diesem milderen Urteil bewogen?«

»Das Ewigweibliche. Ich hatte schon als Hochschüler mit einem Mädchen Beziehungen angeknüpft. Damals haben die jungen Menschen solche Dinge etwas ernster genommen als heute. Oder sagen wir, bürgerlicher. Wenigstens in manchen Fällen. Ich war zwar knapp vor Beendigung meiner

Studien, woher aber sollte ich eine Stellung nehmen, die mir die dringend gebotene Heirat ermöglicht hätte? – Aus diesem Gesichtspunkt heraus wirst du vielleicht meinen Annäherungsversuch an das väterliche Vermögen begreiflich finden.«

Banotters offenherziges Geständnis brachte ihn mir wieder menschlich näher. Er verlor dadurch einen Teil seines fremden, abseitigen Wesens. Und so konnte ich ohne Zwang die Versicherung geben: »Das verstehe ich wirklich sehr gut.«

»Deine Zustimmung ist mir noch heute lieb. Vor fünfundzwanzig Jahren hätte sie mich geradezu beglückt. Mein Vater war leider weniger einsichtsvoll. Und bei dieser Gelegenheit ist seine wahre, hämische Art unverhüllt zum Vorschein gekommen. Sein Geld sei heute genau auf dieselbe unsaubere Weise verdient wie früher, erklärte er mit breit betonter Genugtuung, und wenn es mir früher nicht reinlich genug gewesen sei, dann dürfe ich auch heute nichts damit zu schaffen haben. Auf diesem Standpunkt verschanzte er sich gegen alle Angriffe. Daß er innerlich im Recht war, wußte ich. Und gerade das machte ihn mir noch viel widerwärtiger, als er mir je gewesen war. Meine Empfindungen für ihn bekamen in kürzester Zeit eine verdammte Ähnlichkeit mit dem, was ich im letzten Schuljahr gegen den Wolansky gefühlt hatte.«

Wieder saß Banotter mir als jener unheimliche neue Mensch gegenüber, in den er sich schon einmal während unseres Gesprächs verwandelt hatte. Und wie zur Abwehr eines näher schleichenden Unheils stieß ich ihm die alberne Frage zu: »Lebt dein Vater noch?«

Er zeigte sich durchaus nicht überrascht. »Eigentlich könnte er wirklich noch am Leben sein«, meinte er, als hätten meine Worte ihn zum ersten Mal auf diesen Gedanken gebracht. »Er wäre heute ein hoher Siebziger . . . und er hat immer den Eindruck eines gesunden, kräftigen Mannes gemacht. Er hat es aber doch vorgezogen, schon ein halbes

Jahr nach meiner Promotion aus dem Dasein zu verschwinden ... und mir das Feld zu räumen.«

Vielleicht war ich mir gar nicht bewußt, dem Wahnsinn Banotters schon halb verfallen zu sein, als ich ihn unbeherrscht anschrie: »Ja, willst du damit behaupten ...?«

Die Finger seiner linken Hand öffneten sich gleichsam zur Preisgabe eines darin eingeschlossenen Geheimnisses. »Es hat sich alles so ziemlich auf dieselbe Weise abgespielt, wie ein paar Jahre früher mit dem Wolansky.«

»Aber das ist doch der helle Wahnsinn!«

Er hob zweifelnd die Schultern. »Vielleicht auch nur eine Häufung von merkwürdigen Zufällen. Du siehst, ich habe mich noch immer nach deinem Verfahren zurechtfinden wollen. Es ist nur diesmal nicht so leicht und so schnell gelungen wie das erste Mal. Das erste Mal war es eben sozusagen ein Experiment. Ein mit untauglichen Mitteln unternommener Versuch ... Das zweite Mal waren die Mittel schon erprobt und tauglich befunden.«

Ich mußte mich mit Aufbietung aller Selbstbeherrschung zu klarer Besinnung zwingen. »Du darfst dir nicht einbilden, daß du mich mit deiner Narrheit angesteckt hast, Banaotovich. Ich habe bloß ein sehr tiefes Mitleid mit dir ...«

Bekümmert seufzte er auf. »Glaubst du, daß ich Mitleid verdiene?« Und nachdem er selbst verneinend den Kopf geschüttelt hatte: »Mein zweites Lebensziel war also auch erreicht.« Ein langer, prüfender Blick traf mein Gesicht. »Geht es dir auch so, daß dir ein Ziel unwesentlich wird, sobald du an ihm stehst?«

Begierig griff ich seine Frage auf: »Jedes nicht. Nur ein unechtes.«

»Ein unechtes ...«, kam es aus seinem Mund wie ein lebloses Echo. »Ja, das mag sein. Das wäre vielleicht ein Ausweg aus dem höllischen Irrgarten ... Einstweilen muß man darin aber noch mit verbundenen Augen herumtappen.«

Meine Hoffnung, ihn von seinen unseligen Gedanken losgerissen zu haben, dauerte nicht lange. Mit einer Bewegung beider Handflächen von der Stirne her übers Haar bis an den Hinterkopf streifte er seine Nachdenklichkeit gewissermaßen körperlich von sich ab. »Den Diamantring unseres alten Kaisers hab ich in irgendeinem Safe liegen ... und hab ihn seit meiner Promotion nicht wieder gesehen. Und mit dem Glück an der Seite meiner Frau ist es mir nicht besser ergangen. Obwohl zwischen dem Tod meines Vaters und meiner Verheiratung ein viel kürzerer Zeitraum verstrichen ist als zwischen meiner Ernennung zum Doktor und dem Tode Wolanskys. Oder vielleicht gerade deshalb. Der Eindruck war noch entsetzlich frisch. Und dann war es auch allzu menschlich, daß ich meine Frau dafür mitverantwortlich gemacht habe. Wenigstens vor mir selbst.«

»Hast du mit ihr über deinen ... Wahnsinn gesprochen?«

»Ein einziges Mal. In einer Stunde der unerträglichsten Einsamkeit. Und sie hat es genauso genannt wie du: Wahnsinn! – Im Innersten muß sie aber doch anders darüber gedacht haben. Das hab ich sehr bald gefühlt. Es war von diesem Tag an immer eine heimliche Scheu in ihrem Blick, ein ... ein gewisses Bereitsein, zurückzuspringen ... Ich stellte mir vor, daß man mit so einem Blick ein Gebiet durchschreitet, das reich an Giftschlangen ist ... Das hat die Entfremdung zwischen uns begreiflicherweise rasch vertieft.«

Ich sah Banotter nicht mehr ins Gesicht. Ich starrte auf seine rechte Hüfte. Dort glaubte ich unter dem bergenden Rock eine seltsame Erhöhung zu bemerken. Eine Erhöhung, die ich vor kurzem noch nicht beobachtet hatte. Wie ich auf den unsinnigen Einfall geriet, wußte ich nicht, aber an dieser Stelle seines Leibes mußte in der Todesnacht Wolanskys der scheußliche, knochenlose Arm hervorgequollen sein, wie ein häßlicher Giftwurm, der sich raupengleich vorwärts schob. Und plötzlich formte sich in mir das Bild einer nackten Frau, die an dem abgemauerten Ende eines verdämmernden, schmalen Ganges stand, die Arme abwehrend vom Körper gespreizt, mit dem Rücken gegen die feuchte, eiskalte Mauer gedrückt, die Knie zusammengepreßt und die entsetzt aufgerissenen Augen auf den unerbittlich näher kriechenden Wurm geheftet. – »Bist du ... verheiratet?« keuchte ich Banotter entgegen.

»O ja«, antwortete er harmlos. Und nach einer Weile fügte er hinzu: »Aber ... mit einer anderen Frau ...«

Ich konnte nicht mehr sprechen. Ich wollte einen Schluck Wein trinken, aber meine Hand zitterte so, daß ich das Glas wieder absetzen mußte. Um so ruhiger hob er das seine, und indem er es vor dem Trinken gegen das Licht hielt und wohlgefällig beäugelte, sagte er freundlich: »Du solltest wirklich zu diesem angenehmen gelblichgrünen Getränk übergehen. Dann würdest du die Dinge nicht noch schwerer nehmen, als sie ohnehin sind.«

»Was hast du mit deiner Frau gemacht, du verfluchtes Ungeziefer?« würgte ich aus mir heraus.

Er schloß die Augen, während ein unsäglich listiger und zufriedener Zug um seinen Mund glitt. »Sind wir endlich soweit? Lächelst du nicht mehr, Freund meiner Jugend?«

Noch einmal gelang es mir, den bösen Alptraum, in den Banotters Erzählung und die von Weindunst und Zigarettenrauch getränkte Luft der engen Schenke mich verstrickt hatten, abzuwerfen. »Verzeih ... ich habe mich hinreißen lassen ...«

Eine scharfgezogene Falte grub sich von den Nasenflügeln her um seinen Mund ein und verlieh ihm ein wehrloses, trauriges Aussehen. »Es gibt nichts zu verzeihen. Du hast vollkommen recht, mich ein verfluchtes Ungeziefer zu nennen. Wie recht, das wirst du erst erkennen, wenn du mir noch ein paar Augenblicke dein Gehör schenkst.«

»Ich weiß schon jetzt, was du mir noch zu sagen hast.«

»Dein Scharfblick dürfte dich kaum täuschen. Ich möchte es dir aber doch lieber selbst schildern.«

Er saß an der Wandseite des Tisches und schob seinen Stuhl so weit zurück, daß er den Kopf gegen die gelblich getünchte Mauer lehnen konnte. »Es ist merkwürdig«, begann er nach minutenlangem Schweigen, »daß immer gerade dann, wenn die eigene Frau einem gleichgültig und fremd zu werden anfängt, mit unfehlbarer Sicherheit eine andere Frau auftaucht, die einem wichtig erscheint. Ich will natürlich nicht verallgemeinern. Bei mir hat es sich jedenfalls so verhalten. Vier Jahre nach meiner Verheiratung, nur wenige Wochen nachdem ich meine Frau zur Mitwisserin gemacht hatte, hab ich ein sehr schönes und gescheites Mädel kennengelernt. Die Einzelheiten unseres Näherkommens tun hier nichts weiter zur Sache. Ich war sehr bald von der Notwendigkeit überzeugt, das Mädchen mit meinem Leben verknüpfen zu müssen, wenn es überhaupt noch einen Sinn für mich haben sollte, weiterzuleben. Meine Frau war völlig ahnungslos. Nicht aus Blindheit, sondern weil sie immer mehr und mehr von mir abgerückt ist. Ich glaube, sie hätte ohne Schwierigkeiten auch in eine Scheidung eingewilligt. Aber das hätte mir nichts genützt. Unsere Ehe war nach katholischem Ritus geschlossen. Und nun muß ich dich bitten aufzumerken. Denn nun kommt die eigentümliche Wendung. Irgendein geschäftiger Zwischenträger hat meiner Frau meine Beziehungen zu dem Mädchen verraten. Von einer eifersüchtigen Regung konnte bei ihr längst nicht mehr die Rede sein. Ein Nebeneinander ist aber wegen der gesellschaftlichen Stellung des Mädchens und wegen seines ganzen Wesens nicht in Frage gekommen. Das hat meine Frau gewußt. Und ebensogut, daß eine Trennung von mir nichts helfen würde. Du siehst, die Lage war für alle Beteiligten höchst unbehaglich. Trotzdem« – Banotter neigte den Kopf ein wenig vor, um mir besser ins Gesicht sehen zu können – »habe ich mich vollkommen in der Gewalt gehabt. Ich habe diesmal nicht im entferntesten daran gedacht, meine Frau so aus dem Weg zu räumen wie etwa meinen Vater oder den Wolansky. Darauf gebe ich mein Ehrenwort.«

Durch stummes Nicken deutete ich meinen guten Glauben an.

»In meiner Frau aber muß die Furcht erwacht sein, ich könnte es doch tun.«

»Das wäre vielleicht begreiflich gewesen«, schaltete ich zaghaft ein.

»Obwohl sie meine Selbstbeschuldigung für Wahnsinn gehalten hat, so wie du?« entgegnete Banotter beinahe triumphierend. Dann lenkte er sofort wieder ab: »Laß mich zu Ende erzählen, bevor du über meinen gesunden Menschenverstand den Stab brichst. Zuerst hat meine Frau sich ihre Angst in keiner Weise anmerken lassen. Ich habe sie mehr gefühlsmäßig erahnt als erkannt. Allmählich hat sie aber ihr Entsetzen vor mir nicht mehr verbergen können. Sie hat es mir eines Tages ins Gesicht geschrien! Alles, was ich gesagt und getan hab, um sie zu beruhigen, war umsonst, und zuletzt hat sie bei anderen Menschen Hilfe gesucht. Bei Ärzten und sogar bei der Polizei. Daß dort nicht die richtige Stelle für sie war, um auch nur eine Spur von Verständnis zu finden, kannst du dir ja denken. Sie ist also wieder zu mir zurückgekommen, hilflos und armselig, wie ein erschrecktes Kind. Wenn sie gewußt hätte, wie unendlich leid sie mir tat, dann wäre alles gut gewesen. Ich hab damals sogar den Verkehr mit dem jungen Mädchen abgebrochen, um ihr meine Ungefährlichkeit zu beweisen! Es hat alles nichts genützt . . .«

Er unterbrach sich für kurze Frist und schöpfte tief Atem. »Ich erinnere mich genau«, sagte er endlich leise, »wie sie einmal am Abend bei mir gesessen ist und gesprochen hat. Wirklich, wie ein Kind, das in der Dunkelheit allein ist und sich durch den Klang seiner Stimme Mut machen will. Alles hänge nur von meinem guten Willen ab, hat sie gesagt, und auch wenn die Ärzte oder die Gerichte dazu zu bringen wären, mich ins Irrenhaus oder ins Gefängnis zu sperren – für sie wäre damit nichts gewonnen. Weil mich die dicksten Mauern und die schwersten Ketten nicht unschädlich machen könnten.« – Er lachte bei geschlossenem Mund auf. – »Oh, sie hat die furchtbare Art meiner Waffe genau gekannt! Und plötzlich, ich könnte beinahe Tag und Stunde angeben, wann es eingetreten ist, plötzlich hat sie erfaßt, daß es nur eine einzige Rettung für sie gibt: mir zuvorzukommen!«

»Banotter!« Ich warf mich mit dem Oberkörper über den Tisch gegen ihn vor.

Er blieb unbeweglich sitzen, auf jeden Angriff vorbereitet. »Das sind Dinge, die man nicht anzusprechen braucht ... und die man mit Worten nicht beweisen kann. Aber der, den sie angehen, der spürt sie deutlicher, als wenn sie ihm in die Ohren gebrüllt würden. Es war so. Du kannst dich darauf verlassen. Von dieser Stunde an hat sie nur den einen Gedanken gekannt: mir zuvorzukommen! Mich aus der Welt zu schaffen ...! Freilich« – er verzog den Mund zu einem unmerklichen, höhnischen Lächeln –, »so leicht wie ich hat sie es nicht gehabt. Es war ein Kampf mit sehr ungleichen Waffen. Und das war mein Vorteil. Nicht besonders ritterlich vielleicht von mir als Mann. Zugegeben. Aber wenn es ums Letzte geht ... Es bleibt mir nicht mehr viel zu ergänzen. Wir hatten schon seit Monaten getrennte Schlafzimmer. Und eines Nachts ... hab ich meinen treuen Helfer ... hab ich meinen geheimnisvollen dritten Arm eben wieder ausgeschickt ...«

Banotters Augen waren geschlossen, und seine Brust hob und senkte sich unter mühevollen Atemzügen, die er hörbar durch die Nase ausstieß. Und so, mit geschlossenen Augen, flüsterte er zuletzt: »Aber dieses Mal ... hab ich es ... aus Notwehr getan ...« Dann neigte er langsam den Oberkörper vor, immer weiter, bis er den Kopf in die über der Tischplatte verschränkten Arme barg.

Die Kellnerin berührte meine Schulter, und als ich erschreckt aufzuckte, sagte sie mir leise ins Ohr: »Keine Sorge. Ich kenn den Herrn. Es geht ihm öfter so.«

Banotter jedoch mußte sie gehört haben. Denn sobald sie sich entfernt hatte, hob er das Gesicht ein wenig und zischte ihr nach: »Blödes Frauenzimmer!«

Ich tastete behutsam nach seiner Schulter. »Du bist ein bedauernswerter Mensch, Banotter ...«

Er richtete sich halb auf und stützte die rechte Wange in die Hand. »Ich hab einmal in einer Gesellschaft einen Staatsanwalt kennengelernt . . . und ihm meine Geschichte erzählt. Der hat mir genau dieselben Worte gesagt, wie jetzt du. Und hat mir geraten, in eine Nervenheilanstalt zu gehen . . .«

»Und solltest du diesen Rat nicht befolgen?«

Er starrte an mir vorbei. »Wozu? Ich bin ein sehr gesunder Mensch. Es wäre schade um die Zeit. Wenn ich überhaupt weiterleben will —! Außerdem ist es ein recht kostspieliges Vergnügen. Mein väterliches Vermögen hat sich nach dem Krieg in Rauch aufgelöst. Ich bin auf mein Gehalt angewiesen . . . Allerdings könnte sich mein Einkommen gerade jetzt erheblich vergrößern. Wenn mir nicht im letzten Augenblick ein Außenseiter vorgezogen wird . . .«

»Was für eine Stellung hast du?« fragte ich. Und er nannte jene Versicherungsgesellschaft, an deren Spitze ich demnächst treten sollte, indem er hinzufügte, daß er seit dem Ausscheiden des früheren Leiters vorläufig mit der Führung der Geschäfte betraut worden sei. Dann ließ er den Kopf wieder auf die Arme sinken.

Ich weiß bis heute nicht, ob Banotter auf irgendeinem Weg erfahren hatte, daß ich zu seinem Vorgesetzten bestimmt war. Ich verließ sogleich nach Beendigung seines Berichts die Schenke »Zur Flucht nach Ägypten«, ohne daß ich ihn noch einmal aus seinem halbtrunkenen Dämmerzustand wachgerüttelt hätte, und reiste am nächsten Tag in die Hauptstadt zurück. Mein Freund fragte mich nicht nach den Gründen, die mich zuletzt doch noch bewogen, die angebotene Stelle auszuschlagen, und war gutmütig genug, mir bald darauf ein anderes Unterkommen zu verschaffen. Aber seit dem kurzen Aufenthalt in meinem Heimatort und seit meinem Zusammentreffen mit Banotter, der früher einmal Banaotovich hieß, habe ich, wenn sich das Gespräch in meiner Gegenwart auf transzendentales Gebiet verirrt, meine entschieden ablehnende Haltung aufgegeben.

Egon Erwin Kisch

Kriminalfall wie keiner

Auch wenn in dem Kriminalfall, von dem ich nun zu berichten habe, der Täter verhaftet worden wäre, hätte man ihn nicht gerichtlich bestrafen können. Denn in keinem Strafgesetz findet sich ein Paragraph, nach welchem er zu verurteilen wäre, obschon er geraubt und wissentlich den Tod eines Menschen herbeigeführt hat. Gewiß, es scheint unglaubwürdig. Indes, gerade die Nichtstrafbarkeit stempelt diesen Kriminalfall zu einem so merkwürdigen. Vielleicht ist es auch kein Kriminalfall im engeren Sinne des Wortes, weil er ja, wie gesagt, niemanden ins Kriminal geführt hat und auch nicht führen konnte. Höchstens deshalb kann man von einem Kriminalfall sprechen, weil der Held ein Krimineller war und seine Tat der Denkweise des Verbrechers entsprang.

Unser Regimentskommando wußte, daß der junge Infanterist Alois Davidek wegen Diebstahls mit Zuchthaus vorbestraft war, und das war auch der Grund, weshalb er weder einen Chargengrad noch eine Auszeichnung bekam. Beides hätte er reichlich verdient, und zwar von dem Tage an, an dem wir eine neue Waffe zu handhaben hatten.

Diese neue Waffe war die Handgranate. Von ihrer Existenz wußten wir nichts, bis sie in ein paar hundert Exemplaren in unserem Schützengraben anlangte mitsamt einem Instruktor, der seine Instruktionen im Eilzugstempo abhaspelte, um so schnell wie möglich aus dieser unbehaglichen Gegend zu verschwinden.

Wir hielten die neue Waffe für modernistischen Unsinn. Zwischen uns und dem Feind, den Serben, lagen fünfundsechzig Meter flaches Feld. Abgebrochene Kukuruzstauden. Granattrichter neben Granattrichter und dazwischen Hügel, aufgeworfen vom Einschuß. Soldatenleichen, die nicht geborgen werden konnten. Spanische Reiter, die man hüben und drüben vor die Gräben geschoben hatte, um dem Feind ein Herankommen zu erschweren. Auf diesem Terrain hätte bei Tag jede Figur augenblicklich gesehen werden müssen. Und bei Nacht knatterte das Angstschießen; es bestrich den Raum so dicht, daß einer, der sich im Dunklen über den Wall des Schützengrabens hinausgewagt hätte, zum Sieb durchlöchert worden wäre, auch ohne ein sichtbares Ziel zu sein.

Auf eine Entfernung von fünfundsechzig Metern konnte niemand die Granate schleudern, und sich näher heranzuschleichen schien unmöglich.

Wir begnügten uns damit, sie in die Richtung des Feindes zu werfen, ins Niemandsland. Unseren Vorgesetzten war das recht, denn so konnten sie Meldungen über die eifrige Verwendung der neuen Waffe erstatten.

Nur dem Alois Davidek mißfiel die Vergeudung von Material. Ich sah ihn einmal vor den Handgranatenverschlägen stehen und sie mit wunschvollen Blicken messen, als handle es sich um fremdes Hab und Gut.

Im Abenddämmer machte er sich an die Handgranaten heran. Zuerst trug er zwei der mit Stroh ausgestopften Uniformpuppen, die wir oft zum Spaß aus dem Graben steckten, an den linken Flügel der Kompanie. Dann warf er vor seine Stellung, die am rechten Flügel lag, ein Bündel Kukuruzstauden, anscheinend um nicht gesehen zu werden, wenn er aus dem Graben steigen würde. In der Tat sprang er ins Vorterrain, und zwar genau im Augenblick, da an unserem linken Flügel die Puppen hochgehoben wurden. Sein Sprung blieb unbemerkt, denn der Feind konzentrierte das Feuer selbstverständlich auf die beiden Ziele.

Erregt beobachteten wir Alois Davidek, der flach auf dem Boden lag. Was, wenn er sich aufrichtet? Aber es fiel ihm gar nicht ein, sich aufzurichten, dem Feind seine Figur darzubieten. Liegend, den Körper ans Erdreich gepreßt, bewegte er sich vorwärts. Das Wort »kriechen« wird im Sprachgebrauch oft für »Langsamkeit« verwendet. Hier kroch etwas mit der Schnelligkeit eines Salamanders, aber es war kein Salamander, sondern Alois Davidek. Er jagte dem Feind im Zickzack zu, die winzigste Deckung ausnutzend, bald eine Soldatenleiche, bald ein Hügelchen, bald ein Bündel vertrockneter Stauden. Selbst uns, die wir ihn nicht aus den Augen ließen, verschwand er zeitweilig aus den Augen. Wie ein Fassadenkletterer die Senkrechte aufwärts läuft und jede Mauerzacke, jedes griffgeeignete Ornament und jedes Gesimse ausnützt, so nun kletterte Davidek auf einer horizontalen Fassade.

Nachdem er einige Sekunden auf diese Weise liegend galoppiert war, buchstäblich »ventre-à-terre«, verschwand er in einem flachen Granatkessel, etwa zwanzig Meter am Feind, und aus diesem seinem Kessel sausten nun in raschem Intervall vier Eier in den feindlichen Graben. Um die Wahrheit zu sagen, ich sah nur eines fliegen, denn im gleichen Augenblick bäumte sich drüben der Boden auf, der Schutzwall brach krachend zusammen, seine Bestandteile wirbelten durch die Luft.

Bevor sich der Rauch verzog, war Alois Davidek wieder bei uns, triefend vor Schweiß. Auch den Rückweg hatte er bauchwärts zurückgelegt, weil er, wie er sagte, unsere Schüsse mehr fürchtete als die des Feindes, der in diesem Augenblick mit sich selbst beschäftigt war.

Der Regimentskommandeur ließ Davidek rufen, schüttelte ihm die Hand, kredenzte ihm ein Glas Wein und ein Stück Torte und teilte ihn dem Regimentsstab zu. Nur unmittelbar vor Sturmangriffen wurde Alois Davidek in die

Schwarmlinie beordert. Jedesmal bereitete er seine Aktion auf andere Weise vor, einmal zum Beispiel ließ er zwei kleine Schweine aus unserer Stellung nach vorne jagen, und während die Serben ihnen ihr Augenmerk zuwandten, explodierte ihr Schützengraben.

Eines Tages wurde auch ich zum Regimentsstab berufen, um den Meldungen über unsere Sturmangriffe einen ähnlichen Schwung zu verleihen, wie Alois Davidek ihn seinen Handgranaten verlieh. Vielleicht war es Alois Davidek, vielleicht mir zuzuschreiben, daß unser Regimentskommandeur avancierte. Er übernahm ein Brigadekommando. An seine Stelle kam ein langer Oberstleutnant, geschnürt und parfümiert, in übertrieben eleganter Uniform, Monokel über dem rechten Tränensack und Dünkel in den herabgezogenen Mundwinkeln. Unseren Soldaten aus dem nördlichen Böhmerwald war es gleichgültig, wer von den vielen tausend Stabsoffizieren der österreichisch-ungarischen Armee zum Kommando des Regiments bestimmt wurde, denn sie kannten ja die hohen Herren nicht. Nur gerade diesen Oberstleutnant kannten viele von ihnen. Er war nämlich Kontrolloffizier der Waffenfabrik Škoda gewesen, deren Abteilung für Holzbearbeitung sowie die Versuchsstellen für Geschütze innerhalb unseres Ergänzungsbezirks lagen. Unsere Soldaten hatten, bevor sie noch Soldaten waren, durch ihn den ärgsten militärischen Drill am eigenen Leib erfahren. Wenn ein Zehntel davon wahr war, was sie von der Brutalität des Oberstleutnants gegen die männlichen Arbeiter und von seiner Zärtlichkeit gegenüber den weiblichen erzählten, so wäre das Unbehagen bereits hinreichend erklärt, mit dem sie ihn bei uns auftauchen sahen.

Für Zärtlichkeiten gegenüber dem weiblichen Geschlecht fehlte es bei uns an Gelegenheit. Um so ungehemmter entfaltete er seine diktatorischen Neigungen. Vor allem führte er eine neue Ordnung ein. Punkt fünf Uhr morgens hatte der Koch mit einem Glas Zitronensaft am Bett des Oberstleutnants gestellt zu sein. Fünf Uhr dreißig begann der Oberstleutnant die Inspektion, die zugleich sein Verdauungsspaziergang war und ihn bis zu den vier Bataillonskommandos, aber auch nicht weiter hinaufführte. Er tauchte, wo es nicht gefährlich war, in den Unterständen der Telefonisten und Gefechtsordonnanzen auf, bemängelte die Lage der Tornister und Brotsäcke und befahl, Uniformen und Stiefel zweimal täglich zu putzen. Außerdem heischte er eine unausgesetzte Straßensäuberung. Der Laufgraben, der von der Gefechtslinie zum Sanitätshilfsplatz führte, auf dem sich Köche mit tropfenden Fahrküchen bewegten, auf dem blutende Verwundete sich schleppten oder getragen wurden – dieser Einschnitt in Erdreich und Kot sollte gereinigt und gepflegt werden wie der Kiesweg eines Schloßparks. Fand der Oberstleutnant irgend etwas zu beanstanden, so ließ er den Schuldigen schnurstracks an den nächsten Baumstamm binden. Persönlich achtete er darauf, daß das keine Formalität blieb, sondern die Stricke tief ins Fleisch schnitten.

Glock sieben morgens schritt er zu einer sakralen Handlung. Für deren Vollzug hatte er sich gleich am ersten Tag eine nur für ihn bestimmte Latrine zimmern lassen, die an Komfort weit über das hinausging, was die »k. u. k. Anweisung zum Bau feldtechnischer Anlagen« vorschrieben. Wohl bestand auch die für den Oberstleutnant hergestellte Konstruktion nur aus einer Bank, aber diese war so groß und so stabil, daß das ganze Offizierskorps gleichzeitig auf ihr hätte Platz nehmen können. Überdies war sie poliert und mit einer bequemen Rückenlehne versehen.

Uns verdroß die Mißachtung, mit welcher die Latrine direkt vor unserem Unterstand aufgerichtet wurde. Wir mußten mit der Mehrheit unserer fünf Sinne wahrnehmen, wie der Oberstleutnant jeden Morgen um sieben dort seinen Platz bezog und den Akt zelebrierte mitsamt einer eindringlichen Nachmusterung, zwecks welcher er sich prüfend über die Rückenlehne beugte.

Unser Unterstand lag am Rande des Laufgrabens, und dort sah der Oberstleutnant eines Tages ein paar Papierschnitzel auf dem Boden liegen. Wütend herrschte er den Alois Davidek an, der sich damit verteidigte, daß eben in diesem Moment jemand die Papiere hingeworfen haben müsse. »Klaub das Zeug auf«, befahl der Oberstleutnant seiner ihn begleitenden Ordonnanz, »und trag es zum Nachrichtenoffizier!«

Vom Nachrichtenoffizier erfuhr der Oberstleutnant, daß die Papierschnitzel einen an den Infanteristen Alois Davidek adressierten Briefumschlag gebildet hatten. Alois Davidek wurde gerufen, um zu hören: »Du verlogenes Schwein! Eine Stunde anbinden! Du sollst an mich denken!«

Alois Davidek stand auf den Zehenspitzen, den Körper mit Stricken an den Baumstamm gepreßt. Seine langen Finger waren wie aus Gips. Weiß war auch sein Gesicht. Nur in seinen Augen war Farbe, sie flackerten, wie ich sie noch nie flackern gesehen.

Sie flackerten noch immer in dem noch immer weißen Gesicht, als er in unseren Unterstand zurückkehrte. Die Augen flackerten, aber sahen nicht. Alois Davidek hörte auch nicht. Wenigstens gab er mir keine Antwort auf die Frage, ob er einen Schluck Kaffee haben wolle. Er sprach zu sich selbst. Er zischte sich etwas zu. Ich verstand die Worte »so ein Hund«, »muß krepieren, *muß* krepieren«.

Die Nacht brach herein, eine der Sternennächte Serbiens, die heller sind als der Tag.

»Willst du dich nicht schlafen legen?« fragte ich ihn endlich.

»So ein Hund«, sagte er zu mir oder zu sich, »morgen muß er weg. Schon morgen. Morgen werde ich's ihm besorgen, ich schwöre das beim Leben meiner Mutter.«

Erschreckt setzte ich mich auf. »Du willst ihn erschlagen?«

Die flackernden Augen richteten sich erstaunt auf mich: »Was redest du da? Erschlagen? Hältst du mich für einen Mörder? Ich bin ein Dieb, verstehst du: ein Dieb.«

Als ich mich wieder hingelegt hatte und er mich wohl

schlafend glaubte, schnallte er den Feldspaten von seinem Tornister los und verschwand aus dem Unterstand. Ich sprang auf und sah, wie er sich auf die Erde warf und vorwärts jagte im Horizontallauf, den ich von seinen Exkursionen mit den Handgranaten kannte. Erleichtert merkte ich, daß er nicht die Richtung zum Regimentskommando nahm, wo der Oberstleutnant schlief. Alois Davidek bewegte sich zur neuen Latrine. Dort, unter oder unmittelbar hinter dem Sitzbrett sah ich ihn, sein eigener Schatten, auf dem Boden herumkriechen, den Feldspaten hantierend, aber ich verstand nicht, was das bedeutete.

Zunächst dachte ich, daß er das Erdreich lockere, damit die Bank umfalle, wenn sich jemand darauf setzt. Oder wollte er gar die Stützpfeiler der Bank durchsägen? Ich war entschlossen, es zu verhindern, denn das mußte ja ans Tageslicht kommen.

Noch stiller und friedlicher als sonst Nächte in der Natur sind die Nächte im Krieg. Der Gefechtslärm, das ununterbrochene Knattern der Gewehrpatronen und das Rollen des Geschützfeuers werden von dieser Stille aufgesogen, lösen sich in ihr ohne Rückstand und dienen nur dazu, sie zu verstärken.

Draußen rückt Artillerie vor, ächzen die Achsen, schnauben die Pferde, knallen die Peitschen und fluchen die Feuerwerker, und die Soldaten liegen im sanftesten Schlummer. Aber wenn im Zelt nebenan jemand zu schnarchen beginnt, fahren die Schläfer wütend auf, denn er stört die tiefe lärmende Ruhe.

Inmitten dieser Stille hätte ich genau gehört, wenn sich Alois Davidek an dem Bretterwerk der Latrine zu schaffen gemacht hätte. Absolut lautlos kroch Alois Davidek hinter dem Sitzbrett herum. Dabei bewegte er die rechte Hand, in der er den Spaten hielt. Dann sah ich ihn einige Maisstaudenbündel, die überall herumlagen, näher an die Latrine heranschieben.

Der Morgen kam. Punkt sieben schritt der Oberstleutnant wie immer zu seiner morgendlichen Tätigkeit. Ich schaute nach Alois Davidek aus, sah ihn aber nicht. So ließ ich, dem nichts Gutes schwante, den sitzenden Oberstleutnant nicht aus den Augen, bis er zu Ende war.

In dieser Sekunde sah ich einen rasend schnellen Salamander, in Menschengröße, fest an den Boden geschmiegt und sich durch Maisstauden deckend, von hinten an den Oberstleutnant heranhuschen, fast unter ihn hin. Ein Feldspaten nahm etwas auf, und der Menschensalamander verschwand. Der Oberstleutnant war inzwischen aufgestanden, drehte sich um und neigte sich, die Hände auf die Rückenlehne gestützt, hinab.

Er sah nichts.

Er beugte sich tiefer vor und sah nichts.

Er klemmte sein Monokel ins Auge und sah nichts.

Er nahm das Monokel aus dem Auge, hauchte es an, putzte es, klemmte es wieder ins Auge, beugte sich ganz tief hinab und – sah nichts.

Neben mir stand der zurückgekehrte Alois Davidek und beobachtete den Oberstleutnant, der sich wieder auf die Latrine setzte.

Als der Oberstleutnant schließlich aufstand, resultatlos selbstverständlich, wankte er in seinen Unterstand und rief nach dem Regimentsarzt. Der rannte herbei, untersuchte den Oberstleutnant, verabreichte ein Laxativ und blieb bei ihm – mochten die verwundeten und ruhrkranken Soldaten unten am Hilfsplatz sehen, wie sie fertig würden, ein verstopfter Oberstleutnant hat vor laufender Kundschaft natürlich den Vorrang.

Alois Davidek lag wieder auf dem Anstand. Kaum eine halbe Stunde brauchte er zu lauern, bis der Oberstleutnant blaß seiner Latrine zueilte. Ruhig nahm Alois Davidek den Feldspaten und zog los.

Wieder sah ich ihn, mit seinem Schatten vereinigt, dahinjagen, wieder sah ich ihn die Beute schöpfen, mit ihr verschwinden. Als er zurückkam, rieb er die Schaufel mit Erdreich ab und ließ Wasser darüberlaufen, sie hatte das Ihrige getan und wusch ihre Hände in Unschuld.

Drüben stand der Oberstleutnant und straffte sich. Seine Bewegung atmete Befreiung, Befriedigung, Glück. Langsam, den Genuß verzögernd, wandte er sich um.

Und damit waren seine schönen Gefühle zu Ende. Verständnislos blickte er hinab, fassungslos beugte er sich tiefer und starrte regungslos auf das Nichts. Er untersuchte seine Kleider und Schuhe, ging um das Sitzbrett herum, musterte es genau. Nur das Nichts war überall, nichts als das Nichts.

Einem Kadaver glich er, als er sich zum Regimentsarzt schleppte, von ihm ein neues Abführmittel in Empfang nahm und sich aufs Feldbett legte. Wie uns eine Ordonnanz berichtete, wand er sich in Schmerzen, ein begreiflicher Zustand, da er zwei Dosen Laxativ im Leibe hatte und sonst nichts anderes, wenn auch er und der Regimentsarzt das Gegenteil glaubten.

Ein Krankenwagen fuhr vor, um den Oberstleutnant ins Divisionsspital zu schaffen.

Mit welchen Symptomen auch immer man im Divisionsspital eintraf, man wurde auf Dysenterie untersucht, und wer in der Dysenteriebaracke untersucht wurde, steckte sich unfehlbar von den Kranken an. Beim Oberstleutnant schien die Diagnose Dysenterie von Anfang an klar. Hatte doch das zweite Laxativ durch die Fahrt im ratternden Krankenwagen seine Wirkung getan und mangels anderer Masse nur Blut und Wasser zutage gefördert.

Einige Tage später kam die Nachricht vom Heldentod des Oberstleutnants sowie die postmortale Verleihung des Eisernen Kronen-Ordens an ihn. In der Zeitung lasen wir den Bericht über die Enthüllung einer Ehrentafel in den Škodawerken; auch eine Straße sollte nach ihm benannt werden.

Und damit ist meine Geschichte zu Ende, die Geschichte eines Verbrechens mit tödlichem Ausgang, das nicht bestraft werden kann.

Nachwort

Unsere Sammlung österreichischer Kriminalgeschichten stellt die Erzählung eines Klassikers an den Anfang: Franz Grillparzer mit seiner Novelle »Das Kloster von Sendomir« (1828). Ihre Szenerie ist romantisch, die schauderhaft zugespitzte Handlung nicht unbeeinflußt von den Effekten der damals noch in Blüte stehenden Schicksalsdramatik. Dennoch bleibt zu registrieren: Am Beginn der österreichischen Nationalliteratur fehlt die gute Kriminalerzählung nicht, die, publikumswirksame Mittel einsetzend, individuelle und gesellschaftliche Probleme darzustellen vermag. Erzählhaltung und -gestus sind noch weitgehend der deutschen Romantik verpflichtet, österreichische Sujets beginnen sich erst allmählich durchzusetzen.

Das merkt man deutlich auch Johann Gabriel Seidls »Stummer Rache« (1839) an, die, zehn Jahre nach Grillparzers eindrucksvoller Erzählung erschienen, wenig Wirklichkeitsnähe aufweist, vielmehr im pathetischen Stil der Spätromantik eine recht klischeehafte Geschichte um die verletzte Ehre eines betrogenen italienischen Marchese erzählt, die der adlige Herr unter seinesgleichen bereinigt, den braven Diener über den wahren Sachverhalt täuschend.

Mit Friedrich Halms berühmter Geschichte »Die Marzipan-Lise« (1856), die nach einer wahren Begebenheit gestaltet ist und in der Elemente der Schauergeschichte schon von

Realitätsanspruch durchdrungen sind, beginnt die Kriminalerzählung mit österreichischem Milieu, die zu den großen Erzählern des ausgehenden 19. Jahrhunderts führt.

Karl Emil Franzos, der eindrucksvoll von den sozial und national unterdrückten Völkern in »Halbasien«, d. h. den östlichsten Gebieten der k. u. k. Monarchie zu erzählen weiß, berichtet in der seinem ersten Erzählungsband »Die Juden von Barnow« (1877) entnommenen (und von uns gekürzten) Geschichte von dem merkwürdigen Verbrechen der Jüdin Lea, die den Zwängen einer orthodoxen Religionsauffassung zum Opfer gebracht wird. Im Stile der Kalendergeschichte trägt der kritische Realist Ludwig Anzengruber seine sozialkritische Bauern-»Geschichte von bösen Sprichwörtern« (1884) vor. Und die Klassikerin des österreichischen kritischen Realismus, Marie von Ebner-Eschenbach, hat mit der ebenfalls im böhmisch-mährischen Bereich spielenden Novelle aus ihr intim bekannten Adelskreisen »Er laßt die Hand küssen« (1886), einer der stärksten Erzählungen ihrer »Dorf- und Schloßgeschichten«, voller Mitgefühl mit den Leibeigenen und dem Landproletariat längst die Partei der unschuldig schuldig gewordenen Armen und Ausgebeuteten ergriffen.

Tiefer stellt Peter Rosegger in den »Aufzeichnungen eines Landgeistlichen« die Frage nach Schuld oder Unschuld bzw. nach den Motiven des Täters. Denn der »Pfarrersbub« (um 1880) ist nicht nur erzählerisch überzeugender Beleg für die alttestamentarische Erkenntnis, daß Gutes mit Bösem vergolten werden kann. Vielmehr stellt der Autor unter dem Einfluß der die Literatur immer stärker berührenden Vererbungslehre die Frage, wie ein Mensch zum Verbrecher werden kann. Entscheiden die vorhandene Veranlagung oder die Umwelteinflüsse über die Entwicklung?

So öffnet in der österreichischen Literatur der christlich-humanistische Erzähler Peter Rosegger, der mit den meisten seiner stark von heimatlichem Lokalkolorit geprägten Geschichten oft in die Nähe des Kitsches gerät, eine neue Dimension in der österreichischen Verbrechergeschichte, die im neuen Jahrhundert von Autoren wie dem jungen Rilke, Franz Kafka und Ernst Weiß wieder aufgenommen und in hohem Grade verallgemeinert und vertieft fortgeführt wird.

Leopold von Sacher-Masoch und auch Robert Weil stellen in der Entwicklung des Genres lediglich eine Episode dar. Während für Weil der Täter nichts als ein Bösewicht aus der alten Requisitenkiste ist und auch die Aufmerksamkeit des Lesers ganz auf seine Entlarvung gelenkt wird, bietet Sacher-Masoch in »Tag und Nacht in der Steppe« (1901) eine für ihn bezeichnende, aufs Selbstquälerisch-Grausame hin zugespitzte Variante des Selbsthelfermotivs.

Auf unheimliche Art gestaltet Gustav Meyrink die Rache eines sich entehrt Fühlenden in seiner Groteske »Der Mann auf der Flasche« (1905). Als Prager Bankier Meyer hatte der spätere Erzähler Gustav Meyrink am eigenen Leibe manche Kränkung erfahren. Und so rief »ein Rachegefühl gegen diese trügerische Welt der Wirklichkeit und die Sucht, sie geistig zu zerstören und zu beherrschen, . . . die grausigen Erzählungen rätselhafter Verbrechen hervor«, wie schon Kurt Pinthus in seinem Nachwort zu Meyrinks Hauptwerk, dem unheimlich-magisch-kriminalistischen Roman »Der Golem« (1915), erkannte. So läßt der Autor hier im verfremdenden Milieu eines Maskenballes den exotischen Fürsten seine schaurige Marionetten-Komödie einem illustren Publikum vorführen, das Augenzeuge eines grausamen Mordes wird. Eine makabre Geschichte, die weniger das Vergnügen des Autors am Entsetzen als dessen Entsetzen über eine unheimlich gewordene Welt grotesk spiegelt.

Zur Täterpersönlichkeit und deren feinfühliger Analyse zurück führt die Titelgeschichte unserer Anthologie »Die Heirat des Herrn Stäudl« (1901). Natürlich ist dieser Herr Stäudl ein eigenwilliger, seismographisch empfindlicher Mensch. Aber ein »atavistischer Schwachkopf, der an Größenwahn leidet und überdies mit verlarvter Epilepsie verhaftet ist«, wie der junge Doktor der Jurisprudenz voreilig definiert, ist er gewiß nicht. Im impressionistischen Kammerton erzählt Ferdinand von Saar von einem Mörder aus gekränkter Ehre, aus beleidigtem Selbstgefühl, die fast alltägliche Geschichte eines rechtschaffenen Mannes im bürgerlichen Österreich der Jahrhundertwende.

Und Rainer Maria Rilke hat in seiner frühen Skizze »Frau Blahas Magd« auf eindrucksvolle Weise das Augenmerk auf das unheimlich anmutende Verbrechen eines Bauernmädchens gelenkt, eines völlig vernachlässigten und vereinsamten jungen Menschen, der »soso ist« und, ohne sich seiner Tat eigentlich bewußt zu sein, zur Kindsmörderin wird.

Während wir die Erzählung »Der Totschläger« (1920) des weitgehend unbekannten Alfons Petzold, der die erzählerische Meisterschaft der anderen nicht annähernd erreicht, wegen des neu in die Literatur gekommenen Stoffes aus der Welt des Industrieproletariats aufgenommen haben, setzt eine Erzählung wie Arthur Schnitzlers »Mörder« (1922) die Entwicklung der psychologischen Analyse des Täters fort. Deckt der Realist Schnitzler in seiner Differenzierung soziale und psychische Motive auf und macht ein nachvollziehbares Bild gesellschaftlicher Bindungen und Zwänge erkennbar, so führen die dem spätbürgerlichen Modernismus und der Tiefenpsychologie verbundenen Schriftsteller wie Franz Kafka und Ernst Weiß ihre Psychogramme von Mördern so stark ins Allgemein-Menschliche, daß eine soziale und nationale Identifikation kaum noch möglich ist. Eine im Grunde unerkennbare Außen-, vor allem aber Innenwelt tut sich dem Leser auf.

Uns ihrer Sonderstellung durchaus bewußt, ordnen wir sie – wie alle Schriftsteller des deutschsprachigen Literaturkreises im kulturellen Schmelztiegel Prag von Gustav Meyrink bis zu Rainer Maria Rilke – der österreichischen Literatur des Vielvölkerstaates der k. u. k. Monarchie zu, die zwar 1918 endgültig zerfiel, deren kulturell-literarischer Hautgout aber in den seither selbständigen Republiken Polen (mit dem ehemals österreichisch regierten Galizien, über das Karl Emil Franzos so eindrucksvolle Kulturbilder schuf) und der Tschechoslowakei (wo namentlich Egon Erwin Kisch in zahlreichen deutschsprachigen Reportagen die Schwächen des veralteten Regimes bloßlegte) noch lange spürbar blieb.

Unverblümte, direkte Anklage der Gesellschaft ihrer Zeit sind die wieder konkret lokalisierbaren kurzen Erzählungen der dem Sozialismus verbundenen Autoren Robert Neumann, »Die Öffentlichkeit ist ausgeschlossen« (1928), und Alfred Polgar, dessen Skizze »Der Spaßvogel« (1933) in treffender Weise den österreichischen Spießer entlarvt.

Stefan Zweig dringt mit seiner Novelle »Leporella« (1929) in eine verkümmerte Frauenseele und beleuchtet mit stilistischer Brillanz die Innenwelt einer jener Erniedrigten, die sich aufopfern, ja kriminell werden um einer Gunstbezeigung der »Herrschaft« willen und sich erbarmungslos zurückgestoßen sehen, wenn ihre einst willkommenen Dienste nicht mehr gebraucht werden.

Geldgier ist das Motiv der Kriminalgeschichten von Theodor Däubler und Heimito von Doderer. Während in der berühmten, die Aufdeckung des Verbrechens bis zum Schluß offenlassenden Novelle »Der Marmorbruch« (1930) ein Lebemann durch einen raffiniert ausgedachten Mord zu leichtverdientem Wohlstand zu kommen trachtet, spielt sich in Doderers holzschnittartiger Bauernerzählung »Zwei Lügen« (1932) eine Dorftragödie von wahrhaft »antikischem« Anspruch ab: Von existentiellen Geldsorgen bedrückt, ermordet die Mutter den für einen Fremden gehaltenen heimgekehrten Sohn. Verzweifelt hält der Vater nach erkannter Untat Gericht über seine Frau und büßt die eigene Schuld ebenfalls mit dem Tod.

Behaglich, fast zu behaglich beginnt Franz Nabl seine Geschichte aus dem Bereich des Okkulten »Griff ins Dunkel« (1936), die in unheimlicher Weise bald an innerer Spannung gewinnt. Ist Banotter nun der »schwerste und gemeinste

Verbrecher«, wie er sich selbst bezeichnet, oder ein bedauernswerter Wahnsinniger? Hat er mit übersinnlichen Mitteln, telepathisch sozusagen, gemordet oder nicht? Für den Ich-Erzähler, der die Stadt benommen verläßt, bleibt die Frage nicht offen; denn er hat seine »entschieden ablehnende Haltung aufgegeben«, wenn sich das Gespräch »auf transzendentales Gebiet verirrt«.

Egon Erwin Kischs, des sozialistischen rasenden Reporters, »Kriminalfall wie keiner« (1942) steht am Ende unserer Auswahl: ein Menschenschinder der k. u. k. Armee erfährt seine ebenso verdiente wie originelle Bestrafung. Der lokkere Ton dieses kuriosen »Kriminalfalles« mit tödlichem Ausgang veranlaßte uns, Kischs für den Unterdrückten Partei ergreifende Geschichte gleichsam als tragikomisch-heiteren Ausklang wie ein Satyrspiel an das Ende all der tragischen Fälle zu stellen, die wir hier vor Augen führten: zweiundzwanzig Kriminalgeschichten namhafter Autoren aus reichlich hundert Jahren österreichischer Literaturentwicklung, die Täterpersönlichkeiten und Motive, Sujets und Erzählweisen unterschiedlicher Art repräsentieren.

Herbert Greiner-Mai

Quellenverzeichnis

Franz Grillparzer, Das Kloster von Sendomir
Werke in sechs Bänden, 5. Band; Ph. Reclam jun., Leipzig 1957

Johann Gabriel Seidl, Stumme Rache
Ausgewählte Werke, 4. Band, Verlag Hesse & Becker, Leipzig 1905

Friedrich Halm, Die Marzipan-Lise
Werke, 11. Band, herausgegeben von Faust Pachler und Emil Kuh, Wien 1872

Peter Rosegger, Der Pfarrersbub
Peter Rosegger, Erzählungen; Union-Verlag, Berlin 1956

Ludwig Anzengruber, Eine Geschichte von bösen Sprichwörtern
Gesammelte Werke, 2., durchgesehene Auflage, Cotta, Stuttgart 1892

Marie von Ebner-Eschenbach, Er laßt die Hand küssen
Werke, Aufbau-Verlag Berlin und Weimar 1969 (Bibliothek deutscher Klassiker)

Karl Emil Franzos, Das Verbrechen der Lea R.
Karl Emil Franzos, Die Juden von Barnow; Cotta, Stuttgart und Berlin [4]1886 (von Herbert Greiner-Mai gekürzte Fassung der darin enthaltenen Erzählung »Ohne Inschrift«)

Leopold Ritter von Sacher-Masoch, Tag und Nacht in der Steppe
Leopold Ritter von Sacher-Masoch, Grausame Frauen. Hinterlassene Novellen; H. R. Dohrn Verlag, Dresden 1901

Ferdinand von Saar, Die Heirat des Herrn Stäudl
Ferdinand von Saar, Requiem der Liebe und andere Novellen; Dieterich'sche Verlagsbuchhandlung, Leipzig 1958

Rainer Maria Rilke, Frau Blahas Magd
Rainer Maria Rilke, Frühe Erzählungen und Skizzen; Insel-Verlag, Leipzig 1963
Robert Weil, Der sprechende Heiland
Robert Weil, Dem Leben abgerungen. Moderne Geschichten; Verlag Hermann Costenoble, Berlin 1902
Gustav Meyrink, Der Mann auf der Flasche
Gustav Meyrink, Orchideen. Sonderbare Geschichten; Verlag Albert Langen, München 1905
Franz Kafka, Ein Brudermord
Das erzählerische Werk, Band 1; Rütten & Loening, Berlin 1983
Alfons Petzold, Der Totschläger
Alfons Petzold, Menschen im Schatten. Wiener Proletariergeschichten; Verlag der Deutschen Dichter-Gedächtnis-Stiftung, Hamburg-Großborstel 1920
Arthur Schnitzler, Der Mörder
Gesammelte Werke, Berlin 1922
Robert Neumann, Die Öffentlichkeit ist ausgeschlossen
Robert Neumann, Jagd auf Menschen und Gespenster, Stuttgart 1928
Stefan Zweig, Leporella
Stefan Zweig, Unvermutete Bekanntschaft mit einem Handwerk/Leporella; Herbert Reichner-Verlag, Wien–Leipzig–Zürich 1936
Theodor Däubler, Der Marmorbruch
Theodor Däubler, Der Marmorbruch, Leipzig 1930
Heimito von Doderer, Zwei Lügen oder Eine antikische Tragödie auf dem Dorfe
Heimito von Doderer, Peinigung des Lederbeutelchens; Biederstein-Verlag, München 1959
Alfred Polgar, Ein Spaßvogel
Alfred Polgar, Ansichten; Rowohlt-Verlag GmbH, Reinbek bei Hamburg 1933
Franz Nabl, Griff ins Dunkel
Paul List Verlag, Leipzig 1936
Egon Erwin Kisch, Kriminalfall wie keiner
Egon Erwin Kisch, Marktplatz der Sensationen; Aufbau-Verlag, Berlin 1953

Inhalt

Franz Grillparzer	Das Kloster von Sendomir (1828)	5
Johann Gabriel Seidl	Stumme Rache (1839)	36
Friedrich Halm	Die Marzipan-Lise (1856)	51
Peter Rosegger	Der Pfarrersbub (um 1880)	98
Ludwig Anzengruber	Eine Geschichte von bösen Sprichwörtern (1884)	127
Marie von Ebner-Eschenbach	Er laßt die Hand küssen (1886)	148
Karl Emil Franzos	Das Verbrechen der Lea R. ([4]1886)	170
Leopold Ritter von Sacher-Masoch	Tag und Nacht in der Steppe (1901)	185
Ferdinand von Saar	Die Heirat des Herrn Stäudl (1901)	195
Rainer Maria Rilke	Frau Blahas Magd (1899/1902)	214
Robert Weil	Der sprechende Heiland (1902)	219
Gustav Meyrink	Der Mann auf der Flasche (1905)	232
Franz Kafka	Ein Brudermord (1917)	243
Alfons Petzold	Der Totschläger (1920)	246
Arthur Schnitzler	Der Mörder (1922)	254
Robert Neumann	Die Öffentlichkeit ist ausgeschlossen (1928)	277
Stefan Zweig	Leporella (1929)	284
Theodor Däubler	Der Marmorbruch (1930)	313
Heimito von Doderer	Zwei Lügen oder Eine antikische Tragödie auf dem Dorfe (1932)	352

Alfred Polgar	Ein Spaßvogel (1933)	365
Franz Nabl	Griff ins Dunkel (1936)	370
Egon Erwin Kisch	Kriminalfall wie keiner (1942)	396
Nachwort		405
Quellenverzeichnis		411

2., veränderte Auflage

Lizenz-Nr.: 409-160/275/86 · LSV 7314
Umschlag- und Einbandgestaltung: Klaus Ensikat
Printed in the German Democratic Republic
Gesamtherstellung: Karl-Marx-Werk Pößneck V 15/30
622 666 2

01080